“十三五”国家重点出版物出版规划项目
华东政法大学法律史国家重点学科项目
2020年度国家社科基金重大委托项目“中华法系与中华法律文化问题研究”

比较法文丛
何勤华 主编
49

清朝广州十三行法制研究

朱腾伟 著

法律出版社
LAW PRESS·CHINA

总　序

1978年改革开放以来,我国在外国法的研究方面取得了重大成就。这方面的系列丛书可谓琳琅满目,其中,影响较大的有:商务印书馆的“汉译世界学术名著丛书”(法学部分,1981年)及“法学译丛”(2004年)、中国大百科全书出版社的“外国法律文库”(1991年)、中国政法大学出版社的“当代法学名著译丛”(1990年)及“美国法律文库”(2001年)、北京大学出版社的“比较法学丛书”(1998年)、中国法制出版社的“西方法哲学文库”(2001年)、清华大学出版社的“比较法学丛书”(2001年)、上海人民出版社的“世界法学名著译丛”(2001年)、北京大学出版社的“外国法与比较法文库”(2008年),等等。

然而,在上述众多的系列丛书中,真正冠以“比较法”字样的丛书还不是很多。20世纪80年代到90年代,我国先后出版了诸如茨威格特和克茨的《比较法总论》(贵州人民出版社1992年版)、勒内·达维德的《当代主要法律体系》(上海译文出版社1984年版)、梅利曼的《大陆法系》(知识出版社1984年版)、大木雅夫的《比较法》(法律出版社1999年版)等比较法方面的经典。但是,出版这些著作大多是一种零星的出版行为,并非系统策划的比较法系列丛书。

众所周知,21世纪的中国已步入法制建设的攻坚阶段。今后,对于外国法的介绍、研究、借鉴将是我国法学研究的一项任务。要顺利完成这一任务,离不开发达的比较法研究。而当下我国比较法著作缺乏出版途径的现状已制约了比较法研究的繁荣和发展。因此,加强比较法方面的研究和出版,成为我国学界和出版界一项重要工作。

鉴于此,法律出版社高瞻远瞩,勇挑重担,与华东政法大学共同策划、出版“比较法文丛”,以期为我国比较法的研究和出版开辟一个新的途径。本文丛以扶植中青年学者,尤其是法学博士、博士后,为这些法学新秀提供一个出版的平台为目的。为此,特选择一批国内最新且富有特色的比较法著作出版,同时,亦可容纳部分纯粹的外国法方面的译著、专著。

本文丛的主要原则和特色是:在“百花齐放、百家争鸣”的方针指引下,坚持质量第一、宁缺毋滥、不定期出版的原则。具体将体现为以下三点特色:第一,本文丛的著作,应属国内学术界没有涉及的课题,具有填补法学研究空白的特色;第二,本文丛的著作,应是国内学术界都很感兴趣,但还没有系统研究或未及时挖掘的课题;第三,本文丛的著作,应具有比较高的文献史料价值,能为学术界进一步研究提供基础性的资料。我相信,“比较法文丛”的出版,一定会为我国比较法研究的进步与发展做出新的贡献。

本文丛的出版,得到了法律出版社沈小英分社长的全力支持和帮助,也得到了华东政法大学外国法与比较法研究院的建设经费资助。在此,特表示诚挚的谢意。

何勤华

于华政人可居

2010 年 9 月 19 日

Contents

目录

绪　论

一、本书选题的意义

从17世纪开始，由于近代化的发展，资本主义国家逐渐加快了对外扩张的步伐，其重要内容就是在世界范围内寻求贸易与市场的扩大，其贸易扩张已经冲击到了清朝统治下的中国。由于近代化趋势的影响，清朝的外贸政策与外贸法制面临困境。清政府根据国内外形势的变化，改变了传统的闭关锁国政策，开始了与外国以通商贸易为主要内容的交往，“清代前期的对外贸易和中外关系，已经从传统的与亚洲各国为主，逐渐转变为与西方各国为主”。[①] 但是，清朝既有的朝贡贸易法制不能适应与外国开展近代化贸易的实际需求，中外贸易开展与中外交往都需要新的法律制度进行规制。清政府在借鉴外贸管理历史经验的基础上，根据中外贸易开展与管理的实际要求，在广州设立了管理对外贸易的粤海关，并以粤海关联结参与对外贸易的行商与外商。粤海关、行商与外商这三类法律关系的主体，在对外贸易中扮演着不同的角色，承担着不同的权利与义务，三类法律关系的主体相互之间也存在复杂的法律关系。粤海关、行商与外商三类法律关系的主体的权利义务以及相互之间的法律关系，共同形成了具有特色的广州十三行法制。

---

① 章文钦：《广东十三行与早期中西关系》，广东经济出版社2009年版，第210页。

本书对广州十三行法制进行研究，展示清政府面对近代化趋势的冲击在法律制度方面所作出的回应。本书研究的时间跨度是从清朝建立到鸦片战争爆发，即1644～1840年，这一时期是中国从古代社会向近代社会转变的时期，该时期的清朝已经遭遇了近代化趋势大潮的正面冲击。面对世界原有格局尤其是东亚朝贡体系逐渐被打破的现实，清政府必须采取措施应对近代化趋势的影响。在此背景下建立形成的广州十三行法制，不仅是对外贸易法制，也是清政府在政治、外交等领域对近代化趋势作出回应的集中体现。本书将广州十三行法制的研究，放在近代化趋势的背景之下，分析清政府作出回应的利益考量，并展现广州十三行法制的作用与影响。这对于认识和把握近代中国社会发展的趋势，理解近代中国社会历史发展与变革的特点，具有一定的意义。

本书对广州十三行法制进行专题研究，对丰富广州十三行的研究成果具有一定的意义。广州十三行具有特殊的历史地位，对广州十三行的研究自民国至今一直在延续，已经产生了涉及政治、经济、社会、文化、历史等领域的较丰富的研究成果。但据笔者所知，从法律角度对广州十三行进行的专题研究相对较少，对清政府管理广州十三行中外贸易的法律制度进行系统研究的成果更为少见。本书对广州十三行法制进行专题研究，分析清政府管理广州十三行对外贸易所建立的法律制度，以分析粤海关、行商与外商三类法律关系的主体的权利与义务为视角，梳理三者相互之间的法律关系，分析广州十三行法制的特点。本书对广州十三行法制进行专题研究，从法律的视角分析清政府对广州十三行中外贸易的管理与控制，是对广州十三行研究的拓宽与深化，将丰富广州十三行的研究成果。

本书对广州十三行法制的专题研究，对拓展中国法制近代化的研究具有一定的意义。中国法制近代化的转型是一个渐进的过程，学界一般认为中国法制近代化始于清末修律，①但在鸦片战争之前的广州十三行中外贸易开展与管理过程中，就已经开始了中外文化交流，为中国法制近代化作了一定的准备。本书即对广州十三行法制进行专题研究，分析广州十三行法制的建立与运行对传统封建法制的影响，探究近代法律思想、法制理念与法律规则在广州十三行法制运行中的萌动，梳理中外法律制度之间产生的冲突，研究广州十三行法制对中国法制近代化转型所做的准备。本书既研究广州十三行法制运行中的近代化法制因素破茧，

① 张晋藩主编：《二十世纪中国法制回眸》，法律出版社1998年版，第2页。

也研究其中潜藏的中国法制近代化转型的契机,对拓展中国法制近代化的研究具有一定的意义。

二、研究综述与概念界定

(一)研究综述

对广州十三行法制的研究,与对广州十三行的研究密不可分。清朝外贸管理制度以及早期中外关系,也涉及广州十三行法制的研究。广州十三行法制的研究现状,可以从两个层面进行梳理综述。

1. 广州十三行管理制度研究综述

在现有研究成果中,既有对广州十三行管理制度的综合研究,也有从清朝外贸政策、粤海关制度、行商管理制度、外国人管理制度等方面进行的专题研究。

奠定广州十三行研究基础的是梁嘉彬所著《广东十三行考》,该书对广州十三行的起源、历史沿革、行名、行商史迹等进行了研究,涉及行商管理、商欠与外国人管理等多个方面。章文钦的文章《清代前期广州中西贸易管理体制的四个环节》将广州中外贸易体制归为四个环节,并探讨了这四个环节互相联系所形成的制度。张晓宁所著《天子南库——清前期广州制度下的中西贸易》以"广州制度"为研究中心,涉及对粤海关、行商、外国人管制等问题的研究。高淑娟所著《近代化起点论:中日两国封建社会末期对外经济政策》涉及对清朝与同期日本的贸易制度、商人管理制度等研究,其中关于清朝外贸的研究多是以广州十三行贸易为研究对象。黄静的博士论文《清代广州十三行研究》对广州十三行的历史沿革、行商制度、衰落原因及其与鸦片贸易的关系等进行了研究。谭元亨所著《十三行史稿》对广州十三行的历史演变、管理制度以及当时的中外关系等方面进行了全面研究。①

在清朝海上对外贸易政策的相关研究中,关于对外贸易政策性质的判断是重点之一,以戴逸、吴建雍、陈尚胜、向玉成为代表的学者认为清朝海上贸易政策本

---

① 梁嘉彬:《广东十三行考》,广东人民出版社2009年版;章文钦:《广东十三行与早期中西关系》,广东经济出版社2009年版;张晓宁:《天子南库——清前期广州制度下的中西贸易》,江西高校出版社1999年版;高淑娟:《近代化起点论:中日两国封建社会末期对外经济政策》,中国社会科学出版社2004年版;黄静:《清代广州十三行研究》,中国人民大学2009年博士学位论文;谭元亨:《十三行史稿》,中山大学出版社2020年版。

质上是闭关政策,[①]而以郭蕴静、王永曾、黄启臣、夏秀瑞为代表的学者则认为清朝海上贸易政策是严格管理下的开海政策。[②] 韦庆远的文章《论康熙时期从禁海到开海的政策演变》对康熙朝开海的背景、原因以及开海后的海关制度、税收制度等进行了研究。郭成康的文章《康乾之际禁南洋案探析——兼论地方利益对中央决策的影响》以“禁止南洋贸易”为例,分析了清廷中央的海上贸易政策受地方利益直接影响的问题。谭元亨所著《国门十三行:从开放到限关的逆转》对从康熙开海到乾隆限关73年间外贸制度的变化进行了梳理研究。[③]

对粤海关制度的研究已经有一些学术成果。如黄国盛与陈国栋的著作都对粤海关行政体系、关税制度、管理制度等进行了研究。[④] 李金明的文章《清代粤海关的设置与关税征收》研究了粤海关设置、征税类型以及征税弊端等问题,戴和的文章《清代粤海关税收述论》对粤海关的税收结构、税收增长、关税分配与用途等问题进行了探讨,廖声丰的文章《清代前期粤海关的商品流通及税收》分析了粤海关的税种、商品种类、商品流通渠道与结构等,吕铁贞的文章《论清代海关监督的法律职权》对粤海关监督的选任、职权、制衡作用等进行了研究,罗亮亮的文章《清代前期粤海关监察制度特点简析》对粤海关的监察制度与官员制度进行了分析。[⑤]

---

① 戴逸:《闭关政策的历史教训》,载《人民日报》1979年3月13日,第3版;吴建雍:《清前期对外政策的性质及其对社会发展的影响》,载《北京社会科学》1989年第1期;陈尚胜:《也论清前期的海外贸易——与黄启臣先生商榷》,载《中国经济史研究》1993年第4期;向玉成:《清代华夷观念的变化与闭关政策的形成》,载《四川师大学报》1996年第1期。

② 郭蕴静:《清代对外贸易政策的变化》,载《天津社会科学》1982年第3期;王永曾:《清代顺康雍时期对外政策论略》,载《社会科学》1984年第5期;黄启臣:《清代前期海外贸易的发展》,载《历史研究》1986年第4期;夏秀瑞:《清代前期的海外贸易政策》,载叶显恩主编:《清代区域社会经济研究》(下册),中华书局1992年版。

③ 韦庆远:《论康熙时期从禁海到开海的政策演变》,载《中国人民大学学报》1989年第3期;郭成康:《康乾之际禁南洋案探析——兼论地方利益对中央决策的影响》,载《中国社会科学》1997年第1期;谭元亨:《国门十三行:从开放到限关的逆转》,华南理工大学出版社2011年版。

④ 黄国盛:《鸦片战争前的东南四省海关》,福建人民出版社2000年版;陈国栋:《清代前期的粤海关与十三行》,广东人民出版社2014年版。

⑤ 李金明:《清代粤海关的设置与关税征收》,载《中国社会经济史研究》1995年第4期;戴和:《清代粤海关税收述论》,载《社会经济史研究》1988年第1期;廖声丰:《清代前期粤海关的商品流通及税收》,载《华南农业大学学报》2009年第1期;吕铁贞:《论清代海关监督的法律职权》,载《南京大学法律评论》2016年第1期;罗亮亮:《清代前期粤海关监察制度特点简析》,载《海交史研究》2018年第1期。

行商制度是广州十三行研究的重点之一,有些对行商及其家族的研究也涉及了行商制度,如《广东十三行之一:梁经国天宝行史迹》《广州十三行之一:潘同文(孚)行》《广州十三行行商潘振承家族研究》等。陈国栋所著《东亚海域一千年》中对行商潘有度进行了研究,还对行商经营不善的原因进行了分析。[①] 章深的文章《十三行与清代海外贸易的特点》中指出,由广州十三行经营的外贸达到中国封建社会官营海外贸易的最高峰。李金明的文章《广州十三行:清代封建外贸制度的牺牲品》分析了行商在实际经营中的困难与其破产的命运。江争红、马陵合的文章《清代"广东十三行"贸易制度下行商衰落原因探析》对垄断体制下行商与公行之间的关系、公行制度中的政府干预与管制等进行研究,认为十三行衰败的根本原因在于制度缺陷和组织松散。魏俊的文章《清代十三行公行制度研究》集中探讨了广州十三行公行制度从产生到官方认可再到受抵制的转变和原因。[②]

对清朝广州的外国人管理制度的研究也取得了一些成果。有些研究直接以外商作为研究对象,如王丽英的文章《简论清代前期的外商政策》研究了清代管理外商机构以及对外商的管理与优待,杨国祯的文章《洋商与澳门:广东十三行文书续探》涉及了澳门同知与粤海关监督对外商往返省澳等方面的管理。[③] 有些研究与行商责任研究或广州十三行制度研究结合在一起,如隋福民的文章《清代"广东十三行"的贸易制度演化》研究了对外商的管理,唐伟华、黄玉所著《清代广州涉外司法问题研究(1644－1840)》与王巨新所著《清朝前期涉外法律研究——以广东地区来华外国人管理为中心》都涉及对外国人管理制度的研究。[④] 还有研究是从清政府对外商贸易行为进行管理的角度探讨,如黄启臣、邓开颂的文章《略

---

① 黄启臣、梁承邺编:《广东十三行之一:梁经国天宝行史迹》,广东高等教育出版社2003年版;潘刚儿、黄启臣、陈国栋编著:《广州十三行之一:潘同文(孚)行》,华南理工大学出版社2006年版;潘剑芬:《广州十三行行商潘振承家族研究》,社会科学文献出版社2017年版;陈国栋:《东亚海域一千年》,山东画报出版社2006年版。

② 章深:《十三行与清代海外贸易的特点》,载《中国社会经济史研究》1987年第1期;李金明:《广州十三行:清代封建外贸制度的牺牲品》,载《广东社会科学》2010年第2期;江争红、马陵合:《清代"广东十三行"贸易制度下行商衰落原因探析》,载《贵州社会科学》2015年第9期;魏俊:《清代十三行公行制度研究》,载《兰台世界》2019年第1期。

③ 王丽英:《简论清代前期的外商政策》,载《惠州学院学报》2006年第2期;杨国祯:《洋商与澳门:广东十三行文书续探》,载《中国社会经济史研究》2001年第2期。

④ 隋福民:《清代"广东十三行"的贸易制度演化》,载《社会科学战线》2007年第1期;唐伟华、黄玉:《清代广州涉外司法问题研究(1644－1840)》,中国社会科学出版社2009年版;王巨新:《清朝前期涉外法律研究——以广东地区来华外国人管理为中心》,人民出版社2012年版。

论粤海关的若干特殊制度及其影响》指出清初对外商实行减税以吸引外商前来贸易,李宽柏的论文《鸦片战争前中英贸易中的英国散商研究》从英印中三角贸易角度阐述了清政府对英国散商的管理。①

国外学者对广州十三行管理制度的相关研究成果中,影响较大的是美国人马士(H. B. Morse)所著的《东印度公司对华贸易编年史(一六三五~一八三四年)》,其中涉及清朝前期的中外贸易、中外关系、广州十三行制度等多个方面的内容。美国人亨特(Hunter. William C.)以其亲身经历所著的《广州番鬼录》与《旧中国杂记》对粤海关制度、行商管理制度、外国人管理制度进行了记录。②美国学者范岱克的专著《广州贸易——中国沿海的生活与事业(1700~1845)》以广州贸易体制为研究中心,分析了广州体制的形成与广州贸易的运作,介绍了引水人、买办与通事的职责及其管理制度,并分析了广州体制瓦解的原因。③

2. 对广州十三行相关法制的研究综述

对广州十三行相关法制的研究,与对广州十三行的研究有所交叉但侧重点不同,目前也已经产生了一定的研究成果。张晋藩主编的《清朝法制史》与《中国法制通史》(第8卷),其中都有对清朝贸易法制与涉外法律的研究,涉及广州十三行的公行制度、粤海关税收、行商管理、外商管理等方面的法制。张晋藩的著作《中国法律的传统与近代转型》(第2版)涉及了鸦片战争前在广州十三行发生的刑事命案的处理,分析了其中的中外法律文化冲突,并揭示了外国觊觎领事裁判权的企图。④

对广州十三行相关法制的研究比较突出的,还有唐伟华、王巨新与张晓堂的研究,都涉及了广州十三行的某些管理制度。唐伟华、黄玉所著《清代广州涉外司法问题研究(1644-1840)》分析了清前期涉外刑事审判、涉外商事纠纷处理、华洋民事诉讼与中外价值冲突等;王巨新所著《清朝前期涉外法律研究——以广东

① 黄启臣、邓开颂:《略论粤海关的若干特殊制度及其影响》,载《广州研究》1985年第1期;李宽柏:《鸦片战争前中英贸易中的英国散商研究》,南昌大学2006年硕士学位论文。

② [美]马士:《东印度公司对华贸易编年史(一六三五~一八三四年)》,区宗华译,林树惠校,章文钦校注,广东人民出版社2016年版;[美]亨特:《广州番鬼录 旧中国杂记》,冯树铁、沈正邦译,广东人民出版社2009年版。

③ [美]范岱克:《广州贸易——中国沿海的生活与事业(1700~1845)》,江滢河、黄超译,社会科学文献出版社2018年版。

④ 张晋藩主编:《清朝法制史》,中华书局1998年版;张晋藩主编:《中国法制通史》(第8卷),法律出版社1999年版;张晋藩:《中国法律的传统与近代转型》(第2版),法律出版社2005年版。

地区来华外国人管理为中心》研究了清朝前期朝贡法律制度、涉外经济法律、涉外民商法律、涉外刑事法律与宗教管理法律,并从多个角度进行了法律制度的对比研究;张晓堂所著《清朝对外贸易法制研究》对清朝对外贸易法律法规、管理体制、贸易内容、海关税制等进行了研究,分析了清朝外贸法制的本质属性、形成原因与社会后果等。①

清朝前期中外法律冲突问题是法制史研究的重点,其中涉及了对广州十三行法制的研究。如强磊所著《论清代涉外案件的司法管辖》中论述了南京条约签订前广东地区的涉外司法,郭卫东所著《转折——以早期中英关系和南京条约为考察中心》涉及鸦片战争前中外法律文化冲突问题,吴义雄所著《在华英文报刊与近代早期的中西关系》从鸦片战争前外国人在广州与澳门创办的报纸内容分析了早期中外法律冲突。② 贺其图的文章《鸦片战争前的中西司法冲突与领事裁判权的确立》、陶广峰的文章《近代中西法律文化冲突概观》、王涛的文章《论十七世纪中西法律冲突》、吴义雄的文章《鸦片战争前英国在华治外法权之酝酿与尝试》、乔素玲的文章《鸦片战争时期中西法律观念比较》等,对中外法律冲突的研究都涉及了广州十三行法制的相关问题。③

国外学者有关广州十三行法制的研究,也是以中外法律冲突作为重点。如马士(H. B. Morse)所著《东印度公司对华贸易编年史(一六三五～一八三四年)》中有大量中外间刑事命案与民商事纠纷的案情与解决过程介绍,其另一著作《中华帝国对外关系史》(第 1 卷)中论述了清朝前期涉外案件的司法管辖权等问题。法国学者佩雷菲特的著作《停滞的帝国——两个世界的撞击》从世界史的角度分析了中外间在政治理念、贸易理念、法律观念、礼仪制度等多个方面存在的冲突。

---

① 唐伟华、黄玉:《清代广州涉外司法问题研究(1644－1840)》,中国社会科学出版社 2009 年版;王巨新:《清朝前期涉外法律研究——以广东地区来华外国人管理为中心》,人民出版社 2012 年版;张晓堂:《清朝对外贸易法制研究》,对外经济贸易大学出版社 2011 年版。

② 强磊:《论清代涉外案件的司法管辖》,辽宁大学出版社 1991 年版;郭卫东:《转折——以早期中英关系和南京条约为考察中心》,河北人民出版社 2003 年版;吴义雄:《在华英文报刊与近代早期的中西关系》,社会科学文献出版社 2012 年版。

③ 贺其图:《鸦片战争前的中西司法冲突与领事裁判权的确立》,载《内蒙古民族师院学报》1994 年第 2 期;陶广峰:《近代中西法律文化冲突概观》,载《法学》1995 年第 3 期;王涛:《论十七世纪中西法律冲突》,载《政法论坛》1998 年第 3 期;吴义雄:《鸦片战争前英国在华治外法权之酝酿与尝试》,载《历史研究》2006 年第 4 期;乔素玲:《鸦片战争时期中西法律观念比较》,载《社会科学辑刊》2005 年第 2 期。

类似的作品还有美国学者何伟亚(James L. Hevia)的专著《怀柔远人:马嘎尔尼使华的中英礼仪冲突》。美国学者爱德华(R. Randle Edwards)的论文《清朝对外国人的司法管辖》也论述了清朝前期广东地区涉外司法的情况。①

3. 对广州十三行法制相关研究的述评

综合来看,学界对广州十三行法制的相关研究虽取得了一些成果,但仍有不足。目前对广州十三行的研究在宏观与微观方面都有涉及,但对其法律制度的研究仍显薄弱。相关研究多是把清政府管理广州十三行贸易的某些制度作为研究对象,或者以广州十三行贸易中发生的法律事件作为分析样本,而缺少对广州十三行法制的系统研究,也缺少对广州十三行法制运行效果的全面评价,尤其缺乏对近代化趋势与广州十三行法制变革影响的深入思考。本书拟将广州十三行法制的研究放置于近代化趋势的背景之下,展现近代化趋势的发展对广州十三行法制变革的影响,考察清政府为应对近代化趋势在对外贸易法制方面作出的变革,探究广州十三行法制对清朝近代贸易的作用,并分析广州十三行法制对中国法制近代化产生的影响,以期对现有研究有所突破。

(二)相关概念的界定

本书拟对广州十三行法制进行专题研究,首先要对与广州十三行法制相关的几个基本概念作出界定。

1. 对“广州十三行”的界定

“广州十三行”是学术研究中经常采用的术语,与其相似的术语是“广东十三行”,从名称上看,似乎有所区别,但二者均指清政府设立在粤海关的专门从事中外贸易的商人组织,学者的研究中也没有作出区分,并且经常交叉使用。如十三行研究的奠基人梁嘉彬最初发表的研究成果是1932年的《广州十三行行名考》,②但其1937年出版的专著名称则为《广东十三行考》。③ 彭泽益1957年发表

---

① [美]马士:《东印度公司对华贸易编年史(一六三五～一八三四年)》,区宗华译,林树惠校,章文钦校注,广东人民出版社2016年版;[美]马士:《中华帝国对外关系史》(第1卷),张汇文等译,上海书店出版社2006年版;[法]佩雷菲特:《停滞的帝国——两个世界的撞击》,王国卿等译,生活·读书·新知三联书店2013年版;[美]何伟亚:《怀柔远人:马嘎尔尼使华的中英礼仪冲突》,邓常春译,刘明校,社会科学文献出版社2015年版;高道蕴等编:《美国学者论中国法律传统》(增订版),清华大学出版社2004年版。

② 梁嘉彬:《广州十三行行名考》,载《清华周刊》1932年第5期。

③ 该书已经多次再版,参见梁嘉彬:《广东十三行考》,广东人民出版社2009年版。

的论文名称为《清代广东洋行制度的起源》,[1]而其1981年发表的论文则名为《广州十三行续探》。[2] 近年来的十三行研究中也存在两个术语交叉使用的现象,如黄启臣与梁承邺合著了《广东十三行之一:梁经国天宝行史迹》,[3]但其与潘刚儿、陈国栋合著的则是《广州十三行之一:潘同文(孚)行》。[4] 章文钦的文章有些以"广州十三行"命名,如《清代广州十三行与澳门》,但收录该文的专著名称则为《广东十三行与早期中西关系》,[5]且该书中多处可见"广州十三行"和"广东十三行"交叉使用的情况。综合学者的研究来看,这两个名称在概念的内涵与外延上基本一致。十三行处于广州自然也处于广东,只是对地点的着眼不同,才导致了名称不同。

从历史溯源的角度考察,"十三行"源于明朝时期协助官府管理对外贸易的官设牙行,明嘉靖三十五年(1556年)广东海道副使汪柏对官设牙行进行改革:"乃立客纲、客纪,以广人及徽、泉等商为之。"[6]因客纲、客纪设立之初共有十三家商人,故被称作"十三行"。清朝开海贸易以后,为了满足开展并管理中外贸易的要求,清政府在粤海关设立了参与中外贸易的商人组织——行商,并沿袭明朝习惯称之为"十三行"。《粤海关志》记载:"沿明之习,命曰十三行。"[7]而清政府所认可的行商额定数目也是十三家,道光十七年(1837年)七月两广总督邓廷桢与粤海关监督文祥的奏折中也提到"从前洋行共有十三家"、"盖粤省洋行十三家,由来已久"等,并以此为依据提出严格控制行商数量:"嗣后十三行洋商遇有歇业或缘事黜退者,方准随时招补,此外不得无故添设一商。"[8]但行商数目实际上并不是固定在十三家,且由于行商经营倒闭等原因,其数量经常变化。作为商业机构的清朝广州十三行在近两百年的存续期间里,也被称作"洋货行""外洋行""洋

① 彭泽益:《清代广东洋行制度的起源》,载《历史研究》1957年第1期。

② 彭泽益:《广州十三行续探》,载《历史研究》1981年第4期。

③ 黄启臣、梁承邺编著:《广东十三行之一:梁经国天宝行史迹》,广东高等教育出版社2003年版。

④ 潘刚儿、黄启臣、陈国栋编著:《广州十三行之一:潘同文(孚)行》,华南理工大学出版社2006年版。

⑤ 章文钦:《广东十三行与早期中西关系》,广东经济出版社2009年版。

⑥ (清)顾炎武:《天下郡国利病书》(六),黄坤等校点,上海古籍出版社2012年版,第3423~3424页。

⑦ (清)梁廷枏:《粤海关志》,袁钟仁点校,广东人民出版社2014年版,第496页。

⑧ 同上书,第505~507页。

行”“公行”等，这既源于清政府的官方文书，也有行商的自称，还有外商对其的称呼。

本书的研究与论述，除了忠实于所引用的原文以外，均采用“广州十三行”的名称。原因在于，十三行虽从地域范围上属于广东，但可以具体确定在广州，十三行贸易就是指在广州所开展的中外贸易，这可以从十三行贸易开展的地点范围中表现出来：广州府香山县下辖的澳门是外国商船来华的第一站，外国商船停靠并装卸货物的港口在广州府番禺县的黄埔，磋商贸易并允许外商短暂居住的十三行商馆坐落于广州府南海县，非贸易季节外商则居住于澳门，因此与中外贸易相关的活动基本都是在广州完成的。虽然对十三行的管理除了粤海关以外还有广东督抚等地方官府的参与，但这并不影响清朝中外贸易主要在广州开展的事实认定。时至今日，“广州十三行”的名称不仅被学术研究广泛使用，也已经被相关机构的命名所采用，如广州十三行博物馆、广州十三行研究中心等。因此，采用“广州十三行”的名称可以使表达更为直接明确，也更符合历史。

另需说明的是，有些研究将广州十三行作为地名，[①]有些将广州十三行作为对外贸易机构，[②]有些将广州十三行作为制度，[③]各有不同与侧重。本书所指广州十三行，不仅是地点或商业机构意义上的十三行，更强调围绕广州十三行中外贸易管理而形成的制度，这个制度也被称为“广州制度”“广州体制”等。这个制度包括了清政府对广州中外贸易管理的具体政策、粤海关的职权规定与其管理制度、广州十三行外贸经营制度、行商制度、对外商管理的制度等，并形成了广州十三行法制，“广州制度是经过半个多世纪尝试和错误的过程而逐步形成起来的，显然它在1755～1760五年中是更加特出地法制化了”[④]。将广州十三行作为一种制

① 李国荣、林伟森主编：《清代广州十三行纪略》，广东人民出版社2006年版，第21页。

② 参见蒋祖缘：《广州十三行研究的基本理论与方法》，载广州大学十三行研究中心、中共广州市荔湾区委宣传部编：《广州十三行研究回顾与展望》，广东世界图书出版公司2010年版，第10页。类似观点还有很多，比如认为广州十三行是清政府垄断对外贸易的商业资本集团（参见李金明：《广州十三行：清代封建外贸制度的牺牲品》，载《广东社会科学》2010年第2期）；或认为广州十三行是清政府特许的具有半官半商性质的对外贸易垄断组织（参见黄静：《清代广州十三行研究》，载《档案学通讯》2010年第2期）。

③ 参见江波：《清代广州“十三行”制度的政治考量》，载《佛山科学技术学院学报（社会科学版）》2008年第5期。

④ ［英］格林堡：《鸦片战争前中英通商史》，康成译，商务印书馆1961年版，第42页。

度进行研究,很多学者都持类似观点,如梁嘉彬、张晓宁、章文钦、范岱克等,[①]本书在借鉴既有研究成果的基础上,从法律的视角对广州十三行法制进行专门研究。

2. 广州十三行的起始时间

广州十三行的起始时间在学术研究中存在一定的争议,学界基本认可广州十三行的结束是在《南京条约》确定五口通商之时,但关于广州十三行开始时间的观点并不一致。梁嘉彬认为,广州十三行的成立时间早于粤海关的设立,甚至将广州十三行的开始时间上推到了明代,[②]著名历史学家吴晗认为,广州十三行的成立时间应为康熙二十一年至二十四年(1682～1685 年),[③]彭泽益认为,十三行是粤海关监督设立之次年即康熙二十五年(1686 年)依据《分别住行货税》文告设立的。[④] 此外,还有研究者认为广州十三行开始于公行的设立,或者认为广州十三行开始于乾隆二十二年(1757 年)的广州"一口通商",但这两种观点目前已经基本被学界所抛弃。

本书也认同清朝广州十三行与明代牙行之间的密切渊源关系,但认为,作为制度的广州十三行应开始于康熙二十五年(1686 年)《分别住行货税》文告的颁布。这是因为,《分别住行货税》文告不仅从法律上正式区分了常关贸易与海关贸易,也从法律上区分了国内贸易商人与对外贸易商人,其不仅确立了行商对外贸活动的直接参与,也初步确立了行商垄断对外贸易的权利,并初步确立了行商代为缴纳关税的法律职责,正是由于这些基础,广州十三行法制才开始逐步形成。虽然粤海关的建立是在康熙二十四年(1685 年),早于《分别住行货税》文告的颁布,且粤海关制度也是广州十三行法制的重要内容,粤海关还发挥着联结行商与外商的基点作用,但粤海关初设时具体的广州中外贸易管理制度并没有实际建立,直到康熙二十五年《分别住行货税》文告的颁布才确定了行商对贸易的直接参与,粤海关与行商在外贸管理与参与方面才进行了明确分工,广州十三行法制

---

① 参见梁嘉彬:《广东十三行考》,广东人民出版社 2009 年版;张晓宁:《天子南库——清前期广州制度下的中西贸易》,江西高校出版社 1999 年版;章文钦:《广东十三行与早期中西关系》,广东经济出版社 2009 年版;[美]范岱克:《广州贸易——中国沿海的生活与事业(1700～1845)》,江滢河、黄超译,社会科学文献出版社 2018 年版。

② 梁嘉彬:《广东十三行考》,广东人民出版社 2009 年版,第 33 页。

③ 吴晗:《评梁嘉彬〈广东十三行考〉》。转引自梁嘉彬:《广东十三行考》,广东人民出版社 2009 年版,第 360 页。

④ 彭泽益:《广东十三行续探》,载《历史研究》1981 年第 4 期。

也从这个时间才开始建立。因此,本书将清政府颁布《分别住行货税》文告的康熙二十五年作为广州十三行的开始时间,康熙二十五年也是广州十三行法制开始形成的时间。

3. 广州十三行法制中法律关系的主体

"法律关系的主体,可简称为法律主体,是指在法律关系中享有权利和履行义务的人。"[①]在不同类型的法律关系中,存在不同的法律关系的主体,"在不同的社会,在不同的历史时期,法律关系主体的种类并不完全相同"。[②] 在清政府管控广州十三行中外贸易而形成的广州十三行法制中,其法律关系的主体共有三类,分别是:管理对外贸易的粤海关,直接参与对外贸易的行商,直接参与对外贸易的外商。

粤海关是专门负责广州中外贸易管理的行政机构。作为户部的派出机构,粤海关承担着征收关税与管理贸易两大法律职责,这两类法律职责,决定了粤海关与行商和外商之间必然产生多种法律关系。粤海关不仅负责管理行商与外商,而且还任用行商管理外商,粤海关成为联结行商与外商的基点。粤海关还受皇帝与内务府的直接控制,对皇帝与内务府承担着密报信息、进奉贡品等义务。粤海关对中外贸易和外来人员的管理又需要广东地方官府的协作,粤海关因此协调着中央与地方的关系,这种特点贯穿了粤海关职权行使的始终,并成为广州十三行法制的一个特点。

行商是在清政府特别是粤海关的许可下直接参与中外贸易的专门商人团体。行商享有垄断经营广州对外贸易的权利。在粤海关的授权下,行商协助管理贸易并负责管理外来人员,这既是行商的权利也是行商的义务。从行商的法律地位看,行商既是因参与贸易而受到管束的被管理对象,也是清政府授权协助管理贸易和外来人员的管理者,因此行商与粤海关、外商之间都存在复杂的法律关系。

外商是因中外贸易的开展而进入广州的外国人。外商的概念有广义与狭义之分,广义的外商不仅包括各国的来华商人,还包括外国水手、仆役等贸易辅助人员,此外还有外国士兵等军事人员。外商可以进入广州十三行开展贸易,在贸易期间可以居住于广州十三行商馆,其在广州贸易与留居生活期间享有一定的权利,更要遵守多种严苛的义务。外商受粤海关管理,从而与粤海关之间存在复杂

① 张文显主编:《法理学》,高等教育出版社、北京大学出版社2011年版,第113页。
② 同上书,第114页。

的法律关系。外商还受行商的直接管理,并和行商开展直接的贸易,因此外商与行商之间存在更加复杂的法律关系。

综上所述,粤海关、行商与外商三类法律关系的主体,在广州十三行对外贸易中分别扮演着不同的角色,承担着不同的权利(职权)和义务(职责),各自形成了一套相对完整的管理制度;同时,由于粤海关承担着管理行商与外商的法律职责,行商又在粤海关的授权下直接负责对外商的管理,因此,这三类法律关系主体相互之间都存在复杂的法律关系。粤海关、行商与外商三类法律关系主体各自的权利义务,以及三者相互之间的法律关系,共同形成了独具特色的清朝广州十三行法制。

三、研究方法与研究创新

(一)研究方法

本书将广州十三行商业管理制度的建立与运行放置于近代化趋势的背景之下,研究清政府为管理近代化趋势下的中外贸易而构建形成的广州十三行法制。根据研究内容与研究重点,本书主要采取三种研究方法:

1. 文献研究的方法

清朝广州十三行共存续了150多年,留下了关于广州十三行的大量文献资料,这些文献不仅种类较多而且内容丰富,包括了皇帝的谕旨、官府制定的规章制度、地方官员的奏章以及外国对华贸易的商贸档案资料等,还包括《大清律例》《清会典》等法典中适用于广州十三行贸易管理的规定。此外,行商家族也留下了大量反映当时社会状况与商业运营情况的历史资料。这些文献资料比较客观地反映了广州十三行中外贸易的实际运作情况,也反映了清政府对广州十三行施行的管理制度以及当时的中外关系等情况。运用文献分析的方法,通过对相关文献资料进行分析与研究,可以从法律关系主体的权利义务角度考察粤海关、行商与外商三者之间的法律关系,厘清广州十三行法制在近代化趋势影响下的变革历程,并通过文献分析为论证提供客观依据,努力做到以史为论、论从史出。

2. 比较研究的方法

广州十三行法制具有一定的历史承继性,其与唐宋以来的外贸管理法制有着密切关联。而由于所处时代背景的特点以及调整中外近代贸易的实际需要,广州十三行法制又体现出一定的近代化因素。本书的比较研究,既比较广州十三行法制与前朝外贸管理法制的异同,也比较广州十三行法制自身150多年的演变历程，还比较广州十三行法制在法制理念、法律规则、法律制度等方面与传统法制及近代法制的异同。通过比较研究，既静态呈现广州十三行法制的体系构成，又动态地反映广州十三行法制的变革历程，分析近代化趋势对广州十三行法制的影响以及清政府对近代化趋势的回应；通过比较研究，既静态地呈现广州十三行法制的文本规定，又动态地研究广州十三行法制的运行实效，分析广州十三行法制对传统法制的冲击，以及对中国法制近代化的影响。

3. 跨学科研究的方法

广州十三行法制的建立与运行与当时的政治、经济、文化、社会、中外关系等背景因素密切相关。本书是以西方近代化趋势的影响为背景，考察广州十三行法制的建立形成及其运行结果，因此，既要综合分析各种背景因素对广州十三行法制变革的影响，也要分析广州十三行法制的建立与运行对清朝政治、经济、文化与外交关系的影响，因此社会学、政治学、文化学乃至外交学等学科的研究方法也将被运用。通过运用跨学科研究的方法，把清朝的政治、经济、文化观念与对外关系作为研究的依据，分析与广州十三行法制密切相关的史实，归纳广州十三行法制与近代化趋势的内在联系，把握其受近代化趋势影响而动态演变的规律，并分析广州十三行法制的性质与特点。

（二）研究创新

1. 选题较新

本书以清朝广州十三行法制作为研究对象，不仅研究广州十三行法制的体系及其制度构成，而且分析清政府制定中外贸易管理法律制度的原因，还研究广州十三行法制的变革过程，并考察广州十三行法制的作用与影响，这在广州十三行的研究中是一个较新的选题。在具体的研究中，将广州十三行法制的建立变革置于近代化趋势的背景下，通过分析近代化趋势对清朝对外贸易及外贸法制的影响，探究清政府通过建立广州十三行法制所采取的积极顺应或消极违逆的举措，考察广州十三行法制变革与近代化趋势发展之间的关系，并从广州十三行法制的建立与运行对广州近代化贸易产生的作用等方面进行研究，分析广州十三行法制的运行效果，探讨广州十三行法制对传统法制的冲击以及对中国法制近代化的影响。

2. 研究视角较新

本书对广州十三行法制的研究，是以形成广州十三行法制的三类法律关系的主体作为研究的视角，梳理粤海关、行商与外商这三类不同的法律关系主体的权利(职权)与义务(职责),研究各主体的权利义务分别形成的粤海关制度、行商制度与外商制度,分析三类法律关系的主体相互之间的法律关系,总结出其各自的特点:粤海关沟通中央与地方,行商权利受约束而担责被强化,外商行使权利依附于行商但独立承担义务。通过研究三类法律关系的主体之间相互协调并相互制约的权利义务关系,探析其共同构成并有序运行的广州十三行法制体系,剖析清政府制定中外贸易管理法律的利益考量,评价广州十三行法制的历史意义。

3.观点创新

本书通过考察近代化趋势对广州十三行法制变革的影响,分析清政府通过规定三类法律关系主体的权利义务所建立形成的法制,考察广州十三行法制的运行效果,提出了一些较为创新的观点:

(1)广州十三行法制是清政府为了应对近代化趋势而建立的,其制度变革受到近代化趋势发展的影响。17世纪以来近代化趋势不断发展,对清朝海上贸易提出了开放市场、扩大贸易等要求。在清政府解除海禁实施开海贸易之后,其原有的朝贡贸易法制不能适应与外国开展近代化贸易的实际需要,中外贸易开展与中外交往都需要新的法律制度进行规范,清朝的对外贸易法制面临着困境。清政府在借鉴外贸管理历史经验的基础上,综合考量中外贸易开展与管理的实际要求,在广州创设了粤海关并以粤海关为基点联结行商与外商,通过规定这三类主体的权利与义务,建立形成了广州十三行法制。随着近代化趋势发展导致外贸管理形势的变化,广州十三行法制在运行过程中也在不断变革。

(2)广州十三行法制是清政府通过规定三类法律关系主体的权利义务而形成的具有特色的法制。清政府通过规定粤海关、行商与外商三类不同法律关系主体的权利义务,使之相互协调与制约并有效运转,形成了具有特色的广州十三行法制。三类法律关系主体各自的权利义务,分别形成了粤海关制度、行商制度与外商制度:粤海关制度调整的是粤海关与行商的关系以及粤海关与外商的关系,行商制度调整的是作为被管理者的行商与粤海关之间的关系以及作为管理者的行商与外商之间的关系,外商制度调整的是作为被管理者的外商与其两个管理主体粤海关与行商之间的关系。三项制度各有其特点:粤海关制度的特点表现在其协调中央与地方的关系,行商制度呈现出行商权利受拘束而担责被强化的特点,外商制度呈现出权利依附与义务独立并存的特点。这三项制度的相互衔接与协调互补,共同构成了具有特色的广州十三行法制。

(3)广州十三行法制对近代化趋势有顺应也有违逆,对清朝近代贸易有推动也有阻碍。广州十三行法制的建立与运行,在一定程度上顺应了近代化趋势的要求,促进了中外贸易发展与关税收入增加。但广州十三行法制中也有一些制度违背了近代化潮流的发展要求,尤其是在鸦片战争前夕更多是对近代化潮流的违逆。广州十三行法制的建立与运行,使清政府实现了对广州中外贸易的管控,在一定程度上保障并促进了广州中外贸易的开展,对广东经济与清朝全国经济发展都产生了积极作用。但广州十三行法制维护封建统治的目的以及自身缺陷,也束缚了中外贸易的自由发展,并导致行外交易与走私贸易等私相交易频发,尤其是外商平衡贸易逆差的鸦片走私泛滥,为鸦片战争的爆发埋下隐患。

(4)广州十三行法制在一定程度上改变了传统封建法制,并对中国法制近代化产生了一定影响,对当下贸易活动的法律规制也具有一定的历史镜鉴意义。广州十三行法制中建立了海关制度等体现近代因素的法律制度,并在一定程度上冲击了重农抑商与闭关锁国的传统封建法制。广州十三行法制促进了近代法律思想的传播、近代法制理念的萌动以及近代法制规则的实践,为中国法制近代化作了一定准备。广州十三行法制运行中的中外法律冲突,导致外国寻求在华治外法权,而收回领事裁判权是中国法制近代化的重要诱因,广州十三行法制也因此对中国法制近代化产生了一定影响。广州十三行法制根据近代化趋势的要求作出相应变革,这种先行先试种下了广东在近现代改革中敢为人先、走在前列的文化基因。广州十三行法制也可为我国当前正在推进的“一带一路”建设与粤港澳大湾区建设中贸易活动的法律规制提供一定的历史借鉴。

第一章　广州十三行法制变革的缘由

受 17 世纪以来近代化趋势对贸易领域的直接冲击，清朝海上对外贸易在形式与内容方面均发生了重大变化。清政府为了应对近代化趋势对贸易开展的要求，改变了闭关锁国的国政而实施开海贸易。开海之后，原来针对朝贡国家实施的朝贡贸易法制不能适应中外间近代贸易发展的要求，清朝外贸法制面临着困境。为了改变法制困境并对中外贸易实施有效管理，清政府对外贸法制进行了改革，在借鉴外贸管理历史经验的基础上，建立了以粤海关为基点联结行商与外商的一整套较为完善的法律制度，实现了广州十三行法制变革。

第一节　近代化趋势对清朝外贸法制的冲击

人类社会的历史进入 17 世纪以后，资本主义国家已经加快了近代化的进程，而包括清朝统治下的中国在内的东方世界却仍处于封建统治之下，“东西方近代化起点上的不同步性，致使新兴资本主义与亚洲传统封建主义两种制度之间产生了剧烈碰撞”①。贸易与市场是中外碰撞的重要领域，在近代化趋势下，资本主义国家的贸易扩

① 高淑娟：《近代化起点论》，中国社会科学出版社 2004 年版，第 324 页。

张要求日渐加大，并对清朝海上贸易制度产生了强烈冲击，在此影响下清朝对外贸易法制陷入困境。

一、近代化趋势对清朝贸易的冲击

近代化是从传统到现代的一种社会变革进程，有学者认为近代化的核心就是资本主义化。① 近代化表现在生产方式革新、政治制度更替、文化思想变革等多个方面。近代化趋势首先在资本主义国家内部产生影响，随着近代化趋势的加强以及资本主义国家不断地向海外扩张，近代化趋势的影响也扩展到了其他国家和地区，清朝的对外贸易也受到了冲击。

（一）17 世纪资本主义近代化趋势的发展

资本主义近代化的起始时间，最早可以追溯至欧洲资本主义萌芽的 14 ~ 15 世纪。随着欧洲农业和手工业生产技术的显著发展，城市行会手工业者最早发生了分化，商品经济迅速发展又促使生产关系发生了变化，资本主义雇佣关系开始形成，“在地中海沿岸的某些城市已经稀疏地出现了资本主义生产的最初萌芽”②。商品经济的发展和资本主义萌芽的产生，导致了新航路的开辟并加强了世界的联系。葡萄牙与西班牙开始了最早的殖民征服，其后英国、法国、荷兰等也开始加入殖民行列。从 16 世纪初开始，欧洲资本主义经济发展进入工场手工业时期，自然经济逐步走向瓦解，封建社会开始逐步向资本主义社会过渡。受 16 世纪中叶兴起的重商主义思想的影响，欧洲国家重视发展工商业，积极拓展对外贸易，奖励出口并限制进口，以增加本国金银硬币保有量。同时，更加注重扩大国外原料供应地，夺取海上贸易航运权，以赚取更多的外国金银硬币。这些措施保护了本国新兴工业免受外来竞争，争取了尽可能多的资本利益，顺应了资产阶级资本原始积累的要求。

进入 17 世纪，资本主义对外扩张更加强化，为了便于开展海上贸易与殖民活动，英国、荷兰、法国先后于 1600 年、1602 年、1604 年成立东印度公司。欧洲殖民者在美洲与非洲开采、劫运金银，大力发展种植园，开展奴隶贸易，还通过掠夺及欺诈性贸易等方法，积累了巨额财富，转化为发展本国资本主义工业的资本。在资本主义国家之间的内部竞争中，经过资产阶级革命的荷兰迅速崛起，1603 年在

---

① 高翔：《论清前期中国社会的近代化趋势》，载《中国社会科学》2000 年第 4 期。

② 《马克思恩格斯全集》（第 44 卷），人民出版社 2001 年版，第 823 页。

爪哇打败西班牙海军,1606 年在马六甲打败葡萄牙海军,1619 年在巴达维亚(今印度尼西亚首都雅加达)建立了殖民据点,还一度入侵了我国台湾地区。英国资本主义的发展也较为迅速,1640 年英国资产阶级革命开始,1649 年处决英王查理一世并成立共和国,资产阶级势力开始壮大,加快了向资本主义制度的过渡。1650 年英国议会通过了保护本国航海贸易垄断权的《航海法案》,大大促进了英国对外贸易与海洋运输业的发展。为了夺取海上优势并争夺殖民地,英国在 1652 年战胜荷兰,在 1655 年战胜西班牙,并在 1661 年从葡萄牙手中得到孟买,其在亚洲的势力开始扩大。

自新航路开辟以来,随着地理大发现和环球航行的成功,亚洲已经与欧洲、非洲、美洲连为一体,仅仅通过广州的外港澳门,就已经出现了澳门—果阿—里斯本、澳门—马尼拉—墨西哥、澳门—东南亚等多条航线,这为资本主义国家觊觎中国创造了条件。资本主义国家在开始进行殖民扩张以后,就把中国作为扩张的目标,既对中国提出了开展贸易的要求,也对中国进行了殖民尝试。从明朝末年开始,资本主义国家就开始侵袭中国东南沿海。明正德十二年(1517 年),葡萄牙殖民者最早来到广东沿海,并悍然发动了武装袭击。其后,葡萄牙人在广东还一度侵占广州附近的屯门、新会的西草湾,并侵扰浙江宁波的双屿以及福建泉州的浯屿等地。由于军事侵略活动遭到中国军民的激烈反抗,葡萄牙人开始改变其侵略方式。嘉靖十四年(1535 年)葡萄牙人通过贿赂明朝官员,以每年缴交租银为条件获得在濠镜(今澳门)停泊船只的权利,嘉靖三十二年(1553 年)又以上岸晾晒被海水浸湿的贡物与货物为借口,经广东海道副使汪柏许可,获得在澳门的居住权。此后,葡萄牙人在澳门建造房屋、修筑城墙、建造炮台,并自行任命官员进行"自治",由此,明朝政府对澳门的控制与管理权受到挑战。葡萄牙人、西班牙人以及后来的荷兰人、英国人都因运销中国商品获得大量利润,而中国商品大量进入世界市场,为资本主义国家了解与认识中国创造了条件,也促使资本主义国家对中国商品与贸易的需求大为增加。清朝建立以后,资本主义国家由于近代化趋势的发展,更加冲击清朝的海上对外贸易。

(二)近代化趋势对清朝贸易的要求

近代化趋势的发展表现在多个方面,但由于近代化趋势对贸易与市场的需求较大,开展贸易成为西方近代化趋势发展的主要内容,"不断扩大产品销路的需要,驱使资产阶级奔走于全球各地。它必须到处落户,到处创业,到处建立联系”[①]。由于资本主义国家海外贸易的迅速扩张，其对清朝贸易与市场的需求也逐步加大，清朝的海上贸易受到了强力冲击。

明朝末年，早期资本主义国家就已经来到中国东南沿海，葡萄牙窃据了澳门，荷兰侵占了台湾，英国船只炮击虎门闯入广州。此时的资本主义扩张还停留在海盗式掠夺阶段，“葡萄牙人、西班牙人、荷兰人和英国人初次出现在中国沿海一带是一群孜孜为利而不择手段的人”。[②] 但明朝坚持朝贡体制与朝贡贸易政策，并没有对资本主义国家的市场需求大开方便之门，西方与明朝的贸易被限制在澳门一地。清朝建立以后，继承了传统的宗藩观念，对外事务中沿袭明朝海禁与朝贡制度，唯一存留的澳门贸易也经历了从限制到禁止再到附条件开放的多次变化。顺治十三年（1656 年）清廷颁布正式的禁海令：“今后凡有商民船只私自下海，将粮食货物等项与逆贼贸易者，不论官民，俱奏闻处斩……凡沿海地方口子，处处严防，不许片帆入口，一贼登岸。”[③]顺治十七年（1660 年）又将沿海居民内迁，厉行海禁。清初禁海及迁海政策，阻断了中外商品交流与贸易开展，也在一定程度上阻止了近代化趋势对海上贸易的冲击。

然而随着近代化趋势的发展，资本主义国家对贸易与市场的需求不断扩大。资本主义国家以澳门为基地持续寻求贸易发展，反映出其对清朝贸易与市场的持续追求。为打破清政府的海禁政策，荷兰、葡萄牙等国纷纷遣使来华，企图打开清朝的贸易大门，17 世纪后期清朝的朝贡贸易受到了更大的冲击。顺治十年（1653 年）荷兰巴达维亚总督就曾为开展贸易而派遣使臣至广东请贡，但因为荷兰并不清楚朝贡体制的要求，使臣没有携带朝贡所需的表文，其请贡与贸易的请求被清廷驳回。[④] 两年之后，荷兰巴达维亚总督再次遣使来华，并且按清朝朝贡制度要求携带了表文和贡物，经广东巡抚奏请，获准赴京朝觐。顺治十三年（1656 年）荷兰使臣进京觐见，明确提出“凡可泊船处，准我人民在此贸易”[⑤]，但顺治皇帝只准“八年一次来朝”且“止令二十人到京，所携货物在馆交易，不得于广东海上私自

① 《马克思恩格斯选集》（第 1 卷），人民出版社 1972 年版，第 254 页。

② ［英］格林堡：《鸦片战争前中英通商史》，康成译，商务印书馆 1964 年版，第 41 页。

③ 光绪《清会典事例》卷七七六《刑部·兵律·关津》，中华书局 1991 年版，第 523 ~ 524 页。

④ （清）梁廷枏：《海国四说》，中华书局 1993 年版，第 205 页。

⑤ 国立中央研究院历史语言研究所编：《明清史料》（丙编第 4 册），商务印书馆 1936 年版，第 377 页。

货卖”①。康熙朝时期,荷兰贸易状况有所改观,“康熙二年,荷兰国助剿海逆,并请贸易,奉旨,著二年贸易一次”。② 葡萄牙在康熙九年(1670 年)也派使臣到北京寻求通商,其结果也不理想,“皇帝特赐筵宴,并赏以种种恩赐物品,以朝贡国之名义,记载于中国记录中,除此以外则一无所得”③。

西方国家虽领“朝贡国”之名分,但并没有领取清廷敕封,其“朝贡”的唯一目的就是开展贸易。这一时期资本主义国家的“朝贡贸易”实际已呈现出近代贸易的端倪,但其近代贸易仍被限制在朝贡贸易范围内,仍需要遵守贡期、贡道、人员安排、贸易内容等朝贡贸易法制的规定,远不能满足资本主义国家扩大贸易的需求。而与荷兰、葡萄牙等“朝贡国”不同,英国是在南洋、日本等地开展间接的对华贸易。经过两次对华直接贸易尝试的失败后,英国在 1670 年转而同控制中国东南沿海的郑氏政权展开贸易,1672 年还与郑成功之子郑经签订了正式的《通商条约》。英国在亚洲的贸易量比较大,仅 1679 年的一次贸易就运送至厦门 20,000 元货物,现款也有 30,000 元。④ 正是由于英国在清朝东南沿海开展的自由贸易,直接导致了清朝禁海时期的海上走私泛滥。

“朝贡国”的资格以及朝贡贸易,显然无法满足资本主义国家近代化趋势的需求,随着资本主义经济的不断发展,其对市场的需求进一步扩大,一旦出现有利条件,资本主义国家便会重新提出贸易要求。康熙十八年(1679 年),葡萄牙派遣贡使本多·白勒拉请求开展贸易,康熙二十二年(1683 年),清廷收复台湾后,荷兰便以曾协助剿灭郑氏政权有功为由请求通商贸易,获得了清廷的许可,受其影响,“西洋诸国因荷兰得请,争相趋附”⑤。资本主义国家纷纷聚集在东南沿海,清朝对外贸易受到了近代化趋势更为强烈的冲击。在这种情况下,清廷改变闭关锁国的对外贸易制度已经迫在眉睫。

二、近代化趋势促使清朝海上贸易政策改变

由于资本主义国家多次提出贸易需求,清廷已经意识到其贸易要求的迫切

---

① 中国人民大学清史研究所编:《清史编年》(第 1 卷)(顺治朝),中国人民大学出版社 1985 年版,第 478 页。

② 光绪《清会典事例》卷五一〇《礼部·朝贡·市易》,中华书局 1991 年版,第 910 页。

③ 周景镰编:《中葡外交史》,商务印书馆 1991 年版,第 156~157 页。

④ [美]马士:《东印度公司对华贸易编年史(一六三五~一八三四年)》(第 1 卷),区宗华译,林树惠校,章文钦校注,广东人民出版社 2016 年版,第 50 页。

⑤ 梁嘉彬:《广东十三行考》,广东人民出版社 2009 年版,第 72 页。

性，但忌于郑氏政权对中央统治的威胁，清朝仍坚持闭关锁国的国政，在对外贸易领域维持朝贡贸易法制。康熙二十二年（1683 年），清廷收复台湾，解除了东南沿海的军事威胁之后，清政府便开始改变其海上贸易政策。

（一）清朝开海贸易政策的确定

随着近代化趋势下外国贸易需求的增加，清廷在海禁期间就已经开始对其海禁政策进行反思，并且也作出了局部调整。康熙十八年（1679 年）葡萄牙以“请贡”之名寻求通商贸易时，清廷已经对全面海禁政策产生动摇，并同意在海禁未解除之前先行恢复广州与澳门之间的陆路贸易。只是，由于东南沿海郑氏政权仍未扫除，澳门贸易的形式与内容仍受到严格限制。① 康熙十九年（1680 年）三藩之乱平定后，郑成功政权的势力也已经严重削弱，清政府开放了对山东的海禁，允许其沿海居民下海捕鱼煮盐等活动。② 清廷实施开海政策，改变的是其实施了几十年的禁海与迁界政策，并且涉及东南沿海多个省份，由于影响较大，因此其开海政策的确定也非一朝一夕完成，同样经历了多个步骤。

“展界”政策的实施迈出了废除海禁的第一步。清初执行海禁政策，将沿海人民内迁是其重要保障手段，而废除海禁就是从展界回迁最先开始的。展界回迁是废除海禁的第一步，也是实施开海政策的前提与基础。康熙二十二年（1683 年）收复台湾不久，康熙皇帝便与大学士商定了浙江、江南、福建、广东沿海边界内迁居民的回迁事宜：“迁移百姓甚为紧要，应察明原主，各还其主。”③当年十月，康熙皇帝正式作出展界决定：“今若展界，令民耕种采捕，甚有益于沿海之民。”④因顺治十八年（1661 年）内迁政策而被迫迁离的沿海居民得以回归故土，沿海农渔林业等生产活动得以恢复。康熙二十二年（1683 年）十一月，康熙皇帝又特派吏部侍郎杜臻与内阁学士席柱 2 人南下广东与福建，主持展界工作的具体开展。展界政策的顺利实施，为开海政策的全面实施奠定了基础。

实施开海政策需要在统治者内部达成共识。展界只是恢复了沿海的居民生活与生产活动，与全面开海并不能等同。康熙二十三年（1684 年）康熙皇帝正式提出开海贸易的动议以后，清朝统治阶级内部产生了重大分歧，分成支持开海与

---

① （清）李士桢：《抚粤政略》，台北，文海出版社 1988 年版，第 212～213 页。

② （清）周凯：《厦门志》，台北，台湾银行经济研究室 1961 年版，第 194 页。

③ 中国人民大学清史研究所编：《清史编年》（第 2 卷）（康熙朝上），中国人民大学出版社 1988 年版，第 474 页。

④ 中国第一历史档案馆整理：《康熙起居注》（第 2 册），中华书局 1984 年版，第 1086 页。

反对开海两个派别。以大学士李光地为首的大臣主张不能开放海禁,“商舡不宜轻入大海”。① 主持展界归来的内阁学士席柱也反对立即开海:“据彼处总督、巡抚、提督云,台湾、金门、厦门等处虽设官兵防守,但系新得之地,应俟一二年后,相其机宜,然后再开。”②为了权衡开海利弊,康熙皇帝派遣吏部侍郎杜臻等4名官员前往江南、浙江、福建、广东四省进行实地考察,考察任务有四:“察濒海之地以还民,一也;缘边寨营、烽堠,向移内地者,宜仍徙于外,二也;海壖之民以捕鲜、煮盐为业,宜弛其禁,三也;故事:直隶天津卫、山东登州府、江南云台山、浙江宁波府、福建漳州府、广东澳门各通市舶,行贾外洋,以禁海暂阻,应酌其可行与否,四也。”③勘界大臣返朝后有疏言到:“浙江沿海地方,请照山东等处见行之例,听百姓以装载五百石以下船只,往海上贸易捕鱼……计货之贵贱,定税之重轻,按季造册报部。”④在决断开海贸易政策的过程中,勘界大臣的考察与回禀起到关键作用。此外,清廷还在海洋贸易税收政策的确定方面达成一致,决定先行制定海关税收则例:“海洋贸易,实有益于生民,但创收税课,若不定例,恐为商贾累,当照关差例,差部院贤能司官前往,酌定则例。”⑤

康熙二十三年(1684年)九月,清廷颁布命令,正式从法律上确定开海贸易⑥,同时宣布了允许商民出海贸易的具体政策:“山东、江南、浙江、广东各海口,除夹带违禁货物,照例治罪外,商民人等有欲出洋贸易者,呈明地方官,登记姓名,取具保结,给发执照,将船身烙号刊名,令守口官弁查验,准其出入贸易。”⑦可见,清朝开放海禁最先是从允许商民外出贸易开始的。当年十一月,康熙皇帝再次下诏:“各省先定海禁处分之例,应尽行停止。”⑧从影响上看,清廷决定开海贸易,不仅改变了清初闭关锁国的国政,而且改变了朝贡贸易在对外贸易中的主体地位,进而改变了朝贡贸易法制的实施。

---

① 中国第一历史档案馆整理:《康熙起居注》(第1册),中华书局1984年版,第657页。

② 中国第一历史档案馆整理:《康熙起居注》(第2册),中华书局1984年版,第1200页。

③ (清)杜臻:《闽粤巡视纪略》,载《四库全书珍本四集》第一一三册卷一,台北,商务印书馆1972年版,第3页。

④ 《清圣祖实录》卷一一五,中华书局1985年版,第192页。

⑤ 同上书,第200页。

⑥ 同上书,第212页。

⑦ 光绪《清会典事例》卷六二九《兵部·绿营处分例·海禁一》,中华书局1991年版,第1149页。

⑧ 中国第一历史档案馆整理:《康熙起居注》(第2册),中华书局1984年版,第1188页。

(二)促动清朝开海贸易的原因

康熙朝实施开海贸易政策,与沿海民生、经济利益、应对走私等密切相关,而近代化趋势的影响又强化了这些因素的决定作用。

开海贸易是为了应对近代化趋势在贸易领域的直接要求。如前所述,同时期的资本主义已经有了相当程度的发展,资本主义的发展需要寻求新的商品市场和原料产地,这促使资本主义国家在世界各地抢占势力范围、争夺海外贸易地和殖民地。而幅员辽阔、物产丰富的中国所具有的广阔市场与丰富商品,引起了资本主义国家对清朝贸易的渴求。从16世纪初开始,资本主义国家就不断对中国进行窥探与骚扰,当贸易请求不能实现时,也曾经爆发过小规模战争。明万历二十九年(1601年)荷兰人就请求在澳门通商贸易,但由于葡萄牙商人阻挠未能实现,荷兰人最终只能依靠武力,强制占领了台湾与澎湖作为贸易口岸。崇祯十年(1637年)英国人威德尔(Weddell)率领舰队再次请求在澳门通商,同样是由于葡萄牙商人阻挠未能实现,结果英国人炮击虎门,然后获得了在澳门通商的权利。清朝建立之后,资本主义国家随着资本主义的发展对市场的需求进一步扩大,为打破清政府的海禁政策,荷兰、葡萄牙等国纷纷遣使来华。清政府已经了解到西方对贸易的急迫需求,也担心如果一味拒绝通商,"外夷"可能会对沿海进行直接冲击。鉴于明朝时期发生的威胁海疆安全事件的教训,清政府也不愿长期禁海,唯恐导致武装冲突而威胁政治统治。

沿海民生利益是促进开海的重要原因。海洋贸易一直是东南沿海民生的重要依赖,"闽广人稠地狭,田园不足于耕,望海谋生,十居五六。内地贱菲无足轻重之物,载至番境皆同珍贝,是以沿海居民造作小巧技艺,以及女红针黹,皆于洋船行销。岁收诸岛银钱货物,百十万入我中土,所关为不细矣"①。清初多年的"禁海"与"迁界"导致东南沿海民生凋敝,并间接导致影响社会安定的多种问题出现。康熙皇帝对沿海民生多次作出强调,康熙二十三年(1684年)六月关于解除海禁的上谕就指出,"海洋贸易有益于生民",七月十一日康熙皇帝在议定开海举措的内阁大臣会议上再次指出,"边疆大臣当以国计民生为念"。② 康熙皇帝还认识到开海贸易不仅有利于东南沿海的民生,对全国其他各省也都有积极意义,"向

① (清)蓝鼎元:《论南洋事宜书》,载《清经世文编》卷八三,中华书局1992年影印本。
② 中国第一历史档案馆整理:《康熙起居注》(第2册),中华书局1984年版,第1200页。

令开海贸易,谓于闽粤边海民生有益,若两省民用充阜,财货流通,各省俱有裨益”。[①] 近代化趋势对海洋贸易的促进,为沿海民生的发展创造了积极条件,也更凸显出继续闭关锁国的不合时宜。虽然封建统治者考虑民生更多是为了维护封建统治的稳定,但是康熙皇帝也顺应了社会需求,对民生的考虑是其决定解除海洋贸易禁令、允许对外通商的重要原因。

开海贸易能够带来更多的国家税收等经济利益。开展海上贸易可以大大增加税收,国家经济又受其利,这是已被历代海洋贸易发展多次证明的事实,清朝统治阶级对此早就有所认识。在清初禁海时,台湾郑氏政权就通过东南海上贸易开展而积累了雄厚的经济实力,“(郑)成功以弹丸之地养兵十余万,甲胄戈矢罔不坚利,郑舰以数千计,又交通内地,收买人心,而财用不匮者,以有通洋之利也”。[②] 清初经历多年战乱,正是百废待举之际,增加税收对于国家推行大政方针具有重要意义。康熙皇帝就认为:“出海贸易,非贫民所能,富商大贾,懋迁有无,薄征其税,不致累民,可充闽粤兵饷,以免腹里省分转输协济之劳。腹里省分钱粮有余,小民又获安养,故令开海贸易。”[③]而在近代化趋势发展带来对外贸易量大幅增加的情况下,国家税收等经济利益必然大量增加。

开海贸易也是为了应对畸形发展的海上走私贸易。清初禁海导致海上走私贸易大行其道,不仅民间走私泛滥,甚至地方官员也参与走私攫取利益。镇守广东的尚可喜父子更是明目张胆支持走私,其王府组织的王商以武力为掩护进行大规模海上走私,王府参将沈上达“打造船舡,私通外洋,一次可得利银四五万两。一年之中,千舡往回,可得利银四五十万两”。[④] 澳门附近的十字门海面,因海上走私交易频繁成为走私的据点。康熙皇帝对走私贸易的泛滥曾指出:“向虽严海禁,其私自贸易者,何尝断绝。”[⑤]鉴于海上走私的日益泛滥,只有开放海禁开展合法的海上贸易,才能挤压走私的生存空间,真正实现对走私贸易的打击。尤其是在近代化趋势导致贸易需求增加的情况下,若不开放海禁,只能产生刺激走私扩大的恶性结果。

---

① 《清圣祖实录》卷一一六,中华书局 1985 年版,第 212 页。
② (清)郁永河:《海上纪略》,“伪郑遗事”,清光绪四年排印本。
③ 《清圣祖实录》卷一一六,中华书局 1985 年版,第 212 页。
④ (清)李士桢:《抚粤政略》,台北,文海出版社 1988 年版,第 814 页。
⑤ 《清圣祖实录》卷一一六,中华书局 1985 年版,第 205 页。

三、清朝开海贸易后面临的法律困境

开海贸易之后，清朝对外贸易的形式与内容均发生了变化。中外之间的贸易开展，打破了封建社会原有的对外贸易格局，原来针对亚洲朝贡国实施的朝贡贸易法制，不能适应中外近代贸易的要求。清朝开海贸易后面临的法律困境，决定了清政府进行法制变革的必要性与紧迫性。

（一）朝贡贸易法制不能适应资本主义贸易要求

清初调整对外贸易的法律主要是朝贡贸易法制，但朝贡贸易法制是针对亚洲朝贡国的朝贡贸易实施的，其调整范围有限，也无法适应中外之间贸易发展的要求。朝贡贸易法制与朝贡制度紧密联系，清廷通过一系列法律规定了烦琐的朝贡制度，包括贡期、贡道、人员和迎送程序等，也规定了与朝贡贸易直接相关的贡物交换、附带贸易开展、贸易限制等内容，朝贡贸易法制因此建立并完善。但朝贡贸易法制发挥调整作用的前提是，前来贸易的国家具备朝贡国资格，并遵守朝贡流程，因此，朝贡贸易法制无法适用于非朝贡国之间的贸易。而且，清朝的朝贡贸易法制除了完成清廷以贸易“用普怀柔”的目的之外，还带有明显的“防禁”目的，其贸易形式与贸易内容被严格限制，并不能适应新的中外贸易发展的需要。

朝贡贸易法制须依托朝贡体系发挥调整作用，但随着亚洲朝贡体系的削弱，朝贡贸易法制的法律效力也被弱化。朝贡贸易法制的有效运行依赖于朝贡体系，而朝贡体系的建立和维系是以强盛的国力和国际威望为后盾的。亚洲朝贡体系在明后期就已盛极而衰，尤其在明神宗元年（1570 年）西班牙东进占领吕宋、万历四十七年（1619 年）荷兰占领爪哇与巴达维亚以后，中国在亚洲的影响力逐步减弱。清朝虽然承袭了明朝的朝贡体系，但清朝所处的国际时势已然变化。资本主义国家在亚洲的势力持续增长，清政府已不可能给其他亚洲国家提供政治保护或军事援助，已经不能在亚洲事务中发挥重要影响。因此，清朝只是恢复了形式上的朝贡体系。此外，资本主义海外贸易的扩张对朝贡贸易本身也产生了直接冲击。自 18 世纪中期开始，由于资本主义国家介入贸易，清朝民间商人与南洋之间的贸易兴起，每年都有几百艘中国商船驶往东南亚，①这直接导致东南亚国家不需要依赖朝贡贸易实现商品交换，朝贡贸易法制对贸易的调整作用已经非常

---

① 田汝康：《十七世纪至十九世纪中叶中国帆船在东南亚洲航运和商业上的地位》，载《历史研究》1956 年第 8 期。

有限。

朝贡贸易法制不能调整中外之间的贸易，根本原因在于规制贸易的法律理念的不同。资本主义国家的对华贸易，从贸易理念到贸易形式实际都属于自由贸易的范畴，①而朝贡贸易法制恰恰注重限制贸易自由，并将贸易严格束缚在法律许可的有限范围之内。这从根本上决定了，朝贡贸易法制必然无法与资本主义自由贸易相适应。如前所述，资本主义国家与清朝之间实际上开展的也是自由贸易，尽管这种贸易被冠以"朝贡"之名，但是自由贸易与朝贡贸易迥异，二者在贸易主体、贸易形式、贸易内容、贸易流程等方面均不相同，朝贡贸易法制难以规制中外贸易。尤其是当资本主义国家以"朝贡贸易"为掩护，逐渐增加贸易量并提出更多贸易要求时，朝贡贸易法制更无法适应资本主义国家贸易的发展形势，不能满足资本主义国家贸易对法律制度的需求。

（二）中外贸易开展需要新的法制保障

清廷决定开海贸易以后，清朝对外贸易形势发生了变化，中外贸易的开展与逐步繁荣，要求贸易法制随之改变，为贸易提供规制与保障。具体而言，中外贸易开展过程中有三大问题需要法律规制：关税征收、贸易管理以及对参与贸易人员的管理。

征收关税不仅是清廷决定开海贸易的重要目的，也是调整对外贸易的重要手段，为此必须设立征税机关，建立完善的税收制度，并为中外贸易的开展奠定法制基础。征税对清廷来说并不陌生，内地常关积累了丰富的征税经验，但对外贸征税却遭遇新的问题。朝贡贸易因"怀柔远人"的定位，其征税制度并不健全，也没有确定征税依据与规定具体税率的相关法制。但开海贸易后，首要解决的问题就是如何征收贸易关税，尤其是关于征税机关的设置、国内与涉外税收的协调、征税依据以及是否对朝贡贸易开征关税等问题。对于征税的原则性问题，清廷经过多次讨论已经形成法律原则，康熙二十三年（1684 年），康熙皇帝批示："福建、广东新设关差，止将海上出入船载贸易货物征税。"②康熙二十四年（1685 年）还确定对同属对外性质的朝贡贸易免于征税。但是，关税征收的具体操作问题，如税种

---

① 受重商主义影响，资本主义国家在其国内实行的是贸易垄断制度，但在海外却是自由贸易。以英国为例，英国将对外贸易的垄断权利授予了东印度公司，但东印度公司在海外开展的却是自由贸易，且英国在海外还有大量散商贸易，清朝时期广州贸易中的英国散商——"港脚商人"不仅数量众多，而且贸易量也较大。

② 《清圣祖实录》卷一一六，中华书局 1985 年版，第 215 ~ 216 页。

的设置、税额的确定、计算的标准、缴税的方式等涉及技术操作的问题，则需要指派专业人员进行，并制定统一、完善的法律制度予以保障。

贸易管理包括对贸易经营活动、贸易程序与商品流通过程的协调、控制、规范与监督。贸易管理法制是贸易顺利开展的保障，其中对经营活动的管理是其重点内容。此外，贸易程序或称贸易流程的规范，也是贸易管理的重要部分，对外贸易的流程更需要法律作出规定。清朝开海之前所实施的朝贡贸易法制依赖于朝贡制度，在贸易管理与贸易程序方面本来就有严格的规定，但因朝贡贸易的范围与规模有限，贸易管理的内容相对简单。而在开海贸易后，由于中外贸易具有自由贸易、自主贸易的特点，其管理内容广泛、管理对象复杂，所包含的管理细节更多，如贸易规模的确定、商品价格的议定、商人经营行为的规范、进出口商品的管控，以及贸易沟通方式、报备手续办理、商船停泊流程、货物检验与交接等程序性事项等，都需要法律规定予以明确和规范。另外，贸易管理也是为了保护商人的正当权益并协调商人之间的关系，还为了将贸易内容限制在统治阶级许可的安全范围之内。比如，商船停泊的流程实际上关涉对外商船舶的管控，也关涉海防的安全，而进出口商品的管控则直接关涉社会的稳定。

人员管理在贸易管理中居于重要地位，因为贸易的开展都是通过人员来具体进行的。法律通过对贸易参与人员的管控，就可以实现控制贸易的目的。由于中外贸易的涉外性，在人员管理方面，清廷关注的重心不仅是参与贸易的国内商人，更重要的是因贸易而进入国境的外国人。再则，清朝自朝贡贸易开始，对贸易作用的定位就不仅是贸易所带来的经济利益，还将贸易作为“加恩远人”的手段。在朝贡贸易法制中，由于贸易依附于朝贡这一政治目的，因此对参与贸易的人员身份、数量、行为模式均有明确限制，甚至一切都是固定化流程，无须强调人员管理。但在中外自由贸易下，来华贸易的外国人不仅数量增加、来华时间变长，而且与国人接触频繁、交往加深。清政府对国人与外国人的交往一直心存戒备，尤其是要“防范内地民人与洋人串通一气，危及封建统治”。[①] 开海贸易以后，清政府在维护政治统治方面的防范重点，逐渐从防范汉人变为防范前来贸易的外国人。因此，清廷迫切需要建立新的贸易法制，实现既能够约束国内商人又能够防范外国商人的目的。

① 张晋藩主编：《清朝法制史》，中华书局1998年版，第317页。

（三）中外交往需要新的法律规制

开海贸易之后，伴随对外贸易的开展，摆在清廷面前的另一问题是如何与资本主义国家开展交往，尤其是与贸易直接相关的中外交往。清廷在开海贸易之前的外交基本是朝贡外交，只与亚洲朝贡国之间建立外交关系，且与朝贡国开展外交的目的只有一个，就是接受朝贡。朝贡贸易的开展是"因贡而市"，朝贡贸易是附属的。但在开海贸易之后，情况已然发生变化，商业贸易已经开始带动外交活动，外交通过商业先导而逐渐增加。面对因贸易开展而交往增多的资本主义国家，如何规制与这些非朝贡国之间的交往，是清廷面临的新问题。

与中外贸易开展相伴的是，随着近代化趋势的加强，外国的宗教传播也加大了力度。清廷对外国宗教的传播早有戒心，担心外国宗教势力以经商为名进入内地传教，在思想意识形态方面影响内地民人。清政府甚至认为"西洋人与回人，向属一教"①，尤为担心宗教传播导致封建统治的不稳定，因此，清廷必须解决因贸易开展而带来的新型外交问题。事实证明，清廷的担心并非空穴来风，广州中外贸易开展之后，外国传教士多以经商、行医、传播科学等名义来到中国传教，乾隆四十九年（1784 年）就发生了多名传教士从广东出发秘密前往内地传教的情况，其秘密行动连续穿越多省，直至湖北境内才被发现并抓捕，酿成"乾隆朝教案"。②清廷已经采取了预防措施，通过法律制度严格限制了传教士的行为，因而避免了危及封建统治的严重情况。

综上所述，由于开海贸易后所面临的法律困境，清政府必须采取法制变革措施，建立能够符合近代化趋势下中外贸易开展与管理要求的新型法律制度。这种新型的法律制度，就是在清政府的法制变革中逐渐构建形成的广州十三行法制。

第二节　清朝外贸法制溯源

中国的对外贸易具有悠久的历史，外贸管理法制也有着深厚的历史渊源。出于获取经济利益与维护封建统治的需要，历代封建政权都注重对外贸的管理。尤其是从唐代开始，封建国家开始加强对外贸的法律控制，对外贸易法制开始发展。

---

① 《清高宗实录》卷一二一三，中华书局 1986 年版，第 268 页。

② 中国第一历史档案馆编：《清中前期西洋天主教在华活动档案史料》（第 1 册），中华书局 2003 年版，第 385 ~ 386 页。

清朝建立后,承继了历史上的外贸管理法制经验,特别是深受明朝外贸法制的影响,实施了闭关锁国的国政与朝贡贸易法制。

一、清代以前的对外贸易法制

受制于封建政治制度的局限,加之经济管理能力的掣肘,封建社会的外贸管理制度经历了一个从初步到成熟、从松散到规范的过程。由于重农抑商的深刻影响,封建社会的商业立法并不发达,涉及外贸管理的立法更是相对稀缺,但随着对外贸易的发展以及对外交往的加深,清代以前也逐步形成了对外贸易管理法制。

(一)唐代的外贸管理制度

在隋代以前,封建国家的行政体制中没有专门的外贸管理机构,也没有设置专门管理外贸的行政官员,对外贸易管理制度相对混乱,管理依据不一,管理成效不佳。隋朝实现大一统以后,隋炀帝采取了积极的外贸政策,在鸿胪寺下"置四方馆","掌其方国及互市事",成为外贸事务专职机构的先驱。① 唐朝时期国力强盛,社会相对稳定,经济发展较快,对外贸易也迅速发展,对外贸易的内容与性质已经发生变化,不再局限于政治色彩的朝贡贸易,也开始出现自由交易的市舶贸易。繁荣的外贸要求规范的管理,唐玄宗开元二年(714 年)在广州设立了专门管理对外贸易的职官——市舶使,"时右威卫中郎将周庆立为安南(实为岭南)市舶使,与波斯僧广造奇巧,将以进内"。②

市舶使也称"结好使",其地位与作用类似于清朝的"海关监督"。③ 市舶使"籍其名物,纳舶脚,禁珍异,蕃商有以欺诈入牢狱者"。④ 但"除舶脚、收市、进奉外,任其往来通流,自为交易,不得重加率税"。⑤ 可见,市舶使的职责主要为登记外贸船只与货物、征收商税、为宫廷采购舶来品、管理贡品进献、查禁珍奇异物、监

① 《广州市志》卷七《外经外贸综述》,载胡巧利主编:《广东方志与十三行——十三行资料辑要》,广东人民出版社 2014 年版,第 103 页。

② 《旧唐书》卷八《玄宗上》,中华书局 1975 年校点本,第 174 页。但据学者考证,其中的"安南市舶使"为"岭南市舶使"之误,相关史料记载见《新唐书 · 柳泽传》、《唐会要》"御史台"条等。参见李庆新:《唐代市舶使若干问题的再思考》,载《海交史研究》1998 年第 2 期。

③ 梁嘉彬:《广东十三行考》,广东人民出版社 2009 年版,第 31 页。

④ (唐)李肇等:《唐国史补》(卷下),上海古籍出版社 1979 年版,第 63 页。

⑤ 《钦定全唐文》卷七五载:唐文宗太和八年(834 年)上谕"南海番舶本以慕化而来,固在接以仁义,使其感悦……除舶脚、收市、进奉外,任其往来通流,自为交易,不得重加率税"。转引自梁嘉彬:《广东十三行考》,广东人民出版社 2009 年版,第 39 页。

督和管理市舶贸易以及对贸易违法行为进行惩处。市舶使是中国封建社会时期最早的专门管理外贸的职官,并从此正式开创了封建社会时期的外贸管理制度。

唐朝的市舶使最早设立于广州,与广州对外贸易的悠久历史和繁荣状况密不可分。广州经济发展较早,贸易繁荣且商品众多,秦始皇也因为觊觎岭南财富,“利越之犀角、象齿、翡翠、珠玑”,①而对岭南地区发动征服战争。受益于得天独厚的地理位置条件,广州的对外贸易发展较早,汉朝时期东南亚诸国就沿水路从广州登陆开展贸易,中国现知最为古老的海上丝绸之路也在这个时期形成。外贸商船从广州出发,出珠江口,经南海驶入印度洋,直达波斯湾和阿拉伯半岛。虽然广州对外贸易发展较早较快,但在唐代以前没有设立专门的管理机构,也没有专门的对外贸易管理制度。直到隋唐时期,广州作为唐朝最为重要的外贸口岸,每年都有大量外商前来贸易,“南海舶,外国船也,每岁至安南、广州”②。繁荣的外贸要求管理的加强,唐朝政府遂在广州设立了市舶使。

唐朝市舶使职官的设立,增强了广州对外贸易的规范性,为广州贸易创造了优良环境,各种舶来品与丝绸、陶瓷、漆器等货物的交易发达,创造了较好的商业效益。为鼓励各国商人前来贸易,唐朝时还在广州城外设立了专供外来人员居住的“蕃坊”。外来人员集中居住,不仅有利于管理,也推动了广州对外贸易的发展。前来广州经商的外国船舶增加,在广州居住的外国商人数量也大幅增加。广州成为外国人进入彼时中国内地开展贸易活动的基地,也因此成为对外文化交流的中心。

(二)宋代的外贸管理制度

宋朝沿袭了唐代以来鼓励海外贸易的政策,加之宋代陆上丝绸之路因连年战争而阻塞,海上丝绸之路更受重视。宋朝发展了唐代市舶使制度,设立了管理外贸的专门机构——市舶司。宋太祖开宝四年(971 年),北宋首次设立市舶司,又称提举市舶司,这是中国封建社会时代最早的专门管理外贸的行政机构。市舶司的首设也在广州,宋太祖“命同知广州潘美、尹崇珂并充市舶使,以驾部员外、通判广州谢处玭兼市舶判官”。③ 其后,宋朝又先后设立了杭州、明州市舶司,元祐二年(1087 年)十月又增设了泉州市舶司。

---

① 张双棣撰:《淮南子校释》(下),北京大学出版社 1997 年版,第 1907 页。

② (唐)李肇等:《唐国史补　因话录》(卷下),上海古籍出版社 1979 年版,第 63 页。

③ (清)徐松:《宋会要辑稿》(第 7 册),刘琳等校点,上海古籍出版社 2014 年版,第 4203 页。

作为主管海外贸易的专门机构，市舶司的基本职能为“掌蕃货、海舶、征榷、贸易之事，以来远人，通远物”。[①] 具体包括：(1)管理外贸。市舶司负责具体执行外贸经营特许制度，该制度是为加强海外贸易管控而专门实行的。市舶司负责为出海商船颁发贸易凭证——“券”。宋太宗瑞拱二年(989年)诏：“自今商旅出海外蕃国贩易者，须于两浙市舶陈牒，请官给券以行，违者没入其宝货。”[②]商船返航后要向市舶司交还凭证，“回日许于合发舶州住舶，公据纳市舶司”[③]。如果船舶所载货物前往异地销售的，也须到市舶司申请凭证，“诸客人买到抽解下物货，并于市舶司请公凭引目，许往外州货卖”[④]。(2)征收货税。宋朝对进出口贸易采取不同的征税政策，对出口货物不征税，只对进口舶货征收。征税采取抽取货物总量一定比例实物的形式。征税初期不区分货物种类，后期则将货物分为粗细两大类，并按照不同比例抽税，南宋绍光年间规定：“细色直钱之物十分抽解一分，粗色十五分抽解一分。”[⑤](3)收购舶货。市舶司对抽解货税后的舶物按规定进行收购，收购比例按照舶货性质不同而作出区分。禁榷物由市舶司以官方身份购买，非禁榷物则由市舶司按照规定价格收买一部分，其余由商人按市价自行买卖。宋太宗淳化年间规定：“自今除禁榷货外，他货择良者，止市其半，如时价给之，粗恶者恣其卖，勿禁。”[⑥](4)招徕外商。宋朝沿袭了原建立于广州的南汉政权招徕外商的传统，由市舶司官员专门负责招徕外商，具体方式包括设宴慰劳、免除商税、奖给银彩等。

除了设立专门的对外贸易管理机构，宋代外贸管理的另一特点是对外贸易法律的制定。封建法制的根本目的在于维护封建统治，也只有出于维护封建统治的必要，法制才有产生与发展的可能。唐代以前，虽然对外贸易已经有所发展，但受制于封建经济发展的较小规模，对外贸易立法的紧迫性不强。即使是封建经济相对繁荣的唐朝，也未制定专门调整对外贸易关系的法律法规。两宋时期，经济重心南移，对外贸易获得了迅速发展。为了加强对日渐繁盛的对外贸易的管理，并增加外贸税收，宋朝开始制定专门的对外贸易法规，元丰三年(1080年)制定了中

① 《宋史》卷一七六《职官志·提举市舶司》，中华书局1977年版，第3971页。
② (清)徐松:《宋会要辑稿》(第7册)，刘琳等校点，上海古籍出版社2014年版，第4204页。
③ 同上书，第4207页。
④ 同上书，第4205~4206页。
⑤ 同上书，第4203页。
⑥ 同上书，第4204页。

国乃至世界历史上第一部专门、独立的对外贸易管理法规——《广州市舶条法》。该条法作为广州市舶司运行经验的总结，其内容包括提举市舶司的职责、贸易管理、外商保护等具体规定，①已经具备一定的系统性。该条法虽然是针对广州市舶司制定，但由于"令全国各口岸城市市舶司执行"，②因此促进了宋代对外贸易管理法制的整体发展。

宋代市舶司的设置最早是在广州，外贸管理法规《广州市舶条法》也是针对广州外贸管理制定的，这不仅反映了广州在宋代对外贸易中的重要地位，也体现了宋代广州对外贸易管理制度的相对成熟。宋朝时广州对外贸易持续繁荣，即使后来增设了泉州、明州市舶司，广州贸易仍最为兴盛。③ 由于广州在对外贸易中的重要地位，以及广州市舶司管理外贸的高效，广州市舶司一度独占外贸凭证的签发权。宋神宗熙宁年间规定："泉人贾海外者，往复必使东诣广，否则没其货。"④虽然后来明州与杭州市舶司也取得外贸凭证签发权，但各地之间分工明确，贸易范围广阔的南亚、西亚以及东非国家与地区的外贸仍由广州市舶司管理，广州的贸易权重仍然最大。

（三）元朝的外贸管理制度

元朝虽然是北方游牧民族统一全国而建立的封建政权，但对海上外贸仍然非常重视。自至元十六年（1279 年）起，元世祖就要求官员力行"招收海外诸蕃事"。⑤ 虽然元朝还曾实施过海禁政策，但总体上看，元朝海外贸易的范围更加扩大，海外贸易处于继续发展的状态。自宋代开始实施的市舶司制度，因其管理对外贸易的有效性，也被元朝沿袭。至元十四年（1277 年）元政府最先设立泉州市舶司，后又"立市舶司三于庆元、上海、澉浦"，⑥至元二十一年（1284 年）又陆续设立杭州、温州市舶司。元朝最多时设有 8 处市舶司，后因实行海禁，各市舶司废立变化频仍，元英宗至治二年（1322 年）只恢复了广州、泉州、庆元 3 处市舶司。尽

---

① 章深：《北宋"元丰市舶条"试析——兼论中国古代的商品经济》，载《广东社会科学》1995 年第 5 期。

② 《广东省志·对外经济贸易志》，载胡巧利主编：《广东方志与十三行——十三行资料辑要》，广东人民出版社 2014 年版，第 2 页。

③ （北宋）朱彧：《萍州可谈》，卷二云："崇宁初（1102），三路各置提举市舶司，三方惟广最盛。"转引自梁嘉彬：《广东十三行考》，广东人民出版社 2009 年版，第 43 页。

④ （元）马端临：《文献通考》卷六二《职官考十六·提举市舶》，中华书局 1986 年版，第 563 页。

⑤ （明）宋濂等：《元史》卷一〇《世祖七》，中华书局 1976 年版，第 217 页。

⑥ （明）宋濂等：《元史》卷九四《食货一·市舶》，中华书局 1976 年版，第 2401 页。

管如此,“元代的市舶制度是唐宋以来数百年市舶贸易经验的总结,已经达到了相当完备的程度”。[①]

除了延续设立市舶司管理对外贸易,元朝的外贸管理立法也有所加强。元代外贸立法比宋代更加严密,尤其是强化了国家对海外贸易的控制。至元三十年(1293年)元朝参照南宋《抽分市舶则例》制定了《至元市舶法则》,对外贸管理作出细致规定,其内容涵盖贸易税收、船舶管理、货物管制、官员责任、外商管理等多个方面。延佑元年(1314年)元政府又修订颁布了《市舶则例二十二条》,对市舶司的职责范围作了更加明确的规定,加大了对外贸违法行为的惩处力度,尤其是强化了对外贸易的审批制度。元朝规定出海贸易的船舶、人员及货物都必须经市舶司审核批准,也只有领取市舶司颁发的公据或公凭的船舶才能从事海外贸易,“诸处市舶司舶商,每遇冬汛北风发时,从舶商经所在舶司,陈告请领总司衙门原发下公据、公凭”[②]。而且在申请凭证时必须由牙人提供担保,“舶商请给公验,依旧例召保舶牙人,保明某人招集到人伴几名下舡,收买物货往某处经纪”[③]。元朝对海上贸易征税的税率与宋朝基本相同,“凡邻海诸郡与蕃国往还互易舶货者,其货以十分取一,粗者十五分取一,以市舶官主之”[④]。但元朝外贸征税的最大变化是开始征收船舶税,开创了先河。船舶税的征收最早从泉州开始,至元三十年起开始在各市舶司征收:“市舶司凡七处,独泉州于抽分之外,又取三十分之一以为税。自今诸处,悉以泉州例取之。”[⑤]

元朝外贸管理制度的另一特点是官商合营的“官船”制度的建立,该制度自至元二十二年(1285年)开始实施,“于泉、杭二州立市舶都转运司,造船给本,令人商贩,官有其利七,商有其三”[⑥]。为了保证官船贸易的地位,还明令禁止私人贸易,“禁私贩海者,拘其先所蓄宝货,官买之;匿者许告,没其财,半给告者”[⑦]。官船制度实施以前,元朝并不禁止私人海上贸易,并且依据《市舶则法》对私人贸易进行规范化管理。为了保护官船贸易而禁止私人贸易的规定,显然违反了海上

---

① 方志钦、蒋祖缘主编:《广东通史》(古代上册),广东高等教育出版社1996年版,第981页。

② 《大元圣政国朝典章》(影印元刊本)(中)《户部·课程·市舶》,中国广播电视出版社1998年版,第948页。

③ 同上书,第949页。

④ (明)宋濂等:《元史》卷九四《食货二·市舶》,中华书局1976年版,第2401页。

⑤ 同上书,第2402页。

⑥ (明)宋濂等:《元史》卷二五〇《卢世荣传》,中华书局1976年版,第4566页。

⑦ 同上。

贸易发展的客观规律。私人贸易其实无法禁止，至治三年(1323 年)元政府废止官船制度，再次承认私人贸易的合法性，“听海商贸易，归征其税”。①

元朝时期，广州已不再是全国海上贸易的第一大港，广州的对外贸易发展势头有所减缓，但仍处于继续发展的状态，元成宗大德年间与广州有贸易往来的国家或地区达到了 140 余个。为了加强对广州外贸的管理，至元二十三年(1286 年)元政府在广州恢复设立市舶司，“立盐课市舶提举司，隶广东宣慰司”。② 但相较于泉州设置责任较专的市舶司，足见广州的贸易地位已经不像以前最受重视。

(四)明朝的外贸管理制度

明朝时期，统治者时断时续实行海禁政策，海上对外贸易一度中断，管理对外贸易的市舶司也是时设时撤。明洪武三年(1370 年)设立宁波、泉州、广州市舶司，管理海外诸国朝贡和贸易事务，其后市舶司又被废止，永乐元年(1403 年)才恢复。由于海禁政策的施行，明朝市舶司的职能已经发生改变，主要负责“掌管海外诸番朝贡、市易之事”，主要职能在于“通夷情，抑奸商，俾法禁有所施，因以消其衅隙也”。③

明朝外贸管理制度中，最为突出的是其法制的成熟与完善，这主要表现在两个方面，一是朝贡贸易法制的完善，二是成文法趋势的加强。由于海禁的实施，明朝对外大力推行朝贡贸易，使其成为明朝官方认可的唯一对外贸易途径，且完全禁止了民间市舶贸易。规范朝贡贸易的法律制度随着朝贡贸易的开展而逐步完善，明朝不仅规定了市舶司在接待并管理贡使、监督随贡互市贸易及征税抽分等方面的具体职责内容，而且对朝贡贡期、贡船数目、随船人数、入境贡道等也都作出了详细规定。通过加强对朝贡活动与朝贡贸易的管理，明朝逐步形成了朝贡贸易法制体系。万历年间恢复市舶司制度之后，民间海上贸易也迅速发展，海上贸易管理法制的修改完善又有了紧迫性。出于管理与限制对外贸易的需要，《大明律》中作出了严格限制对外贸易的具体规定，《明会典》《御制大诰》《御制大诰续编》《御制大诰三编》也都有对外贸易管理与禁令的具体规定。另外，明朝对外贸易立法已经呈现出成文法模式的特点，并以明朝根本大法《大明律》限制约束对外贸易。这种成文化立法模式，也为清朝的对外贸易管理立法提供了模板，在具

---

① (明)宋濂等:《元史》卷九四《食货二·市舶》，中华书局 1976 年版，第 2403 页。

② 方志钦、蒋祖缘主编:《广东通史》(古代上册)，广东高等教育出版社 1996 年版，第 979 页。

③ (清)张廷玉等:《明史》卷八一《食货五》，中华书局 1974 年版，第 1322 页。

体内容上也为清朝对外贸易法制的制定奠定了基础。

明朝时期的广州对外贸易继续发展,虽然受到了海禁政策的影响,但广州对外贸易的发展态势未受根本性冲击。由于封建国家机构设置与立法的相对成熟,广州的对外贸易管理遵守着全国统一的法制,但广州的对外贸易管理仍然处于突出地位。洪武三年(1370 年)设立宁波、泉州、广州市舶司时,“宁波通日本,泉州通琉球,广州通占城、暹罗、西洋诸国”,①广州市舶司仍承担较重的管理外贸任务。永乐三年(1405 年)“以诸番贡使益多,乃置驿于福建、浙江、广东三市舶司以馆之。福建曰来远,浙江曰安远,广东曰怀远”,②其中广州怀远驿的规模最大,设有房舍 120 多间,专供外来贡使和蕃商居住,虽然其目的在于显示朝廷的恩惠,但也产生了促进外贸发展的实际作用。正德三年(1508 年)广州市舶司开始对外国贡舶实行抽分制,按照实物的 3/10 收取,后来税率又降为 2/10。广州市舶司设置牙行,由官府指定的官牙负责将抽分之后的货物进行民间贸易,广州的市舶已经不再是贡舶。嘉靖元年(1532 年),宁波与泉州市舶司被废,独留广州市舶司。隆庆五年(1571 年),广州市舶司开始实施丈抽制代替抽分制,即按照船舶大小征收船税,广州的外贸管理制度有了进一步的发展。

二、清初的海上对外贸易法制

清初,海上对外贸易发展原本具有一个较好的基础,因为近代化趋势下的国际贸易已经呈现出逐步扩大的态势,特别是南洋贸易航线向世界各地的扩展,促进了中国市场与世界市场的紧密联系。但清初由于政治因素等影响,实行的是与海上贸易发展趋势背道而驰的对外贸易法制。

(一)清初的闭关锁国政策

闭关锁国政策即禁海政策,是开海贸易的对立形式。中国海外贸易具有悠久历史,自唐及宋海上贸易更是一度繁荣,但从元朝时起,封建统治者开始断断续续施行禁海政策。从元世祖至元二十二年(1285 年)到元仁宗延佑七年(1320 年)先后五次颁布禁海令,直到元英宗至治二年(1322 年)复置广州、泉州、广元市舶提举司,元朝才停止禁海。明朝建立以后,由于防备倭寇侵扰等原因,立国之初便宣布“禁海”,尤其禁止民间商人出海贸易,《大明律》明确规定:“凡将马牛、军需、

---

① (清)张廷玉等:《明史》卷八一《食货五》,中华书局 1974 年版,第 1322 页。

② 同上。

铁货、铜钱、缎匹、绸绢、丝绵，私出外境货卖，及下海者，杖一百……若将人口、军器出境下海者，绞。"①清朝政权建立之初，继承了明朝闭关锁国的对外政策，并在闭关锁国的范围与内容上作出扩大调整，尤其是增加了迁界的举措。

清初禁海主要是为了对付盘踞东南沿海的郑成功势力，而迁海则是为了保证禁海实施的彻底性。自顺治十二年(1655 年)起，清廷多次发布禁海令与迁海令，顺治十三年(1656 年)清廷颁布了正式的禁海法令《申严海禁敕谕》，其中提出："凡沿海地方……处处严防，不许片帆入口，一贼登岸。"②由于郑成功政权屡次从海上支援南方抗清义军，清政府从顺治十七年(1661 年)开始先在福建同安、海澄实施迁海，顺治十八年(1662 年)迁海令开始在全国各地施行，"山东江浙闽广海滨居民尽迁于内地，设界防守，片板不许下水，粒货不许越疆"。③ 康熙皇帝登基以后继续推行禁海与迁海政策，先是强迫沿海居民内迁 50 里，康熙三年(1664 年)谕令续迁 30 里，并将非滨海的县份划入迁界范围。康熙四年(1665 年)再次谕令："青登莱沿海等处居民，准令捕鱼外，若有籍端捕鱼，在沿海贸易，通贼来往者，照先定例处分。"④三藩之乱后，清政府厉行禁海达到顶峰，"上自福州福宁，下至诏安，沿海筑寨，置兵守之，以截内外，滨海数千里，无复人烟"。⑤ 沿海居民流离失所，海上贸易基本停滞。

清初闭关锁国政策的形成，与封建社会的政治、经济、军事和文化因素等均存在一定的关联，是多种因素共同作用的结果。其中最主要的，当属经济的基础作用与政治的直接作用。闭关锁国政策的实施，首先与中国封建社会时期自然经济的高度发展密切相关。封建社会时期的中国幅员辽阔、物产丰盈，自然经济长期处于稳定发展状态，清朝农业与手工业的发达程度，基本实现了自给自足，而不需要购买外国货物，乾隆皇帝因此自诩："天朝物产丰盈，无所不有。"⑥当时的外国人也承认："中国有世界上最好的粮食——大米，最好的饮料——茶叶，最好的衣料——棉布、丝绸、皮革。具有这些重要产物和无数其他副产品，实在不需要从外

---

① 《大明律·兵律三·关津》，"私出外境及违禁下海"条，怀效锋点校，法律出版社 1999 年版，第 119～120 页。

② 《清世祖实录》卷一〇二，中华书局 1985 年版，第 789 页。

③ 中国人民大学清史研究所编：《清史编年》(第 1 卷)(顺治朝)，中国人民大学出版社 2000 年版，第 480 页。

④ 光绪《清会典事例》卷七七六《刑部·兵律·关津》，中华书局 1991 年版，第 524 页。

⑤ (明)夏琳：《闽海纪要二卷》，载《四库禁毁书丛刊》(史部第 35 册)，北京出版社 1997 年版，第 35 页。

⑥ (清)梁廷枏：《粤海关志》，袁钟仁点校，广东人民出版社 2014 年版，第 461 页。

面购买哪怕是一分钱的东西。”①因此,清初高度发达的自然经济首先就磨灭了对海外贸易的迫切需求。另外,同田赋相比较,海上外贸税收在封建国家财政收入中所占份额始终较低,加之统治者深受“重农抑商”传统思维的影响,海上贸易逐渐不受重视,闭关锁国政策则大行其道。

清初实施严格海禁,还有政治与军事上的原因。明代闭关锁国便与防范倭寇的军事目的直接相关。清朝实施闭关锁国则主要是防范汉人与外国人勾结反清,这是清初闭关锁国政策的直接原因。清政权以满族入主中华,对汉人始终心怀猜忌,以郑成功为代表的反清势力在东南沿海一带持续抗清,甚至一度侵入南京等大型城镇并实施了军事占领,成为清廷的心头大患。而郑成功等政权正是通过大规模开展海上贸易才获得了物资财富与军事装备,又通过海上通道互相联通其他反清势力,因此,清廷认为,只有闭关锁国才能断其与大陆的联系。顺治帝就认为:“海逆郑成功窜伏海隅,至今尚未剿灭,必有奸人暗通线索,贪图厚利,贸易往来,资以粮物。若不立法严禁,海氛何由廓清?”②即使在清朝实施开海贸易之后,防范中外勾结也是清廷关注的重点,康熙五十六年(1717 年)颁布的禁止内地商人出南洋贸易的上谕中就指出:“海外有吕宋、噶喇巴等处,常留汉人,自明代以来有之,此即海贼之薮也……台湾之人,时与吕宋地方人互相往来。”因此必须“预为措置”,“加以防范”。③

(二)清初的朝贡贸易法制

清初实行闭关锁国的国政,但海上对外贸易并没有完全禁止,只是贸易形式与内容受到严格限制。清廷允许的贸易形式只限于朝贡贸易,并针对朝贡贸易建立并实施朝贡贸易法制。清朝的朝贡贸易法制除了完成以贸易“用普怀柔”的目的之外,还带有明显的“防禁”目的,不仅其贸易形式与内容被具体限制,还规定了违反限制的严格处罚制度。④

---

① [英]赫德:《这些从秦国来——中国问题论集》,叶凤美译,天津古籍出版社 2005 年版,第 53 页。

② 《清世祖实录》卷一〇二,中华书局 1985 年版,第 789 页。

③ 《清圣祖实录》卷二七〇,中华书局 1985 年版,第 649 ~ 650 页。

④ 顺治元年规定:“凡外国贸易,不许收买史书、黑黄紫皂大花西番莲缎,并一应违禁兵器、焰硝、牛角等物;各行户人等,将货物入馆交易,染作布绢等项,立限交还。如有赊买及故意迟延欺诈,至外国人久候,并私相交易者,会同馆内外四乡军民人等,有代外国人收买违禁货物,及将一应兵器铜铁违禁等物,卖与外国人图利者,各问罪;外国贡使归国,伴送人员不许将违禁货物私相贸易。”光绪《清会典事例》卷五一一《礼部 · 朝贡 · 禁令》,中华书局 1991 年版,第 913 页。

清初朝贡贸易法制建立与实施的基础,是长期以来的朝贡体制。“朝贡”一词最早见于《汉书》中的“修奉朝贡,各以其职”①,范晔的《后汉书》中使用“朝贡”描述中外关系。随着中外交往的发展,朝贡最终形成一套专门的政治制度:藩属国臣服于宗主国并按期纳贡,宗主国向藩属国进行敕封并予以赏赐。朝贡制度的建立与“华夷之辨”观念有较深渊源,“华夷之辨”既是民族和地域的划分,也是文化的高下之别,并衍生出华夷秩序。“华夷秩序在体制上最根本的保证,是中华帝国与诸邦国之间,形成并建立了一套朝贡制度。”②朝贡贸易依附于朝贡制度,伴随藩属国的朝贡进行,藩属国派遣使臣来华向皇帝进献贡品,皇帝则以回赐的方式向朝贡国赠送物品,以此实现实质上的货物交换。清朝政权虽然是少数民族入主中华,也因致力于国家大一统而强调民族平等,但并没有摒弃传统的“华夷之辨”观念,在对外交往中承袭明制,继承了明朝处理对外关系的宗藩体制、朝贡制度、朝贡贸易等法律制度。

清初朝贡贸易法制是清初朝贡贸易经验的总结。清初秉承前朝,重建朝贡体系,崇德二年(1637 年)尚未入关的清廷便与朝鲜建立了朝贡关系,顺治四年(1647 年)颁诏:“东南海外琉球、安南、暹罗、日本诸国,附近浙闽,有慕义投诚纳款来朝者,地方官即为奏达,与朝鲜等国一体优待,用普怀柔。”③清廷相继与 7 个国家建立了正式的朝贡关系,并开展朝贡贸易。朝贡贸易的前提是朝贡国家须获得向清廷朝贡的资格,而贸易是附带的。顺治初年规定:“凡外国贡使来京,颁赏后,在会同馆开市,或三日或五日,惟朝鲜、琉球不拘期限。由部移文户部,先拨库使收买,咨复到部,方出示差官监视,令公平交易。”④这确立了在京城会同馆进行的朝贡附带贸易制度。康熙三年(1664 年),又颁布了允许在贡道入境口岸进行朝贡附带贸易的规定:“凡外国进贡,顺带货物,贡使愿自出夫力,带来京城贸易者听。如欲在彼处贸易,该督抚委官监视,毋致滋扰。”⑤非朝贡的私相贸易则被明令禁止,顺治初年定例,“外国船非正贡时,无故私来贸易者,该督抚即行阻逐”,且“正贡船未到,护贡探贡等船,不许交易”⑥。正是为了维系朝贡贸易法制秩

① (汉)班固:《汉书》卷一〇〇下《叙传下》,中华书局 1962 年版,第 4268 页。

② 何芳川:《“华夷秩序”论》,载《北京大学学报(哲学社会科学版)》1998 年第 6 期。

③ 《清世祖实录》卷三〇,中华书局 1985 年版,第 251 页。

④ 光绪《清会典事例》卷五一〇《礼部·朝贡·市易》,中华书局 1991 年版,第 910 页。

⑤ 同上。

⑥ 同上。

序,清初在对外交往方面实施闭关锁国,闭关锁国的国政与朝贡贸易法制相需而行。

清初朝贡贸易法制的实施也有例外,澳门地区的互市贸易就是典型。澳门贸易发端于明朝后期,顺治四年(1647 年)广东总督佟养甲上疏请求允许葡萄牙人到广州贸易,“请嗣后仍准番舶通市”,①清廷以“前事可鉴”为由“止令商人载货下澳贸易”。② 顺治十二年(1655 年),清廷实施禁海,停止了澳门与广州之间的陆路贸易。康熙十八年(1679 年),葡萄牙派贡使(实为商人)本多·白勒拉等到京请求通商贸易,清政府下令恢复澳门与广州的陆路贸易,“其外来船只、到粤洋货及商民货船到香山县,俱由旱路运至界口贸易,不许海路行走”③。虽然澳门贸易被控制在极小范围之内,但却成为资本主义国家开展对华贸易的唯一途径,也成为清初朝贡贸易法制的例外。

清初朝贡贸易法制的实施违逆了海上贸易发展的潮流,产生了消极后果。由于清初实施朝贡贸易法制,贸易的形式与内容受到严格限制,大大扼杀了沿海地区对海上贸易的深度需求,由此导致海上走私贸易盛行。如前所述,清初受战事频繁、社会动荡的影响,清政府未能控制东南沿海,加之闭关锁国限制正常贸易开展,海外走私贸易因此愈加泛滥,不仅民间走私泛滥,地方官员也参与走私攫取利益。一方面,走私贸易泛滥是因为清廷实施朝贡贸易法制关闭了自由贸易的大门;另一方面,正是由于资本主义国家近代化趋势发展下对中国贸易的需求增长,在朝贡贸易法制中无合法途径开展贸易,走私就成为满足贸易增长的畸形途径。

第三节 广州十三行法制的建立

为了改变开海贸易后的法制困境,清政府需要变革不能调整中外贸易的朝贡贸易法制,建立一套既能符合贸易发展需求又能有效管控贸易的法律制度。在借鉴外贸管理历史经验的基础上,清政府在广州设立粤海关专门管理中外贸易,设立广州十三行参与贸易并协助管理外贸,通过规定粤海关、行商与外商这三类主

---

① 《清朝文献通考》卷二九八《四裔六》,浙江古籍出版社 2000 年版,第 7473 页。

② 《清世祖实录》卷三三,中华书局 1985 年版,第 275 页。

③ (清)李士桢:《抚粤政略》卷二《请除市舶香门旱路税银疏》,台北,文海出版社 1988 年版,第 212 页。

体的权利与义务，实现贸易管理与关税征收法制化，逐步构建形成了广州十三行法制。

一、广州十三行法制建立的制度基础

清政府建立新的法律制度是有一定历史制度基础的。清之前历代对外贸易管理制度，为清朝新型贸易法制的建立提供了历史经验，其中不仅包括发展相对成熟的市舶司制度，还有明朝时期广州外贸中的“官设牙行”制度，以及明与清初管理澳门外国人的经验，这都为清政府的贸易法制变革提供了历史经验与制度基础。

（一）市舶司管理贸易的经验

如前所述，市舶司制度在对外贸易管理历史上具有重要地位，积累了丰富的外贸管理经验。开海贸易后，清政府面对以贸易需求为主要内容的近代化趋势的冲击，在外贸管理机构设置方面，改变前几代封建王朝沿用的市舶司制度，而在重要的沿海口岸设置海关，但海关职责设置却沿袭了市舶司的管理内容，体现了贸易管理法制变革在继承历史经验基础上的制度创新。

1. 市舶司制度提供了设立外贸管理机构的经验

市舶司自宋代开始设立以来，因在管理对外贸易中所发挥的重要作用，作为管理机构一直被其后的封建王朝沿袭设置。清朝政权建立之初并未立即实施全面海禁，[①]在对外贸易管理方面沿袭惯例设置市舶司。广州也设有市舶司，专门负责广东沿海贸易的管理与商船的丈抽收税。康熙二十四年（1685 年），首任粤海关监督宜尔格图就有陈奏：“粤东向有东、西二洋诸国来往交易，系市舶提举司征收货税……我朝未禁海以前，洋船诣粤，照例丈抽。”[②]但随着外贸政策的变化，清初的市舶司几经合并裁撤，其管理职能已经弱化。自顺治十二年（1655 年）清廷实施严格海禁起，对外贸易仅限于朝贡贸易，市舶司所承担的管理职能再遭弱化，康熙五年（1666 年）市舶司更是被并入盐课提举司。[③] 其后，盐课提举司也一度被裁撤，直到康熙十八年（1679 年）恢复澳门与广州间的陆路贸易才被恢复。但市舶司也只负责澳门陆路贸易的旱税征收，“其时海禁未开，澳门仍属界外，内

---

① 黄启臣：《清代前期海外贸易的发展》，载《历史研究》1986 年第 4 期。

② （清）梁廷枏：《粤海关志》，袁钟仁点校，广东人民出版社 2014 年版，第 453 页。

③ 《清文献通考》卷八十五《职官考九·直省官员》，浙江古籍出版社 2000 年影印本。

地商民禁止不许至粤,其外来船只、到粤洋货及商民货船到香山县,俱由旱路运至界口贸易,不许海路行走,令市舶司征收,即旱税也”①。可见,由于市舶司制度在清初已经弱化,不仅不能恢复至前朝市舶司所承担的管理外贸任务,也无法承担近代化趋势下中外贸易开展的管理任务。但设立市舶司的前朝经验与本朝实践,却可为设立新的管理机构提供借鉴,这也是清朝设立海关的重要原因。

2. 市舶司制度提供了关于贸易管理内容与管理方式的直接经验

如前所述,市舶司制度经过长期发展已经趋于成熟,在管理内容方面,市舶司已涵盖贸易税收(抽分)、船舶进出港管理与目的地限制、货物出入境管制、官员任命与责任追究、外商管理、商业保护与激励等多个方面,在管理方式上采用包括贸易许可、提供担保、连带责任等多种管理手段。围绕市舶司的管理内容与管理方式,从宋到元还制定了专门管理规条。这些经验都可为海关的职能设置与管理方式提供借鉴。另外,通过借鉴吸收市舶司的管理经验并补其不足,海关的管理职能比市舶司更加完善,尤其是粤海关对外商进行管控的职能,满足了清政府对大量入境的外国人进行管理的实际需要。

3. 市舶司制度还提供了强化中央对地方控制的经验

从强化中央对地方控制的角度考察,市舶司所发挥的作用较为有限,这为清政府创设新的管理机构以加强中央集权提供了反面借鉴经验。在传统的市舶制度中,其官员一般是由地方官员兼任,如唐代初设市舶使“以帅臣兼领之”,宋代始设市舶使“以知州兼使”。② 宋元丰三年(1080年)“诏广州以转运使孙迥,罢帅臣兼领”③,仍由地方官负责。明朝市舶司隶属于地方布政使司,永乐元年(1403年)所设内官提督(提举市舶太监)也只是参与掌管市舶司。清初广州市舶司职官设置仍沿用明朝官制由巡视海道兼管,④因此中央对市舶司的直接控制力相对较弱。另外,市舶司的货税收入多被地方官府直接使用,如正德五年(1510年)的

---

① (清)李士桢:《抚粤政略》卷二《请除市舶香门旱路税银疏》,台北,文海出版社1988年版,第213页。

② (清)印光仁、张汝霖:《澳门记略》,赵春晨点校,广东高等教育出版社1988年版,第42页。

③ 宣统《南海县志》卷二《舆地略一》,载胡巧利主编:《广东方志与十三行——十三行资料辑要》,广东人民出版社2014年版,第73页。

④ 中国第一历史档案馆、澳门基金会、暨南大学古籍研究所合编:《明清时期澳门问题档案文献汇编》(一),人民出版社1999年版,第23页。

广东军饷就是之前两年广东市舶司所抽分的苏木等物变卖而来,[①]这导致市舶司税收对于增加中央财政收入的作用也很有限。随着近代化趋势下对外贸易的繁荣发展,清廷中央对地方海外贸易的控制要求逐渐加强,吸取市舶司制度的经验与教训,清政府需要创设更加符合其集权控制要求的新型管理机构,这就是海关。

(二)牙行参与对外贸易的经验

牙行也称牙人、牙纪、牙商、牙郎等,是封建社会时期市场交易活动的中介,其从事居间交易并抽取佣金。牙行的历史可追溯到先秦时期。《吕氏春秋·尊师篇》载:"段干木,晋国之大驵也。""驵"即指专门从事居间贸易的商人。汉代称为"驵会",宋以后称为"牙行",宋神宗年间牙行活动开始官方化,经营牙行须经政府批准并交纳税课。从明代起,牙行开始在海外贸易中发挥更加重要的作用。

第一,明代牙行的作用体现在私人海外贸易中。由于宋元时期市舶司专营海外贸易,牙行没有发挥作用的空间。明朝统治者鉴于宋元以来海商集团对封建政权的潜在威胁,明代初年便以"倭患不断"等理由厉行海禁,民间海外贸易被完全禁止,但民间对海外贸易的渴求导致海上走私活动频繁。由于对外贸易中牙行兼具语言翻译、居间服务、提供住宿、贮存货物等功能,几乎能够满足外贸的全部需求,其作用首先在民间走私贸易过程中逐步发挥出来。牙行活动涉及外贸活动的各个环节,并逐渐具有了实际操控海上贸易的能力。

第二,明代牙行的优势使其在官方的贡舶贸易中也发挥着作用。在贡舶贸易中,贡舶带来的货物先由"官家"收买,余下的货物才"许令贸易",[②]这种官营贸易起初并不抽税,也严禁牙人居中贸易。但自弘治朝以来,明政府开始改变贡舶贸易不抽税的做法,尤其是正德年间正式确立"抽分制"之后,互市获得合法地位,并由市舶司所设立的牙行具体负责,"官设牙行与民贸易,谓之互市"[③]。鉴于牙行在外贸中的作用,地方官员最先任用牙行主持互市贸易,协助管理番货抽分,嘉

---

① 《明武宗实录》卷六七,载胡巧利主编:《广东方志与十三行——十三行资料辑要》,广东人民出版社 2014 年版,第 99 页。

② 《大明会典》卷一一一《礼部六十九·外夷上》,载《续修四库全书》(第 791 册),上海古籍出版社 2002 年版,第 129 页。

③ (明)王圻:《续文献通考》卷三一《市籴考》,齐鲁书社 1995 年版,第 477 页。另有(明)郑若曾、邓钟重所编《筹海重编》卷十《开互市》记载:"凡外夷贡者,我朝皆设市舶司以领之。在广东者专为占城、暹罗诸番而设;在福建者专为琉球而设;在浙江者专为日本而设。其来也,许带方物,官设牙行与民贸易,谓之互市。是有贡舶即有互市,非入贡即不许互市,明矣。"参见梁嘉彬:《广东十三行考》,广东人民出版社 2009 年版,第 61 页。

靖年间泉州牙人颜理学“尝领官符贸夷船”。[①] 而鉴于嘉靖朝时期“市通则寇转而为商,市禁则商转而为寇”的教训,[②]明朝开始部分开放海禁,把海关税附于内地税关(钞关)体系之中,并由牙行协助政府收税与稽查,[③]牙行主持对外贸易的作用得到进一步发挥,官设牙行在一定程度上替代了政府的外贸管理职能。

第三,在明朝参与海外贸易的各地牙行中,广州牙行的作用尤为突出,这与广州外贸的特殊地位有直接关联。嘉靖元年(1522年)明政府撤销福州与宁波两地的市舶司,只保留广州市舶司。广州外贸虽然也受到海禁的种种限制,但因为是全国唯一的对外通商口岸而保持了贸易繁盛。嘉靖年间明朝政府还首度允许非朝贡国家葡萄牙在澳门、浪白澳、广州进行贸易,“葡萄牙商人已经奠定了一年举行两次集市的习惯,一次是在一月,展销从印度来的船只所携来的货物,另一次是在六月末,销售从日本运来的商品。这些市集不再像从前那样在澳门港或在岛上举行,而是在省城本身之内举行”[④]。广州贸易的特殊地位与繁荣局面,为广州牙行的发展创造了得天独厚的条件。

广州市舶司任用的牙行称为“官牙”,官牙代官府行事,权限较大。外国船舶停泊在广州港后,由牙行上船检验文件手续和货物,然后上报市舶司。商船得到市舶司批准,称为贡船,才能进行贸易买卖。牙行还负责对货物评估登记,报官抽取份额。互市贸易期间,检验外商货物的官牙又随之变身为牙商,居间介绍各种交易,并负责监督、管理买卖行为。到嘉靖年间,牙行已在互市体制中居主导地位,甚至采取内外勾结、欺上瞒下的方式从中获利,侵吞官府外贸收入,“夷货之至,各有接引之家,先将重价者私相交易,或去一半,或去六七,而后牙人以货报官”[⑤]。明政府为此专门出台法律条文,对匿货、少报、漏税等行为严格规范,“凡泛海客商舶船到岸,即将物货尽实报官抽分,若停塌沿港土商、牙侩之家不报者,杖一百,虽供报而不尽者,罪亦如之,物货并入官,停藏之人同罪,告获者官给赏银二十两”[⑥]。

---

① (明)黄居中:《千顷斋初集》卷二二《明安平处士颜次公配柯氏合葬墓志铭》,载《续修四库全书》(第1363册),上海古籍出版社2002年版,第697页。

② (明)许孚远:《疏通海禁疏》,载陈子龙:《明经世文编》卷四〇〇,中华书局1962年版,第4334页。

③ 道光《浒墅关志》卷七《莞辖》。

④ [意]利玛窦、金尼阁:《利玛窦中国札记》,何高济等译,中华书局1983年版,第144页。

⑤ (明)严从简:《殊域周咨录》卷八《暹罗》,中华书局1993年版,第284页。

⑥ 《明会典》卷一三五《刑部十·舶商匿货》。

牙商侵吞官府外贸收入，迫使明政府不断改变牙行管理措施。嘉靖三十五年(1556年)，时任广东海道副使汪柏制订新的牙行制度，代替市舶司管辖下的官设牙行，任用广徽泉三帮商人担任客纲、客纪接手中外贸易。[①] 客纲、客纪设立之初共有十三家商人，后在万历年间增加至三十六家。[②] 这就是清朝广州十三行的起源，“是为十三行之权舆”。[③]《粤海关志》对清朝广州十三行与明代广州牙行的承继关系也有记录：“国朝设关之初，番舶入市者仅二十余柁。至则劳以牛酒，令牙行主之，沿明之习，命曰十三行。”[④]

借鉴牙行参与对外贸易的经验，清朝开海贸易后，设立广州十三行作为专门从事对外贸易的商人团体。商人从事贸易的主要目的在于获取商业利润，清政府便允许广州十三行行商采用商业经营方法，凭借其商业能力与商业经验，直接开展对外贸易并追逐商业利润，满足了行商从事贸易的第一需求，大大提高了行商的贸易积极性。广州十三行作为职能相对专一的商业团体，在贸易开展与管理方面，与粤海关进行分工，粤海关不参与贸易的开展。这改变了市舶司既参与贸易又管理贸易的做法，符合近代化趋势下商人团体专门从事商业贸易的发展趋势。“清代由十三行经营的外贸是中国封建社会官营外贸中政治色彩最淡薄，官营程度最低，商品经济程度最高的外贸，这种外贸达到中国封建社会官营海外贸易的最高峰。”[⑤]

(三)管理澳门外国人的经验

澳门，原名濠境澳，原属广州府香山县管辖。葡萄牙等资本主义国家商人初来中国南海时，濠镜澳与同属香山县的浪白和十字门、新宁的广海和望峒以及东莞的虎头门、屯门、鸡栖，都是外国船舶临时停泊的地点。明嘉靖三十二年(1553

---

① (清)顾炎武：《天下郡国利病书》(六)，黄坤等校点，上海古籍出版社2012年版，第3423～3424页。梁嘉彬认为，客纲、客纪的性质与广州十三行之保商、买办相似，参见梁嘉彬：《广东十三行考》，广东人民出版社2009年版，第51页。

② 明万历周玄玮撰《泾林续记》记载：“粤中惟广州各县悉富庶，次则潮州，又次则肇庆。琼州虽称富庶，而路遥阻海。其他府县皆无足数者。广属香山(澳门)为海舶出入襟喉，每一舶至，常持万金，并海外珍异诸物，多有至数万者。先报达本县，申达藩司，令舶举同县官盘验，各有长例。而额外隐漏，所得不赀，其报官纳税者，不过十之二三而已。继而三十六行领银，提举悉十而取一，盖安坐而得，无簿书刑杖之劳。”转引自梁嘉彬：《广东十三行考》，广东人民出版社2009年版，第64页。

③ 梁嘉彬：《广东十三行考》，广东人民出版社2009年版，第51页。

④ (清)梁廷枏：《粤海关志》，袁钟仁点校，广东人民出版社2014年版，第496页。

⑤ 章深：《十三行与清代海外贸易的特点》，载《中国社会经济史研究》1987年第1期。

年)，葡萄牙商人以晾晒海水打湿的货物为借口，登陆澳门暂居。其后几十年，葡萄牙人在澳门建造房屋长期居住，澳门逐渐成为资本主义国家商人的聚集地，但明朝政府仍然保持着对澳门的实际控制权与管理权。

明朝隆庆年间，海外政策开始大幅调整，最先从福建漳州开放海禁，允许商民出海贸易，对澳门的管理政策逐步确定。明隆庆三年(1569年)，工科给事中陈吾德上疏提出治理澳门的政策："满伽剌等国番商素号犷悍，往因饵其微利，遂开濠境诸澳以处之，致趋者如市，民夷杂居，祸起不测。今即不能尽谢绝，莫若禁民毋私通，而又严饬保甲之法以稽之。遇抽税时，第令交于澳上，毋令得至省城，违者坐以法。"①该疏所议治理之策经明穆宗批准后施行，由此确定了明朝对澳门管理的基本内容：禁止民夷私通、严饬保甲之法、对外贸易征税、禁止广州贸易。万历二年(1574年)，广东官府在澳门北面莲花茎上设关建闸，置官防守，此即陈吾德所议"禁民毋私通"。② 关闸定期开放，开放之时允许定期集市，供应居澳外国人粮食等生活必需品，非开放之时关闸紧闭。通过实施这些管理措施，居澳外国人被控制在有限的区域内，不仅便于管理控制，也解决了民夷私通问题，一旦出现居澳外国人不服从管理的情形，则可紧闭关闸，断其供给，迫使其就范。

明朝万历年间，为强化对居澳外国人的管理，澳门开始归由海防同知与市舶提举司共同管辖。万历四十一年(1613年)，为加强对居澳外国人的管束，广东海道俞安性制定了《海道禁约》，后于万历四十二年(1614年)经两广总督张鸣岗、巡按御史周应期修订后刻石公布。《海道禁约》主要有五个方面的内容，既包括对居澳葡人进行管理的禁止擅自兴作、禁畜养倭奴、禁止买卖人口等内容，还包括禁止番船停泊外洋而应进澳听候丈抽的规定，以及禁止广州与澳门间私货交易的贸易管理规定。③《海道禁约》成为明朝政府治理澳门的专门法规，自此明朝管理澳门开始法制化，其管理方式与管理制度也被清朝的澳门治理所承继。

在澳门的贸易管理方面，由于葡人初到澳门时并非明朝的朝贡国，因此不能到广州进行贸易。万历六年(1578年)广东地方官员允许非朝贡国商人于每年夏、冬两季定期到广州进行贸易，葡人也因此可以前往广州进行贸易。清初海禁时澳门与广州之间存在多年的陆路贸易也被停止，直到康熙十八年(1679年)葡

---

① 《明穆宗实录》卷三八《条陈广中善从事宜疏》。

② (清)印光仁、张汝霖：《澳门记略》，赵春晨点校，广东高等教育出版社1988年版，第20页。

③ 康熙《香山县志》卷一〇《外志》，载胡巧利主编：《广东方志与十三行——十三行资料辑要》，广东人民出版社2014年版，第167～168页。

萄牙遣使以“请贡”之名寻求贸易，清廷才同意在海禁未解除之前先行恢复广州与澳门之间的陆路贸易，但其贸易范围仍受到严格限制，内地商民不许前往澳门贸易，外国商船前来贸易时只能停靠于香山县，再由旱路运送洋货至澳门界口贸易，而不能由海路直接抵达澳门开展贸易，并由已被并入盐课提举司的市舶司负责旱税征收。①

经过明朝与清初长达100多年的治理澳门的实践，广东地方官府在治理来华外国人方面，已经积累了一定的管理经验，其中有些是已经被反复验证且行之有效的管理措施，比如，将外国人限制在特定区域，严格约束外国人的行动自由，严格管控与外国人交往的汉人，发生冲突或纠纷时以切断物资供应迫使外国人就范等，这些措施为开海贸易后清政府管控外国人和管理对外贸易，提供了直接的经验。明清澳门管理经验的总结与运用，是除了天然的地理优势以外，广州口岸与粤海关能够居于四大海关之首的另一重要原因，也是清政府只保留广州口岸“一口通商”的重要原因。

二、广州十三行法制的体系构成

从法律关系主体的角度考察，广州十三行法制包括管理对外贸易的粤海关、参与对外贸易的行商以及参与对外贸易的外商三类。清政府通过规定三类法律关系主体的权利与义务，围绕每一主体分别建立了一套管理制度，共同构成了广州十三行法制的体系。广州十三行法制的形成，把对外贸易管理的内容都纳入法律关系主体的权利义务中来，既保障广州中外贸易的开展，又有效管控行商与外来人员，同时实现中外贸易开展的经济目的与政治目的。

（一）以粤海关为主体建立的沟通央地关系实现税收与贸易管理的粤海关制度

康熙二十三年（1684年），清政府在广州设立粤海关。② 在机构设置上，粤海关是户部的派出机构，因此粤海关首先是中央利益的代表，但由于粤海关设立于广东地方，因此粤海关必然要协调中央与地方的关系。粤海关的最高职官为粤海

---

① （清）李士桢：《抚粤政略》卷二《请除市舶呑门旱路税银疏》，台北，文海出版社1988年版，第212页。

② “（康熙）二十三年覆准，福建、广东二省，设满汉海税监督各一人，笔帖式各一人。”可知康熙二十三年时就已经确定设立粤海关。参见光绪《清会典事例》卷二三六《户部·关税》，中华书局1991年版，第781页。

关监督,其“掌水陆通商货税之职”。[①] 作为官府机构的粤海关并不直接参与对外贸易,而是承担管理广州中外贸易并征收关税的职责。具体来说,粤海关负责沟通中央与地方的关系,并管理行商与外商,以此为基础,清政府建立起了统筹海关税收、贸易管理与人员管理的粤海关制度。

粤海关的制度设计,首先要满足清廷中央对广州中外贸易的利益需求。清廷中央对广州中外贸易主要有两大方面的利益需求:一是经济方面的利益,清廷要通过对外贸易获取更多的关税收入,同时满足宫廷对进口奢侈品的需求,还要尽可能使宫廷获得直接的经济收益;二是政治统治方面的利益,清廷要通过贸易管理来控制参与贸易的所有国内商人与外国商人,以保持封建统治的稳定。经济利益主要是通过粤海关的征税职责实现的,而政治利益则是通过粤海关管理贸易流程与人员实现的,因此,粤海关的职责主要是征收关税与管理外贸。为了保证粤海关职责的履行,粤海关监督一般由中央直接委派,并且是专任之职,“天下海关在福建者,辖以将军;在浙江、江苏者,辖以巡抚;惟广东粤海专设监督,诚重其任也”[②]。而且大部分粤海关监督是皇帝在内务府的心腹官员,在人员安排的制度设计上,确保对中央利益的维护。另外,粤海关自成立之初就有征税最低数额的要求,康熙三十八年(1699 年)的定额为 4 万两 2 分,[③]如不能完成则处罚粤海关监督,这既是保证中央利益的重要方式,也是中央对粤海关的监督手段。粤海关关税征收与报解的具体流程设置,不仅是为了保障关税征收,更是为了保障关税直接上缴中央。

由于广州中外贸易是在广东这一地方区域开展的,离不开广东地方官府创造的各项通商贸易条件,并需要借助广东地方官府的力量,因此,粤海关需要协调中央与广东地方官府的关系。粤海关设于广州,与广东省、广州府、番禺与南海县三级地方官府之间均存在密切的地缘联系。粤海关所辖大小口岸的安全保障、对外贸易秩序的维护、来往人员的盘查、进出口货物的稽查等,都离不开广东地方官府的协助,尤其是在社会治安管理与贸易秩序维护等方面,粤海关必须借助广东地方官府武装力量。粤海关 7 个总口委员中,广州与澳门总口的委员由广州将军衙门直接选派,其余 5 个总口委员也是从广东地方官员之中选拔,或由地方官员充

① 《清会典》卷一〇〇,中华书局 1991 年版,第 910 页。

② (清)梁廷枏:《粤海关志》,袁钟仁点校,广东人民出版社 2014 年版,第 119 页。

③ 同上书,第 286 页。

任，粤海关对于这7个总口委员的管理与工作安排，需要广东督抚的协调，因此，粤海关必须协调好与广东地方官府的关系。另外，封建社会集权统治的特点，决定了皇帝对中央委派至地方的官员的不信任，中央所派官员与地方官员的相互监督是惯用之策。自雍正十二年（1734年）开始，广东地方督抚兼管粤海关正式形成制度，除了关税征收由粤海关监督专管外，其他关务则由广东督抚与粤海关监督共同管理。乾隆五十七年（1792年）再次重申粤海关监督与督抚的分工合作①，中央与地方在粤海关的权力交叉与相互监督是粤海关制度的一大特点。

（二）以行商为主体建立的既管理行商又任用行商实施管理的行商制度

行商是直接参与广州中外贸易的商业主体，但行商参与中外贸易是经过清政府许可才实现的。参与中外贸易是清政府赋予行商的权利，这一权利更是发展成了垄断对外贸易的权利。以垄断对外贸易权利为对价，行商需承担广泛的法律义务，最重要的是协助清政府管理外贸并管理外商，这既是行商的义务也是行商的权利。行商既是广州十三行贸易中的被管理对象，又是清政府授权下的管理人，以行商为主体，清政府建立了既管理行商又任用行商实施管理的行商制度。

清政府授权行商管理对外贸易，并由行商协助管制外商，与清朝统治者坚持的“华夷之辨”密切相关。清朝政权虽然是少数民族满族建立的，但仍然继承了传统的“华夷之辨”观念。清朝文书与法律中把朝贡国与资本主义国家均称为“外夷”，充分表明了清廷对资本主义国家的定位。康熙六年（1667年）还确定了“人臣无外交”的原则：“凡督抚提镇等官，不许擅自移文外国。”②由于这些原因，清朝各级官员不能也不屑与外国人直接打交道，这也导致了广州十三行中外贸易的贸易税收与贸易管理均存在一定的障碍。但由于开海贸易之后中外贸易的开展，与外来人员直接接触成为无法回避的现实，选择由行商具体执行外贸开展的事项，并通过行商直接管理约束外商，便成为清政府构建管理制度的理想选择。

为了提高行商参与对外贸易的积极性，清政府赋予了行商垄断对外贸易的权利。从康熙二十五年（1686年）广东地方官府颁行《分别住行货税》文告开始，清政府明确限定广州十三行行商垄断经营对外贸易，乾隆十九年（1754年）七月重申了行商的对外贸易垄断权，③乾隆二十五年（1760年）再次重申“外人只能与公

---

① 光绪《清会典事例》卷二三七《户部·关税·考覆一》，中华书局1991年版，第800页。

② 《大清五朝会典》卷一〇四《礼部·朝贡·通例》，线装书局2007年版。

③ 李国荣、林伟森主编：《清代广州十三行纪略》，广东人民出版社2006年版，第47页。

行行商交易”①。为了维护行商的对外贸易垄断权,清政府还采取了一定的措施。清政府之所以维护行商的外贸垄断权,是因为垄断外贸权利可以给行商带来丰厚的经济利益,清政府可以依此为对价,要求行商履行代缴关税、管理外贸、管理外国人的具体责任。但实际上,行商垄断外贸的权利受到诸多限制,外贸垄断权成为受拘束的权利。

垄断对外贸易的权利只是对价,清政府建立行商制度的重点,是通过对行商课以广泛的义务来实现对外贸与外商的全面控制。为了实现这个目标,必须要求行商尽可能多地承担责任与义务。除了前述具体的管理义务以外,行商更是被课以为外商提供担保的义务,而且行商担保的内容极其广泛,要为外商在广州的一切行为负责,除了要为外商缴纳的关税进行担保,还要为外商的交易行为作担保,“一切交易货物,请牌完税公事,均由认保承办”②。行商也要为外商的违法行为承担连带责任,“如有违法,唯保商是问”③。除此以外,行商还负责对涉外贸易辅助人员的管理,包括引水、通事、买办等国内辅助人员,以及外国翻译、水手等外国辅助人员,如通事与买办在领取官府授予的执照时必须有行商提供担保。清政府通过对行商义务与职责的细化规定,将行商与外商变成利益攸关体,借助行商管制约束外商,保障关税收入并维持贸易秩序,实现开海贸易的双重目的。

(三)以外商为主体建立的允许外商参与贸易但实施严格管控的外商制度

外商也是直接参与中外贸易的主体,外商的贸易活动是中外贸易开展的必要因素,清政府必须允许外商参与贸易。为了保障外商参与对外贸易,清政府还赋予其一定的贸易权利。但外商不只是从事贸易活动,还有与贸易开展相伴的居住、生活、交往等行为。为保障中外贸易的顺利开展,清政府也在这些方面赋予了外商一定的权利。因此,外商的权利不仅有通商贸易方面的权利,还有因贸易居住在广州十三行商馆时的生活权利。由于清政府对外国人的管理是以行商为媒介而实现的,外商所有的贸易活动与日常行为都需要借助于行商,因此外商所有权利的行使都依赖于行商,外商权利的行使具有较强的依附性。

但清政府更为重视的是对外商的管制。清政府以外商为主体,以防范控制外商为目的,围绕外商在广州十三行的贸易活动与居住生活,对外商规定了较多的

---

① 梁嘉彬:《广东十三行考》,广东人民出版社2009年版,第328页。

② (清)梁廷枏:《粤海关志》,袁钟仁点校,广东人民出版社2014年版,第571页。

③ 同上。

义务。与权利行使的依附性不同的是,外商在义务履行方面是独立的。外商的行为举止必须遵守清政府制定的所有专门规章,如果违反了相关规定也要承担相应的法律责任。随着近代化趋势下中外贸易的不断发展,与外国人在华活动范围变大、交往加深直接相关的是,清政府对外国人的防范力度也在逐渐加大。尤其是"乾隆朝外商通商案"以后,清政府逐渐重视制定专门的规章制度,陆续制定了一系列严格约束外国人行为举止的法令,都将约束与防范外国商人作为重要任务,特别是制定了许多限制外商人身自由与人身权利的法令,努力将外国人控制在不危害封建统治的范围之内。

清政府重视对外商的管制,与清朝的国内国际形势密切相关。由于清朝政权在建立过程中推行民族征服的高压政策,激起了全国尤其是东南沿海的抗清大潮,加之清初郑氏政权军事威胁的持续存在,统治者对东南沿海一直极为防范,不仅忌惮沿海商民因实力壮大而威胁中央政权,更防范民人与外国人串通而颠覆封建统治。另外,明万历二十九年(1601 年),荷兰人武力强占台湾与澎湖作为贸易口岸;崇祯十年(1637 年),英国人又因贸易问题炮击虎门,都是清廷决策的前车之鉴。在统治者看来,外商的贸易与居住等行为都有可能对其政治统治造成危害,"清朝统治者对当时欧洲各国社会经济的发展和近代资本主义的历史性进步恍如隔世,把前来贸易的资本主义的先驱者视为'贡夷'或'海夷',但对他们在海外的殖民活动则时有所闻,因此采取以防'夷'为第一要务的对外政策,而以防范'海夷'为重点"。[①] 而且,清政府认为,"中外之防闲,不得不严"[②]。由此,清政府以行商为媒介,对进入广州的外国人实施了严格管制,并以外商为主体,建立了允许外商参与贸易但实施严格管控的外商制度。

综合所述,在广州十三行的对外贸易管理中,清政府所考虑的是如何能够对开海后的对外贸易进行管理,以实现既能应对近代化贸易需求又能带来经济利益与政治利益的双重目的。为此,清政府通过设置参与广州十三行中外贸易开展与管理的三类主体的行为边界,规定每一主体的权利、义务与法律责任,围绕每一类主体分别架构了管理制度。在三类主体的相互关系上,以粤海关为中心和基点,通过粤海关联结行商与外商,任用行商参与贸易并协助管理贸易与外国人,既实现对贸易的控制,又实现对外国人的控制。从法律关系主体的角度考察,清政府

---

① 章文钦:《广东十三行与早期中西关系》,广东经济出版社 2009 年版,第 210 页。

② 中国第一历史档案馆:《清代广州"十三行"档案选编》,载《历史档案》2002 年第 2 期。

以贸易主体为中心实施的管理措施，不仅自成制度，而且相互联系，形成了独具特色的清朝广州十三行法制。

三、广州十三行法制的法律渊源

法律渊源也称法的渊源，具有多种不同的含义。按照法理学通说，法的渊源一般分为实质意义上的渊源和形式意义上的渊源，前者是指法的真正来源、根源和发源，后者是指法的创制方式和表现形式。[①] 本书所称的广州十三行法制的法律渊源，是指广州十三行法制的表现形式。广州十三行法制的法律渊源，不仅包括《大清律例》、《大清会典》以及部院则例等成文法典中关于对外贸易管理的规定，还包括皇帝敕诏以及各级官府针对贸易管理与外国人管理而制定的法律规章，也包括在广州中外贸易中普遍采用的商业习惯法。

（一）《大清律例》

《大清律例》是清朝的根本大法，其篇目丰富、内容广泛，其中包括了对外贸易的相关规定。《大清律例》的制定经历了一个较长的过程，顺治三年(1646 年)颁布《大清律集解附例》，雍正五年(1729 年)颁布《大清律集解》，直至乾隆五年(1740 年)才正式颁行《大清律例》。《大清律例》中的户律、兵律和刑律都有关于对外贸易的规定。从立法指导思想与立法目的来看，这些规定主要表现为禁止或限制对外贸易，以加强封建国家对贸易活动的管控。广州十三行的中外贸易也必须遵守《大清律例》中关于对外贸易的规定，《大清律例》是广州十三行法制最为重要的法律渊源。

广州十三行中外贸易，须遵守《大清律例》关于贸易行为管控的规定，如《大清律例》第 147 条“舶商匿货”要求，商船到岸之后必须如实向官府报告并纳税，这是粤海关对广州十三行贸易征税的法律依据。针对海上贸易，还有更细致的规定：“海船到岸，即将货物尽实报官抽分，若停歇不报，及虽报而不尽不实者，分别治罪，货物入官。”[②]第 152 条“私充牙行埠头”规定：“凡城市乡村，诸色牙行及船之埠头，并选有抵业人户充应。官给印信文簿，附写逐月所至客商船户，住贯姓名，路引字号，货物数目，每月赴官查照。其来历引货，若不由官选私充者，杖六

① 参见沈宗灵主编：《法理学》，北京大学出版社 2014 年版，第 256 ~ 257 页；孙国华、朱景文主编：《法理学》，中国人民大学出版社 2015 年版，第 104 ~ 105 页。

② (清)梁廷枏：《粤海关志》，袁钟仁点校，广东人民出版社 2014 年版，第 344 页。

十，所得牙钱入官。官牙埠头容隐者，笞五十，各革去。”这为广州十三行行商的选任、管理、权责等提供了制度基础。第220条“私越冒度关津”是广州十三行贸易中惩处引水员私下接引外国商船进入广州的法律依据，①下附的10个条例中又对夹带私货等行为作了细致的处罚规定，这成为粤海关缉私的法律依据。第222条“关津留难”对关津把守人员怠于履行盘验职责、阻挡放行等行为作出了处罚规定，这是追究粤海关与广东沿海官兵缉私不力责任的依据。第224条“盘诘奸细”对境内奸细向外人走漏消息、境外奸细入境探听消息等不法行为的处理作出规定，这是广州十三行贸易管理中防范外国人刺探消息的依据，并成为清政府处理乾隆二十四年(1759年)“外洋通商案”的依据。②《大清律例》第224条下附条例第1条对“买卖借贷诓骗财物”处罚的规定，是清政府处理广州十三行商欠纠纷时对行商作出处罚的法律依据，乾隆、嘉庆、道光年间有多位行商被依据此条处罚。③

广州十三行中外贸易须遵守《大清律例》关于商品进出口限制的规定。《大清律例》对禁止出口的商品类别作出了明确规定，并对违反者予以严厉处罚，这是广州十三行进出口贸易中必须严格遵守的法律。如《大清律例》第144条及其下所附条例禁止向外国人私贩茶叶；第225条“私出外境及违禁下海”具体列举了禁止出口的货品，包括人口、军器、马牛、军需、铁货、铜钱、缎疋、绸绢、丝绵等，该条下附第9条规定禁止出口黄金白银，第10条规定禁止出口铁斤，第11条规定禁止出口米谷、豆麦、杂粮，第16、42条对兴贩鸦片与吸食鸦片等作出禁止规定。以《大清律例》相关规定为依据，清政府在管理广州十三行贸易中还作出了细化规定，如道光二年(1822年)令：“著广东督抚暨海关监督派委员认真巡查，出口洋船不准偷漏银两。”④道光九年(1829年)，两广总督李鸿宾等奏请制定《严禁官银出洋及私货入口章程》，重申严禁白银出口，并处罚行商以白银补充贸易差价的行

---

① (清)印光仁、张汝霖：《澳门记略》，赵春晨点校，广东高等教育出版社1988年版，第28页。

② 清政府实施开海贸易以后，广州口岸因十三行垄断贸易和官吏勒索，贸易矛盾日益尖锐。乾隆二十年(1755年)英国商人洪仁辉就开始寻求到其他口岸通商，后直闯天津向皇帝控告粤海关贪污勒索，清政府最终受理了洪仁辉的控告，乾隆二十四年(1759年)此案处理完毕，粤海关监督李永标被革职，洪仁辉也以勾结内地奸民、违反大清通商律例罪名被圈禁在澳门三年后驱逐回国，史称“乾隆朝外洋通商案”。参见故宫博物院文献馆编：《史料旬刊》第12期，故宫博物院文献馆1930年版，第424～427页。

③ (清)梁廷枏：《粤海关志》，袁钟仁点校，广东人民出版社2014年版，第497～507页。

④ 同上书，第351页。

为:“嗣后行商找给夷人货价,有搀用官银者,一经查出,无论银数多寡,尽行充公,仍将行商照私运例治罪。”①道光八年(1828 年)正式禁止外国钱币进口,并明确了行商的责任:“著粤海关监督严谕洋行各商,嗣后各国夷人买卖,俱令以银易换制钱,并于洋船进口时详加查察,如有夹带夷钱,不准开舱,饬令带回。”②

《大清律例》还有对外贸违法行为进行处罚的规定,这是对广州十三行贸易进行管理的依据。如《大清律例》第 225 条“私出外境及违禁下海”对管关人员的违法行为作出了列举式规定,涉及对商品私出外境或下洋的通谋处罚,以及对明知故纵的渎职人员与失察官员进行处罚。其下附条例第 26 条对海关关口人员职责与处罚作出了规定:“海关各口,如遇往洋船只倒换照票,务须查验人数,登填簿籍,钤盖印戳,始准放行。进口时,责成该委员吏役稽查。其有人照不符,船货互异,即送地方官审究。如失于查察,致匪船滥出滥入,审明系何处口岸,有委员者,将该委员照例议处。无委员者,将该吏役责革,加枷号一个月,并将失察之该管官交部议处。倘关口员役藉端需索,照例分别参处治罪。”这对粤海关强化与落实广州十三行贸易管理具有较大的督促作用。

(二)《大清会典》与部院则例

《大清会典》及部院则例实际上是清朝的行政管理法规。《大清会典》在体例上“以官举职,以职举政”③,具体规定了中央各部及其官员的职权与职责范围。康熙、雍正、乾隆、嘉庆、光绪五朝均有纂修《钦定大清会典》,其中都有关于对外贸易管理的规章制度。这些规章制度有些专门针对粤海关与广州十三行的对外贸易管理,但即使那些针对所有类型对外贸易的管理规定,也同样适用于广州十三行的外贸管理,成为广州十三行法制的法律渊源。

关于广州十三行贸易管理与粤海关税收的规定,集中在乾隆《钦定大清会典事例》与《钦定户部则例》中。乾隆《钦定大清会典事例》卷四十七是各海关征收外国船舶船料税的具体规定,确定了各海关划分船舶等级并确定征税标准的具体办法,如粤海关将外国商船区分为东洋商船与西洋商船两大类,再按照商船体积大小将东洋商船的船钞征收分为 4 个等级,而将西洋商船的船钞征收分为 3 个等级。④ 乾隆《钦定户部则例》中对海关税收设专卷作出规定,其卷五十二至五十八

① 《清宣宗实录》卷一五八,中华书局 1986 年版,第 431 页。
② 《清宣宗实录》卷一五二,中华书局 1986 年版,第 338 页。
③ 嘉庆《钦定大清会典·凡例》,台北,文海出版社 1991 年版,第 2 页。
④ 光绪《清会典事例》卷二三五《户部·关税·粤海关》,中华书局 1991 年版,第 777 页。

对包括粤海关在内的所有海关与内地常关的税务征收都作出了规定，不仅确定了各地海关的额定数额与盈余数额，也确定了各类船舶与各种货物的征税标准，还制定了海关征税与报解的流程以及减免课税的内容，并规定了税收考核事项，另外规定了海关稽查的具体内容与相应责任。乾隆《钦定户部则例》卷八十七有专门针对粤海关征税事项的《粤海关商税则例》，该则例划分了粤海关进出口货物的具体类别并规定了每一类货物的税率及免征则例。可以说，乾隆《钦定户部则例》是粤海关税收制度的最重要依据。

5部会典中颁布最晚的是光绪《钦定大清会典》，在其纂修时，广州十三行作为一种商业制度已经不复存在，但由于《大清会典》是对前朝行政管理法制的总结与承继，且"光绪朝编纂的内容基本上总括了以前诸朝本"，①从中仍然可以参详前朝的法律制度。其中光绪《清会典事例》在卷二三四与卷二三五对户部管辖的各关税收也作出了详细规定，并具体规定了粤海关的额定税额与赢余税额的确定、征税标准与计税依据、差别税率与比例税率的适用等。此外，光绪《清会典事例》卷二三六、卷二三七与卷二三八详细规定了海关官员的设置、派遣、考核等制度，这是对海关行政管理制度的总结，卷二三九与卷二四〇详尽规定了海关进出口贸易中的商品管制以及船舶进出港口的规定，卷七七四与卷七七五则规定了对外贸易中私出境外、违禁下海等违法情形的处罚。

（三）皇帝敕诏

封建社会时期的政治体制为中央集权，皇帝掌握着最高权力，如果遇到法律没有明确规定的情况或者出现了新的情况，专管官员必须奏请皇帝作出决定而不能擅断。官员在行使职权或履行职责的过程中，如果要采取新的管理办法或制定新的法令也需要奏请皇帝批准。皇帝还会根据个人判断与好恶变化决定实施新的政策。在司法过程中，掌握最高司法权尤其是死刑案件最终决定权的皇帝，往往通过赦免死罪显示皇恩浩荡，但也会通过强化实施死刑来维护中央集权与专制统治。皇帝的敕诏谕令一旦作出，就具有法律效力，既可以作为新的法律制度，也可以改变既有法律的规定，成为政府官员必须遵守的执法依据和行为准则。

清朝实施开海以后，开海贸易关系着国计民生，引起统治者的重视。但由于开海贸易是同非朝贡国的资本主义国家进行贸易往来，清廷各方面的管理经验都相对欠缺，必须针对具体情况采取相应措施，或制定新的管理办法。这些问题的

---

① 光绪《清会典事例》（第1册）《影印说明》，中华书局1991年版，第8页。

解决需要依靠专管大臣提出解决方案，但最终还是要由皇帝作出决断。尤其是大政方针的实施，几乎都是通过皇帝命令确定的，如康熙二十三年（1684年）宣布开海贸易、设立四大海关、确定对海上贸易征税的原则，乾隆二十二年（1757年）广州“一口通商”。① 皇帝敕诏是广州十三行贸易管理的重要依据，因此成为广州十三行法制的法律渊源。

在广州十三行的具体管理制度上，皇帝敕诏也是相关管理办法产生法律效力的依据。如为了强化对广州十三行行商的管理，乾隆十年（1745年），两广总督兼粤海关监督策楞决定设立保商制度，“于各行商内选择殷实之人作为保商，以专责成”，②经过奏请皇帝批准而正式实施。嘉庆十八年（1813年），皇帝批准了粤海关监督德庆设立的总商制度，“准于各洋商中身家殷实、居心诚笃者，选派一二人，令其总办洋行事务，率领众商公平整顿”③。在广州十三行法制中，涉及商欠问题的解决，基本都是按照皇帝的命令作出的最终处理。如乾隆四十一年（1776年）因行商倪宏文拖欠英商货银，广东地方官府对其处以“减等拟徒援赦杖责”，但最终由乾隆皇帝裁决“将倪宏文照部拟发配”。④ 乾隆五十六年（1791年），吴昭平商欠案发生后，关于欠款的归还，乾隆皇帝直接命两广总督福康安等“将关税盈余银两，照所欠先给夷商收领，再令各商分限缴还归款”⑤。

（四）管理规章

为强化对广州十三行贸易的管理，广东地方官府也制定了一系列专门针对广州十三行外贸管理与外商管理的法律规章制度。这些制度有些经过了中央批准，有些未经中央批准，但经公布以后均具有法律效力，在外贸管理中发挥了一定的作用，成为广州十三行法制的法律渊源。

最早制定的专门针对广州十三行的管理规章，是康熙二十五年（1686年）粤海关监督会同广东巡抚、两广总督联合发布的《分别住行货税》文告。该文告从法律上正式区分了常关贸易与海关贸易，并区分了国内贸易商人与对外贸易商

---

① 《清高宗实录》卷五五〇，中华书局1986年版，第1023～1024页。

② 中国第一历史档案馆、澳门基金会、暨南大学古籍研究所合编：《明清时期澳门问题档案文献汇编》（一），人民出版社1999年版，第328页。

③ （清）梁廷枏：《粤海关志》，袁钟仁点校，广东人民出版社2014年版，第503页。

④ 中国第一历史档案馆编：《清宫粤港澳商贸易档案全集》（第5册），中国书店2002年版，第2590～2592页。

⑤ （清）梁廷枏：《粤海关志》，袁钟仁点校，广东人民出版社2014年版，第500页。

人，初步确立了行商垄断对外贸易的权利，也确立了行商代为缴纳关税的法律职责，并且对税课司与海关的征税职责进行了明确划分，贯彻了只对海上进出货物征税的基本原则。许多管理规章是针对前来广州十三行贸易的外国商人作出的规定，尤其是"乾隆朝外洋通商案"以后，清政府陆续出台了严格约束外国人的一系列法律制度，如乾隆二十四年（1759 年）两广总督李侍尧奏请朝廷批准制定的《防范洋人规条》，嘉庆十四年（1809 年）两广总督百龄与粤海关监督常显制定的《民夷交易章程》，嘉庆十九年（1814 年）两广总督蒋攸铦与广东巡抚董教增制定的《酌筹整饬洋行事宜》，道光十一年（1831 年）两广总督李鸿宾与粤海关监舒中祥制定的《章程八条》，道光十五年（1835 年）两广总督卢坤与粤海关监督中祥制定的《增易防范夷人章程》，管理外商的专门规章逐次出台。虽然这些法规在具体内容上多有重复，但通过多次重申强化了外商的义务，都将管制与防范外国人作为重点。

此外，广东地方官府还制定过规范澳门贸易行为与管理居澳外国人的专门规章，如乾隆九年（1744 年）澳门同知印光任制定的《管理番舶及澳夷章程》及乾隆十四年（1749 年）澳门同知张汝霖和香山县令暴煜拟定的《澳夷善后事宜条议十二条》。《管理番舶及澳夷章程》主要规定了洋船入港程序、引水管理、禁止私入澳内、澳门夷目呈禀程序、采买船料程序、澳门匠作管理、海防衙门职责等。[①]《澳夷善后事宜条议十二条》的内容主要包括驱逐匪类、稽查船艇、赊物收货、犯夜解究、夷犯分别解讯、禁私擅凌虐、禁擅兴土木、禁贩卖子女、禁黑奴行窃、禁夷匪夷娼窝藏匪类、禁夷人出澳、禁设教从教等。[②] 这两个条例的主要内容在于规范澳门管理的相关事项，但其中也涉及了广州十三行外贸管理与外商管理的相关内容，也是广州十三行法制的渊源。

（五）习惯法

广州十三行的贸易管理与外国人管理，已经呈现出比较明显的国家法律规制的特征，但交易习惯、行业规范等商业习惯法仍然在广州十三行的经营与管理中发挥着重要的作用。作为广州十三行法制之法律渊源的习惯法，主要表现在交易习惯法、商业行为规范、利益协调制度以及惩罚制度等多个方面。

---

① （清）印光仁、张汝霖：《澳门记略》，赵春晨点校，广东高等教育出版社 1988 年版，第 28～29 页。

② 同上书，第 36～38 页。

广州十三行贸易开展中存在大量的交易习惯法。广州十三行的中外贸易必须由行商居间交易,但具体的交易流程却是按照交易习惯法进行的。以广州十三行出口的大宗商品茶叶的交易为例,由于茶叶不能从茶商(直接从茶农处收购茶叶的商人)手中直接交易给外商,因此,茶叶交易包括两个方面:行商向茶商购买茶叶以及行商向外商出售茶叶,这其中都包括了丰富的交易习惯法。行商与外商之间的茶叶贸易,多采用预定合约的方式。在每一年贸易季节结束时,外商会评估下一贸易季节所需要的茶叶种类与数量,然后和行商签订合同,预定大部分茶叶。为了保障合同的生效与履行,外商通常要支付定金给行商,行商则必须以约定的价格、品质、数量以及时间向外商供应茶叶,否则就要承担违约责任。① 同样,行商与茶商之间也多采用预定合约的方式,行商一般是按照与外商合同约定的内容,与茶商议定茶叶的数量、价格以及交货时间,并支付定金以使协议生效。行商通过预定合约向茶商购买的茶叶称为"包庄",占据了茶叶市场上的大部分。据统计,1828~1829年贸易季节功夫茶的总供应量大约有400个字号(茶叶品牌),其中的"包庄"为320~330个,已经超过了80%。② 行商向外商交货也是依据交易习惯法进行,行商先将收购的茶叶做成样茶交给外商验货,经过检验以后,外商再与行商确认交易合约,暂定成交价格。在茶叶装船前,还要经过抽样检验以确认茶叶品质,品质相符则按照所定价格成交。如果发现茶叶品质下降,则会降低价格甚至拒收全部茶叶。

商业行为规范是习惯法的重要内容,其中包括了多个方面的行为要求。行商在商业经营中普遍遵守商业诚信,恪守信用并严格按照约定履行合约,对违反合约的情况则需予以补救。乾隆四十八年(1783年),有1402担茶叶因质量问题被英国商人退还,行商均按照要求予以更换。生丝生意也是如此,"特里顿号"(Triton)商船发现从广利行购入的生丝中有粗糙的情况,于是交回广利行行商卢茂官进行查验,"卢茂官竟允重为挑选,虽在旧历开正之期,犹忙碌七八日为之绞练,并承诺以后不再有粗劣生丝掺杂其间"。③ 广州十三行行商因商业诚信经营而世界闻名,行商自发制定的《十三条行规》中更是明确规定遵守商业诚信:"货价既经协议妥帖之后,货物应力求道地,有以劣货欺瞒夷商者应受处罚。"以商业

---

① [美]马士:《东印度公司对华贸易编年史(一六三五~一八三四年)》(第2卷),区宗华译,林树惠校,章文钦校注,广东人民出版社2016年版,第146页。

② 陈国栋:《东亚海域一千年》,山东画报出版社2006年版,第253页。

③ 梁嘉彬:《广东十三行考》,广东人民出版社2009年版,第317~318页。

诚信为基础,行商在商业交往中坚持与人为善,这在行商伍秉鉴的经营行为中得到明显体现。有一名来自波士顿的美国商人,其在与伍秉鉴合作开展贸易期间,因经营不善导致亏损,欠下伍秉鉴7.2万两贸易资金无力偿还,该美商因此一直无法回国,伍秉鉴得知此事以后,当其面撕毁借据,表示双方账目已经结清,该美商因此可以随时回国。[①] 另外,行商坚守商业伦理,虽然以追逐商业利润为经营目的,但行商不会为了追逐商业利润而丧失商业道德底线。以广州十三行贸易后期利润最高的鸦片进口为例,在清政府查禁鸦片的诸多案件中,几乎没有行商参与售卖鸦片的记录,"没有一位广州行商是与鸦片有关,他们无论用什么方式,都不愿意做这件事"。[②] 行商能够拒绝鸦片贸易的高利润,不仅是清朝法律严格规定的作用,而且是行商对商业经营中伦理底线的坚守。

商业习惯法也提供了广州十三行的利益协调制度,这在康熙五十九年(1720年)成立的公行及其制定的《十三条行规》中得到充分体现,《十三条行规》更是广州十三行贸易中最为重要的习惯法。出于对利益的追求,广州十三行初期存在大量贸易行为不规范的情形,为了协调行商的利益关系,维护行商团结并维持商业经营秩序,行商自发建立了具有强制约束力的商业组织"公行",以实现"商人彼此间不致再互相排挤而使外人独享其利,亦不使行商肆行欺诈而使外人独受其害",并共同议定了《十三条行规》。[③]《十三条行规》为杜绝无序竞争,明确规定了"为防止私贩起见,凡落货夷船时均须填册""绿茶净量应从实呈报"等规则,有效纠正了行商为了争揽贸易而同外商私自贸易的陋习。《十三条行规》更多是为了维护行商内部团结,制定协调行商间利益的具体措施,如行规明确规定"各行商应与夷商相聚一堂,共同议价",排除行外商人参与对外贸易的可能。其中"他处或他省商人来省与夷商交易时,本行应与之协订货价,俾卖价公道"的规定,"夷船欲专择某商交易时,该商得承受此船货物之一半,但其他一半归本行同仁排分之"的规定,以及"行商对于公行负责最重及担任经费最大者许其在外洋贸易占一全股,次者占半股,其余则占一股之四分之一"等规定,则充分体现了公行的利益协调作用。

习惯法中还包括来自行商内心信仰的惩罚机制。广州十三行行商所从事的

---

① [美]亨特:《广州番鬼录　旧中国杂记》,冯树铁、沈正邦译,广东人民出版社2009年版,第53页。

② 李国荣、覃波、李炳编著:《帝国商行》,九州出版社2000年版,第259页。

③ 梁嘉彬:《广东十三行考》,广东人民出版社2009年版,第86~88页。

是海洋贸易,海洋贸易面对的是大海的浩瀚无际,其中的风险因素较多,行商出于对大海自然力量的畏惧而对海神等神灵极为敬重。因此,行商的经营活动中形成了丰富的神灵信仰体系以及广泛的商业禁忌。由于行商内心对神灵惩罚的畏惧,因此形成了源自行商内心信仰的惩罚机制。这种惩罚机制在现实中更多发挥了潜移默化的影响作用。正是出于对神灵惩罚的畏惧,行商普遍遵守贸易规则,尽力避免纠纷的产生,这也对行商的行为模式与商业经营产生了重要影响。

第二章　广州十三行法制中的粤海关制度

在近代化趋势发展对清朝外贸需求增加的影响之下，清政府结束了闭关锁国，实施开海贸易。原来作为外贸管理机构的市舶司不能适应开海贸易后管理近代化贸易的实际需要，清朝对外贸易管理机构需要革新。清政府在借鉴吸收市舶司制度经验的基础上，于广州创设了粤海关作为管理中外贸易的专门机构，并建立了粤海关制度。粤海关是广州十三行法制中最重要的法律关系的主体，其不仅沟通中央与地方，协调广州十三行外贸中的央地利益分配，还直接承担着征收关税与管理贸易两大法律职责，并具体负责对行商与外商两类贸易主体的管理，成为联结行商与外商的基点。在履行管理职责并应对不断变化的外贸管理形势的过程中，粤海关制度也在不断发展完善。

第一节　沟通中央与地方的粤海关

康熙二十三年(1684 年)，清政府在广州设立粤海关。①

---

① “(康熙)二十三年覆准，福建、广东二省，设满汉海税监督各一人，笔帖式各一人。”由此可知，康熙二十三年(1684 年)已经设立粤海关。参见光绪《清会典事例》卷二三六《户部·关税》，中华书局 1991 年版，第 781 页。但《澳门记略》记载康熙二十四年(1685 年)始设粤海关监督，参见(清)印光仁、张汝霖：《澳门记略》，赵春晨点校，广东高等教育出版社 1988 年版，第 42 页。

从原因上考察,粤海关的创设是多种因素共同作用的结果。粤海关属于中央机构的行政地位,其设立于广东地方的地缘因素,以及其承担的征收关税与管理外贸的职责,决定了粤海关在沟通中央与地方关系方面的重要地位。

一、粤海关设立的缘由

清政府创设粤海关并建立粤海关制度有多重原因,这是近代化趋势下中外贸易开展对外贸管理机构的直接要求,还受外贸管理历史经验的影响,也是清朝中央强化对地方管控的间接要求。

(一)近代化趋势下中外贸易开展对外贸管理机构的要求

在中国封建社会历史上,负责贸易管理与税收的常规机构是榷关。榷关是随着商品贸易的发展与繁荣而逐渐出现的,榷关设置经历了从内陆关到沿河关再到沿海关的发展历程。从地理位置上考察,水陆各榷关均设置于交通要塞。商品贸易的繁荣,带来的交通要塞的商品流通增加,为榷关设立创造了基础条件,也使设立榷关能够产生税收经济利益。虽然封建国家设立榷关的直接原因是攫取经济利益,但设置榷关也是贸易发展的必然结果,可以说,贸易发展对设置榷关提出了内在要求。海关作为榷关的一种①,其创设也深受贸易发展的影响。在近代化趋势逐渐加强并促使清朝实施开海贸易以后,中外之间自由贸易的开展对外贸管理机构也提出了新的要求,这便是清政府创设粤海关的直接原因。

中外自由贸易的开展,在两个层面引发创设海关的要求。从封建国家及其统治者的立场与角度进行考察,设置海关首先源于清政府对海上贸易关税等经济利益的追求,"出海贸易,非贫民所能,富商大贾,懋迁有无,薄征其税,不致累民"②。在近代化趋势带来对外贸易迅速发展的背景下,清政府创设海关更是出于加强对贸易参与人员管控的需要,尤其是要管控日渐增多的外国商人,因为"它害怕外国人会支持很多的中国人在中国被鞑靼人征服以后大约最初半个世纪里所怀抱的不满情绪"。③ 清朝统治者甚至认为"漏税事小,通夷事大"。④ 而从中外贸易发展的内在要求以及商人的角度进行考察,为了确保中外贸易的顺利开展,也需要

① 吴建雍:《清前期榷关及其管理制度》,载北京市社会科学院《燕都春秋》编辑委员会编:《纪念北京市社会科学院建立十周年历史研究所研究成果论文集》,燕山出版社1988年版,第359~360页。

② 《清圣祖实录》卷一一六,中华书局1985年版,第212页。

③ 《马克思恩格斯选集》(第2卷),人民出版社1972年版,第6~7页。

④ (清)梁廷枏:《粤海关志》,袁钟仁点校,广东人民出版社2014年版,第359页。

清政府创造一定的外在条件，为贸易开展提供制度保障。如通过设立海关，对贸易流程、贸易秩序、贸易规则等进行规范，并通过海关管理职责的履行适度保护中外商人的利益，统治者也认为，“商贾贸易之人，往来关津，宜加恩恤”。[①] 也只有在中外贸易受到保护的情况下，才可能促进贸易自身的发展，不断扩大中外贸易规模，以保证清政府获取关税经济利益。

在清政府决定开海贸易之前，已经有多个资本主义国家前来请求开展贸易，这是促使清政府决定改变闭关锁国并实施开海贸易的重要原因之一，也使清政府对开海后的中外贸易发展形势有了一定判断。虽然清朝统治者在心理层面仍自负于中国的地大物博，并以朝贡的心态看待中外之间的贸易，但对于开海之后的中外贸易量必将大增的形势，统治者还是有所预料的。受历史演进的周期律决定，清政府必然要遵照历代封建国家的贸易管理经验对中外贸易进行管控。清政府也需要通过对中外贸易征税来增加财政收入。这便是清政府面对近代化趋势下中外贸易开展的需求，选择设置海关作为外贸管理机构的原因。

(二)近代化趋势下清朝外贸管理机构革新的要求

在开海贸易获得合法地位之时，清朝原有的管理对外贸易的机构市舶司已经没落，市舶司的法律职能已经弱化，而且法律地位也大为降低，加之经过清初多次设立与废黜的变更，市舶司已经不能满足清朝中外贸易管理的现实需求，清朝的对外贸易管理机构需要进行革新。

以清初的广州市舶司为例，清政权入关伊始就在对外贸易管理方面沿袭了明朝惯例，在广州设置了市舶司。[②] 但从功能上看，清初市舶司的职能仅限于管理朝贡贸易以及与朝贡直接相关的互市贸易，其管理职能相比宋元明各代已经弱化。市舶司管理的朝贡贸易或互市贸易，与中外近代贸易在贸易方式、贸易理念、贸易流程等方面均有所区别，市舶司无法实现对中外近代贸易的有效管理。而从清初市舶司职官设置上看，广州市舶司是由广东巡视海道兼管的，[③]这种地方官员兼管市舶司的行政模式，并不符合中外贸易背景下中央强化对地方贸易管理的要求。康熙五年(1666 年)市舶司还被并入盐课提举司，[④]其后盐课提举司也一度

---

① (清)梁廷枏:《粤海关志》，袁钟仁点校，广东人民出版社 2014 年版，第 4 页。

② 同上书，第 453 页。

③ 中国第一历史档案馆、澳门基金会、暨南大学古籍研究所合编:《明清时期澳门问题档案文献汇编》(一)，人民出版社 1999 年版，第 23 页。

④ 《清文献通考·职官考九·直省官员》，浙江古籍出版社 2000 年影印本。

被裁撤,直到康熙十八年(1679年)恢复澳门与广州间陆路贸易时才被恢复,但也只是负责澳门陆路贸易的旱税征收。[①] 因此,由于清初实施海禁政策与朝贡贸易法制,市舶司制度在清初已经严重弱化,不仅不能恢复宋元明时期市舶司所承担的外贸管理职责范围,更无法满足近代化趋势下中外贸易管理的更高需求。

与清初市舶司职能严重弱化形成鲜明对比的是,海上对外贸易的开展需要更加严格的行政管理,这是由沿海口岸地理位置的特点决定的。海上对外贸易开展时,货船出入的是海上门户。由于沿海各口岸的出海口较多,海上门户的管控需要更加强有力的行政机构,并依靠更完善的法制来保障其履行管理职能。广东地区的海岸线较为绵长,“粤东之海,东起潮州,西尽廉,南尽琼崖。凡分三路,在在均有出海门户。”[②]广东口岸可供船舶进出的水道较多,可以停泊船只的口岸也较多,这是广东对外贸易发达的先天优势所在,也是广东对外贸易管理形势复杂所在。正是由于广东海路运输发达,港汊众多,出海口也多,而每一出海口均需要对出入货物、人员进行仔细盘查,以实现沿海关口“诘奸御暴”的目的,因此,需要更加严密的行政机构对广东进出口贸易进行管理,市舶司不可能完成此任务,只能依靠外贸管理机构的革新才能实现。

(三)中央对地方强化管控的要求

中央与地方之间的权力之争与利益之争,贯穿整个封建社会时期。与市舶司制度相比,榷关制度更有利于中央对地方的权力控制与经济利益攫取,清廷出于加强中央集权的需要,吸收榷关管理的经验,在重要沿海口岸创设了海关,以加强对地方的控制。

如前所述,市舶司的设置与运行虽然强化了封建统治者对外贸的管理与控制,也有利于增加贸易税收,但从强化中央对地方控制的角度考察,市舶司并没有发挥太大的作用。这不仅因为市舶司官员多由地方官员兼任,导致中央对市舶司直接控制力较弱,也因为市舶司的税收对增加中央财政收入的作用有限。随着近代化趋势的冲击与对外贸易的繁荣发展,中央政府对地方海外贸易的控制需求也逐渐加强,其目标不仅在于经济利益的攫取,更在于对贸易参与人员的管控,统治阶级要防范因贸易发展带来的地方不稳定,也要防范外来人员的不安定以及内外

---

① (清)李士桢:《抚粤政略》卷二《请除市舶吞门旱路税银疏》,台北,文海出版社1988年版,第212页。

② (清)梁廷枏:《粤海关志》,袁钟仁点校,广东人民出版社2014年版,第63页。

勾结所带来的统治威胁。为了解决这一问题,清廷需要在沿海口岸设置更加听命于中央的垂直管理机构。

榷关制度的成熟经验,为清政府设置海关强化中央对地方的控制提供了经验。从历史溯源的角度考察,清朝海关的设立是清朝钞关制度的延伸,而清朝钞关制度则是明代钞关的继承与发展。明代钞关是中央设在地方的直辖机构,由户部直接管理,钞关代表中央对地方进行管理,是中央权威在地方的延续,体现的是中央利益。明宣宗宣德四年(1429 年),"以钞法不通由,商居货不税由"于"舟船受雇装载者,计所载料多寡、路近远纳钞",有的钞关除了船钞也征收货税,"惟临清、北新则兼收货税"。① 明代钞关官员的任命方式也体现了中央控制权的强化。钞关初设时由各差御史或部佐兼理,从弘治年间开始,委派户部主事一人负责钞关管理。为防止贪腐与渎职行为,管关官员一年一换。为避免钞关管理人员与地方沆瀣一气,明代钞关还实施管关官员地域回避制度,不选拔本地出身的官员就任管关人员。以明代大运河岸的临清关为例,"从明代成化到崇祯年间,临清管关官员共有 147 人,主要来自福建省、河南省、南直隶,占 46% 左右,其次就是来自北直隶、四川省。临清地处山东,其管关官员派遣基本做到回避本籍的规定"。② 这些措施有效地促进了中央对设于地方的榷关的控制,也为清廷设置海关强化中央对地方的控制提供了经验。

以明代钞关的设立与管理经验为蓝本,清政府在开展海上贸易的重要沿海口岸创设了海关。从行政设置上看,海关由中央户部直接管理,首先代表了中央利益。为了强化中央对地方海关的控制,清朝还吸收了明代钞关管理的具体制度,如管关人员的更替也是一年一换,"(康熙)二十六年议准,四省海差,一年更代"。③ 而在人员选任方面不仅是地域回避,粤海关监督更是多从内务府官员中选拔派遣,更加维护皇帝与中央的利益。粤海关征收的关税也是直接上缴户部,从而在政治统治和经济收入两方面实现了中央对地方的控制。

二、粤海关对中央承担的职责

清政府创设海关的目的之一是实现中央利益的最大化,清廷通过多种方式实

---

① 《明史食货志校注》,李洵校注,中华书局 1982 年版,第 241 页。

② 黑广菊:《明清时期临清钞关及其功能》,载《清史研究》2006 年第 3 期。

③ 光绪《清会典事例》卷二三六《户部·关税》,中华书局 1991 年版,第 781 页。

现对粤海关的紧密控制,粤海关对户部、皇帝以及内务府分别承担着不同的职责。清廷还通过对粤海关监督等管关人员的任命,确保粤海关对中央职责的履行。

(一)中央对粤海关的职责设置

粤海关承担的职责是由清廷中央确定的,其中最重要的职责来源,是户部对粤海关设定的职责要求。粤海关的官名是"钦命督理广东沿海等处贸易税务户部分司",具体由户部的贵州清吏司掌其政令。[①] 户部是主管全国财政与经济的专门机关,其职责范围包括管理监督海关、制定税收则例、确定海关税收数额以及核查海关税收等。粤海关作为户部的派出机构,要接受户部的领导与监督,执行户部制定的对外贸易管理规章,具体负责广州贸易管理与关税征收,向户部报解税银,并接受户部的税收核查等。粤海关还具有协助户部制定税则的职责。税则制定一般由户部负责,但由于户部缺乏涉外贸易征税的直接经验,因此粤海关的税则建议往往能够得到中央采纳。早在粤海关设立之初的康熙二十四年(1685年),首任粤海关监督宜尔格图就针对前来广州贸易的商船所载杂物价值低廉的情况,建议船钞的征收酌减二分。[②] 这一建议获得了中央的批准,并适用于其他海关。粤海关甚至还会自行制定实施尚未获得中央批准的税则,如为纠正粤海关初设时滥用杂物征税标准导致部分货物税额过轻的弊端,粤海关照"引比征收"条自行制定实施了比例税则制度,后来为了统一执行标准,才于雍正十一年(1733年)奏请中央议准。[③]

皇帝也会对粤海关提出要求,该要求成为粤海关职责的重要内容。粤海关从行政建制上看隶属于户部,但实际上粤海关还受皇帝的直接控制,粤海关与皇帝之间的关系重要程度甚至高于其与户部的关系。这不仅与封建社会皇帝独揽大权的政治特点相关,更与粤海关监督的身份来历(人选来源)直接相关。粤海关监督基本都是皇帝的心腹,[④]设关之初是"以内务府员外郎中出领其事"[⑤],乾隆十

① 《清会典》卷二十三《吏部·官制》,中华书局1991年版,第910页。

② (清)梁廷枏:《粤海关志》,袁钟仁点校,广东人民出版社2014年版,第453页。

③ 同上书,第157页。

④ 粤海关监督的人选来源很可能是内务府包衣,此系多位海内外学者研究得出的具有一致倾向性的结论,乾隆十五年(1750年)以后的粤海关监督都是由内务府包衣充任。因不属于本书的研究重点,此不赘述,可参见陈国栋:《清代前期的粤海关与十三行》,广东人民出版社2014年版,第8~17页。

⑤ (清)印光仁、张汝霖:《澳门记略》,赵春晨点校,广东高等教育出版社1988年版,第42~43页。

五年(1750 年)以后的粤海关监督几乎全是内务府包衣,[①]这直接决定了粤海关监督与皇帝之间的密切关系,并因此决定了粤海关监督在清朝行政官员体系中的特殊地位。粤海关监督赴任以前,除了请领敕书以外,在京的新任监督必须觐见皇帝请训,皇帝还会赐予一道批文,该定例直到乾隆三十八年(1773 年)才停止。[②]粤海关监督在履行关务管理职责期间,必须通过题本或奏折向皇帝汇报自身公务情况,而且还要按照皇帝的要求汇报督抚等地方官员的政绩情况,如嘉庆五年(1800 年),皇帝就在给粤海关监督佶山的奏折批复中直接提出"地方官吏贤否?声名查实具奏"的要求;嘉庆七年(1802 年),粤海关监督三义助也接到皇帝的类似指示:"广东督抚近日办事公正否?密奏之,不可稍泄。"粤海关监督对皇帝承担着公私两个方面的职责,成为皇帝控制粤海关的重要手段。

中央对粤海关的职责设置,还表现为粤海关所承担的进贡义务。粤海关负责为内务府置办贡品,并向内务府支解税银供宫廷使用。粤海关设立后即有了在海关税收中支出税银采办贡品的定例,并形成了年贡(新年)、灯贡(元宵)、端贡(端午节)、万寿贡(皇帝生辰)每年 4 次的例贡。乾隆七年(1742 年)定例,每年在粤海关杂税中支出 55,000 余两作为备贡银,其中 30,000 两直接解交内务府造办处,其余留在粤海关专用于采办贡品。[③] 乾隆五十一年(1786 年)起该 55,000 两由行商承担,仍贮存于粤海关"预备传办品物之用"。[④] 粤海关负责置办的贡物种类繁多,且多为西洋奇巧工艺制品。乾隆二十三年(1758 年),粤海关监督李永标传达上谕:"向年粤海关办贡外,尚有交养心殿余银,今即着于此项银两内买办洋物一次,其洋檀、哔叽、金线、银线及广做器具俱不用,惟办钟表及西洋金珠、奇异陈设并金线缎、银线缎或新样器物皆可,不必惜费。"[⑤]采办贡品甚至影响粤海关外贸管理职责的履行,如康熙六十年(1721 年)为了获得珍奇物品进献给皇帝,粤海关不得不对英国商人妥协,变相解散了刚刚成立不久的"公行"。[⑥]

---

① 陈国栋:《清代前期的粤海关与十三行》,广东人民出版社 2014 年版,第 16 页。

② (清)梁廷枏:《粤海关志》,袁钟仁点校,广东人民出版社 2014 年版,第 120 页。

③ 中国第一历史档案馆编:《清宫粤港澳商贸档案全集》(第 2 册),中国书店 2002 年版,第 1000～1002 页。

④ 中国第一历史档案馆:《清代广州"十三行"档案选编》,载《历史档案》2002 年第 2 期。

⑤ 中国第一历史档案馆编:《清宫粤港澳商贸档案全集》(第 3 册),中国书店 2002 年版,第 1679 页。

⑥ [美]马士:《东印度公司对华贸易编年史(一六三五～一八三四年)》(第 1 卷),区宗华译,林树惠校,章文钦校注,广东人民出版社 2016 年版,第 185～186 页。

(二)中央对粤海关监督的任命

清廷中央对粤海关监督的任命,是确保粤海关职责履行的重要保障。粤海关监督是粤海关的最高行政官员,粤海关所有法律职责的履行都是在粤海关监督的直接领导下开展的,具体包括管理水陆通商贸易、征收与报解关税、稽查人员出入与货物进出口等。粤海关监督还负责协调海关与广东地方官府的关系,并负责处理部分因贸易产生的对外事务。粤海关监督为粤海关的职责履行负总责,当出现管理失察、短收税款等情形时,粤海关监督承担最终的法律责任。康熙二十三年(1684年)始设粤海关时,粤海关监督的设置与地方大员"满汉各一"的制度相同,有满汉海关监督各一人,"(康熙)二十三年覆准,福建、广东二省,设满汉海税监督各一人,笔帖式各一人"。[①] 但自康熙二十八年(1689年)起粤海关只设一名监督,"二十八年谕,嗣后海关著各差一人",[②]而这一人基本都是满人。

在粤海关监督的任用程序上,因海关隶属于户部,粤海关监督的选任是先由户部向皇帝提出建议,"粤海关由户部开列各应放关差人员,请旨简放。"[③]皇帝确定最终人选并下达谕旨予以任命。任期届满时,现任监督应先向户部咨报,经户部奏请皇帝钦点更换或连任。由于粤海关监督多出身于皇帝包衣,因此有些监督任满前只向皇帝奏报。为了规范监督的更换程序,坚持海关隶属户部的行政体例,乾隆三十五年(1770年)将粤海关监督的选任与更替制度化:"向来各省盐政关差,一年任满,例由该部院题请更换,而关差内,间有自行奏请,并不经部办理者,究非体制。嗣后……九江、粤海等关,将届一年期满,并着一体报部,听该衙门具题请旨。着为令。"[④]粤海关监督的任期在制度上规定为每届一年,"(康熙)二十六年议准,四省海差,一年更代"。[⑤] 但从实际情况来看,粤海关监督留任的情况非常普遍,如康熙年间的宜尔格图就曾留任一年,乾隆年间李永标留任三次在任八年,德魁更是在任长达十二年。[⑥]

自康熙二十三年(1684年)初设监督到乾隆初年,粤海关监督的选任与更换并不固定,也曾经出现过粤海关务交由地方督抚兼管的情况。但由于粤海关负责

---

① 光绪《清会典事例》卷二三六《户部·关税》,中华书局1991年版,第781页。
② 嘉庆《大清会典事例》卷一八九《户部·关税》。
③ 嘉庆《钦定大清会典》卷一六《户部·贵州清吏司》,台北,文海出版社1991年版,第810页。
④ (清)梁廷枏:《粤海关志》,袁钟仁点校,广东人民出版社2014年版,第120页。
⑤ 光绪《清会典事例》卷二三六《户部·关税》,中华书局1991年版,第781页。
⑥ (清)梁廷枏:《粤海关志》,袁钟仁点校,广东人民出版社2014年版,第128~137页。

广东沿海的进出口贸易，随着贸易量逐渐加大，税收额逐渐增加，清政府对粤海关更加重视，对粤海关监督的任用也更加严格。乾隆十五年（1750 年）以后，一般由中央直接任命专设的粤海关监督，这与其他海关均不相同，"天下海关在福建者，辖以将军；在浙江、江苏者，辖以巡抚；惟广东粤海专设监督，诚重其任也"①。究其深层次的原因，还是在于清廷中央通过对粤海关监督的专任，确保粤海关履行相关职责，更好地维护中央的利益。

（三）中央对管关人员的安排

除了粤海关监督以外，中央还向粤海关派出笔帖式，强化中央对粤海关的监督，保障粤海关职责的履行。作为清代特有的官职，笔帖式在清朝中央至地方的各级各类衙门中普遍存在，"京师各部院，盛京五部，外省将军、都统、副都统各署，俱设笔帖式额缺"②。笔帖式原本负责翻译、缮写等辅助类工作，但当笔帖式从中央派往地方任职时，往往要承担上传下达、监督地方的职责。笔帖式辅佐粤海关监督开展工作，同时也监督粤海关的工作，其派遣反映了清廷中央对粤海关的控制。粤海关初设时便有笔帖式一职，"（康熙）二十三年覆准，福建、广东二省，设满汉海税监督各一人，笔帖式各一人"③。首任粤海关监督宜尔格图考虑到粤海关关口众多的实际情况，还专门请旨要求破例多带一名笔帖式："其海口众多，地方辽阔，若不时巡查，以致漏课，不照各关例，将职等素所知笔帖式坐名多带各一员。"④笔帖式往往是海关的"副关"——监督的副手，⑤浙海关、江海关便是"以内务府司员监收，笔帖式副之"。⑥ 康熙三十八年（1699 年），英国商船"麦士里菲尔德号"抵达广州开展贸易，其外商被海关监督召见时，也见到了实为笔帖式的副监督。⑦ 康熙五十五年（1716 年）前后，各税关的笔帖式都奉令裁撤，但乾隆四年（1739 年），淮安关又复设笔帖式。乾隆二十四年（1759 年），粤海关监督尤拔世便比照淮安关例提出奏请："粤关大小口岸六十余处，相距甚远，委有微员，不可倚

---

① （清）梁廷枏：《粤海关志》，袁钟仁点校，广东人民出版社 2014 年版，第 119 页。

② 《清史稿》卷一一〇《选举五》，中华书局 1976 年版，第 3213 页。

③ 光绪《清会典事例》卷二三六《户部・关税》，中华书局 1991 年版，第 781 页。

④ 《明清史料》（丁编第 8 册），台北，"中央研究院"历史语言研究所 1999 年版，第 745 ~ 746 页。

⑤ 陈国栋：《清代前期的粤海关与十三行》，广东人民出版社 2014 年版，第 49 页。

⑥ （清）宋如林：《松江府志》卷二八《田赋志・附关税》，嘉庆二十二年刻本。

⑦ ［美］马士：《东印度公司对华贸易编年史（一六三五 ~ 一八三四年）》（第 1 卷），区宗华译，林树惠校，章文钦校注，广东人民出版社 2016 年版，第 97 页。

信。请照淮安关例,拣发内府笔帖式一员来粤协查。”该奏请获得皇帝批准,①粤海关的笔帖式一职得以复设。

此外,粤海关管理关口人员的任用模式,也体现了粤海关履行职责的制度保障。与皇帝任命自己的心腹出任粤海关监督的模式相一致,粤海关监督往往任用自己的家人负责关务管理。虽然家人并不属于正式官吏,但家人是海关监督的心腹,家人参与管理关口被清政府认可与支持。尤其是粤海关大关总口与澳门总口下属的10多处小口,始终都是由粤海关监督的家人负责管理。任用家人也与这些关口距离粤海关官署较近有关,因此对这些家人的监管相对容易,“如有营私舞弊情事,离署不远,耳目易周,一经访闻,即可尽法处治。”②粤海关其他5处总口及其下属40多处小口因为不易监管,在乾隆五十一年(1786年)七月后被停止家人管关。虽然家人在海关管理中发挥着重要作用,但对家人的管理却未形成专门制度,其原因在于“经管家丁向由各监督自行签派,如有不妥,原可随时更换。若令一一造册分送部科,未免事涉烦琐。”纵然嘉庆十七年(1812年)五月皇帝专门下谕要求严格家人管理,也未形成制度体系,对家人的管理仍然沿袭习惯:“令各监督钦遵圣训,严加约束,以期无弊。”③

三、粤海关与广东地方官府的关系

粤海关监督“掌水陆通商货税之职”④,具体负责“掌管广东沿海各口和珠江三角洲的航运及征税事宜”⑤,即粤海关管理的实际是发生在广东地方的具体事务。地方事务管理离不开地方政府的支持,为了更好地发挥粤海关协调中央与地方关系的职能,清政府在粤海关实行了中央与地方共管粤海关的制度。广东地方官府因此负有管理粤海关的职责,并通过对管关人员安排的参与,确保其对粤海关关务的管理与监督。

(一)广东地方官府对粤海关的兼管

粤海关的关务原本由粤海关监督直接、单独管理,与广东地方官府之间并无

---

① 《清高宗实录》卷五九九,中华书局1986年版,第715页。

② (清)梁廷枏:《粤海关志》,袁钟仁点校,广东人民出版社2014年版,第121页。

③ 同上书,第122页。

④ 《清会典》卷一〇〇,中华书局1991年版,第910页。

⑤ [美]马士:《中华帝国对外关系史》(第1卷),张汇文等译,上海书店出版社2006年版,第35页。

交叉。但自康熙二十三年(1684 年)初设粤海关到乾隆初年,粤海关监督的选任与更换并不固定,关务经常交由广东地方督抚兼管。雍正元年(1723 年)清政府认为将海关税务交与地方官监收对钱粮、地方均有裨益,因此议准将粤海关交由广东巡抚兼管。雍正七年(1729 年)复设粤海关监督,“(雍正)八年八月,归总督;九月,归广州城守,并设副监督”。[①] 直到雍正十二年(1734 年),广东地方督抚兼管粤海关形成制度,皇帝颁行谕旨:“嗣后凡有监督各关,着该督、抚兼管所属口岸,饬令该地方文武各官不时巡查。如有纵容滋扰情弊,听该督、抚参处。至监督征收税课,及一切应行事宜,仍照旧例遵行,不必听督、抚节制。如此,庶关税既有专司,地方官仍无敢歧视,于税课、商民均有裨益。”[②]自此以后,关税征收由粤海关监督专管,其他关务则由广东督抚与粤海关监督共同管理。乾隆五十七年(1792 年),再次重申监督与督抚的分工与合作,强调广东督抚对关务尤其是船舶与货物出入情况的监管职责:“嗣后粤海关税务,不必令督抚兼管。其每月到关船数若干,所载货物粗细各若干,著责成该督抚详细查明,按月造册,密行咨报户部。俟一年期满时,交该部将该督抚所报清册,与该监督所报清册,汇总覆对。如有不符之处,即行参办。”[③]一些重要管理制度的发布,也是由广东督抚直接向外商传达,如乾隆二十二年(1757 年),广州“一口通商”的命令就是由两广总督李侍尧向外商传达的。[④]

广东地方官府兼管粤海关的原因,首先与清朝的分权制约机制相关。清袭明制,将全国划分为多个省级行政区域,巡抚作为一省的最高职官总揽该省军政大权,为了加强中央集权,清政府在巡抚之上又设立了官阶更高一级的总督,负责管辖多个省的军政事务,通过总督与巡抚的相互牵制,便于中央对地方权力的控制。这种分权制约模式也被扩展应用于海关管理。海关事务原由中央派出的海关监督专管,但由于海上进出口贸易增长迅速,海关监督的权力越来越大,由此导致海关监督贪腐渎职等现象日渐严重。为了防止海关监督权力膨胀并滥用的弊端,自康熙末年至雍正年间,清政府采取了将海关交由地方管理的措施,海关事务由督抚、将军甚至织造进行管理,如“(康熙)五十九年议准,江海关交与江宁巡抚,浙海关交与浙江巡抚。”“(雍正)七年题准,浙江南北两关税务,令杭州织造官就近

---

① (清)梁廷枏:《粤海关志》,袁钟仁点校,广东人民出版社 2014 年版,第 4 页。
② 同上书,第 120 页。
③ 光绪《清会典事例》卷二三七《户部·关税·考覆一》,中华书局 1991 年版,第 800 页。
④ 中国第一历史档案馆:《清代广州“十三行”档案选编》,载《历史档案》2002 年第 2 期。

管理。"[①]粤海关监督与广东地方督抚共同管理粤海关关务,二者相互协助并相互制约,与此同出一辙。

广东地方督抚对粤海关的兼管,也与粤海关的广东地缘有关。粤海关口岸众多、关务繁忙,粤海关监督还承担着沟通中央与地方的职责,仅靠粤海关监督一人难以应付。虽然在粤海关监督之下尚有总口委员、书吏、巡役等胥吏与家人长随等辅助开展关务工作,但下属人员只是执行具体事务,并不能分担管理压力。粤海关设立于广州口岸,与广州、广东地方官府之间存在密切的地缘联系,具体职责的履行离不开广东地方官府的协助。在粤海关初设的几年里,广东地方官府与粤海关之间不相来往,粤海关监督与广东督抚也无工作配合,甚至出现相互掣肘的情况,由此导致商人与地方势力串通、地棍横行、税收偷漏、口岸治安混乱等情况。雍正十二年(1734年)十二月设立共管模式的谕旨中对此进行批驳:"直省关税监督,于地方官原不相统辖,切呼应不灵,而大小口岸甚多,监督一人,势难分身兼顾,虽选委书吏、巡役,公同亲信家人稽查收放,而地方文武官弁,以为无与己事,并不协力。或转怀挟私意,则奸商之隐漏,地棍之把持,督抚或不关心监督,动则掣肘,不独于税务无补,即于地方亦难免扰累。"[②]为改变这一状况,必须建立协同机制,粤海关监督毛克明因此提出奏请:"粤东海关地面辽阔,事务繁多,洋商胥吏以及地方势豪,引诱串通,弊端百出,监督一官难于稽查防范,不若就近归于督、抚兼管,则通省文武军民均受统属节制,不敢欺公玩法。再令京员掌管监督印信、监收钱粮,则税务肃清而弊可杜。"[③]这是粤海关共管模式建立的又一原因。

广东地方官府对粤海关的兼管内容,也包括粤海关税务。粤海关税务虽然由粤海关监督专管,但是广东督抚仍负有监督责任。嘉庆十四年(1809年)六月谕旨强调:"粤海关税务自乾隆十五年以后,均系监督征收,会同总督题报。迨至五十七年钦奉特旨,改令监督专管,仍责成该督、抚查明,按月造册,密行咨部,俟期满核对,以防弊窦,以严钩稽……该督、抚不得以并无兼管之责,视为具文,甚或通同弊混,致干咎戾。"[④]可见,广东地方官府对粤海关的监管实际覆盖了粤海关职能的所有方面,并形成了中央与地方两种权力在粤海关相互辅助、相互监督、相互制约的局面。

① 光绪《清会典事例》卷二三六《户部·关税》,中华书局1991年版,第782~784页。
② (清)梁廷枏:《粤海关志》,袁钟仁点校,广东人民出版社2014年版,第119页。
③ 同上书,第120页。
④ 同上。

(二)广东官府对任命管理总口委员的参与

广东地方官府对粤海关关务的监督与控制,首先是通过参与管理总口委员的委派实现的。管理总口委员,即管理粤海关7个总口的专员,其具体负责督促家人、书役等履行海关管理职责并稽查税务。管理总口委员起初由粤海关监督安排,雍正七年(1729年),新任粤海关监督祖秉圭赴任时更是直接带出5名委员:"沿海税口大小四十余处,幸蒙圣恩赏给带出五人分委大口,督率家人、书役征收口税。"①但随着粤海关制度的运行,广东地方官府对管理总口委员的选任逐渐具有了更大的话语权。

7处总口中,大关总口与澳门总口的管理总口委员安排制度相对稳定,一直由广州将军衙门负责选派。大关总口的管理总口委员为大关旗员,澳门总口为澳门总口旗员,该二旗员的选拔制度稳定,源于这两处总口职责的重要性。大关总口负责稽查广州十三行及黄埔港的外国商船进出口货物,澳门总口负责稽查出入澳门的外国商船的贸易货物,前者是外国前来贸易的主要交易地点,后者是外国人居住停留并开展贸易的主要地点,因此地位最为重要。正如乾隆五十一年(1786年)七月,粤海关监督穆腾额与两广总督孙士毅等的会同奏言:"窃照粤海关管理总口七处,以省城大关为总汇,稽查城外十三洋行及黄埔地方。各国夷船进口出口货物,以澳门为夷人聚集重地。稽查进澳夷船往回贸易,盘诘奸宄出没,均关紧要,是以向设立旗员、防御两员,一驻大关总口,一驻澳门总口,每年请将军衙门选员前往,弹压一切关税事务。"②广州将军衙门负责选派2个重要关口的旗员,直接体现了广东地方官府对粤海关关务的深度介入。

粤海关下辖的其他5处总口(惠州、潮州、高州、琼州及雷廉)的管理总口委员设置,则经历了重大变化,广东地方官府的影响力逐渐增大。乾隆五十一年(1786年)七月之前,这5处总口与各自下属的小口,均由海关监督分派家人长随与书役分路查察。每一总口的管理总口委员由藩司在现任及试用的佐杂人员内选拔,并由海关监督具体委派,负责各关的稽查约束任务。但这种选拔制度的弊端较为明显,主要因为藩司所选拔的佐杂人员对关务不熟悉,且官职地位较低而不能有效约束家丁与书吏,因此导致侵蚀课饷、剥削客商的事情时有发生。乾隆五十一年

---

① 中国第一历史档案馆编:《雍正朝汉文朱批奏折汇编》(第15册),江苏古籍出版社1991年版,第305页。

② (清)梁廷枏:《粤海关志》,袁钟仁点校,广东人民出版社2014年版,第121页。

(1786年)七月,粤海关监督穆腾额与两广总督孙士毅等会奏:“派令家丁长随前往五总口并各小口,及每年详委佐杂经管之处,应请概行停止。”①清廷对此奏予以批准。自此以后,对5处总口与各小口不再派遣家人,5处总口选拔的管理总口委员,均从各总口所在府或附近地方或者全省范围内的同知与通判中择优产生,并由海关监督与督抚共同委任。

(三)广东官府对其他海关人员的安排

安排其他管关人员,是广东地方官府对粤海关务进行监督与控制的重要手段,主要包括对书吏与其他胥吏的安排。

书吏也称书役,是粤海关各口负责承办通关收支、报解税项的专门人员。粤海关总口书吏共7名,均在大关各房掌案书内选拔,任满5年后解职归农,另外5处总口各设1名书吏,任职1年即为期满,但可以在5处总口之内轮流更替,共计任满5年后同样解职归农。鉴于书吏“经管钱粮之责”的重要性,也为了防止书吏任职期满后继续留任可能导致的腐败问题,清政府对书吏实施严格的管理制度。书吏由海关监督招募“殷实良民”并经过考试录用,书吏任职前必须有原籍地方官印甘各结,并编制该书吏的年貌清册,再由海关监督加具印结,最后呈送户部户科查验注册。但该项制度没有得到完全执行,迟延呈报、招录不符定例的情况时有发生。为此,乾隆三十三年(1768年)四月户部重申:“嗣后凡有书吏丈量单书缺出,即召募殷实良民充补,取具原籍地方官切实印甘各结,该监督出具印结报科,勿得有前迟误舛错,致干驳查可也。”②嘉庆十七年(1812年)五月上谕再次强调:“饬各关监督及总理兼理关务各员,慎选家丁、书吏,并随时查察,严行约束;其狡伪侵欺者,即随案惩办。”③书吏虽由海关监督选拔任用,但由于书吏人员来自地方,任用前更需要原籍地方官印甘各结,因此,书吏很大程度上代表了地方政府的利益。也正是由于这个原因,在省城大关与澳门总口的管关人员安排中,书吏常与家人一起被共同委派。“黄埔、澳门两处均与洋行逼近,民夷交涉,最易藏奸,一切出入点验货物,及防范走私、短报各弊,有必需家丁驱遣往来,不能尽委之书役者。”④

除书吏外,粤海关多个种类的胥吏也是由广东地方官府具体负责安排的。其

---

① (清)梁廷枏:《粤海关志》,袁钟仁点校,广东人民出版社2014年版,第122页。

② 同上书,第123页。

③ 同上。

④ 同上书,第121页。

中,较为重要的,是负责粤海关银库安全保卫的库大使。粤海关税银实施按季报解的方式,平日所收税银都贮藏于银库之中,其安保的重要性不言自明。乾隆五十一年(1786 年)之前守库人员仅为 2 名库书,随着粤海关入库税银数量的不断增加,必须加强安保力量。乾隆五十一年(1786 年),粤海关监督穆腾额与两广总督孙士毅等会奏:"查监督库内,从前所存饷银不过二三十万至四五十万亦不等。臣穆腾额自乾隆四十九年接任,递年增至七八十万两余银数,较昔年不啻加倍,而向例止设库书二名经理其事,殊非慎重钱粮之道。应请照藩运两司库之例,添设库大使一员,专司其事。"奉朱批:"如所议行"。① 粤海关另设有 2 名守库武弁,"以千把总选派。如不敷用,以外委代之。每年由督标营派拨,一年更替。其有勤慎当差者,临时酌留"②。其他胥吏还有大关案书、大关各房缮写书、大关平柜、澳门总口总书、总口柜书、大关清书、口书、巡役、水手、水火夫、火夫、大关杂役、大关库丁等人员。对前述普通胥吏的任用与管理,均由广东地方官府具体负责,在时限上则遵守"凡守口吏役,一年更换"③。

第二节　粤海关对广州十三行的关税征收

粤海关的官方名称是"钦命督理广东沿海等处贸易税务户部分司",从中可见粤海关的重要职责之一就是对广东沿海进出口贸易课征关税。从清政府决定开海贸易、设立海关,到粤海关运行过程中,上至中央的皇帝与户部,下至粤海关监督与广东督抚,先后颁行了一系列关于粤海关征税的谕告或命令,形成了粤海关税收法律制度。

一、粤海关对广州十三行征税的原则

康熙二十五年(1686 年)广东地方官府发布《分别住行货税》文告,最早对外贸税收作出规定。康熙二十八年(1689 年),清政府制定了第一部海关税则《粤海关税则》。④ 清政府颁行实施的关于海关设立与征税的谕告、命令等规定,不仅提

---

① (清)梁廷枏:《粤海关志》,袁钟仁点校,广东人民出版社 2014 年版,第 122 页。

② 同上。

③ 同上书,第 127 页。

④ 《广东省志·海关志》,载胡巧利主编:《广东方志与十三行》,广东人民出版社 2014 年版,第 139 页。

供了粤海关税收的法律依据，也确立了粤海关税收的基本原则。

（一）区别住行货税原则

清政府对海洋贸易税收的重要性有充分认识，增加税收也是促进清政府开海贸易的重要原因之一。开海贸易政策的确立过程中，清政府就认识到开海贸易设关收税要同时兼顾税收的必要性与合理性。康熙二十三年（1684年），康熙皇帝基于税收的重要性，要求专门制定海关税收则例："海洋贸易，实有益于生民，但创收税课，若不定例，恐为商贾累，当照关差例，差部院贤能司官前往，酌定则例。"①当年八月，户部便指派宜尔格图和吴世把分别前往广东和福建，主持筹建海关并制定税收则例。宜尔格图和吴世把原计划按照内陆税关的模式筹建海关，而对征税方式则建议为："将各关收税则例带往酌量增减定例……海口桥津贸易船车等俱行收税"，即实行以内地税则例为蓝本的概行收税政策。康熙皇帝对此明确反对："于桥道渡口等处概行征收，何以异于原无税课之地反增设一关科敛乎？此事恐致扰害民生。"②是年九月，户部等部共同议覆："福建、广东新设关差，止将海上出入船载贸易货物征税，其海口内桥津地方贸易，船车等物停其抽分，并将各关征税则例，给发监督酌量增减定例。"康熙皇帝谕准此议。③ 自此，正式确定了海关税收只对海上进出口货物征税的原则，这也是粤海关税收的基本原则。

为了贯彻海关税收只对海上进出口货物征税的原则，粤海关专门制定实施了税收具体办法。康熙二十五年（1686年），首任粤海关监督宜尔格图与两广总督吴兴祚、广东巡抚李士桢共同发布了《分别住行货税》的文告，其中规定："省城、佛山旧设税课司，征收落地住税，今设立海关，征收出洋行税……如来广省本地兴贩，一切落地货物，分为住税报单，皆投金丝行，赴税课司纳税。其外洋贩来货物及出海贸易货物，分为行税报单，皆投洋货行。"④根据这一规定，清政府对税课司与粤海关的征税职责作出了明确划分，在粤海关贯彻了只对海上进出货物征税的原则。

（二）行商代办纳税原则

与清朝一般报税采用商民自输方式不同，粤海关进出口货物的纳税，一直采

---

① 《清圣祖实录》卷一一五，中华书局1985年版，第200页。

② 《清圣祖实录》卷一一六，中华书局1985年版，第212页。

③ 同上书，第215～216页。

④ （清）李士祯：《抚粤政略》卷六《分别住行货税》，台北，文海出版社1988年版，第729～730页。

用的是行商代为纳税的方式，这也是粤海关税收制度的基本原则。广州十三行贸易中，外国商船的船钞和规礼先是由通事代为缴纳，乾隆十五年（1750 年）改为由广州十三行保商代为缴纳。外国商船的货税，自康熙二十五年（1686 年）《分别住行货税》文告颁布后，便开始由行商代缴，“其外洋贩来货物及出海贸易货物，分为行税报单，皆投洋货行，候出海时，洋商自赴关部纳税”①。其后，粤海关税收一直坚持行商代办，“外洋夷船到广，俱先投省行认保，将载来货物起贮行内。行商又代为置货回国。所有进、出口各货，俱由行商报验，核明税额，填单登簿”②。

至于由行商代为缴纳关税的原因，清政府给出了解释，一是由于中外语言沟通障碍：“查外洋夷人语言不通，服饰器用，与内地迥别，若非行商、通事传译代理，则举凡天朝之禁令体制，与夫市价课税章程，该夷人何由谙晓，何所管束，是以设立行商代为经理。”③二是由于外国钱币不能在内地流通，因此必须委托行商兑换货币并代为办理纳税事务：“查各货税，尚须以洋钱倾铸纹银，始能交关。关上条款繁多，夷人不能自行经理是以责成行商代纳。”④清政府给出的这些理由有其合理之处，但更深层次的原因还是在于“华夷之辨”观念。粤海关作为官府部门不便与外国人之间进行过多的直接接触，因此粤海关的外商缴税一直是由广州十三行行商代办的，这也成为粤海关税收的基本原则。

（三）课税宽严相济原则

鉴于广州中外贸易的日渐繁盛以及关税收入对国家财政与宫廷收入的重大贡献，粤海关税收一直坚持较为严格的政策。粤海关不仅制定了繁杂的税务征收办法，而且完善了征税流程，还通过设定最低纳税数额保障粤海关税收的增加。对不能完成最低征税额的粤海关监督，不仅要追究其法律责任，还要求其在一定期限内补足短欠税额，这些都体现了粤海关税收的严格性。

粤海关税收也会根据贸易开展实际情况灵活调整，或者对遭遇特殊情况的商船给予税收减免优惠。如在开海初期，为了促进广州海上对外贸易的发展，康熙年间先后两次降低了粤海关税收标准。康熙二十五年（1686 年），减免外国来广

---

① （清）李士祯：《抚粤政略》卷六《分别住行货税》，台北，文海出版社 1988 年版，第 730 页。

② （清）梁廷枏：《粤海关志》，袁钟仁点校，广东人民出版社 2014 年版，第 321 页。

③ 中国第一历史档案馆、澳门基金会、暨南大学古籍研究所合编：《明清时期澳门问题档案文献汇编》（一），人民出版社 1999 年版，第 363 页。

④ 许地山编：《达衷集（鸦片战争前中英交涉史料）》（卷下），商务印书馆 1931 年版，第 168 页。

州商船税额的2/10;康熙三十七年(1698年)四月,又"减额税银三万二百八十五两"。[①] 道光十年(1830年),经两广总督李鸿宾奏请,对外国进口货物的一至三等商船减去2/10的规银。[②] 从减免所针对的对象来看,粤海关执行的税收减免主要集中在朝贡贸易、特殊商品以及遭遇意外等方面;从减免的税种来看,可以分为船钞征收减免与货税征收减免。这些都体现了粤海关税收相对宽松的一面,共同构成粤海关税收宽严相济的原则。

二、粤海关对广州十三行征收的税种

粤海关的税种主要分为正税与杂税,这两大类税种之下又分为多个具体税种。总体来看,粤海关对广州十三行征收的税种呈现出两种不同的趋势:正税一直保持相对稳定性,仅在税率方面有所调整;杂税则经历了从私纳到归公的规范化改革。

(一)粤海关征收的正税

粤海关的正税包括船钞与货税两个税种,这两个税种在鸦片战争前的粤海关税收体系中一直保持稳定,只是在具体税率方面时有调整。

船钞也被称作船料、船税等,是依据商船的大小等级而征收的关税。清政府规定,所有类型的商船都要征收船钞。粤海关船钞征收采用的是种类区分标准,先把外国商船按照来源国分为东洋商船(东南亚商船)与西洋商船(欧美商船)两类,再按照商船体积大小划分等级,最后按等级确定船钞的具体数额。东洋商船的船钞征收一直按照4个等级确定,[③]西洋商船的船钞征收标准则经历了变化,康熙三十七年(1698年)之前按照3个类别确定,[④]之后,则开始执行与东洋商船相同的标准。同一等级之内的商船由于体积各有不同,船钞征收数额也相应调整:"丈量各船时,梁头长阔丈尺,将应征银数递增递减。凡一等大船,征钞自一千

---

① 《清圣祖实录》卷一八八,中华书局1985年版,第999页。

② (清)梁廷枏:《粤海关志》,袁钟仁点校,广东人民出版社2014年版,第174~175页。

③ 具体为:"东洋第一等大夹板船,长七丈四五尺,阔二丈三四尺,长阔相乘,得十有八丈,征税银千四百两;第二等夹板船,及乌白艚船,长七丈余,阔二丈一二尺,长阔相乘,得十有五丈四尺,税千一百两;第三等长六丈余,阔二丈余,长阔相乘,得十有二丈,税六百两;第四等长五丈余,阔一丈五六尺,长阔相乘,得八丈,税四百两。"参见光绪《清会典事例》卷二三五《户部·关税·粤海关》,中华书局1991年版,第777页。

④ 具体为:"第一等船征银三千五百两,第二等船征银三千两,第三等船征银二千五百两。"参见光绪《清会典事例》卷二三五《户部·关税·粤海关》,中华书局1991年版,第777页。

一百余两至二千一二百两不等，二、三等中小船，征钞自八百余两至四百余两不等。"[①]另外，船钞征收自"康熙二十四年题准，酌减二分"[②]，粤海关对外国商船的船钞实际是按照额定数额的八成加以征收的。

货税也称商税，是针对进出口货物征收的关税。由于进出口货物的种类繁多，粤海关不仅对货物进行了具体分类，而且规定了详细的计量单位。在货物分类方面，将进出口货物分为衣物、食物、用物和杂货4大类，每类之下又分为多种小项。在计量单位方面，结合各类货物的物理属性特点具体确定。[③] 在确定了种类与计量单位的基础上，再具体规定每小项货物征税的具体标准，如"衣物"类中的"番布衣每百斤税银三钱"，"食物"类中的"芝麻每百斤税二钱"，"用物"类中的"天鹅绒每匹税四两"，[④]"杂货"类一般按照"每百斤税二钱"计算。[⑤] 总之，"凡商船出洋进口各货，按斤科税者为多，有按丈、匹、个、件者，各因其物，分别贵贱征收"[⑥]。货税征收还有"比例税则"与"估值税则"。粤海关初设时规定"凡税则及免例不开者，以杂货算"[⑦]，但杂货每百斤只征税二钱，一概按照杂税征收导致部分货物税额过轻，因此，粤海关照引比征收之条，设立了比例簿册，建立了比例税则制度。但粤海关初期设立比例簿册未经皇帝与户部批准，在执行标准上也难以统一。雍正十一年(1733年)三月，兼管粤海关税务的广东副都统毛克明奏请制定规范的征收例册并刊榜晓示，于雍正十三年(1735年)七月议准，正式施行。[⑧] 粤海关比例税则制度确立。按照比例税则，"外洋货物，有现行条例未载者，按货值贵贱，比例征收。"[⑨]如"大蜡人物，每个比玉器五件，每件四分；小蜡人物，每个比玉器二件，每件四分。"[⑩]而对难以计价的货物，则实行"估值税则"，如玳瑁、龟

---

① (清)梁廷枏：《粤海关志》，袁钟仁点校，广东人民出版社2014年版，第174页。

② 光绪《清会典事例》卷二三五《户部·关税·粤海关》，中华书局1991年版，第777页。

③ 如衣物以匹、身、卷、筒、件、个、副、条、斤计，并配合数量单位以十双、百双、十顶、百顶计；食物、用物及杂货以斤、篓、包、个、担、块、件、张、坛、埕、石计，并配合数量单位以十套、百套、十把、百把计；牲畜之属以口、价计。参见(清)梁廷枏：《粤海关志》，袁钟仁点校，广东人民出版社2014年版，第155～156页。

④ (清)梁廷枏：《粤海关志》，袁钟仁点校，广东人民出版社2014年版，第177～178页。

⑤ 同上书，第183页。

⑥ (乾隆)《大清会典则例》卷四十七《户部·关税上》，文渊阁四库全书，第621册，第496页。

⑦ (清)梁廷枏：《粤海关志》，袁钟仁点校，广东人民出版社2014年版，第157页。

⑧ 同上。

⑨ 光绪《清会典事例》卷二三五《户部·关税·粤海关》，中华书局1991年版，第777页。

⑩ (清)梁廷枏：《粤海关志》，袁钟仁点校，广东人民出版社2014年版，第187页。

筒、玛瑙器每百斤估银50两,黄蜡、洋酒每百斤估银20两。[①] 这两种货税征收方式,主要应用于对产自西洋的新奇货物征税,具有重要的现实作用。

粤海关的正税征收贯彻了税收减免的政策。正税征收的减免主要包括3个方面:(1)对某些特殊性质的商品减免征税。如对关系民生的米石,乾隆二年(1737年)确定对歉收地区进口米石免除征税,[②]乾隆八年(1743年)改为按量减免税收,外国船舶载米量在5千石以上者有不同幅度的减免。[③] 嘉庆十一年(1806年)限定只对专载米石进口的商船减免征税。[④] 乾隆二十四年(1759年)规定外商自带食物,如有剩余则出口时不再征税。[⑤] 乾隆四十九年(1784年)又规定对进口的珍珠、宝石等项免征关税,[⑥]这是由于珍珠宝石并非实用之物且便于携带藏匿,海关逐项搜查难度较大。此外,对一些特殊商品也执行税收减免政策,并列明了免其科税的商品。[⑦] (2)因船舶性质而减免征税。对外国使节的船舶,因其性质与商业贸易不同,粤海关执行减免征税政策。对朝贡船舶免税的原因主要在于清政府对朝贡的"柔远"性质定位,"因贡而来者,税应免则免之,专以市而来者,货应征则征之,此海外诸番所以畏怀也"[⑧]。对外国使节船舶免税的理由与此一致,清朝统治者对使节的定位均为朝贡"贡使",因此对使节乘坐的船舶均给予了征税减免的优待。如乾隆五十八年(1793年)英使马戛尔尼访华结束,从广东返程回国,清政府下令对其"所带货物,免其税课";[⑨]乾隆五十九年(1794年),皇

① (清)梁廷枏:《粤海关志》,袁钟仁点校,广东人民出版社2014年版,第196页。

② "除丰登之年,遵照旧例按则征收外,倘地方偶遇旱潦,其附近省分各关口,令该督抚即将被灾情形具奏,请旨宽免。凡米谷船一到,即便放行。"(清)梁廷枏:《粤海关志》,袁钟仁点校,广东人民出版社2014年版,第158页。

③ 具体为:"凡遇外洋货船,来粤闽等省交易,带米一万石以上者,著免其船货税银十分之五;带米五千石以上者,免其船货税银十分之三。"参见《清高宗实录》卷二〇〇,中华书局1985年版,第566页。

④ "如有夷人情愿载米来粤,进泊黄埔者,果系专载米石,并无别项货物,准免丈量输钞,仍令空船出口。"参见刘芳辑:《清代澳门中文档案汇编》(上册),章文钦校,澳门基金会1999年版,第155页。

⑤ 故宫博物院文献馆编:《史料旬刊》第3期,故宫博物院文献馆1930年版,第92页。

⑥ (清)梁廷枏:《粤海关志》,袁钟仁点校,广东人民出版社2014年版,第171页。

⑦ 这几种特殊商品被明确限定为"肉果、枳、梗、炭、乌木、奥泥、奥莲肉、腌蒜苗、瓜菜、神元宝",参见(清)梁廷枏:《粤海关志》,袁钟仁点校,广东人民出版社2014年版,第156页。

⑧ (清)梁廷枏:《粤海关志》,袁钟仁点校,广东人民出版社2014年版,第2页。

⑨ 中国第一历史档案馆编:《英使马戛尔尼访华档案史料汇编》,北京国际文化出版公司1996年版,第78页。

帝下令对荷兰国贡使所乘商船仅征收进口货税，而免除船料与出口货税。[①] 对沿海渔业活动与民间日用贸易船只免税，也是考虑到这属于渔民的生计活动而非商业盈利，康熙二十八年（1689 年）议准对沿海采捕鱼虾船只、民间日用之物、糊口贸易实施免税政策。[②] 这些减免关税政策针对的是船舶，也惠及了船载货物。（3）因不可抗力而减免征税。对遭遇火灾、海上风暴等不可抗力的船舶，因其船舶或商品已经遭受损失，所以予以减免征税。道光二年（1822 年）就对因广州城西关大火导致受灾严重的外商减免征税："将该夷人应交税银十四万二百四十三两零全行豁免，以示体恤。"[③]对遭遇火灾的船只也减免征税，道光六年（1826 年）正月，对上一年遭遇火灾的英国东印度公司商船"皇家乔治号"减免征税。[④] 对遭遇海上风暴的商船也给予减免税收的优待，如雍正七年（1729 年）六月，有暹罗载米船因遭遇海上风暴漂泊至广东，经广东总督孔毓珣奏请，对该船压舱货物"免其输税"。[⑤]

（二）粤海关征收的杂税

粤海关的杂税包括多个种类，虽为杂税，但其所占税收比例与正税大致相同。粤海关征收的杂税主要包括：

（1）规礼。规礼是粤海关以各种名目向进出口商船勒索的杂税。规礼自粤海关设立之初就已存在，规礼的具体名目多达几十项，而且独存于粤海关。在雍正四年（1726 年）以前规礼一直是由粤海关各级官吏（含地方大吏、关口书役、家人等）私纳，自雍正四年（1726 年）起"管关督抚及监督等节年奏报归公，遂同正税刊入例册"[⑥]，规礼开始归公。乾隆二十五年（1760 年）确定："粤海关一切陋规名色，俱行删除，统作归公字样，将更定条款刊榜晓示，如吏胥格外需索，照例严惩。"[⑦]

（2）分头。分头也称估值银，是专门针对出口货物征收的关税，"粤海关估值

---

① （清）梁廷枏：《粤海关志》，袁钟仁点校，广东人民出版社 2014 年版，第 451 页。

② 同上书，第 157 页。

③ 《清代外交史料》（道光朝第 1 册），台北，成文出版社 1969 年版，第 81 页。

④ 《道光朝外洋通商案》，载故宫博物院文献馆编：《史料旬刊》第 4 期，故宫博物院文献馆 1930 年版，第 130 页。

⑤ 《清世宗实录》卷八二，中华书局 1985 年版，第 93 页。

⑥ 故宫博物院文献馆编：《史料旬刊》第 5 期，故宫博物院文献馆 1930 年版，第 158 页。

⑦ 光绪《清会典事例》卷二三九《户部·关税·禁令一》，中华书局 1991 年版，第 826 页。

一项,系将该商出口货物,估计价值,按货本一两征收银四分九厘,名为分头”。①估值银名义上因对出口货物“估值”而产生,但实际上粤海关并不需要对货物进行全部估值,粤海关只是以“估值”为缘由增加一项税收。“分头”征收具有选择性,只针对出口货物征收,进口货物则不征收,只针对西洋贸易征收,南洋、本港等贸易则不征收。

(3)担头。又称担银、担规等,是按照计量单位征收的从量税,一般以“每货一担”为征收依据,且不论贸易种类也不论进口与出口,一律从量征收。担头的税率在各海关没有统一规定,且非常复杂,按照货物进口与出口的不同,按照进口货物来源地与发出货物目的地的不同,也按照货物是否属于免税等,分别确定了非常详细的征收标准。担头征收始自粤海设关之初,征收后归海关巡役、家人等实际收取,自乾隆二十四年(1759 年)英商洪仁辉控告粤海关非法勒索之后,担头被纳入正项归公。

(4)火耗。征收火耗是由于散碎银两在熔融成银锭时会产生物理损耗,因此需要将可能产生的物理损耗加征进来。火耗在宋朝以后的封建社会时代普遍可见,且被加征于各类、各种税收。粤海关的外贸税收由行商代为收取,而行商在向粤海关缴交入库的税银时是以银锭的形式,加收火耗有其合理性。但粤海关实际征收的火耗银要比实际熔融中的损耗高出许多,因此火耗成为一项收入来源。

(5)平余。平余也称补平、添平,是为了弥补海关收取银两与向户部缴交银两时的轻重出入,该出入往往因为银称砝码的不同所致。平余在粤海设关之初就已存在,数额为“每百两收平余三钱”②,但当时并未列入海关的奏报。乾隆九年(1744 年)七月,广州将军策楞监管粤海关税务时将平余向户部奏报,并将余银解交户部。③

(6)行用。行用源于乾隆四十年(1775 年)广州十三行行商协议各取贸易利润的 1/10 设立的公所基金,其最初的设立目的在于清偿行商对外商的商欠。乾隆四十五年(1780 年)行商颜时瑛、张天球因破产导致不能偿还外商债务,清政府下令嗣后“所有行用余利,存贮公所,先完饷钞,再照分年之数提还夷人”,④行用

① 《清朝文献通考》卷二七《征榷二》,浙江古籍出版社 2000 年版,第 5092 页。

② 中国第一历史档案馆、澳门基金会、暨南大学古籍研究所合编:《明清时期澳门问题档案文献汇编》(一),人民出版社 1999 年版,第 327 页。

③ 《清高宗实录》卷二二一,中华书局 1985 年版,第 842 ~ 843 页。

④ (清)梁廷枏:《粤海关志》,袁钟仁点校,广东人民出版社 2014 年版,第 497 ~ 498 页。

成为新的税种。行用的征收对象与征收比例多次变化,嘉庆六年(1801 年)时征收范围已涵盖进口毛织品、印花布、铁之外的全部货物,嘉庆十五年(1810 年)时"行商所必须缴付的不是名义上的 3%——这是行佣的正常税率——而是征收进口棉花每担 2 两即 14%,出口茶叶每担 3 两即全部平均为 10%"。[①] 征收行用的用途除了偿还商欠之外,还包括贡价、军需、河工、剿匪、军费、赈灾等多项用途。

除上述几项外,杂税还有"挂号银""饭食舟车银"等名目。"挂号银"是粤海关各口的书役和家人在稽查往来船只时,对贸易船只强行索取的银两。"饭食舟车银"是海关各口的书役、家人在稽查船只时向商船索取的银钱,索取的对象不限于贸易船只,每船收取"饭食舟车银"一二钱以至一两零,钱自一二十文以至五六百文不等。[②] 这项银两在尤拔世管理粤海关时[乾隆二十四年至二十七年(1759~1762 年)]报出归公。

此外,还有一项存在时间较短但影响较坏的特殊杂税——缴送。缴送是针对外商前来广州贸易所带全部银两而征收的杂税,且不考虑该银两是否被实际用于贸易。缴送始于雍正六年(1728 年)在正税之外征收的"百分十"税,[③]也称为"加一征收"。雍正九年(1731 年),粤海关监督祖秉圭曾对吕宋商船"加一征收"缴送。雍正十年(1732 年),经兼管粤海关税务的广州左翼副都统毛克明奏请而免除。[④] 此后缴送只针对西洋商船征收。乾隆元年(1736 年),经两广总督奏请,刚登基的乾隆皇帝谕旨免除了对西洋商船"加一征收"的缴送:"于额税之外,将依所携置货物现银,另抽加一之税,名曰缴送,亦与旧例不符……至于加添缴送银两,尤非朕嘉惠远人之意,著该督察照旧例,按数裁减,并将朕旨宣谕各夷人知之。"[⑤]缴送遂被废除。因此缴送只是短暂存在,最终没有成为合法的税种。

(三)体现央地利益之争的杂税改革

与正税的整体稳定性不同,杂税经历了从私纳到归公的改革过程,这成为粤海关税收制度的最大变化。杂税改革体现出粤海关在税收制度方面的革新,也反

---

① [美]马士:《东印度公司对华贸易编年史(一六三五~一八三四年)》(第 3 卷),区宗华译,林树惠校,章文钦校注,广东人民出版社 2016 年版,第 162 页。

② 戴和:《清代粤海关税收述论》,载《中国社会经济史研究》1988 年第 1 期。

③ 梁嘉彬:《广东十三行考》,广东人民出版社 2009 年版,第 90 页。

④ 中国第一历史档案馆、澳门基金会、暨南大学古籍研究所合编:《明清时期澳门问题档案文献汇编》(一),人民出版社 1999 年版,第 176~177 页。

⑤ 《清高宗实录》卷二八,中华书局 1985 年版,第 597~598 页。

映了中央与地方在粤海关的税收利益之争。

杂税在雍正朝以前不需奏报，所收杂税均由广东地方各级官吏自由支配，雍正朝厉行财政改革，将原来地方官吏征收的各种私索报出归公。雍正四年至七年（1726～1729 年），广东巡抚杨文乾监管粤海关之时，逐步将粤海关各种私索报出归公，使私索制度化、合法化，是为杂税归公改革之开始。乾隆九年（1744 年），策楞监管粤海关时将平余、漏税罚科、员役截旷 3 项杂税归公。① 乾隆十三年（1748 年），将载货规银、车轿银、水手把港钱等归公。乾隆二十四年（1759 年）两广总督李侍尧集中整理各项杂税归公："统作进口、出口公银各若干，将一切规礼、火足、开舱、验舱、放关、押船、贴写、小包等名色，与各条内凡有字义未协之处，悉行删除改正。至丈量、领牌，原与收税章程无碍，止须除去书役、家人收取字样，毋庸过为更易，转致牵混难明。其分头、担头等项，向有分列数条者，今统作一条造报。"② 其后又将新查出的省城大关、虎门、潮、雷、琼等口岸家人书役索取的"饭食舟车银"也改作归公名目，至此，粤海关杂税归公改革基本完成。

杂税不归公之前归广东地方私纳，增加的是地方收入，杂税归公维护的却是中央利益，这是中央与地方的利益之争在粤海关的又一体现。通过稳定的正税以及杂税归公规范化改革，粤海关税收成果显著，"从乾隆四十八年（1783 年）起，粤海关的税收跃居全国 29 个税关的首位。嘉庆十六年（1811 年）征收 1,347,936 两，超过广东全省的地丁银（125 万两），占全国关税总额的四分之一。"③

三、粤海关对广州十三行征税的程序

粤海关对广州十三行征税的程序，是指粤海关对广州十三行的中外贸易进行征税的具体程序环节。该程序大致可以分为核定税额、行商报输、缴纳税银三个具体环节。

（一）核定税额

核定税额是对应税对象进行测量或清点，按照征税标准计算并确定缴税数额的程序。核定税额是对外国商船征收关税的第一步。核定税额由粤海关直接派

① 《清高宗实录》卷二二一，中华书局 1985 年版，第 843 页。

② （清）梁廷枏：《粤海关志》，袁钟仁点校，广东人民出版社 2014 年版，第 165 页。

③ 章文钦：《广东十三行与早期中西关系》，广东经济出版社 2009 年版，第 212 页。

员至澳门或黄埔口岸，有时是粤海关监督亲自前往①，对停泊于口岸的外国商船进行实地测量，并按照测量结果确定船舶等级进而确定应缴船钞金额。海关人员也要盘查与清点外国商船所载进口货物的种类与数量，确定货税应缴金额，即粤海关需要核定的税额包括两个方面：一是船钞，按照外国商船的体积进行核定等级并确定具体数额；二是对进口货物的货税进行核定，核定工作也是由粤海关直接派员清查货物并确定数额。

按照相关规定，对需要减征、免征的船钞与货税，也是在核定税额过程中予以扣除。粤海关核定税额完毕后，会将计算确定的征税金额与计税依据交由通事转交给外商，以便外商进行核对。核定税额后的进口货物才能被广州十三行行商查验，并具体磋商贸易开展事项，然后才能从外国商船上卸载，并由舢板小船运入广州进行交易。同理，出口货物也必须经过核定税额的程序。

（二）行商报输

行商报输是在核定税额以后，行商按照核定的税额前来海关报输关税的环节。行商报输，应前往粤海关亲自报验，粤海关经办人员具体负责接待行商并指导、监督行商填写单据核对税饷金额，并在核对清楚税额之后填写单据并记录入簿。清朝对报输一般采用商民自输原则，顺治十三年（1656 年）明确规定："各关应征货税均令当堂设柜，听本商亲自填薄输银投柜，验明放行。其有不令商亲填者，将该管官严加议处。"②但这一规定对粤海关的外商并不适用。如前所述，粤海关的外商纳税一直由行商代为缴纳。

乾隆二十六年（1761 年），英国东印度公司对行商代输方式提出挑战，要求由外商自行缴税，两广总督苏昌等予以拒绝："查外洋夷人语言不通，服饰器用，与内地迥别，若非行商、通事传译代理，则举凡天朝之禁令体制，与夫市价课税章程，该夷人何由谙晓，何所管束，是以设立行商代为经理。又恐行商中或有本微力薄，致累夷商，是以乾隆十年又于行商内选择殷实之人充为保商，以专责成……该夷所请自行输税之处，不便准行。"③乾隆五十九年（1794 年），英商大班波郎再次反对行商代输方式，两广总督长麟再次予以拒绝："查各货税，尚须以洋钱倾注纹银，始

---

① ［美］马士：《东印度公司对华贸易编年史（一六三五～一八三四年）》（第 5 卷），区宗华译，林树惠校，章文钦校注，广东人民出版社 2016 年版，第 10～11 页。

② （清）梁廷枏：《粤海关志》，袁钟仁点校，广东人民出版社 2014 年版，第 342 页。

③ 中国第一历史档案馆、澳门基金会、暨南大学古籍研究所合编：《明清时期澳门问题档案文献汇编》（一），人民出版社 1999 年版，第 363 页。

能交关。关上条款繁多,夷人不能自行经理,是以责成行商代纳……且关上吏役贤愚不等,恐在欺压夷人,刁难需索情弊。事属难行,应毋庸议。"①

(三)缴纳税银

缴纳税银是将税银如数交至粤海关入库。一般情形下,行商报输同时包含了缴纳税银的程序,但对外贸易的进出口货税缴纳与报输并不一致,往往是在报输之后一段时间才会缴纳税银。其原因在于,进口货物是委托行商代为销售的,行商只有完成销售之后才有充足的银款交至粤海关。在乾隆四十六年(1781年)以前,粤海关一直都是采用报输与缴纳税款分离的方式,但这也给行商拖延缴纳税银提供了合理借口。

乾隆四十七年(1782年),粤海关监督李质颖为改变税银征收拖延的陋习,要求进口货物也要先行缴纳税饷:"嗣后洋船到关时,照各口定例,每船查验进口洋货完毕,即将应输税银,先行缴纳。其置买内地货物,下船全竣,亦照数交税,给牌出口,不许仍前延滞。"②这一方式给行商资金运作带来极大压力。在行商潘文岩与各国大班共同请求下,乾隆四十七年(1782年)随即又恢复了进口货物销售完毕再缴纳税银的制度:"嗣后外洋夷船进口货物,应纳粤海关税银,照旧于回帆时输纳,出口货物税银,令保商代置货物时随货扣清,先行完纳。"③此后,粤海关一直采用先报输后缴款的方式分离操作。道光十年(1830年)在坚持分离的基础上,又作出了缴纳税款的细化规定:"进口货物于夷船清舱之日,责令保商、通事,先行报明某货已经某行买受,某货夷人尚未卖出。已卖之货,由行商完纳,未卖之货,由夷商交饷,保商代纳。凡有一船回帆,即将一船进口饷银完交,方准请牌出口;出口迟滞者,其应纳进口货饷,以验货后三个月为限,责成保商完纳,不得缓至请牌之时。"④

第三节 粤海关对广州十三行的外贸规制

规制对外贸易,是粤海关的重要职责。粤海关具体负责规范贸易开展程序、控制贸易流程、处理贸易申诉、解决贸易纠纷,并负责管理行商与商业辅助人员,

① 许地山编:《达衷集(鸦片战争前中英交涉史料)》(卷下),商务印书馆1931年版,第168页。
② (清)梁廷枏:《粤海关志》,袁钟仁点校,广东人民出版社2014年版,第321页。
③ 光绪《清会典事例》卷二三九《户部·关税·禁令一》,中华书局1991年版,第831页。
④ (清)梁廷枏:《粤海关志》,袁钟仁点校,广东人民出版社2014年版,第325页。

还负责管理进入广州的各类外国人员。

一、粤海关对外贸开展的管控

管理对外贸易的具体开展，是粤海关履行贸易管理职责的重要部分。按照广州十三行中外贸易开展所涉及的具体内容，粤海关对外贸开展的管理是通过多个方面实现的。

（一）制定贸易程序

贸易程序或称贸易流程，包括从外国船只进入广东开始贸易到结束贸易离开广东的全部过程。贸易程序不仅是贸易管理的重要组成部分，也是贸易顺利开展的保障。制定并不断完善贸易流程是粤海关的重要职责，在历任粤海关监督的管理下，广州十三行的对外贸易程序不断完善。广州十三行中外贸易的程序，大致包括以下几个步骤：

（1）外国商船通过海上航行经由南海进入广东洋面，在渔民等人的带领或指引下进入澳门。在澳门，外国商船必须聘请一位经澳门官府认可并取得执照的引水员，然后在引水员的带领下继续航行至虎门关口。引水员负责向粤海关报告船舶的具体情况，包括船舶国籍、船长姓名、船上装备、水手人数、船载货物等，以备查验核对。①

（2）船舶到达虎门关口后，虎门官员与胥吏检查船舶文件，核对并确认文件记载内容与船舶实际情况相符，并将确认的信息上报粤海关监督。"驻守该地的虎门副将查验船只、查明货物并加贴封条。"②外国商船继续行驶时，会有 2 名海关胥吏登船随行，直至该商船溯珠江而上行驶至黄埔港，确保船舶不再装卸任何货物。

（3）外国商船到达黄埔港后停泊，黄埔关口派遣 2 条守卫船停泊于船尾，监视该船舶以防止走私等不法活动。外国商船在黄埔港将完成一系列复杂的程序，包括雇佣通事、丈量船只、清点货物、卸载货物、装载货物等。外国商船在黄埔关口必须首先雇佣 1 名通事，负责具体办理与贸易相关的所有手续。在广州十三行贸易前期，通事负责与外商商谈贸易细节、与官府确定贸易内容、协调外商与粤海关监督会面，并为外商讲解会见程序与礼节等。通事还要负责安排商船接受实地测

---

① （清）印光仁、张汝霖：《澳门记略》，赵春晨点校，广东高等教育出版社 1988 年版，第 28 页。

② 陈国栋：《清代前期的粤海关与十三行》，广东人民出版社 2014 年版，第 33 页。

量,确定船舶的等级并计算其应缴纳的船钞数额。粤海关成立初期,船舶的丈量是由粤海关监督亲自登船监督完成的,[①]随着贸易程序的完善以及商船增多带来的丈量任务繁重,粤海关监督不再登船监督丈量,仅由海关胥吏负责。丈量完成后,通事会将丈量结果与应缴纳的费用情况告知外商并由外商确认。缴纳税费一般是由通事或行商向外国商船征缴,并由行商上交至粤海关。商船所载的进口货物,也在黄埔关口完成货物清点、称重、计税等流程。清点完毕之后,再由承保该船舶的广州十三行行商查看进口货物,并完成进出口贸易磋商事项。其后,货物将从商船上卸载下来,再转由舢板小船将货物从黄埔运送至广州。运送过程中,舢板船必须停靠黄埔至广州之间的所有关口接受盘查,检查通过的船舶通行证上会被加盖海关印章,通行证最后交至粤海关衙门。其中最主要的税馆有3个,依次是位于黄埔锚地与黄埔塔(今琶洲塔)之间的黄埔税馆、广州城南的东炮台口、广州城外商馆区码头的海关税馆。每一个税馆都会记录舢板载货情况、舢板自身情况、服务船舶情况以及舢板数量等信息,提供给粤海关监督核查每一艘外国商船应缴费用。在船舶卸载完毕之后,外商开始购买并装载出口货物,但其购买出口货物只能委托行商代为办理。[②]

(4)外商船舶在缴清所有税费以后,前往粤海关衙门申领允许船舶离开的通行证,获得粤海关的许可后,再经引水员的带领引航离开黄埔港,返回所在国或驶往贸易目的地。

(二)控制贸易流程

粤海关所承担的贸易管理职责,不仅是为了确保贸易的顺利开展,以增加财政税收,也是为了控制外国人防止出现危及封建统治的情况。因此,粤海关所采用的贸易管理手段,就不仅是单纯为了促进贸易程序的进展,也会根据管理的需要而决定放缓或暂停贸易程序,通过对贸易流程进行控制实现其管理目标。

粤海关主要通过控制4类与外国人接触的国内人员,进而实现对贸易流程的控制。(1)引水人。外商进入广东,首先接触的国内人员就是引水人。从虎门驶入黄埔的珠江河道低浅而复杂,外国商船稍有不慎便会有触滩搁浅的风险,因此必须由富有经验的引水人进行航行引导。同样,完成贸易的外国商船也需要引水

---

① [美]马士:《东印度公司对华贸易编年史(一六三五~一八三四年)》(第5卷),区宗华译,林树惠校,章文钦校注,广东人民出版社2016年版,第10~11页。

② 中国第一历史档案馆:《清代广州"十三行"档案选编》,载《历史档案》2002年第2期。

人的引导才能离开黄埔。粤海关通过对引水人的管理与控制,不仅可以决定哪些外国商船可以进入广州贸易,而且可以限制没有缴清贸易税费的外国商船离开广州。(2)买办。外国商船进入广州之后,其所有的船舶日常生活供应,以及船舶维修用品物资,乃至货物打包装船的所有用品,就只能从广州获取。按照规定,只有取得官府颁发执照的买办,才能够为外国商船采买各类物品。因此,粤海关通过对买办的管理与控制,就控制了外商的生活来源与补给来源。如果没有粤海关的批准,任何一艘外国商船在广州都无法生存下去,也无法顺利、安全地离开广州。(3)通事。外国商船停靠在黄埔口岸之后便不得再移动,外国商人进入广州后只能在商馆之内活动,外商的日常事务与贸易事务处理,只能委托通事或行商代为处理,向粤海关监督或广东督抚提出请求、申诉,也只能委托通事或行商代为办理。因此,粤海关通过控制通事与行商也就控制了外商的行为。(4)行商。行商是外商在广州的唯一贸易对象,外商只能同行商进行交易。在近代化趋势下,外商进入广州的唯一目的就是通商贸易,因此,通过控制行商进而约束行商的交易行为,也就实现了对外商的最终控制。

综合来看,粤海关对于引水人、买办、通事与行商这 4 类人员的管理,构成了对贸易管理与控制的前提条件与基础。粤海关首先将外国人的可接触人员控制在前述 4 类人员之内,在外国人与广州的庞大市场和各色人员之间,设置了 4 类人员所组成的安全屏障。粤海关通过控制所有与外国人接触的国内人员,实现对贸易流程的控制。通过控制贸易流程,将贸易行为、贸易规模、外国人出入、外国人行为等都控制在安全范围之内,获取对外贸易带来的经济利益,但又不至于危害封建统治。

(三)处理贸易申诉

粤海关处理的贸易申诉主要是外商的申诉或请求。外商的申诉或意见,主要集中于清政府关于贸易的严格限制、粤海关征收的高额费用、外商的人身自由限制等方面。如 1753 年 8 月,英国大班在丈量船舶的过程中将禀帖呈给粤海关监督,提出了取消保商制度、自由雇佣通事和买办等请求,并获得了粤海关监督的答复。① 由于广东地方官府协助粤海关一起履行贸易管理职责,因此也有很多申诉是由广东地方官府直接处理的。如乾隆二十六年(1761 年),英国东印度公司提

---

① ［美］马士:《东印度公司对华贸易编年史(一六三五～一八三四年)》(第 5 卷),区宗华译,林树惠校,章文钦校注,广东人民出版社 2016 年版,第 10～11 页。

出由外商自行赴关缴税的请求就是由两广总督苏昌作出回复,[①]乾隆五十九年(1794年)英公司大班呈禀提出留居广州期间外出游散请求也是由两广总督批复的。[②] 但广东地方官府的这种回复,实际上履行的仍是粤海关的贸易管理职责。

一般情况下,外商关于贸易事项的申诉或投诉,只能通过行商代为向粤海关监督递送禀帖的方式进行。清政府对外商的申诉按照等级进行了区分,对紧急事件,允许外商委托行商代为申诉至总督衙门,对普通的贸易事项则申诉至粤海关,而关涉各地方的普通事件则按照属地原则,由澳门同知、香山县及县丞衙门等受理。[③]

在个别情况下,粤海关监督也可能会亲自接见前来申诉的外商。在广州十三行贸易初期,为了促进对外贸易的发展,并促进制定贸易规则,粤海关监督会亲自接见外商,并协商贸易规则。如康熙五十五年(1716年)抵达广州的英船"苏姗娜号"的大班便得以面见粤海关监督,并与粤海关监督达成了贸易规则方面的合意,尤其是其中约定了英船大班可以随时与粤海关监督会面。[④] 随着广州贸易流程的逐步完善,粤海关监督接见外商的必要性逐渐降低,粤海关监督只有在极个别的情况下才会亲自接见外商,"到18世纪50年代,只有在商讨如何解决行商商欠等问题时粤海关监督才会接见外国商人"[⑤]。

(四)解决贸易纠纷

由于粤海关是管理广州中外贸易的专门官府机构,因此,一旦在中外商人之间发生贸易纠纷,粤海关就是最重要的纠纷解决主体。道光十一年(1831年),粤海关监督舒中祥与两广总督李鸿宾共同制定的《章程八条》规定:"其行商与夷商交易,每年买卖事毕,令夷商将行商有无尾欠,报明粤海关存案,各行商亦将有无

---

① 中国第一历史档案馆、澳门基金会、暨南大学古籍研究所合编:《明清时期澳门问题档案文献汇编》(一),人民出版社1999年版,第363页。

② 许地山编:《达衷集(鸦片战争前中英交涉史料)》(卷下),商务印书馆1931年版,第165~166页。

③ (清)梁廷枏:《粤海关志》,袁钟仁点校,广东人民出版社2014年版,第566~567页。

④ 合意的内容主要包括:英大班可以随时会面海关监督,英商馆前可以张贴自由交易布告,英船自由任免通事买办及其他服务人员,英大班享有出入自由,英船可以存储海军军需品且免于征税,英船的出口关单不被延误。参见[美]马士:《东印度公司对华贸易编年史(一六三五~一八三四年)》(第1卷),区宗华译,林树惠校,章文钦校注,广东人民出版社2016年版,第173页。

⑤ [美]范岱克:《广州贸易——中国沿海的生活与事业(1700~1845)》,江滢河、黄超译,社会科学文献出版社2018年版,第16页。

尾欠据实具结，报明粤海关查考……未经报明者，即不赔缴，控告亦不申理。”①由此可知，行商与外商之间的商欠纠纷可以寻求粤海关解决，当然，其前提条件是该欠款情况已经在粤海关备案。

中外贸易纠纷较为常见，一般情况下，其处理也相对容易，即使处理结果可能有失公平或过于严厉，也会被接受。这是因为中外双方都有一个可以接受也必须接受的底线，而彼此又大概了解对方可以接受的底线。粤海关不会一味袒护行商，以避免外商失去对广州贸易的信心，影响未来贸易的开展，进而导致影响海关税收。外商也了解官府的底线，碰触底线只能导致贸易的局部中止或全面终止，最终损害的还是外商的利益。因为一旦发生贸易中止，外商的销售与采买行为就会被强行停止，这可能导致外商错过海洋季风不能返航而损失商业利益。在贸易中止期间，粤海关监督还会要求买办停止对外商日常生活的供应活动，这将使外商直接面临生存危机。

二、粤海关对行商的管理

广州十三行行商是粤海关的重点管理对象。粤海关任用广州十三行行商协助管理对外贸易，并协助管理进入广州的外国人。正是通过对行商的管理，粤海关实现了对中外贸易的控制以及对外来人员的管制。

（一）制定行商管理制度

行商制度主要是由粤海关发起设立的。康熙二十四年（1685 年）粤海关设立之初，广州已经有从事贸易中介的传统行业——牙行的存在，但从牙行到行商的变化，粤海关无疑发挥了最重要的作用。粤海关首任监督宜尔格图到任后，经与两广总督吴兴祚、广东巡抚李士桢共同商议，于康熙二十五年（1686 年）发布了《分别住行货税》文告，对广州的商行作出了法律层面的区分，明确规定洋货行专门负责对外进出口贸易并代办缴纳进出口关税，洋货行的设立标志着广州十三行行商制度开始建立。

行商管理的具体制度大多是由粤海关监督单独或参与奏请制定的。广东督抚提出的行商管理措施或制度，本质上仍属于粤海关的管理职责范围，实际也是履行监管粤海关的职责。行商制度初步建立以后，规范行商经营行为、强化对行商的管理成为粤海关的重要职责，粤海关为此先后建立了承商制度、保商制度与

① （清）梁廷枏：《粤海关志》，袁钟仁点校，广东人民出版社 2014 年版，第 567 页。

总商制度。承商制度规定了行商加入十三行的实体与程序条件,这是行商管理制度的基础,而奠定承商制度基础的正是粤海关监督宜尔格图参与制定的《分别住行货税》文告。为了强化对行商的管理,乾隆十年(1745 年),两广总督兼粤海关监督策楞决定"于各行商内选择殷实之人作为保商,以专责成",①在粤海关的主导下保商制度开始建立。嘉庆十八年(1813 年),皇帝又批准了粤海关监督德庆的奏请:"著照该监督所请,准于各洋商中身家殷实、居心诚笃者,选派一二人,令其总办洋行事务。"②保商制度也是由粤海关监督创设的。承商、总商与保商制度的创设与不断修改完善,标志着行商管理制度的规范化,其中都离不开粤海关监督的重要作用。

(二)执行对行商的具体管理

粤海关负责批准行商的充任与退行。"十三行行商于承商时俱须从户部(此处指粤海关)领取一种部帖,此种部帖即系准其包揽某种外洋贸易之用。"③康熙二十五年(1686 年)的《分别住行货税》文告明确规定,行商的充任必须经粤海关的批准:"如有身家殷实之人愿充洋货行者,或呈明地方官承充,或改换招牌,各具呈认明给帖。"④为强化对行商的管理与控制,在总商制度建立以后,新入选的行商还需要"专案咨部备查",行商的充任提高了到中央户部备案的要求,但粤海关的批准仍是行商入选的第一要求,也是向户部备案的前提条件。行商一旦入选便不能轻易退出十三行,如果确实需要退出或欲将行务交由指定人员接办,也必须经过粤海关的批准,并向粤海关支付一定的退出费用。如嘉庆二十七年(1822 年),行商李应桂为了把行务交给儿子接办,就向粤海关监督缴纳了退出费用 10 万元。⑤

粤海关还负责纠正行商的不当经营行为。粤海关要时刻监督行商的经营行为,这一监督职责可以由粤海关监督具体负责,也可以由广东督抚负责,但都是为了履行粤海关的管理职责。如乾隆三十五年(1770 年),"因各洋商潘振承等复行

① 中国第一历史档案馆、澳门基金会、暨南大学古籍研究所合编:《明清时期澳门问题档案文献汇编》(一),人民出版社 1999 年版,第 328 页。

② (清)梁廷枏:《粤海关志》,袁钟仁点校,广东人民出版社 2014 年版,第 503 页。

③ 梁嘉彬:《广东十三行考》,广东人民出版社 2009 年版,第 83 页。

④ (清)李士祯:《抚粤政略》卷六《分别住行货税》,台北,文海出版社 1988 年版,第 730～731 页。

⑤ [美]马士:《东印度公司对华贸易编年史(一六三五～一八三四年)》(第 4 卷),区宗华译,林树惠校,章文钦校注,广东人民出版社 2016 年版,第 61 页。

具禀，公办夷船，众志纷歧，渐至推诿，于公无补”，经两广总督李侍尧会同粤海关监督德魁奏请，“裁撤公行名目，众商皆分行各办”①。这是粤海关发挥监督行商经营行为的最典型例证。

（三）协助追究行商的法律责任

在广州十三行法制中，行商被课以广泛的法律义务，因此引发行商承担法律责任的事由多种多样，行商可能因为自身过错而承担法律责任，也可能因为外商的不法行为而承担法律责任。粤海关由于行政职能的限制，本不是行商法律责任的主体，但因其承担管理行商的职责，在追究行商的法律责任时，粤海关监督也可能牵涉。如乾隆四十五年（1780年）行商颜时瑛、张天球欠款案，二行商所拖欠的外商债务合计超过白银150万两，其二人家产全部查抄变卖后仍不足以抵偿所欠外商债务。对未完成清偿的部分，粤海关监督图明阿与两广总督巴延三共同奏请：“不敷银两着落联名具保商人潘文岩等分作十年清还。”②该奏获得清政府认可。

三、粤海关对外来人员与船舶的管制

管制外国人与外国船舶是粤海关的法律职责，虽然这种管理责任的承担往往转嫁给行商具体负责，但承担管理职责的行政主体仍是粤海关。另外，广东督抚也会对外国人进行管理，但实际上也是在协助履行粤海关的管理职责。

（一）粤海关对外来人员的管制

粤海关对外来人员即外商的管制，最突出的表现就是其不断制定并完善对外国人的管理制度。如嘉庆十四年（1809年），粤海关监督常显与两广总督百龄共同制定《民夷交易章程》；道光十一年（1831年），粤海关监督舒中祥与两广总督李鸿宾共同制定《章程八条》；道光十五年（1835年），粤海关监督中祥与两广总督卢坤共同制定《增易防范夷人章程》（增易规条）。在这些成文规定制定过程中，粤海关发挥了重要的作用，这是粤海关职责内容所在。粤海关管制外国商人还包括以下几个方面的具体内容：

（1）批准外商往来于广州与澳门之间。粤海关成立以后，外商从澳门前往广

---

① （清）梁廷枏：《粤海关志》，袁钟仁点校，广东人民出版社2014年版，第501页。

② 中国第一历史档案馆编：《清宫粤港澳商贸易档案全集》（第5册），中国书店2002年版，第2689页。

州或由广州前往澳门,都是由行商代外商提出申请,由粤海关作出批准。虽然乾隆五十四年(1789 年)为了提高管理效率与申请便利,外商从澳门前往广州改由澳门同知批准,但乾隆五十九年(1794 年)又恢复了旧例,外商往来广州与澳门仍由行商代为提出申请,并报粤海关衙门批准。

(2)批准外商在华居留过冬。清政府规定,前来广州十三行开展贸易的外商不得滞留广州过冬,如果因为货物未销售等特殊情况确实需要留在广州过冬,必须报经粤海关批准,“番舶于每年五六月收泊,九十月归国,或因货物未销,或有欠项未清,准在海关请照住冬,于次年令回国”①。

(3)批准外商雇用汉人仆役。清政府对外商雇请汉人仆役一度持否定态度,但随着来华外商的数量增多以及贸易规模的扩大,开始作出变通规定。但对于可以聘用的仆役人数,须报粤海关批准。嘉庆十五年(1810 年)规定:“夷商来粤贸易,须用民人为挑夫、守门,所用不下数百丁……省城十三行及澳门公司馆,每处需用若干名,应请移知粤海关酌定名数,饬行遵照。”②

(4)协助追究外商的法律责任。粤海关对外商的控制是通过对行商约束实现的,如果有中外贸易纠纷或刑事案件发生,粤海关监督或广东督抚往往采取停止贸易的方式迫使外商就范。如果因为刑事命案追责等需要对外商作出处罚,一般是由掌握司法权的广东督抚或地方官府负责,但粤海关需要履行协助义务。如嘉庆十二年(1807 年)“海王星号水手案”的审讯,粤海关监督也指派代表直接参与了审判过程。③

(二)粤海关对外国商船的管理

粤海关对外国商人的管理尚可借助于广州十三行行商,但对外国商船的管理,则需要粤海关直接负责。

粤海关管理外国商船的职责主要包括两个方面:一是批准外国商船进出广州。外国商船抵达澳门口岸时,需要粤海关监督的批准,才能在引水员的带领下驶入广州黄埔港。贸易完成的外国商船同样需要粤海关的批准才能取得印照,并在引水员的带领下离开黄埔港;二是批准外国商船维修事项。粤海关对外国船舶的修理一直严格监管,乾隆九年(1744 年),《管理番舶及澳夷章程》规定:“夷人

① 道光《广东通志》卷一八〇《经政略二十三》,道光二年刻本。

② (清)梁廷枏:《粤海关志》,袁钟仁点校,广东人民出版社 2014 年版,第 561 页。

③ [美]马士:《东印度公司对华贸易编年史(一六三五~一八三四年)》(第 3 卷),区宗华译,林树惠校,章文钦校注,广东人民出版社 2016 年版,第 56 页。

采买钉铁、木石各料，在澳修船，令该夷目将船身丈尺数目、船匠姓名开列，呈报海防衙门，即传唤该匠，估计实需铁斤数目，取具甘结，然后给与印照，并报关部衙门，给发照票，在省买运回澳。"[①]嘉庆十五年（1810 年），外商关于修理船舶提出"雇用工匠之人，免其察报"的请求，澳门同知王衷对此予以驳回，并再次强调："准粤海关查覆，夷船大修，例收归公银二十四两，小修收归公银一十二两，向有一定数目，缴存关部衙门报部，未便免其禀报，以致归公银两无着。"[②]

（三）粤海关对外国护货兵船的严控

禁止外国护货兵船驶入广州内河，这是广东地方官府的惯例规定。虽然严控外国护货兵船进入广州主要是广东督抚的责任，但护货兵船因贸易而来，粤海关也负有协助管理的责任。

嘉庆十四年（1809 年），两广总督百龄与粤海关监督常显制定的《民夷交易章程》规定："应如该督等所请，申明例禁，晓谕夷人一体遵照，并饬守口员弁严密稽查，如有外夷护货兵船驶入内港，立即呈报，一面驱逐，停止贸易，庶于边防益昭严肃。"[③]嘉庆十九年（1814 年），两广总督蒋攸铦、粤海关监督祥绍联合奏请："向来兵船护送货船到粤，货船自行进口，兵船即驶往伶仃、潭仔洋面停泊，嘉庆十四年，原奏但称不许进十字门及虎门各海口，语涉笼统，嗣后应仍循其旧，不得驶近内洋，亦不准于所护货船出口之后复有逗遛，致干驱逐。"[④]该奏获得皇帝同意。嘉庆年间，广州多次发生外国兵船不遵守规定擅自闯入海口的事件。道光十五年（1835 年），两广总督卢坤与粤海关监督中祥制定的《增易防范夷人章程》采取了更严厉的措施，再次严禁外国护货兵船驶入内洋："嗣后各国护货兵船，如有擅入十字门及虎门各海口者，即将夷商货船全行封舱，停止贸易，一面立时驱逐，并责成水师提督，凡遇有外夷兵船在外洋停泊，即督饬各炮台弁兵加意防范，并亲督舟师在各海口巡守，与炮台合力防堵。弁兵倘有疏懈，严行参处，务使水陆声势联络，夷船无从闯越。"[⑤]

---

① （清）印光仁、张汝霖：《澳门记略》，赵春晨点校，广东高等教育出版社 1988 年版，第 28 页。

② （清）梁廷枏：《粤海关志》，袁钟仁点校，广东人民出版社 2014 年版，第 557 页。

③ 台北故宫博物院辑：《清代外交史料》（嘉庆朝第 3 册），台北，成文出版社 1969 年版，第 270 页。

④ 台北故宫博物院辑：《清代外交史料》（嘉庆朝第 4 册），台北，成文出版社 1969 年版，第 402～403 页。

⑤ （清）梁廷枏：《粤海关志》，袁钟仁点校，广东人民出版社 2014 年版，第 569 页。

第四节 粤海关的税收考核与法律责任

粤海关管理人员在行使征收关税与管理贸易职权的过程中，若有怠于履行职责或违法违规的情形，则应承担相应的法律责任。为了督促粤海关履行管理职责，清政府制定了粤海关税收考核制度。此外，粤海关管关人员在涉嫌违法的情况下，必然要承担法律责任。

一、粤海关的税收考核

税收考核是保证粤海关履行征税职责的重要保障，也是清廷中央对粤海关管理的直接体现。税收考核主要是对粤海关监督的考核，其中也包括对粤海关工作人员征税行为的监督考核。清廷中央对粤海关的管理不可能面面俱到，但对粤海关进行税收考核便抓住了监督粤海关的关键。清政府对粤海关税收的考核，包括三种具体的方式，形成了相对完善的税收考核制度。

（一）定额考核

定额考核是对关税报解设置一个最低限额作为定额，各关每年的关税报解额必须超过这个最低限额，否则就是考核不达标。设定的最低限额被称为“正额”，这是保证中央财政收入的基本手段，也是中央考核粤海关的基本指标。

粤海关的报解定额自设关以后经历了多次变化。粤海关设立之初就实行“定额报解”制度，粤海关第一年报解税额为当年所征关税总额183,429两白银的一半，即91,714两5钱。康熙二十七年（1688年）题减8382两4钱8分白银后，定额为83,332两2分。康熙三十八年（1699年）又题减43,332两，定额为4万两2分，[①]一般称为4万两。自康熙四十五年（1706年）起，粤海关还要承担铜斤水脚3564两，[②]与正额银4万两一同奏报户部，[③]这是粤海关每年必须完成的报解指标。

雍正初年推行财政改革，关税征收实行“尽收尽解”，正额之外的盈余也要一

① （清）梁廷枏：《粤海关志》，袁钟仁点校，广东人民出版社2014年版，第286页。

② 清朝铸造流通货币需要从云南购运铜斤，各关口都要分担相关费用，粤海关每年要承担铜斤水脚（运费）3750两，其中扣除186两作为衙役工食，剩余的3564先解交广东省布政司银库，然后交至户部。

③ （清）梁廷枏：《粤海关志》，袁钟仁点校，广东人民出版社2014年版，第329页。

体报解。但起初几年对盈余的报解没有设置定额，一般都是由各海关监督自行奏报。为了便于对各地榷关进行考核，将上一年度的盈余数额作为比较依据，上一年度的盈余数额即为报解定额，如果当年报解的数额高于上一年度则予以通过，否则便会被户部驳回。这种确定定额的方式，必然导致各关只能将每年的报解数额高于上年，清政府担心此举会苦累商民，因此，在乾隆六年（1741 年）经大学士会同户部议奏，改为以“与上年相仿”为原则，只有在当年比上年减少过多的情况下，才令督抚进行核查：“嗣后各关赢余银，如与上年数目相仿者，户部即考核出题。如本年所报赢余与上年数目悬殊，令各该督抚就地方情形详细查核。如无侵隐等弊，即据实声明覆奏。”①如此规定却导致盈余数额不再增加。乾隆十四年（1749 年），又确定盈余以雍正十三年的数额作为定额，②每年报解数额不得低于该数。乾隆十九年（1754 年）又恢复与上一年比较的旧制。

由于关税收入受多方面因素的影响，仅与上一年比较有失公允，乾隆四十二年（1777 年）开始实行与前 3 年综合比较的办法：“嗣后各关征收盈余数目较上届短少者，俱著与再上两年复行比较，如能较前无缺，即可覆准，若比上三年均有短少，再责令管关之员赔补。”③粤海关也遵守此制。“上三年比较”的办法实行 3 年后，清政府考虑粤海关税收主要来源于对外贸易的特点，在乾隆四十五年（1780 年）针对粤海关实行了新的考核办法：“嗣后该部查复粤海关征收课税，即以该年之船只货物覆实考察，毋庸照各关例将上三届比较”④，即对粤海关废除了“上三年比较”的办法，只参照当年商船出入数量、货物进出口数量与货物价值贵贱等实际情况进行考核。受粤海关之外其他榷关税收缩减的影响，清政府于嘉庆四年（1799 年）对各关税额作出调整，普遍减少盈余数额，“其三年比较之例，著永行停止”⑤。粤海关报解定额被确定为 855，500 两白银，⑥以这个数额作为标准一直沿用至鸦片战争爆发。

（二）过程考核

过程考核，就是对粤海关征收关税的过程进行考核监督，尤其是对行商报输

---

① （清）梁廷枏：《粤海关志》，袁钟仁点校，广东人民出版社 2014 年版，第 292 页。

② 《清高宗实录》卷三五三，中华书局 1986 年版，第 870 页。

③ 光绪《清会典事例》卷二三七《户部·关税·考覆一》，中华书局 1991 年版，第 798 页。

④ 同上书，第 799 页。

⑤ （清）梁廷枏：《粤海关志》，袁钟仁点校，广东人民出版社 2014 年版，第 302 页。

⑥ 光绪《清会典事例》卷二三八《户部·关税·考覆二》，中华书局 1991 年版，第 802 页。

的过程进行监督。定额考核只是考核海关税收的一种手段,而且是相对简单的考核手段。定额考核只是设置了报解关税的最低数额,但中央户部等机构无法确认实际的关税收入情况,这给海关人员截留关税留下可乘之机。另外,由于海关税收对国计民生、维护政权稳定等方面均具有重要作用,清朝中央户部与皇帝也一直致力于尽可能多收关税,因此必须要制定更严格的关税征收考核方式。对海关征税的实际过程进行监督,便是较为有效的手段之一,这就是建立过程考核制度的原因。过程考核所借用的监督考核手段,就是设置税收簿册。行商的每一笔关税报输都必须如实填写簿册,户部通过对簿册的登载内容进行核查,便可确定粤海关的实际关税收入。为此,粤海关必须使用户部编制的3种簿册:商填册、循环册与稽考册,并遵守户部制定的关于簿册领取、使用与呈送核查的相关规定。

这3种经户部盖章确认的簿册,在报输过程中发挥重要作用。(1)商填册,又称亲填册,是由商民在缴纳税款时亲自登填税额的簿册。为了监督各关人员落实商民亲自填报,还专门设置了违反该规定的处罚措施:"若不用部颁印簿填税,另用本关印册令商人填写者,罚俸六个月。"①按照规定,对国内商民缴纳税款实行亲自填报方式,对外商则实行行商代为填报的方式。乾隆九年(1744年)策楞奏请:"各省榷关收税口岸,户部例发亲填印簿,每日将所收钱粮是何物逐一造入,并令各商亲自填写,年满送部考核",获得批准。(2)循环册,又称红单底簿,是海关管关人员向商民开具的缴税凭据。该凭据一式两份,一份交给完成缴税的商民,一份海关留底,并集中送户部以备查核。填写循环册的前提之一就是商民已经将应纳税额亲自登填入商填册,因此便可以实现循环册与商填册的相互印证。商民的如实填写与海关的如实开具收据,成为监督海关税收的最主要保障。为此,清政府规定:"如税簿不令亲填及纳税不给红单者,俱罚俸一年。"②(3)稽考册,也称清册,是根据商填册和循环册整理而成的总汇册。稽考册按日整理,登记当日商民缴税情况。稽考册一式三份,一份以送呈户部以备核查,一份呈送海关监督,一份关口留存。前述三种簿册都要按季度送呈户部和户科查核,其中商填册送缴户科,循环册与稽考册呈送户部。通过使用"三簿核对"的方式,便可以实现对税收过程的监督,清政府对粤海关的税收考核也是如此。

关于簿册的领取,清政府规定,簿册必须经过户部盖章确认才能返归各地海

---

① 《近代中国史料丛刊》(第34辑),台北,文海出版社1969年版,第1页。

② 同上。

关使用，而不允许使用未经户部盖章的自制簿册，并设定了严格的请领簿册的时限。具体来说，先由户部制定统一的簿册样式，各地海关再按照该样式印刷装订，在钤盖关印之后，再送户部钤盖户部堂印进行确认，最后再交回各关使用。为了便于发挥簿册的核对作用，清政府对各关申请加盖户部堂印的时间有明确规定。由于粤海关与太平关、闽海关都距离京城较为遥远，因此乾隆五十二年（1787 年）确定粤海关“限关期未满九月以前，差吏赴部请领，倘有请领迟延，以致擅用本关簿册登填者，照例严参”①。

（三）监察考核

监察考核，即户部派出专门的监察人员，对某个关口的具体税收情况进行专门核查。清政府纵然设置了定额考核与“三簿核对”的过程考核，仍然难以实现对税收实际情况的完全掌握。比如，“三簿核对”的过程考核非常依赖于商民亲填，但户部无法确保商民亲填，也就无法确认税收的真实情况。因此在必要的情况下，还会实行监察考核这种不太常见的方式。清政府对粤海关的税收考核也会视情况采取监察考核的方式，而且粤海关实施海关监督与地方督抚共管的方式，其监察考核已经常规化。

监察考核中常见的考核方式，就是委托关口所在地的督抚进行核查。户部如果认为某关报解关税有可疑之处，即可以委派当地督抚亲自或派员赴关核查。乾隆十四年（1749 年）奏准：“比较上届若有短少，即报督抚确查，该督抚出结会奏。”②乾隆二十二年（1757 年）因粤海关报解关税比上一年减少，户部便委派广东巡抚托恩多进行核查，广东巡抚派遣了高廉道王概赴关核查。乾隆四十年（1775 年）因粤海关关税又出现缺额的情况，清廷命两广总督杨景素选员赴关核查，杨景素选派粮驿道吴九龄具体办理。乾隆五十七年（1792 年）以后，为了加强对粤海关的监管，广东督抚对粤海关关税征收的核查成为在粤海关实施的定例。是年，乾隆皇帝谕令：“嗣后粤海关税务，不必令督抚兼管。其每月到关船数若干，所载货物粗细各若干，著责成该督抚详细查明，按月造册，密行咨报户部。俟一年期满时，交该部将该督抚所报清册，与该监督所报清册，汇总覆对。如有不符之处，即行参办。”③至此，对粤海关税收的监察考核已经常规化。

① （清）梁廷枏：《粤海关志》，袁钟仁点校，广东人民出版社 2014 年版，第 300 页。

② 光绪《清会典事例》卷二三七《户部·关税·考覆一》，中华书局 1991 年版，第 794 页。

③ 同上书，第 800 页。

二、粤海关的法律责任

粤海关管关人员在行使管理职权与履行管理职责的过程中，如怠于履行管理职责或履行管理职责不力，以及涉嫌违法犯罪的，均要承担相应的法律责任。

（一）因短欠税额承担的法律责任

如前所述，对粤海关税收考核的重要方式就是定额考核，这是考核管关监督的手段，也是保证税课收入的手段。粤海关每年的关税报解可以超过定额，但不能低于定额，否则就构成税额短欠。短欠税额是粤海关承担法律责任的常见原因，粤海关监督因此可能承担行政处分与赔补亏银的法律责任。

短欠税额的粤海关监督要承担行政处分。康熙八年（1669 年）曾针对内地榷关短欠税额的处分作出规定："关税欠不及半分者，罚俸一年；半分至一分以上者，降一级；二分以上者，降二级；三分以上者，降三级；四分以上者，降四级，皆调用；五分以上者，革职。"①粤海关成立后，在对短欠关税的粤海关监督进行处罚时，该规定同样适用。乾隆十四年（1749 年）规定以雍正十三年（1735 年）的征收税额作为定额，实际报解比该定额短少的，海关监督也应承担行政处分。户部对此的奏请为："除短少不及一分者免议外，其一分以上者罚俸一年，二分以上者罚俸二年，三分以上者降一级留任，四分以上者降一级调用，五分以上者降二级调用。"②该奏获得皇帝谕准："嗣后正额有缺者，仍照定例处分；其各关盈余成数，视雍正十三年短少者，该部按所定分数议处，永着为例。"③道光年间，短欠税额的行政处分标准发生变化，亏欠正额不到四分者，降级留用或调用，亏欠四分以上者则革职。

短欠的税银一律是由粤海关监督负责赔补，并要承担无限责任，"依限完缴，概不准呈请扣俸。限满不完，即著革职监追。如监追后仍复不完，永远监追。其子孙代赔之项亦令依限完纳，不完照例监追"④。税额短欠的具体赔补规定经历过多次变化，乾隆十五年（1750 年）之前以"各清各任"为原则，"各关征收税课，有一年期满者，有未及年满离任者，亦有管理一年零数月者，是以奏报盈余，向系按照管关日月，各清各任"⑤。乾隆十五年（1750 年）经户部奏准改为"年度奏报

① 光绪《清会典事例》卷二三七《户部・关税・考覆一》，中华书局 1991 年版，第 788 页。
② （清）梁廷枏：《粤海关志》，袁钟仁点校，广东人民出版社 2014 年版，第 293 页。
③ 光绪《清会典事例》卷二三七《户部・关税・考覆一》，中华书局 1991 年版，第 794 页。
④ （清）梁廷枏：《粤海关志》，袁钟仁点校，广东人民出版社 2014 年版，第 287 页。
⑤ 同上书，第 294 页。

制”,关税按照年度奏报,不考虑海关监督的人员更换情况。如果一个奏销年度的税收总额不亏欠,则不追究各任监督的亏欠情况,如果一个奏销年度的税收总额不足,则追究在任期间税收亏额的监督。[①] 乾隆四十二年(1777 年)实行“上三年比较制”后,同时规定若当年报解数额比上三年均有短少的,则管关监督应负责赔补。乾隆四十五年(1780 年)对粤海关废除“上三年比较制”并实施“同年商船与货物考察”制度后,因连续 2 年出现粤海关报解税银低于乾隆四十一年(1776 年)的情况,乾隆皇帝谕令粤海关监督赔补:“各关缺少盈余税课,定例令其按数赔缴。”[②]由于粤海关监管的对外贸易具有季节性,贸易季节与非贸易季节的月份关税收入差别较大,因此,粤海关实行的是“匀摊分赔”的办法,即将一年的缺额总数除以该年度的日数得出每日应赔补的数额,再将该数额乘以各任监督的任职天数,便可得出各任监督应赔补的具体数额。

另外,关税缺额的赔补还要遵守赔补期限的规定,即“依限完缴”。如道光十一年(1831 年)规定:“至赔缴短征关税银两,嗣后除三百两以下,定限半年,三百两以上,定限一年,仍照承追例限办理外。其银数自一千两至五千两者,予限二年,五千两以上至二万两者,予限三年,二万两以上至五万两者,予限六年,五万两以上至十万两者,予限八年,十万两以上,亦予限八年。至一任而两任、三任各有亏缺,如准其接续完交,限期未免过宽,著统计前后所亏银数之多寡,均照此次所定限期办理。”[③]

(二)因玩忽职守承担的法律责任

清政府对海关管关人员玩忽职守或履行职责不当的行为作出了具体列举,并规定了相应的法律处罚措施。这些玩忽职守或履行职责不当的行为包括多种情形。

1. 税则不予公开的,要承担法律责任

公开税则是粤海关的法律职责,四大海关设立之后不久就确定了海关税则,但各地对税则的公布没有落实,相关法律规定也不完善。为改变隐瞒海关税则导致滥征乱征的陋习,清政府陆续出台了一系列强调公布税则的法律规定,不仅要求将公布税则落到实处,而且还规定了具体的公布形式。粤海关负有的公布税则

---

① (清)梁廷枏:《粤海关志》,袁钟仁点校,广东人民出版社 2014 年版,第 292 页。

② 同上书,第 300 页。

③ 光绪《清会典事例》卷二三八《户部 · 关税 · 考覆二》,中华书局 1991 年版,第 805 ~ 806 页。

的法律职责也开始具体化。雍正二年(1724年)规定:“嗣后著将应上税课之货物,遵照条例,逐件刊刻详单,印刷多张,各货店均给一纸,使众人知悉。其关上所有刊刻条例之木榜,务令竖立街市,使人人共见,不得隐匿屋内,或用他纸掩盖,以便高下其手,任意苛索。”①虽然这一规定不只是针对海关税则的公布,但粤海关公布税则的职责也因此而具体化。为了避免关口有法不依,雍正十年(1732年)进一步规定了公开税则的具体措施:“应行令各督抚转饬附近关口之地方官,将题定现行条例刊刷小本,颁发各行户散卖,每本定价银二分,以为刊刷之资,仍委官不时访察,如各关木榜,有粘贴掩盖,及书役苛索等弊,即详报上司题参。至地方官刊发条例,有不详晰校定,遗漏错误,或扶同徇隐者,一并参处。”②雍正十三年(1735年)再次强调:“各关将征收税条刊书大字,立于关口,不得书写小字,悬立僻处。违者,该督抚题参。”③根据前述规定,公布税则不仅是粤海关的职责,地方督抚等官员同样负责,但粤海关在关口的木榜公示无疑具有重要的地位。粤海关履行职责过程中仍然存在税则不予公开或不完全公开的情形,这为海关人员苛乱收税埋下了隐患,为统治者所痛恨,因此,清政府规定对不予公开税则的行为予以严惩:“倘该管官应刊木榜不行设立,或书写小字悬于僻处,掩以他纸,希图高下其手者,该督、抚查参治罪。”同时也规定了地方官员的相关责任,“地方官将应刊税则不行详较,致有舛漏或更扶同徇隐者,并予严参”④。

2. 违反征税程序规定,要承担法律责任

征税程序,尤其是商民亲填与循环稽考簿的使用程序,是保障关税收入、监督海关人员行为、防止徇私舞弊的重要手段。若有违反征税程序的行为,粤海关管关人员应承担相应的法律责任。其违法行为主要有两种:一是不令商民亲填税簿:“各关应征货税,均令当堂设柜,听本商亲自填簿输银投柜,验明放行。其有不令商亲填者,将该管官严加议处。”二是擅用本关印簿登填:“各关商填循环稽考三簿,令各关照依部颁册式,事由刊刷装订于面页上,钤盖关印,佥差送部。由部钤盖堂印,给发粤海关,限关期未满九月以前,赴部请领。如有请领违限,及关期已满,册档未到,擅用本关印簿登填者,照例严参,分别议处。”⑤

---

① 光绪《清会典事例》卷二三九《户部·关税·禁令一》,中华书局1991年版,第817~818页。

② 同上书,第820页。

③ 光绪《清会典事例》卷二三九《户部·关税·禁令一》,中华书局1991年版,第821页。

④ (清)梁廷枏:《粤海关志》,袁钟仁点校,广东人民出版社2014年版,第342页。

⑤ 同上。

3. 违反海关人员任用管理规定，应承担法律责任

如前所述，为了加强对各关口的管理，粤海关监督多采用任用家人、书吏等亲信人员协助管关的方式。家人始终属于粤海关监督管理控制，书吏则由粤海关监督选拔，并受粤海关监督的控制。为了避免海关监督借助书吏谋取私利，清政府对书吏的选拔与任期进行了严格的法律约束，违反规定则应承担相应的法律责任："各关书吏，如该监督于任满时通情举报留充，各该抚查明参奏议处。倘有朋充恋栈，按律治罪，失察之该管官一并惩处。"①

4. 管理船舶失察，应承担法律责任

管理船舶是粤海关的职责所在，包括管理本国的出洋船舶，也包括外国商船与外国护货兵船。粤海关管理船舶失察，包括三种情形：一是对本国商船的管理失察："海洋贸易商船，令报明海关监督及地方官。该地方官严查确系殷实良民，取具保结，准其依式成造，仍取具船主，不得租与匪人，甘结将船身烙号刊名，查明在船人口，与例相符，填给执照，于出口时呈官验放。若遇舵水偶有事故，许该船户就近招募，出具保结，赴该海关厅县请验照挂号，回日复验销号。若有诡名顶冒、失察情弊，俱分别议处治罪。"二是对外国护货兵船的管理失察："各国货船所带护货兵船，不许擅入十字门，及虎门各海口。如敢擅进，守口员弁报明，驱逐停止贸易。"三是对外国商船管理失察："至夷船到口，即令先报澳门同知，给与印照，注明船户姓名。守口员弁验照放行，仍将印照移回缴销。如无印照，不准进口。"②

5. 稽查货物失职，应承担法律责任

稽查进出口货物尤其是出口货物，是粤海关与广东地方官府的共同责任，稽查货物失职者应承担相应的法律责任。稽查货物失职，包括多种情形。一是稽查粮食出口失职，"沿海内地米、谷、麦、豆、杂粮，有偷运出洋，接济奸匪，及虽无接济奸匪情弊，而希图厚利，将米、谷等出洋贩卖者，俱分别治罪，船货入官。地方文武员弁知情贿纵者，一并治罪，失察者分别议处"。二是稽查丝缎出口失职，"商民将内地头蚕、湖丝及绸缎绵绢私贩出洋者，照米石出洋例治罪，船只货物入官，失察之员弁议处"。三是稽查金铜出洋失职，"商夷船只将内地黄金、红黄铜斤、铜器私贩出洋者，照铁货私出外洋律治罪。关汛文武员弁失察者议处，贿纵者治罪。

① （清）梁廷枏：《粤海关志》，袁钟仁点校，广东人民出版社2014年版，第342页。
② 同上。

若官弁兵役借端勒措,并分别议处治罪”。四是稽查铁器出口失职,“各处洋船出口,准带煮食铁锅,其有额外多带铁锅出洋者,照废铁出洋例治罪。沿海樵采船只,每船止准带铁锅一口,每人止准带斧斤一把,在船人数不得过十人,令地方官于照内注明,出入查验。若有夹带出口,及进口缺少者,均严行究治。官役徇纵,一并究处”。另外,康熙五十年(1711年)广州将军、浙闽总督、两广总督会同议准:“沿海文武官如遇私卖船只,多带米粮,偷越禁地等事,隐匿不报,从重治罪。”①

(三)因商业勒索承担的法律责任

商业勒索,即海关人员对商船与商民的勒索行为,既包括对不该征税的予以征收,或高于征税标准而多征,也包括借征税或稽查之名勒索财物等行为。商业勒索的违法主体主要是关口人员,粤海关监督也可能因此承担连带责任。

违法加征是商业勒索的常见形式。违法加征,即对本不该征税的项目加征关税,清政府对这种形式的商业勒索作出了明确的处分规定。违法加征具体包括两种形式:一是私设征税名目,“各关于额设口岸之外,有滥差多役,于近关水岸各口四出扰民者,该督、抚察实题参。其管关人役,有巧立名色,需索饭钱,重戳苛收者,严拿究治,计赃论罪。监督纵容袒护,督、抚即行严参。督、抚徇隐,一并议处”②。二是违反免税政策,对本应免税的仍然加征关税,在这种情况下,地方督抚有监督粤海关行为的权力:“沿海单桅捕鱼船只,概免领牌纳税。监督违例征收,该督抚题参。”③

违法多征也是商业勒索的常见形式,主要表现为违反关税征收管理规定,对商民多征税饷。为了预防多征税饷的行为,粤海关设置了相关制度,商民在各关口输税时需填写收税红单一式两份,其中一份给商人用作纳税凭证,另一份则呈送户部以备察核。但这种制度并没有从根本上解决多征税款的陋习,“其有不给红单,或纳银数多给票数少,及私将红单撤回多征勒索者”。对这种情况,“许商民首告究拟”,以追究相关海关人员的法律责任。此外还有以其他方式横征勒索的行为,一经查出同样要承担相应的法律责任:“各省商税银两,均令按照额征数目,照例征收,造册报部。其有监收官员横征勒索,及隐匿侵蚀者,即行参处。”④

① (清)梁廷枏:《粤海关志》,袁钟仁点校,广东人民出版社2014年版,第343页。
② 同上。
③ 同上书,第344页。
④ 同上。

海关巡役人员在履行职责的过程中也会借机勒索,而且这种现象是普遍存在的。巡役的职责本来在于“稽查匪类及违例夹带之物”,但粤海关巡役中大量存在“阳藉稽查之名,阴行勒索之术”的违法行为,对过往商船大肆勒索,情节严重的甚至导致商船错失海上风信,商民对此苦不堪言。为此,乾隆五年(1740 年)九月吏部会同兵部奏言:“行令督抚、提镇,凡沿海关汛,所有文武员弁巡查挂号之处,严行饬禁,不许借端需索,故意留难。如有此等情弊,即行查参,将守口官弁照衙役犯赃例,分别议处;书记衙役计赃论罪。如守口官弁照借端勒措例,降二级调用。该督抚、提镇失于觉察,比照假冒顶替、托人代考等弊事发,将巡缉官失于查察者,罚俸一年例,罚俸一年。”①该奏获得皇帝批准。

此外,还有一些其他形式的勒索行为。如有一种不太常见但影响较恶劣的勒索行为,就是对外国使臣过关接待时的借机勒索行为,清政府对此也有明确的处罚规定:“使臣出入关口,通事及迎送守关官兵,不得索取土物陋规,违者该管官参处。”②

(四)因贪赃枉法承担的法律责任

贪赃枉法的情形在粤海关比较常见,这主要是因为粤海关监督不仅承担向户部报解税银的职责,而且还要向皇帝与宫廷进奉珍玩、置办贡物等,而由于粤海关监督每年负责置办的贡物种类繁多,这些贡物又被确定了低于市价的官价,粤海关监督对官价只能“循照旧例办理”,③因此只能通过贪腐积累财富,以弥补官价与市价之间的价格差额,因此历任粤海关监督中几乎都有贪污行为。乾隆二十四年(1759 年)爆发的“乾隆朝外洋通商案”中,负责处理此案的两广总督李侍尧在其奏折中对粤海关贪腐频发的前述原因有过解释。粤海关监督的贪腐多是由其协助管关的家人具体办理,虽然乾隆皇帝曾要求粤海关监督对其家人的贪腐行为承担连带责任:“家人勒索,即主人勒索也,不可以失察开脱其罪。”④但这也只是形式上的要求,粤海关贪腐从上到下普遍发生。英国东印度公司职员将此种现象描述为“广州政府的官吏没有一个人是干净的”⑤,但由于清政府对贪腐的处分把关相对不严,实际受到处分的粤海关监督并不多。

---

① (清)梁廷枏:《粤海关志》,袁钟仁点校,广东人民出版社 2014 年版,第 126 页。

② 同上书,第 344 页。

③ 中国第一历史档案馆:《清代广州十三行档案选编》,载《历史档案》2002 年第 2 期。

④ 《清高宗实录》卷五九四,中华书局 1986 年版,第 619 页。

⑤ [英]格林堡:《鸦片战争前中英通商史》,康成译,商务印书馆 1961 年版,第 67 页。

一般情况下,粤海关监督及其他海关人员的贪赃是比照普通官员受赃处理的,典型的因贪污受处分的案例是雍正年间粤海关监督祖秉圭贪污海关银事件。祖秉圭共贪污十四万两银,在雍正十一年(1733年)十月经雍正皇帝批准被判决斩监候,并被要求两年期限内完成追银,若不能完成则被正法。到乾隆二年(1737年),该案仅追回二万余两银,经刑部奏请乾隆皇帝同意,祖秉圭在广东被处以死刑,未追回的银两仍令以其家产偿还。① 而前述的"乾隆朝外洋通商"案处理中,由于负责处理此案的李侍尧尽力为李永标辩解开脱,并将责任推到李永标家人身上,②乾隆皇帝也顾念李永标多年掌管粤海关为清政府提供了大量税收与贡物,因此李永标本人未被深究责任,只是"照例折枷六十日,鞭一百,解部发落",但其73名家人受到"发边远省分给驻防兵丁为奴"的严惩。③

第五节　粤海关制度的特点

粤海关制度充分借鉴了市舶司的外贸管理经验,其对市舶司制度有沿袭也有发展,更加符合管理中外近代贸易的需要。随着近代化趋势下中外贸易的发展,粤海关制度自身也在变革。由于粤海关的行政地位与法律职责的要求,其在协调中央与地方关系方面发挥重要作用。

一、粤海关制度是市舶司制度的继承与发展

粤海关制度是清政府在借鉴市舶司制度的基础上建立起来的,因此粤海关制度对市舶司制度有很多的沿袭。作为管理机构,二者的管理对象都是海上贸易,二者的设立目的都在于管理贸易与征收关税,且在具体的制度设计与管理措施方面,粤海关对市舶司也有大量沿袭。以征税制度为例,粤海关征收的船钞与货税就是沿袭了市舶司的税收制度。宋代的市舶司实行抽分法,将货物分为粗细两类,并按照15%~30%的比例征收实物税。明朝隆庆五年(1571年)改为丈抽,其市舶司征税分为船钞与货税两个部分,正如康熙二十四年(1685年)粤海关监督宜尔格图所奏:"粤东向有东西二洋诸国来往交易,系市舶提举司征收货税。明隆

① 《清高宗实录》卷四七,中华书局1985年版,第812页。
② 《清高宗实录》卷五九一,中华书局1986年版,第565~566页。
③ 故宫博物院文献馆编:《史料旬刊》第4期,故宫博物院文献馆1930年版,第123页。

庆五年以夷人报货奸欺，难于查验，改定丈抽之例，按船大小以为额税。”①粤海关所征关税包括正税与杂税，正税中的船钞与货税显然是沿袭了市舶司的丈抽制度。

更为明显的是，粤海关沿袭了市舶司任用牙人参与贸易的制度。明朝时市舶司已经有“官设牙行”参与贸易，“凡外夷贡者，皆设市舶司领之，许带他物，官设牙行，与民贸易，谓之互市”②。粤海关成立后沿袭了官设牙行参与贸易的做法，“国朝设关之初，番舶入市者仅二十余柁。至则劳以牛酒，令牙行主之，沿明之习，命曰十三行”③。粤海关的这一措施显然是对市舶司管理制度的沿袭。

但粤海关制度与市舶司制度有许多不同之处，这些不同体现了粤海关制度对市舶司制度的发展。首先，粤海关与市舶司的行政地位不同。市舶司是直接设立于地方的贸易管理机构，从职官设置与派遣、税收归属两个方面对比考察，中央对市舶司的控制相对较弱，中央的利益在市舶司制度中体现得相对不明显。粤海关则不同，粤海关属于户部的派出机构，是中央利益的代表。清朝创设海关的目的之一就是强化中央对地方的控制，以实现中央利益的最大化。但是由于粤海关设立于广东地方，这种地缘因素以及粤海关征收关税与管理外贸的职责要求，共同决定了粤海关需要沟通中央与地方关系，协调中央与地方在广州十三行的利益分配。其次，粤海关与市舶司具体职责不同。虽然从职能上看，粤海关与市舶司都主要负有管理贸易与征收关税两个方面的职责，但市舶司是直接从事贸易的，而粤海关并不直接从事贸易。粤海关将直接从事贸易的权利授予了经粤海关认可的行商，粤海关与行商在管理贸易与参与贸易方面进行了分工，以专业的商业人员从事贸易经营，而粤海关专事管理与监督，体现了粤海关制度的进步性。

二、粤海关制度经历了不断变革的过程

粤海关管理的对象是近代化趋势下的中外贸易，随着中外贸易的不断发展，粤海关制度自身也经历了逐渐发展的过程，粤海关制度自身的变革可以通过以下几个具体方面体现出来。

第一，粤海关监督的委派制度发生变革。在粤海关监督的数量上，经历了从

① （清）梁廷枏：《粤海关志》，袁钟仁点校，广东人民出版社2014年版，第453页。
② （明）王圻：《续文献通考》卷三十一《市籴考》，齐鲁书社1995年版，第477页。
③ （清）梁廷枏：《粤海关志》，袁钟仁点校，广东人民出版社2014年版，第496页。

2人到1人的变化。康熙二十三年(1684年)始设粤海关时,设满汉海关监督各1人,自康熙二十八年(1689年)起粤海关只设1名监督。粤海关监督基本都是皇帝的心腹包衣,设关之初更是"以内务府员外郎中出领其事"①,自乾隆十五年(1750年)以后粤海关监督几乎全部是由内务府包衣担任。② 由1名皇帝心腹出任粤海关监督,既避免了满汉监督相互之间的掣肘,也更加有利于中央对粤海关的控制。在任用程序上,粤海关监督的选任是先由户部向皇帝提出建议,"粤海关由户部开列各应放关差人员,请旨简放"③,皇帝确定最终人选并下达谕旨予以任命。粤海关监督的任期在制度上规定为每届1年④,每届期满之前,现任监督应先向户部咨报,经由户部奏请皇帝钦点更换。但由于粤海关监督多出身于皇帝包衣,因此有些监督任满前只向皇帝奏报,为了规范监督的更换程序,坚持海关隶属户部的行政体例,乾隆三十五年(1770年)将粤海关监督的选任与更替制度化,重申必须由户部请旨简放。⑤ 虽然粤海关监督的任期在制度上规定为每届1年,但从实际情况来看,粤海关监督留任的情况非常普遍,如李永标留任3次共在任8年,德魁更是在任长达12年。⑥ 这种现象充分反映了粤海关监督的选任制度服从于中央利益尤其是皇帝利益的特点。

第二,粤海关的管理制度,经历了从粤海关监督单独管理到广东地方官府参与管理、粤海关接受中央与地方双重监督的变化。粤海关的关务原本由粤海关监督直接、单独管理,广东地方官府并不参与粤海关管理。但由于"督抚或不关心监督,动则掣肘,不独于税务无补,即于地方亦难免扰累"⑦,自雍正元年(1723年)起粤海关税务开始交与地方官监收,直至自雍正十二年(1734年)经皇帝颁布谕旨,广东地方督抚兼管粤海关正式形成制度。⑧ 自此以后,关税征收由粤海关监督专管,其他的粤海关关务则由广东督抚与粤海关监督共同管理。乾隆五十七年(1792年),再次重申监督与督抚的分工与合作,强调广东地方督抚对关务尤其是

---

① (清)印光仁、张汝霖:《澳门记略》,赵春晨点校,广东高等教育出版社1988年版,第42~43页。

② 陈国栋:《清代前期的粤海关与十三行》,广东人民出版社2014年版,第16页。

③ 嘉庆《钦定大清会典》卷一六《户部·贵州清吏司》,台北,文海出版社1991年,第810页。

④ 光绪《清会典事例》卷二三六《户部·关税》,中华书局1991年版,第781页。

⑤ (清)梁廷枏:《粤海关志》,袁钟仁点校,广东人民出版社2014年版,第120页。

⑥ 同上书,第128~137页。

⑦ 同上书,第119页。

⑧ 同上书,第120页。

船舶与货物出入情况的监管职责。①

第三，粤海关对广州十三行的关税征收制度经历了不断发展的过程。税收制度的发展演变进程大致可以分为三个阶段：(1)从粤海关设立到康熙二十八年(1689年)《粤海关税则》的颁布，是粤海关税收制度的形成时期。这一时期明确了海关税收只对海上进出口货物征税的基本原则，确定了住行货税分离的征税方式，奠定了粤海关税收制度的基础。《粤海关税则》是清朝自行制定并正式颁布的第一部海关税则，②为粤海关税收提供了明确的法律依据，并初步设立了免税政策。(2)在雍正与乾隆两朝，粤海关税收制度不断完善。受雍正初年治理财政的影响，粤海关建立了关税盈余报解制度，逐步确立并完善了杂税归公制度，确立了比例税则制度，并完善了税收减免制度，税收征管实现制度化，粤海关税收制度已经趋于完善。(3)在嘉庆与道光年间，粤海关税收制度经历了一些调整。这一时期粤海关税收制度已经稳定，只是在盈余报解税额、减免征税的具体政策执行等方面根据贸易实际情况作出了具体调整。在粤海关对广州十三行关税征收的演变过程中，雍正年间开始的杂税征收规范化改革具有重要的意义，其不仅剥夺了地方官吏在中外贸易中的利益，增加了中央的收入，而且实现了关税征收的制度化、规范化，体现了粤海关税收制度的进步性。

三、粤海关在协调中央与地方关系中发挥作用

粤海关是户部的派出机构，是中央利益的代表。粤海关监督直接对皇帝与户部负责，首先要满足清廷中央对广州中外贸易的利益需求，包括经济利益与政治统治利益。清廷中央要通过粤海关获取更多的关税收入，同时也要满足宫廷对进口奢侈品等商品的需求。清廷还要通过粤海关控制参与贸易的国内商人与外国商人，以保持封建统治的稳定。但粤海关设立于广东地方，广州中外贸易是在地方开展的，离不开广东地方官府所创造的各项通商贸易条件，并需要借助广东地方官府的管理力量，尤其是粤海关口岸的安全保障、对外贸易秩序的维护、来往人员的盘查、进出口货物的稽查等，都离不开广东地方官府的协助。广东地方官府对粤海关7个总口委员的选拔或充任也有参与，因此，粤海关必须协调好与广东

① 光绪《清会典事例》卷二三七《户部·关税·考覆一》，中华书局1991年版，第800页。

② 《广东省志·海关志》，载胡巧利主编：《广东方志与十三行——十三行资料辑要》，广东人民出版社2014年版，第139页。

地方官府的关系。

中央与地方的利益之争，在粤海关杂税改革中得到明显体现。在杂税改革之前，粤海关的杂税征收虽被视为陋习，但也是被清政府默许的。杂税的名目繁多且总额较大，由于杂税都是由管关人员或贸易管理人员私下收取的，因此杂税收入多被广东地方官府获得。雍正四年(1726年)，广东巡抚杨文乾兼管粤海关时，最先将粤海关各种私索报出归公，又经过策楞兼管粤海关之时继续杂税归公改革，直至乾隆二十四年(1759年)两广总督李侍尧集中整理各项杂税归公。[①] 经过改革，粤海关的税收总量有了大幅提高，这对于增加国库收入产生了重要作用。

由于粤海关需要协调中央与地方关系，清政府对粤海关实施了粤海关监督与广东督抚共同监管的模式。双重监管不仅有利于中央对粤海关关务的控制，实际上也起到了规范粤海关管理的作用，尤其是粤海关监督与广东督抚在粤海关具体关务管理中联合发挥了作用。如乾隆五十一年(1786年)七月，粤海关监督穆腾额就与两广总督孙士毅等会奏，请求停止派遣家丁长随前往五总口与各小口，以及添设库大使专门管理粤海关银库等事项。[②] 粤海关监督与广东督抚在完善粤海关管理制度中也发挥了联合作用，如粤海关管理外商的成文制度，很多都是粤海关监督与广东督抚联合报请皇帝获准然后实施的。

① (清)梁廷枏:《粤海关志》，袁钟仁点校，广东人民出版社2014年版，第165页。
② 同上书，第122页。

第三章　广州十三行法制中的行商制度

为了加强对近代化趋势推动下日渐繁盛的中外贸易的实际控制,并选择合适的贸易主体直接参与,清政府以明代牙行为基础建立了行商制度。经过粤海关许可的行商,享有垄断广州对外贸易的特殊权利,独占广州中外贸易的商业利润,并承担代征外贸关税、执行贸易流程、管理外商及沟通中外等多种义务。随着近代化趋势下中西贸易的发展,行商的垄断外贸等权利实际受到拘束,但行商承担的义务与责任不断被强化。作为广州十三行贸易开展的主体,行商既是中外贸易的参加者,也是清政府管理外国人的媒介。清政府通过行商既隔离了外商与官府,也隔离了外商与内地民人。行商制度有助于清政府对中外贸易的实际控制,也实现了贸易开放与贸易控制之间的平衡。

第一节　行商制度的建立、运行与变革

广州十三行行商制度的建立,是为了应对近代化趋势下中外贸易发展所提出的具体需求,也是贸易开展和贸易管理二者必须分工的结果。近代化趋势发展对贸易开展的要求,不仅促进了行商制度的建立,也影响了行商制度运行中具体制度的构建,行商制度也随着近代化趋势对贸易需求的增加而发生了变革。

一、行商制度的建立

广州十三行行商制度的建立，主要是受近代化趋势对贸易发展需求的影响，同时也受到对外贸易开展与管理的历史经验的影响。以康熙二十五年(1686年)清政府发布的《分别住行货税》文告为标志，清政府在明代“官设牙行”的基础上建立了行商制度。

(一)行商制度建立的原因

在清政府设立粤海关之初，前来广州贸易的外国商船数量不多，此时广州商人尚可以同时经营国内贸易与对外贸易。广州口岸并无专营对外贸易的商行，外商前来广州贸易也可以自由选择贸易对象，此时的广州贸易处于商人身份不分、内外贸易混同的阶段。《广东通志》载：“国朝设关之初，船只无多，税饷亦少，有行口数家，听外舶自行投牙。”①随着广州对外贸易的开展，尤其是近代化趋势下贸易规模的不断扩大，如何规范外贸征税与加强对外贸易管理，成为广州中外贸易发展中必须解决的问题。

具体来说，中外贸易开展面临三个方面的现实问题：一是贸易开展自身的问题，即要寻找合适的贸易主体直接从事进出口贸易的开展，并负责与外国商人开展直接的进出口货物交易；二是要对进出口贸易征收关税，以增加国家的财政收入，实现开海贸易的经济目的；三是要对前来广州贸易的外国人员进行管理，以防范国内民人与外人串谋而危及封建统治。在清政府设立粤海关以后，由于粤海关负有管理贸易与征收关税的职责，因此前述三个问题本可以通过粤海关履行职责而解决，但粤海关在履行职责过程中面临多种障碍。

首先是“华夷之辨”观念带来的管理障碍。“华夷之辨”在封建政治制度中有较大的影响。“华”即“华夏”，指华夏民族，“夷”即“四夷”②，指华夏民族以外的周边所有民族。华夏民族自视为文明礼仪之邦，“四夷”则被认为是野蛮落后之地。“华夷之辨”认为华夏民族优于四夷，以此区分了民族和地域，还孕育了华夷不同的文化意识，并衍生出对外交往中的华夷秩序。清政权虽然是少数民族入主中华，也因致力于国家大一统而强调民族平等，但并没有摒弃传统的“华夷之辨”

① 《广东通志》卷一八〇，清道光二年刻本。

② “东方曰夷，被发纹身，有不火食者矣。南方曰蛮，雕题支趾，有不火食者矣。西方曰戎，被发衣皮，有不粒食者矣。北方曰狄，衣羽毛穴居，有不粒食者矣。”参见《礼记·王制》。

观念。清朝的法律文件中把资本主义国家均称为“外夷”,康熙六年(1667 年)还确定了“人臣无外交”的原则:“凡督抚提镇等官,不许擅自移文外国。”①当然也不允许官员擅自与外国人进行接触。因此,在开海贸易之后,即使是负有贸易管理职责的粤海关也不便于直接与外国人打交道,这成为粤海关管理贸易与征收关税的最大障碍。其次是对外贸易参与主体的选择问题。在清代以前,直接开展对外贸易的不是商人,而是作为官府机构的市舶司,但由于市舶司具体负责朝贡贸易中的外商迎送、外宾宴请、贸易抽税、贸易开展等所有环节,因此导致市舶司事务繁冗,贸易开展效率低下。也由于这个原因,新设立的粤海关未被授予直接开展贸易的职权。但作为管理机构的粤海关必须选择合适的主体直接参与贸易,这是中西贸易能够开展的前提条件,也是能够征收关税的必要条件。

在这种情况下,沿袭明朝的“官设牙行”并进行制度革新,就成为粤海关解决前述问题的理想选择。明朝时期广州市舶司已经开始任用牙行协助管理朝贡贸易,牙行不仅负责检验外洋商船的各种出入手续和检查货物,并上报市舶司批准外船贸易买卖许可,牙行还负责对货物评估登记并报官抽取份额。在朝贡贸易附属的互市贸易开展期间,牙行又居间介绍各种交易,并负责监督买卖行为,牙行的活动已经遍及涉外贸易管理的各个环节。粤海关沿袭了牙行参与对外贸易的模式,并将牙行参与贸易的内容整合为行商的责任,具体包括管理贸易与代征关税两个方面,同时按照管理中外贸易的需要对行商课以管制外国人的义务。在如此多的义务面前,出于权利与义务的平衡性,粤海关赋予了行商直接参与对外贸易的权利,并且允许行商垄断经营广州对外贸易,独享中外贸易的商业利润。这既提高了行商的积极性,也解决了外贸参与主体的选择问题。

综上所述,行商制度的建立是出于粤海关管理中外贸易的现实需要,行商制度是对牙行制度的沿袭与革新。明朝“官设牙行”具有参与对外贸易的基础,具备直接参与对外贸易的条件,但“官设牙行”并不符合粤海关管理中外贸易的要求,必须革新。正是在沿袭与革新的过程中,清政府建立了行商制度。

(二)行商制度建立的依据

为了解决中外贸易发展中的问题,满足对外贸易的发展需求,区别对待不同的商业形式,并便于商业管理,粤海关首任监督宜尔格图经与两广总督吴兴祚、广东巡抚李士桢共同商议,于康熙二十五年(1686 年)共同发布了《分别住行货税》

---

① (清)梁廷枏:《海国四说》,中华书局 1993 年版,第 166 页。

文告。文告规定:“今公议:设立金丝行、洋货行两项货店。如来广省本地兴贩,一切落地货物,分为住税报单,皆投金丝行,赴税课司纳税。其外洋贩来货物及出海贸易货物,分为行税报单,皆投洋货行,候出海时洋商自赴关部纳税。”①《分别住行货税》从法律上区分了国内贸易商人与对外贸易商人,初步确立了行商垄断对外贸易的权利,也对行商课以了代为缴纳关税的义务,并初步规定了行商的资格条件,成为行商制度建立的依据。

《分别住行货税》文告从法律上初步确立了行商垄断对外贸易的权利。《分别住行货税》文告是粤海关与广东地方官府联合发布的文告,因此在性质上属于法律规定。该文告虽然是以区别纳税为主要内容,从法律上区分了国内贸易税收与对外贸易税收,但对纳税的区分实际上也是对广州的商行作出的区分。根据该文告的规定,广州的商行按照经营范围的不同被区分为金丝行与洋货行两类,分别负责经营国内商业贸易与国外进出口贸易。其中,外洋贩来货物及出海贸易货物“皆投洋货行”,洋货行因此获得了专营进出口贸易的权利,这标志着广州十三行洋商(行商)垄断对外贸易权利的初步确定。

《分别住行货税》文告也确定了行商代为缴纳关税的义务,由此,行商代为纳税的职责初步确定。根据《分别住行货税》文告的规定,进出口货物缴纳的行税由洋货行的洋商(行商)“自赴关部(粤海关)”缴纳税款,该规定虽然内容简单,但确定了“代办纳税”的基本原则,并为以后行商为外商担保纳税奠定了制度基础。行商代办纳税,既是清政府对广州十三行外贸实施管理的重要制度,也是行商义务的重要内容,在广州十三行的行商制度中具有重要的地位与意义。另外,由于进口的外洋货物以及出口外洋的国内货物均按照行税报单,“皆投洋货行”,而且只能由洋货行行商代为缴纳关税,这也就排除了其他商行与商人染指对外贸易的可能,实际上又保障了行商独占对外贸易的垄断权利。

此外,《分别住行货税》文告还初步规定了承充行商的资格条件。《分别住行货税》中规定:“如有身家殷实之人愿充洋货行者,或呈明地方官承充,或改换招牌,各具呈认明给帖。”②根据该规定,承充行商者不仅需要“身家殷实”,而且还需要经过官府的批准“各具呈认明给帖”,前者规定了承充行商的实体条件,后者规

① (清)李士祯:《抚粤政略》卷六《分别住行货税》,台北,文海出版社1988年版,第729~730页。

② 同上。

定了承充行商的程序条件。这项规定初步确定的承充行商的资格条件,是对行商进行管理与约束的重要措施,也成为行商制度的重要部分。

综上所述,《分别住行货税》是对行商制度的建立具有里程碑意义的法律文件,行商制度从此正式建立起来。行商制度新建立时期并不规范,虽然已经规定了行商的资格条件,但行商的具体身份并不一样,各种政治背景的行商在广州十三行对外贸易中轮番登场,如受两广总督控制的"总督商人"、受广东巡抚控制的"抚院商人"、受广州将军控制的"将军商人"等,还有从前镇守广东的尚氏父子所任命的"王商"。这几类商人都是"官商"性质,都具有一定的实力与影响力。康熙三十八年(1699 年)英国商船"麦士里菲尔德号"抵达广州开展贸易时,除了此四类官商性质的行商以外,没有其他商人可以与之开展贸易。[1] 康熙四十一年(1702 年)行商中又出现新的官商种类"皇商",即以皇太子为依托的行商。[2] 但由于皇商意图专揽广州十三行对外贸易,因此遭到其他行商的共同反对,后由于皇太子被废黜,皇商也退出了行商之列。由于政治背景不同以及对贸易份额的抢夺等原因,行商之间存在大量的内部无序斗争,行商之间的这种无序竞争暴露了新设立的行商制度的弊端,为行商制度的变革积累了经验。

二、行商制度的运行

行商制度建立以后,清政府又创设了对行商进行管理的多项具体制度。这些具体制度的创设是根据中外贸易开展与管理的现实要求而作出的应对,不仅着眼于对行商进行直接管理,还着眼于通过这些制度督促行商履行关税征收与外贸管理的职责。

(一)行商的选任与退出制度

行商资格的取得与行商的退出,均设有严格的法定条件,并形成了行商选任与退出制度。行商选任与退出的法定性,源于近代化趋势下行商所承担的法律职责的重要性。由于行商被课以代缴关税、管理外贸、管制外商等义务,因此,行商自身的资质条件对维护广州十三行的稳定性,进而维护行商外贸管理权的具体实施并保障关税收入,都具有重要的意义,"商得其人,则市易平而夷情洽;商不得

---

① [美]马士:《东印度公司对华贸易编年史(一六三五～一八三四年)》(第 1 卷),区宗华译,林树惠校,章文钦校注,广东人民出版社 2016 年版,第 95 ~96 页。

② 同上书,第 153 页。

人,则逋负积而饷课亏”[①]。因此,严格规定行商的选任与退出条件,遴选合适的商人充任行商,是发挥广州十三行行商管控外贸作用的基础,也是行商能够承担法律义务的前提。

行商资格取得的法定条件主要包括三个方面:(1)行商的自身条件。欲取得行商资格必须具有雄厚的资金实力,并要具有诚实守信的品质。《分别住行货税》对行商资格作出了“身家殷实”的规定,充任行商的首要条件就是资本实力雄厚。同时,由于广州对外贸易的规模相对较大,行商所承担的代缴税饷等责任也相对较大,“洋商承揽夷货,动辄数十万两,承保税饷,自数万两至十余万两不等,责任綦重,非实在殷实诚信之人,不克胜任”[②]。因此,行商还需要具有诚信的品质。(2)担保条件。新行商加入广州十三行必须由已入选行商提供担保。行商承担代缴关税的责任,要求行商需要有雄厚的资金实力,但行商自身实力毕竟有限,加之贸易存在风险,为避免因为某一行商的破产而导致关税短欠,清政府要求新加入行商必须由已入选行商提供担保,以增强行商的抗风险能力,且“保举者务求核实,于以裕饷课而杜朋奸”。[③] (3)程序条件。行商资格的取得还需履行一定的法定程序。为了强化对行商的管理与控制,《分别住行货税》就规定新行商选任必须向抚院甘结领帖获得批准,“十三行行商于承商时俱须从户部(此处指粤海关)领取一种部帖,此种部帖即系准其包揽某种外洋贸易之用”[④]。总商制度建立以后,新增行商在程序上则需要“专案咨部备查”,行商的选任程序从地方督抚批准变为由中央户部批准,行商增选程序条件逐渐严格。总体来看,充任行商的法定条件越来越苛刻,担保制度越来越完善,程序越来越复杂。

行商退出广州十三行也必须符合相关的法定条件,不仅要具有合理的事由,而且需要履行相关的法定程序,并承担退出后的限制性义务。行商一旦选任,便不能轻易退出,除非因为经营失败导致破产才能退出。对正常经营的行商实行“终身制”乃至“继承制”,“殷商不准求退,即实有老病残废等事,亦应责令亲信子侄接办,总不准坐拥厚资,置身事外”[⑤]。即使是符合条件退出的行商,也还需遵守不成文的习惯,向官府缴纳巨额的退出费用。嘉庆二十七年(1822 年)行商李

① (清)梁廷枏:《粤海关志》,袁钟仁点校,广东人民出版社 2014 年版,第 496 页。
② 台北故宫博物院辑:《清代外交史料》(嘉庆朝第 4 册),台北,成文出版社 1969 年版,第 368 页。
③ (清)梁廷枏:《粤海关志》,袁钟仁点校,广东人民出版社 2014 年版,第 507 页。
④ 梁嘉彬:《广东十三行考》,广东人民出版社 2009 年版,第 83 页。
⑤ 台北故宫博物院辑:《清代外交史料》(嘉庆朝第 3 册),台北,成文出版社 1969 年版,第 273 页。

应桂为了把行务交给儿子接办就向粤海关监督缴纳了10万元费用。① 嘉庆三十年(1826年),行商伍秉鉴将行务交给儿子伍绍昌接办,更是向粤海关监督交付了50万元的退出费用。② 在程序方面,行商退出,必须向清政府备案。尤其是在设立总商并加强对行商的管理之后,对退出的管理更为严格,“如有黜退,报明注销,并于每年满关日,将商名通行造册送部,以备稽考”③。此外,退出后的行商须承担严格的限制性义务。由于行商在充任期间享有垄断对外贸易的权利,并因此得以与外商建立联系,为了维护行商的外贸垄断性,避免退出行商与外商私下接触破坏行商的贸易垄断,退出后的行商必须完全放弃外贸经营,且不得与广州十三行再有任何关联,否则就可能会被认定为退出不彻底而被要求继续充任行商。同文行行商潘致祥在退出行商后,仍然收取出租给外商的三所夷馆的租息,没有完全断绝与广州十三行之间的商业联系,清政府认为其“既非现商,即不应与夷人交涉”,而且由于潘致祥“身家素称殷实,洋务最为熟练,为夷人及内地商民所信服”,清政府认为其“从前退商,本属取巧”,为了以儆效尤,嘉庆十九年(1824年)清政府强令潘致祥再次承充行商。④

(二)权利与义务并行的总商制度

总商是根据相关规定,依照程序在行商中推选出的符合法定条件的行商首领。总商最早源于雍正六年(1728年)八月两广总督孔毓珣对行商管理提出的要求:“选出殷实可信之人为总行商”,⑤总商作为行商首领拥有管理其他行商并协调行商内部关系的一定权利,但总商负有“系总对外贸易,评订货价”的职责⑥,更多是承担法律责任。

首先,清政府设立总商,是为了纠正行商制度运行中的实际弊端,以维护行商垄断外贸的权利。随着近代化趋势对中外贸易发展的促进,从事对外贸易可以获取丰厚的利润,行商之间也就产生了为追求利润而恶性竞争、无序竞争的情况。

---

① [美]马士:《东印度公司对华贸易编年史(一六三五~一八三四年)》(第4卷),区宗华译,林树惠校,章文钦校注,广东人民出版社2016年版,第59~61页。

② 同上书,第138~139页。

③ 中国第一历史档案馆、广州市荔湾区人民政府编:《清宫广州十三行档案精选》,广东经济出版社2002年版,第227页。

④ 台北故宫博物院辑:《清代外交史料》(嘉庆朝第4册),台北,成文出版社1969年版,第404页。

⑤ [美]马士:《东印度公司对华贸易编年史(一六三五~一八三四年)》(第1卷),区宗华译,林树惠校,章文钦校注,广东人民出版社2016年版,第211页。

⑥ 梁嘉彬:《广东十三行考》,广东人民出版社2009年版,第90页。

有的行商违反广州十三行贸易管理规定，私下接触外商并以贵买贱卖的方式争取与外商的交易机会，最终却导致这些行商亏损乃至破产，以致无力完成代缴税饷的义务。清政府认为，导致这种情况的原因在于“向无总商办理”，行商之间缺乏统一经营规则，也没有协调机制，因此必须制定新的制度，纠正行商制度实际运行中的弊端。为了规范行商的贸易经营行为，粤海关监督德庆提出了设立总商以解决前述问题的办法：“惟有于各洋商中，择其身家殷实、居心公正者一二人，令其总办洋行事务，率领众商公平整顿。”①这是总商制度建立的一个原因。

其次，总商制度的设立也是为了强化行商承保税饷的责任。行商承担着“承保税饷”的重要责任，但行商制度设立之初行商“仅凭一二商人保承准充”，而且“并不专案报部”。由于行商资金实力有限，商业经营风险较大，行商可能因为拖欠债务或其他原因而导致商行倒闭，因此不能完成向朝廷代缴税饷的义务。行商拖欠税饷问题长期积累，严重影响了清政府的财政收入，粤海关监督德庆认为这“本非慎重之道”②。为了增强行商抗风险能力，粤海关监督德庆提出设立总商并要求总商为新入行商提供担保的办法：“遇有选充新商时，责令通关总散各商公同慎选殷实之人，联名保结，专案咨部。”③这是总商制度建立的另一个原因。

嘉庆十八年(1813年)，嘉庆皇帝批准了德庆的奏请：“著照该监督所请，准于各洋商中，身家殷实、居心诚笃者，选派一二人，令其总办洋行事务，率领众商公平整顿。其所选总商，先行报部存案。遇有选充新商时，即责令通关散总各商公同联名保结，专案咨部。如有黜退，报明注销。并于每年满关日，将商名通行造册送部，以备稽考。”④总商制度正式建立。⑤ 综上可知，总商全面负责广州十三行事务，率领行商与外商交易，维持贸易秩序与行业秩序，惩治行商扰乱贸易秩序的行为，率领各行商选任新行商，并为新选行商提供担保等。总商制度是一种权利与义务并行的制度，但担责是总商制度的主要方面。

---

① 中国第一历史档案馆、广州市荔湾区人民政府编：《清宫广州十三行档案精选》，广东经济出版社2002年版，第227页。

② (清)梁廷枏：《粤海关志》，袁钟仁点校，广东人民出版社2014年版，第503页。

③ 中国第一历史档案馆、广州市荔湾区人民政府编：《清宫广州十三行档案精选》，广东经济出版社2002年版，第227页。

④ (清)梁廷枏：《粤海关志》，袁钟仁点校，广东人民出版社2014年版，第504页。

⑤ 有学者认为，总商制度“发轫于乾隆十年策楞所设保商，至乾隆二十五年(1760)成立公行时，其发起者潘振成正式成为第一任总商”。参见吴建雍：《18世纪的中国与世界》(对外关系卷)，辽海出版社1999年版，第42页。

按照皇帝上谕等相关规定,总商的资格条件也包括实体条件与程序条件。实体条件与行商的选拔大致相同,但是更为严格,总商首先必须是行商,只能在行商之中选择,总商还必须具备经济与道德两个方面的优势,即“身家殷实、居心诚笃”。在程序上,新选总商必须报清政府备案,即前述的“所选总商,先行报部存案”。总商设立以后,广州十三行的对外贸易基本被总商控制,总商也因此占有了较多的贸易份额。

(三)突出义务本位的保商制度

保商制度是指行商为外商提供担保,并为外商在广州的一切行为负责的制度。“历史上,法律要么是以权利为本位,要么是以义务为本位。”①相较于总商享有一定的管理权利,保商则是纯粹的担责主体,保商制度体现出以义务为本位的特点。

保商与总商都是从行商之中分离出来的,因此二者都与普通行商不同。保商与总商二者之间也有不同,总商是行商的内部领袖,是相对于其他普通行商而成为总商,而且总商身份一旦确定便具有经年的稳定性;保商则是因为被选定为外商船舶提供担保才成为保商,保商身份具有限定性,仅针对承保对象而成为保商,且随着承保船舶贸易结束而失去保商身份,因此具有相对性与时效性。总商与保商都是清政府为了加强对行商的管理而出台的制度,也都是源于近代化趋势下中外贸易开展对贸易管理所提出要求的应对。

保商制度起源于乾隆十年(1745 年)两广总督兼粤海关监督策楞为强化对外商的管理而采取的措施:“于各行商内选择殷实之人作为保商,以专责成。”②由保商专门负责“统纳入口税饷”,这是保商制度的开始。乾隆十五年(1750 年)清政府又规定外国商船的船钞和规礼银两全部由保商缴纳,③广州十三行保商制度正式建立。乾隆十九年(1754 年)清政府再次规定外国商船的船税、货税、贡银以及行商与通事之费用等,均由行商负责保证。④ 由此可见,保商制度设立的初衷在于确保行商完成代缴税款的义务。随着对外贸易的开展,保商所担保的范围越来

---

① 郑成良主编:《法理学》,高等教育出版社 2012 年版,第 99 页。

② 中国第一历史档案馆、澳门基金会、暨南大学古籍研究所合编:《明清时期澳门问题档案文献汇编》(一),人民出版社 1999 年版,第 328 页。

③ 梁嘉彬:《广东十三行考》,广东人民出版社 2009 年版,第 91 ~92 页。

④ 同上书,第 92 页。

越宽泛,"一切交易货物,请牌完税公事,均由认保承办。"①保商还须负责约束外商的不法行为,并为外商的违法行为承担连带责任。外商如果有需要向官府禀报的事情,也是由保商代为禀报。保商还负有对国内商业辅助人员(引水、通事、买办)进行管理约束的职责,甚至涵盖了全部商业参与人员:"一切雇用买办,货币鉴定人,仆役,苦力,厨子,水夫和船夫等事,都是由保商替他们代办。"②这些决定了保商制度义务本位的特点。

保商的具体选择一般由官府在行商中指定,"由各洋商循环轮流具保",但也允许外商自主选择,"听其自行具保"③。道光十五年(1835 年)两广总督卢坤与粤海关监督中祥制定的《增易规条》中也规定,外国商船到达广州后可以自主选择保商作为"认保"。允许外商自主选择保商,体现出行商制度在涉外管理中已经开始考虑外商的意思自治,体现了广州十三行法制的进步因素。此外,为了保证保商制度的有效运行,广州十三行还设置了保商内部监督制度。前述《增易规条》规定,外国商船自主选择的"认保"须承担外船的交易、纳税等事项,此外,每船再以轮保的方式设立一名"派保",负责监督"认保"与外商之间的交易行为:"每船设立派保一人,各行挨次轮派,专司查察。如认保行商与夷人通同舞弊作奸,或私增税银,拖欠夷帐,责成派保之商据实呈首,分别究追。"④这从外部手段上进一步强化了行商对外商的管制与监督,以充分发挥保商制度的作用。

三、行商制度的变革

《分别住行货税》文告的颁布标志着行商制度开始建立,此后广州十三行的中外贸易开始繁盛,行商规模也保持了快速发展的态势,至康熙五十九年(1720 年)公行成立时,行商的数量已经达到 16 家。由于行商的具体类别包括多种,不同政治背景的行商之间也存在内部竞争,但这种竞争更多是无序竞争,暴露了行商制度建立初期的弊端,为行商制度的发展与完善积累了必要的经验,也促进了行商制度的变革。

(一)行商制度的发展

从康熙五十九年(1720 年)公行成立,至乾隆二十二年(1757 年)广州"一口通

① (清)梁廷枏:《粤海关志》,袁钟仁点校,广东人民出版社 2014 年版,第 571 页。
② [美]马士:《中华帝国对外关系史》第 1 卷,张汇文等译,上海书店出版社 2006 年版,第80 页。
③ (清)梁廷枏:《粤海关志》,袁钟仁点校,广东人民出版社 2014 年版,第 571 页。
④ 同上书,第 572 页。

商”之前,是行商制度的发展时期。在这一时期,行商内部建立了衡平行商关系、维护行商垄断特权的公行制度,为了加强对中外贸易的管理又先后建立了总商制度与保商制度,通过这些制度,行商垄断外贸的权利得到维护,行商的义务也开始细化。

行商垄断外贸权利的发展与维护,是行商制度发展的重要内容。《分别住行货税》出台之后,洋货行负责经营“外洋贩来货物及出海贸易货物”,行商垄断了广州的进出口贸易。由于近代化趋势影响下的广州对外贸易发展较快,乾隆初年广州的洋货行数量已达20家。洋货行的增加导致行商之间在贸易中存在无序竞争,不仅损害行商的整体利益,也不利于对外贸易的有序发展,并给对外贸易管理造成障碍。行商无序竞争急需改变,协调行商的内部关系已经非常急迫,行商制度必须加以完善。在此背景下,康熙五十九年(1720年)十一月二十六日,十三家行商协商一致共同成立了公行,并制定了专门规范行商经营行为的《十三条行规》。《十三条行规》从规范行商的诚信经营行为、增强行商团结着手,力图消除行商之间的无序竞争,避免行外商人与外商渔翁得利,以维护行商垄断外贸的权利。《十三条行规》还明确划分了行商与行外商人的经营范围,兼顾了行外商人的利益。公行设立与《十三条行规》的制定都是行商的自发行为,形成了对行商有实际约束力的商事习惯法,标志着行商制度开始逐步发展。虽然公行在成立的第二年就因为行外商人与外商的一致反对,并受到广东总督的干涉而实际中止,①但公行确立了协调行商内部关系的行为规范,并确立了维护行商垄断外贸权利的原则,一直延续了整个广州十三行贸易时期。此后,不仅公行得以复设,与公行具有类似作用的总商制度也在清政府的主导下得以建立。

在这一时期,清政府也多次明确行商总揽对外贸易。乾隆二十年(1755年)三月,两广总督策楞和粤海关监督李永标联合发布的《有关广州的欧洲人贸易第一个法令》,其中第2条明确了行商垄断对外贸易的权利,如规定:“凡无官方许可证之铺户,不得与欧洲人买卖或交换货物,各种货物必须由行商发售。”②乾隆二十年(1755年)四月,两广总督和粤海关监督还联合公布《禁止来领执照之铺户对外贸易令》,规定:“将凡与欧洲人订约事项,全部交由保商经管,其余私人买卖之

① 梁嘉彬:《广东十三行考》,广东人民出版社2009年版,第89页;另见[美]马士:《东印度公司对华贸易编年史(一六三五~一八三四年)》(第1卷),区宗华译,林树惠校,章文钦校注,广东人民出版社2016年版,第186页。

② [美]马士:《东印度公司对华贸易编年史(一六三五~一八三四年)》(第5卷),区宗华译,林树惠校,章文钦校注,广东人民出版社2016年版,第45页。

普通货物，则由领有执照之铺户经营……公司合约规定之货物，皆由保商负责经营。如其他铺户敢于擅自购买，必予恶惩，决不宽贷。”[①]由此，行商专营对外贸易的权利更加巩固，而行外商人染指对外贸易更加困难。

从法律的效力范围上来看，《分别住行货税》是在一国法律范围内在国内商人之间对贸易范围与贸易权利的分配，而这一阶段，清政府则是直接向外商宣布法令，并明确要求外商只能和行商进行贸易。对于将对外贸易视为“招徕远人”的清朝统治者来讲，外商无疑是处于从属与支配的义务主体地位的，因此，清政府对外商提出的都是强制性要求。清政府强制要求外商只能与行商交易，实际上强化了行商垄断对外贸易的权利，是为行商垄断外贸权利的发展。

行商的法律职责在这一时期更加细化。这一阶段行商制度发展的另一个方面，是以强化行商对外商的管理职责为主要内容，特别是保商制度的建立，使行商管理外商的法律职责更加明晰化。乾隆十年（1745 年），两广总督兼粤海关监督策楞决定“于各行商内选择殷实之人作为保商，以专责成”，[②]保商制度初步建立。乾隆十五年（1750 年），规定外国商船的船钞和规礼银两全部由保商缴纳；乾隆十九年（1754 年），又规定外国商船船税、货税、贡银以及行商与通事之手续费等均由行商负责保证，[③]外商向官府的禀报也是由保商代为禀报，保商制度正式建立。保商制度所确认的行商负有的担保外商纳税、担保外商交易行为、代替外商具禀等法律职责，完善了行商的职责体系，在行商制度中具有重要地位。保商制度的设立，表明清政府已经开始对十三行行商进行规范化管理，行商制度得以进一步发展，这对广州十三行法制的发展也有重要意义。

（二）行商制度的完善

从乾隆二十二年（1757 年）广州“一口通商”，至鸦片战争爆发、广州十三行解体，是行商制度的完善时期。在这一时期，由于广州口岸独占了清朝的对外贸易，行商垄断外贸的权利达到了顶峰，保商与总商制度进一步完善，对行商资格限制的法定条件更加严密，行商的法律责任也开始严格。另外，清政府重视外商管理中专门规章的制定，出台了一系列管理外商的规条，虽然这些规章以外商为管理

---

① ［美］马士：《东印度公司对华贸易编年史（一六三五～一八三四年）》（第 4 卷），区宗华译，林树惠校，章文钦校注，广东人民出版社 2016 年版，第 138～139 页。

② 中国第一历史档案馆、澳门基金会、暨南大学古籍研究所合编：《明清时期澳门问题档案文献汇编》（一），人民出版社 1999 年版，第 328 页。

③ 梁嘉彬：《广东十三行考》，广东人民出版社 2009 年版，第 91～92 页。

对象,但由于对外商直接管理的是行商,因此也更加明确了行商在管理外贸与管制外商方面的法律职责。

乾隆二十二年(1757年)十一月,清政府下令,外国商船"将来只许在广东收泊交易,不得再赴宁波"①,"一口通商"政策正式出台。"一口通商"之后,由于广州十三行总揽广州的全部对外贸易,而行商又独揽广州十三行的对外贸易,行商垄断外贸的权利达到了顶峰。乾隆二十五年(1760年),清政府再次强调"外人只能与公行行商交易"。② 广州成为唯一对外通商的口岸后,其对外贸易更加繁荣,为了更好地应对繁重的对外贸易事务,集中办理中外贸易,乾隆二十五年(1760年),行商又共同申请设立外洋行,专门负责办理欧洲国家贸易货税事项,另设本港行"专管暹罗贡使及贸易纳税之事",又改海南行为福潮行"输报本省潮州及福建民人诸货税",③获得清政府许可。在此之前,广州对外贸易并不区分南洋与欧洲,一切涉外贸易的缴纳税饷等事务,均由广州十三行行商负责办理。在此之后,资本主义国家的贸易首次被独立出来,行商专门针对资本主义国家贸易,其负责中外贸易的职责更加具体化。

行商制度的完善,也表现在保商与总商制度的成熟。乾隆二十五年(1760年)设立的公行在乾隆三十六年(1771年)被两广总督裁撤后,于乾隆四十年(1775年)再度恢复,重组公行的告示规定:"外船驶入广东时,举凡入口货税及出口货税均须经行商之手,并须由行商一人保证。"④这实际上强调了保商对关税缴纳的担保责任。在保商的具体职责方面,"无论欧西货税完全由其承揽,即中国官宪与外商之交涉及往来文件亦均以之为枢纽。关于关税及其他课税之缴纳并行员之支付等事,行商须负连带责任。"⑤保商全面承担起担保外商纳税、管理外贸开展、管制外来人员等法律义务,并须对外商承担连带责任,行商的职责之广泛,达到了最高峰。在行商内部管理上,嘉庆十八年(1813年),嘉庆皇帝亲自批准德庆设立总商的奏请。总商的具体职责包括全面负责十三行事务,率领行商与外商交易,维持贸易秩序与行业秩序,惩治行商扰乱贸易秩序的行为,还要负责率领各行商选任新行商,并为新选行商提供担保等,广州十三行行商制度趋于完善。

---

① 《清高宗实录》卷五五〇,中华书局1986年版,第1023页。
② 梁嘉彬:《广东十三行考》,广东人民出版社2009年版,第328页。
③ (清)梁廷枏:《粤海关志》,袁钟仁点校,广东人民出版社2014年版,第496页。
④ 梁嘉彬:《广东十三行考》,广东人民出版社2009年版,第134页。
⑤ 同上。

此外，行商的法律责任制度在这一时期发挥了实际作用。随着行商义务体系的完善与行商制度的运行，对违反行商义务的行为，清政府追究了行商的相关法律责任，行商的法律责任追究机制开始发挥作用。自乾隆四十一年(1776年)倪宏文案开始，有多名行商因为商欠被按照"交结外国诓骗财物例"受到刑事处罚。也有行商因对外商的担保责任而受到法律制裁，如嘉庆十二年(1807年)的"海王星号"案与道光元年(1821年)的"德兰诺瓦"案中，都有行商因为对外商的担保而被逮捕入狱或遭受刑事处罚。① 法律责任是法制运行与效力的最终保障，行商法律责任的承担不仅彰显了行商制度的严格性，而且可以通过法律责任的追究，发现行商制度的漏洞与不足，促进行商制度更加完善。

第二节　行商的权利

在行商权利义务体系中，行商的权利具有一定的复杂性。按照行商制度的设计与清政府的授权，行商享有管理外商与外贸的权利，可以控制贸易流程的进展，可以对外商提出作为或不作为的要求，行商形式上享有多种权利。但管理外商与外贸也是行商的义务，行商必须按照清政府的要求，保障贸易的顺利开展并监督外商的一切行为，在管理外贸与监管外商不力的情况下，行商要承担严苛的法律责任。这与现代法律制度中"某些特定的权利、义务的相互转化"②不同，行商对外商与外贸的管理，更加强调的是行商的义务。因此，行商实际上只享有外贸垄断权一项权利，而这仅有的一项权利也受到了诸多限制。

一、行商外贸垄断权的内容

外贸垄断权是行商的一项权利，在广州中外贸易开展过程中，外贸垄断权被细化成多项内容，这些具体的内容从不同方面对行商外贸垄断权提供了保障。

(一)垄断进口与出口

广州十三行中外贸易的进口与出口，全部被行商垄断。保商制度等行商具体

① [美]马士：《东印度公司对华贸易编年史(一六三五～一八三四年)》(第3卷)，区宗华译，林树惠校，章文钦校注，广东人民出版社2016年版，第46～47页；[美]马士：《东印度公司对华贸易编年史(一六三五～一八三四年)》(第4卷)，区宗华译，林树惠校，章文钦校注，广东人民出版社2016年版，第15页。

② 付子堂主编：《法理学进阶》，法律出版社2015年版，第33页。

制度的建立,也保障了行商对进出口贸易的垄断。外国商船抵达广州时,必须在行商之中选择一家作为保商,“外洋夷船到广,俱先投省行认保,将载来货物起贮行内,行商又代为置货回国,所有进口出口各货,俱由行商报验,核明税额,填单登薄。”①外商只能将贸易事务全部委托给行商,也只能将货物全部售卖给行商,而不能将货物卖给行外商人,这为行商垄断进出口贸易创造了最大的便利。

行商除了对进口商品的独占,还掌握进口商品的定价权。公行《十三条行规》明确规定:“各行商应与夷商相聚一堂,共同议价,其有单独行为者应受处罚。”行商以集体为单位独占商品议价权。由于外商在广州期间的外出活动受到严格限制,行商负责监督外商的一切行为,外商入住的商馆门口有人把守,外商不得随意外出,即使因事外出也有行商陪同,外商的活动区域、行为受到严格监管,外来人员也不能随便出入商馆,因此,外商基本丧失了与行商以外的人接触的可能。外商无法了解商品价格的高低,不仅不能掌握出口货物的市场价格,也不能了解进口货物的价格,只能听从行商安排。商品价格的确定完全由行商单方决定。乾隆四十五年(1780 年)广东巡抚李湖奏请:“自本年为始,洋船开载来时,仍听夷人各投熟识之行居住,惟带来货物,令各行商公同照时定价销售,所置回国货物,亦令各行商公同照时定价代买。”②该奏请获得皇帝批准,进出口商品定价的特殊权利仍然掌握在行商手中。

与进口贸易的垄断相呼应,出口贸易也被行商垄断。行商垄断了茶叶、丝绸等大宗商品的独占贸易权,外商购买大宗商品只能委托行商办理。行外商人仅可以从事数量不大、金额不多的手工业品贸易。公行《十三条行规》规定:“手工业品如扇、漆器、刺绣、图画之类,得由普通商家任意经营贩卖之。”但即使允许行外商人开展的出口贸易,也须向行商支付一定比例的货价,公行《十三条行规》中就明确规定:“瓷器有待特别鉴定者(按似指古瓷),任何人得自行贩卖,但卖者无论赢亏,均须以卖价百分之三十纳交本行。”康熙六十年(1721 年)英船“麦时利菲尔德号”抵达广州黄埔开展贸易时,粤海关监督就命令禁止一切行外散商与外商接触,如果行外散商有与外商做瓷器贸易的,必须缴纳 20% 的货价给公行,茶叶交易则须缴纳 40% 。③

---

① 中国第一历史档案馆:《清代广州“十三行”档案选编》,载《历史档案》2002 年第 2 期。

② 梁嘉彬:《广东十三行考》,广东人民出版社 2009 年版,第 138 页。

③ [美]马士:《东印度公司对华贸易编年史(一六三五～一八三四年)》(第 1 卷),区宗华译,林树惠校,章文钦校注,广东人民出版社 2016 年版,第 184～185 页。

嘉庆二年(1797年),英使乔治·斯当东在其《英使谒见乾隆纪实》中也有记录:“广州有一、两条街的商店专门为外国人供应货品,差不多每个商店的后边都住有人家。交易由代理店出面接洽,或由外国船员个人直接进行。大宗交易俱由代理店进行。”可见,嘉庆年间行商对大宗商品出口的垄断没有减弱。直到道光八年(1828年)行商对外贸的控制力下降时,仍有大量商品的出口被行商垄断,如明矾、布帛(绸缎)、肉桂、樟脑、菝契根、吧嘛油、生姜、雄黄、真珠贝、生丝、大黄、茴香实、砂糖、茶、白铜、朱砂。同样有大量商品的进口仍被行商垄断,如琥珀、阿魏(一种西药)、蜂蜜、槟榔子、海参、燕窝、樟脑、冰片、丁香、洋红、棉花、儿茶、药品、黑檀、象牙、鱼肚、燧石、人参、玻璃器、豆蔻花、金属类、没药、肉豆蔻、乳香、真珠贝、胡椒、金青、木香、水银、藤、沙谷米、白檀、苏木、鱼翅、皮货、花金青、毛织物。①

行商垄断出口的另一个表现就是对“行用”的征收。“行用”是行商向外商直接征收的,发生在行商代外商购买出口货品的过程中,“对用外商资本代外商购买之货物,行商得征收百分之三值以为行用。”②行用一般用于行商向官府缴纳税款的不时之需,以及代替其他破产行商向外商承担连带责任时使用。行商之所以能够向外商征收数额较高的“行用”,恰恰在于行商垄断了商品的出口贸易,外商购买出口商品只能委托行商,因此也只能任由行商盘剥征收行用。

(二)分配行商之间的贸易份额

行商的外贸垄断权是以行商作为一个整体共同享有的,为了维护行商垄断外贸的权利,维持行商内部的团结是重要条件。为了避免行商内部的贸易竞争,行商协商一致,通过分配行商之间的贸易份额,维护良好的行商内部关系。行商之间分配贸易份额的前提正是行商的外贸垄断权,行商只有作为一个整体获得了外贸垄断权,才有可能在其内部按照一定标准划分贸易份额。因此,分配行商之间贸易份额,既是行商贸易垄断权的保障条件,也是贸易垄断权的重要内容。

在广州十三行贸易的初期,对外贸易的份额分配是由粤海关具体负责的。“清初,十三行行商对外原系分‘国’分‘舶’贸易者,如有欲与某国船舶贸易,必须先得粤海关批准,否则以擅权违法论。虽属十三行团体内之商人,若遇外舶驻碇,

① 梁嘉彬:《广东十三行考》,广东人民出版社2009年版,第137页。

② 同上书,第134~135页。

不候海关执照，遽与贸易，则海关即可加以逮捕。”①在公行成立之后，行商之间分配贸易份额有两种形式，一种是将某一外商的进出口贸易作为分配对象，行商均可以参与每一笔进出口贸易，以使行商在每一笔对外贸易中都有利可图。《十三条行规》中规定：“夷船欲专择某商交易时，该商得承受此船货物之一半，但其他一半须归本行同仁摊分之；有独揽全船之货物者处罚。”另一种是将全部对外贸易作为一个整体并作为分配对象，按照行商对公行的贡献、责任以及自身实力大小，在行商内部合理分配贸易份额。公行《十三条行规》即明确规定：“行商中对于公行负责最重及担任经费最大者，许其在外洋贸易占一全股，次者占半股，其余则占一股之四分之一。”康熙五十九年（1720 年）公行成立时，广州十三行行商已经达到 16 家，并分为三等，行商内部就是按照前述原则分配了行商的贸易份额。

（三）惩罚破坏外贸垄断权的行为

对破坏行商垄断外贸权利的行为，无论破坏者是行商还是行外商人，都将受到惩罚，这是对行商垄断外贸权的保障与维护，也是行商垄断外贸权利的内容。

在公行制定的《十三条行规》中，规定了对行商损害垄断外贸权利的行为的处罚。应受处罚的情形具体又分为多种，其中包括对违反行商集体议价权的惩罚：“各行商应与夷商相聚一堂，共同议价，其有单独行为者应受处罚”，也包括对违反行商内部分配原则的处罚：“夷船欲专择某商交易时，该商得承受此船货物之一半，但其他一半须归本行同仁摊分之，有独揽全船之货物者处罚”，还包括对行商经营行为违反贸易垄断权利的处罚：“为防止私贩起见，凡落货夷船时均须填册；有故意规避或手续不清者应受罚”“绿茶净量应从实呈报，违者处罚”。

《十三条行规》对行外商人破坏行商外贸垄断权利的处罚也有规定：“他处或他省商人来省与夷商交易时，本行应与之协订货价，俾卖价公道；有自行订定货价或暗中购入货物者罚。”到了乾隆后期，行商垄断外贸的权利受到破坏，行外商人开始直接与外商进行贸易。嘉庆年间，行商垄断外贸权利再遭破坏，虽然在法律层面上仍强调行商垄断外贸权利的绝对性，但除了少数重要商品如茶叶、生丝、纺织品等以外，其他货物的贸易已经放开，外商与行外商人之间的私下交易与自由贸易已比较普遍。纵然如此，对破坏行商垄断外贸权利行为的惩罚仍然十分严格，嘉庆二十二年（1817 年）就有行外商人因为与英国外商私下开展价值 29,000 元的生丝贸易，侵害了行商垄断外贸的权利，被人告发后该行外商人被迫潜逃，其

---

① 梁嘉彬：《广东十三行考》，广东人民出版社 2009 年版，第 83 页。

财产则被没收。①

从实践来看,行商的外贸垄断权也是经历了一个逐渐强化的过程,且外贸垄断权的发展过程与行商制度的变革历程基本一致。1842 年中英《南京条约》规定:"凡大英商民在粤贸易,向例全归额设行商,亦称公行者承办,今大皇帝准以嗣后不必仍照向例,乃凡有英商等赴各该口贸易者,勿论与何商交易,均听其便。"②至此,广州十三行行商垄断对外贸易的权利才被终结。

二、行商外贸垄断权的维护

行商作为一个整体垄断了广州的对外贸易,但由于行商具有追逐商业利益的先天特征,因此行商之间不可避免存在竞争。另外,行商又都具有一定程度的"官商"性质,对封建官府有所依附,不同的行商所依附的政治势力也不同,因此行商内部还存在争夺对外贸易权利的斗争。为了维护行商垄断外贸的权利,除了外部创造的条件,还需要行商内部维持良好的关系,清政府与广州十三行为此实施了一些针对性的举措。

(一)公行制度对行商外贸垄断权的维护

在广州十三行贸易开展的初期,普遍存在贸易行为不规范的情形,如随意定价、恶意降价、隐瞒贸易等,"商业行为上则互相排挤,争揽贸易。"③有序竞争原本可以促进贸易的良性发展,但行商作为封建政治与经济制度的衍生品,其优势地位恰恰在于对外贸易垄断权。行商之间的无序恶性竞争,只会使行外商人与外国商人坐收渔翁之利,从根本上损害行商垄断外贸的权利,从而使行商丧失贸易优势,进而影响行商缴纳税饷义务的履行,并影响清政府的财政收入。为了协调行商的内外关系,维护行商的团结,维持稳定的商业经营秩序,行商内部有必要建立一个有约束力的商业组织。"行商有一公平严密之组织,商人彼此间不致再互相排挤而使外人独享其利,亦不使行商肆行欺诈而使外人独受其害。"④公行正是因此而成立,"公行制度"也因此而建立,康熙五十九年(1720 年),广州十三行行商

① [美]马士:《东印度公司对华贸易编年史(一六三五～一八三四年)》(第 3 卷),区宗华译,林树惠校,章文钦校注,广东人民出版社 2016 年版,第 361～363 页。

② 王铁崖编:《中外旧约章汇编》(第 1 册),生活·读书·新知三联书店 1957 年版,第 31 页。

③ 梁嘉彬:《广东十三行考》,广东人民出版社 2009 年版,第 88 页。

④ 同上。

聚集起来共同成立了公行，并议定了《十三条行规》。①

公行设立的最主要目的就是维护行商垄断外贸的权利，而《十三条行规》使行商垄断外贸的权利得到进一步保障。具体包括：(1)以行商独占的议价权保障外贸垄断权。该行规规定："各行商应与夷商相聚一堂，共同议价，其有单独行为者应受处罚。"独占的议价权利，排除了行外商人同外商议价的可能性，也就断绝了行外商人与外商之间开展贸易的可能性。由于排除了竞争对手，也保证了行商同外商议价的主动性，这是对行商垄断外贸权利的最大保障。(2)直接排除行外商人参与贸易的可能。该行规规定："他处或他省商人来省与夷商交易时，本行应与之协订货价，俾卖价公道。"(3)行商享有垄断外贸进出口的直接权利，直接保障行商外贸垄断权。为了平衡利益，公行也允许行外商人任意经营无关紧要的贸易，如"手工业品如扇，漆器，刺绣、图画之类"，但对利润丰厚的贸易则实施保护行商利益的措施，如规定"瓷器有待特别鉴定者(指古瓷)，任何人得自行贩卖，但卖者无论赢亏，均须以卖价百分之三十纳交本行"。(4)纠正无序竞争行为，切实维护行商垄断外贸权利。该行规明确规定，"为防止私贩起见，凡落货夷船时均须填册""绿茶净量应从实呈报"，这些规定都是为了纠正公行成立之前行商为了争揽贸易、互相排挤而同外商私自贸易的陋习。(5)以多项规定维护行商内部团结，作为保护行商外贸垄断权的前提与基础。该行规首先就强调了行商具有维护团结的先天义务："华夷商民，同属食毛践土，应一体仰戴皇仁，誓图报称。"行规也规定了增进团结的具体措施，如"夷船欲专择某商交易时，该商得承受此船货物之一半，但其他一半归本行同仁排分之。"再如"行商对于公行负责最重及担任经费最大者许其在外洋贸易占一全股，次者占半股，其余则占一股之四分之一。"

公行的成立与《十三条行规》的制定，目的在于维护行商垄断外贸的特权，最大程度实现行商的利益，因此必然招致行外商人与外商的强烈反对。公行成立第二年(1721年)，就因为行外商人与外商的一致反对并受到广东总督干涉而中止。② 乾隆二十五年(1760年)，行商潘振成等呈请设立"公行"专办夷船货税，获得批准，公行二度建立。乾隆三十五年(1770年)，"因各洋商潘振承等复行具禀，公办夷船，众志纷歧，渐至推诿，于公无补。"经两广总督李侍尧会同粤海关监督德

① 梁嘉彬：《广东十三行考》，广东人民出版社2009年版，第86～88页。

② 同上书，第89页。另见[美]马士：《东印度公司对华贸易编年史(一六三五～一八三四年)》(第1卷)，区宗华译，林树惠校，章文钦校注，广东人民出版社2016年版，第186页。

魁奏请，“裁撤公行名目，众商皆分行各办。”①公行再度解散。乾隆四十七年(1782年)，经清政府批准，公行第三次被恢复，②此后直到1842年《南京条约》签订广州十三行解体，公行一直存续并在对外贸易中发挥作用。

(二)总商制度对行商外贸垄断权的维护

总商制度的设立是为了纠正行商制度运行中的弊端，而其要解决的首要问题就是无序竞争，并通过加强行商内部团结维护行商的外贸垄断权。康熙六十年(1721年)首次成立的公行被解散之后，由于缺乏统一的约束与领导机制，各行商为追求利润而恶性竞争的情况再度出现。有的行商开始私下接触外商，甚至为了争揽贸易而贵买贱卖，为行外商人介入对外贸易提供了可乘之机。行商甚至委托行外商人代为采买出口货物，严重损害了行商垄断外贸的权利。总商制度恰为解决此问题而出台。

从雍正六年(1728年)八月六日两广总督孔毓珣提出设立总商的奏折来看，其表面目的在于避免外商利益受损：“选出殷实可信之人为总行商，如此，则小商贩即不能再事欺骗外人，而破坏他们的商业。”③但设立总商的真实目的，却在于维护行商专营对外贸易的权利——“对(外商)可以和所有商人交易的自由特别加以禁止”。④ 总商最重要的作用就是通过协调行商内部竞争，处罚不当竞争，以内部团结维护行商的对外贸易垄断权。正如粤海关监督德庆的奏请：“惟有于各洋商中，择其身家殷实、居心公正者一二人，饬令总理洋行事务，率领各商与夷人交易货物，务照时价，一律公平办理，不得任意高下，私向争揽。”⑤嘉庆十八年(1813年)，嘉庆皇帝批准德庆设立总商奏请的敕书也强调：“选派一二人，令其总办洋行事务，率领众商公平整顿。”⑥据此可知，总商制度设立的目的就包括了以总商维持贸易秩序与行业秩序，惩治行商扰乱贸易秩序的行为，维护行商垄断外

① (清)梁廷枏：《粤海关志》，袁钟仁点校，广东人民出版社2014年版，第501页。据说“潘启官为这件事花了100,000两，由公司偿还给他。”参见[美]马士：《东印度公司对华贸易编年史(一六三五～一八三四年)》(第1卷)，区宗华译，林树惠校，章文钦校注，广东人民出版社2016年版，第346页。

② [美]马士：《东印度公司对华贸易编年史(一六三五～一八三四年)》(第2卷)，区宗华译，林树惠校，章文钦校注，广东人民出版社2016年版，第95～96页。

③ [美]马士：《东印度公司对华贸易编年史(一六三五～一八三四年)》(第1卷)，区宗华译，林树惠校，章文钦校注，广东人民出版社2016年版，第211页。

④ 同上。

⑤ (清)梁廷枏：《粤海关志》，袁钟仁点校，广东人民出版社2014年版，第503页。

⑥ 同上书，第504页。

贸的权利。

（三）保商制度对行商外贸垄断权的维护

相比于总商制度，保商制度对外贸垄断权的维护更加直接。按照保商制度的相关规定，外国商船抵达广州口岸开展贸易之前，必须先选择一家或几家行商作为该商船的保商，并由保商负责该商船的全部进出口商品购销与报关纳税等事项，这为行商垄断对外贸易提供了直接条件。“外洋夷船到广，俱先投省行认保，将载来货物起贮行内，行商又代为置货回国，所有进口出口各货，俱由行商报验，核明税额，填单登簿。”[①]外商只能将货物全部卖给行商而不能卖给行外商人，也只能将贸易事务完全委托给行商，行商因此得以独享垄断外贸进出口的权利，保商制度在最大程度上维护了行商的贸易垄断权。

清政府多次强调实施保商制度，以维护行商的外贸垄断权。乾隆十五年（1750 年），清政府规定外国商船的船钞和规礼银两全部由“官府选择的殷实富户承保”缴纳。乾隆十九年（1754 年），又规定外国商船船税、货税、贡银以及行商与通事之手续费等均由行商负责保证，[②]“外船驶入广东时，举凡入口货税及出口货税均须经行商之手，并须由行商一人保证。”[③]外商如果有需向官府禀报的事情，也是由保商代为禀报，“姑无论欧西货税完全由其承揽，即中国官宪与外商之交涉及往来文件亦均以之为枢纽。”[④]保商制度规定了行商所负有的担保外商纳税、担保外商交易行为、代替外商具禀等多种法律职责，实际上是将外商在华全部活动限定在保商一处，保商制度实质上产生了维护行商外贸垄断权的作用。

三、行商外贸垄断权的限制

行商享有垄断对外贸易的权利，但在行商行使权利开展贸易的过程中，这一权利也受到了多种限制，这在某种意义上破坏了行商外贸垄断权的完整性。

（一）行外交易对外贸垄断权的破坏

行商的外贸垄断权是要将对外贸易限制在广州十三行开展，但大量、频繁发生的行外贸易，构成了对行商外贸垄断权的破坏。自乾隆年间开始，广州十三行

① 中国第一历史档案馆：《清代广州“十三行”档案选编》，载《历史档案》2002 年第 2 期。

② 梁嘉彬：《广东十三行考》，广东人民出版社 2009 年版，第 92 页。

③ 同上书，第 134 页。

④ 同上。

贸易中就大量发生外国商人与行外商人的交易行为。为了改变这种状况,清政府规定,对于行外交易所导致的外国商人利益损失不予保护。① 但这种规定不能产生预防与威慑作用,行外交易仍在频繁发生。嘉庆年间,外商与行外商人之间的贸易更加泛滥,行商的贸易垄断权只限于出口的茶、丝以及进口的原棉和毛织品等主要商品,其他商品则允许外商与行外商人之间自由买卖,②行商的贸易垄断权在中外贸易开展中已经受到了实质限制。

行外交易中,有相当部分是在英国散商与行外商人之间开展的。英国散商原本只能从事印度各港口之间以及印度与其他亚洲国家之间的“港脚贸易”,18 世纪中叶英国散商从英国东印度公司获得了开展“港脚贸易”的经营权,到 18 世纪末“港脚贸易”已经涵盖了从印度输入中国的商品贸易。③ 英国东印度公司为了维护其对中英贸易的垄断,一直禁止散商从事与中国之间的茶叶、生丝、香料等贸易,但实际效果并不明显。原本广州十三行只允许行外商人与外商之间开展小商品贸易,但散商通过行外商人与某些资本薄弱的行商私自联系,获得了原属于行商垄断经营的丝、土布甚至茶叶等大宗货物贸易,导致行商的外贸垄断权受到破坏,“特定的公行垄断权实际上由于经常依赖‘行外’商人而受到了限制,正像贸易以广州为限的规定,由于外洋停泊所的使用而受到了限制一样。——这两个缺口都是由‘自由的’外国商人打开的。”④

随着近代化趋势发展带来的贸易量增加以及贸易机会增加,行外交易的发展也较为迅速,清政府只得作出妥协,对某些行外交易作出了法律许可。道光八年(1828 年),两广总督和粤海关监督共同发布的《小商铺经营贸易告示》,局部改变了原来完全由行商垄断经营对外贸易的规定,除了 24 种土产出口货和 53 种外洋进口货由行商继续垄断经营以外,其他的商品都允许行外商人自由经营,其中包括重要的出口商品——丝绸。⑤《小商铺经营贸易告示》的出台,使大规模的行外贸易获得了合法地位,这也是清政府的法律规定对行商外贸垄断权的直接限制。

---

① [美]马士:《东印度公司对华贸易编年史(一六三五~一八三四年)》(第 2 卷),区宗华译,林树惠校,章文钦校注,广东人民出版社 2016 年版,第 170~171 页。

② [美]马士:《东印度公司对华贸易编年史(一六三五~一八三四年)》(第 3 卷),区宗华译,林树惠校,章文钦校注,广东人民出版社 2016 年版,第 362 页。

③ [英]格林堡:《鸦片战争前中英通商史》,康成译,商务印书馆 1961 年版,第 9~10 页。

④ 同上书,第 52 页。

⑤ [美]马士:《东印度公司对华贸易编年史(一六三五~一八三四年)》(第 4 卷),区宗华译,林树惠校,章文钦校注,广东人民出版社 2016 年版,第 195~196 页。

(二)行商商品定价权的逐步丧失

行商享有进出口商品的定价权,是行商垄断对外贸易的重要表现,也是行商外贸垄断权的重要内容。从开海贸易之初到康熙五十九年(1720年)公行成立,再到乾隆二十五年(1760年)潘振成等9家行商呈请成立公行专办欧西贸易,行商在进出口货物价格的议定方面一直占据主导地位,外商只能按照行商确定的商品价格进行交易。但随着行商对外商负债"商欠"的增加,加之公行设立与运行的时断时续,行商的商品定价权受到限制并逐步丧失。

到乾隆四十四年(1779年)时,广州十三行行商所欠外商的债务已达到380多万元,其中有300万元是欠英国散商的。[①] 行商在债权债务中的劣势地位导致行商贸易地位的下降,直接损害了行商的商品定价权。尤其是在大宗商品方面,英国东印度公司往往采用压低茶叶等级和降低茶叶价格等方法,对抗行商的商品定价权。到了乾隆四十七年(1782年),"行商已经没有能力执行公行议价条例",[②]行商的商品定价权大打折扣,其外贸垄断权也受到较大影响。嘉庆二十四年(1819年),为保护商品定价权并维护对外贸易的垄断权,广州茶商联合起来拒绝按照东印度公司的价格出售茶叶,但已经丧失商品定价权的行商却转而和英国东印度公司合作并买通官府,最终茶叶价格按照外商所定的每担17两的冬茶价格进行出售。[③] 行商的行为不仅损害广州茶商的利益,也导致商品定价权的实际丧失,行商的外贸垄断权已经受到极大的限制。

(三)走私贸易对行商外贸垄断权的影响

遏制海上走私贸易是清政府决定开海的原因之一,在开海贸易之后,清政府也采取了积极措施打击海上走私贸易,但在贸易利润的驱使下,走私贸易无法完全禁绝。尤其是在鸦片走私活动泛滥以后,普通商品的走私贸易也越来越猖獗,严重破坏了行商的外贸垄断权。

走私贸易的猖獗与鸦片走私的泛滥有直接关系。自英国在乾隆二十二年(1757年)占领印度的鸦片产地孟加拉国以后,英国解决了鸦片的来源问题,恰恰同一年清政府实施"一口通商",两种因素影响之下,英国散商更加猖狂地向中国

① [美]马士:《东印度公司对华贸易编年史(一六三五~一八三四年)》(第2卷),区宗华译,林树惠校,章文钦校注,广东人民出版社2016年版,第52页。

② 同上书,第87~88页。

③ [美]马士:《东印度公司对华贸易编年史(一六三五~一八三四年)》(第3卷),区宗华译,林树惠校,章文钦校注,广东人民出版社2016年版,第396页。

走私输入鸦片，以弥补越来越大的正当贸易产生的逆差。到乾隆五十一年(1786年)时，仅英国运入中国的鸦片就已经达到2000箱。[①] 随着鸦片走私输入的大量增加，清政府也采取了越来越严厉的禁烟措施，道光元年(1821年)两广总督阮元采取了卓有成效的禁烟措施，还免去了被认为禁烟不力的行商伍敦元的三品官职。[②] 受此影响，英国散商便将走私鸦片的场所从广州黄埔港转移至伶仃洋。由于伶仃洋超出了清政府的有效控制范围，在这一片"法外之地"，普通外贸商品的走私也随着鸦片走私一起兴盛起来，"在伶仃岛走私的还不仅仅是鸦片，凡是中国加以限制的物品那里都有。"[③]

自道光年间开始，大量的走私船舶停留在伶仃洋面而不进入广州口岸，道光十八年(1838年)时"报关纳税之船，十之三四，偷漏卖放之船，十之六七。"[④]这些外国船舶除了走私鸦片，还大量走私普通外贸商品，"该夷船等往往寄泊外洋，进口延缓，亦有竟不进口旋即驶去者，不特趸卖鸦片，并恐私销洋货。"[⑤]这些走私贸易超出了行商的控制范围，直接破坏了行商外贸垄断权。

综合来看，行商的外贸垄断权实际上呈现出维护与限制两种相反的趋势。在清朝的封建法制体系之下，就封建国家义务型法制的特点以及统治阶级的法制顶层设计上而言，商人只有义务几乎很少享有权利，行商作为商人的一种，本也难逃此禁锢。但在广州十三行，行商被赋予了垄断对外贸易的权利，且从清政府到行商内部都出台了一些措施以维护行商的这一权利。垄断外贸的权利满足了行商的经济利益需求，清政府维护行商的对外贸易垄断权，就是以此为对价，要求行商承担代缴关税并约束外商等法律义务。作为行商需要承担多种法律职责的唯一对价，外贸垄断权对行商权利与义务的平衡具有不可或缺的意义。如果没有以垄断外贸经营权为前提，行商不可能承担内容繁杂、责任重大的法律义务。外贸垄断权充分调动了行商的积极性，也顺应了从封建贸易制度到近代自由贸易制度过渡的要求，具有一定的积极意义。但行商的垄断外贸的权利也受到了诸多的限

① [美]马士：《东印度公司对华贸易编年史(一六三五～一八三四年)》(第2卷)，区宗华译，林树惠校，章文钦校注，广东人民出版社2016年版，第161页。

② 中国第一历史档案馆、澳门基金会、暨南大学古籍研究所合编：《明清时期澳门问题档案文献汇编》(一)，人民出版社1999年版，第160页。

③ [英]格林堡：《鸦片战争前中英通商史》，康成译，商务印书馆1961年版，第45页。

④ (清)文庆等纂：《筹办夷务始末》(卷二)，台北，文海出版社1966年版，第121页。

⑤ (清)梁廷枏：《粤海关志》，袁钟仁点校，广东人民出版社2014年版，第572页。

制,其唯一权利也成为受限制的权利。

第三节　行商的义务

行商履行协助管理广州中外贸易的义务,是行商制度建立的主要目的。从《分别住行货税》文告来看,粤海关与广东督抚设立行商的目的,就是为了协助粤海关征收税款,因此,行商先天就被科以协助征收关税的法律义务。随着中外贸易形势的变化,行商所承担的义务范围也在不断扩展,行商甚至"身兼商务与外交双重身份"。① 从实践来看,行商所承担的法律义务主要表现为代为征收关税、管理对外贸易、管理外国商人以及协助沟通中外等方面。

一、行商代为征收关税的义务

代为征收关税是行商最重要的法律义务,行商制度设立的最初目的就是代粤海关征收关税。对外贸进行征税本是粤海关的法律职责,但在"华夷之辨"观念影响下,粤海关作为官府机构并不直接与外商接触,需要寻找可以与外商进行直接交涉的中介。而且,税务征收具有一定的技术性要求,也需要任用专业人员负责。行商不仅精通对外贸易,而且较为了解税务征收,具有较高的税收专业能力,因此,在广州十三行成立之后,粤海关便将征税职责转交广州十三行行商具体承担。

(一)行商代征关税义务的确定

行商制度设立之初,行商就被科以代为征收关税的法律义务。康熙二十五年(1686年)粤海关与广东地方官府发布的《分别住行货税》文告,从法律上区分国内商业税收和海关税收,明确行商代为征收外贸关税的法律义务,行商代为征收关税的义务履行就成为行商贸易垄断权的对价。"所有进口出口各货,俱由行商报验,核明税额,填单登簿,俟洋船全数出口之后,始行立限开征,每岁相沿。"②行商代替外商为进出口货物向粤海关报关,粤海关只派员核验货物与税额,行商再赴粤海关缴纳关税。由此,粤海关不再直接与外商打交道,只是从行商手中接收关税并向朝廷奏报税额。

---

① 张晋藩主编:《清朝法制史》,中华书局1998年版,第318页。

② 中国第一历史档案馆:《清代广州"十三行"档案选编》,载《历史档案》2002年第2期。

此后,清政府又多次出台法令,在维护广州十三行行商外贸垄断权的同时,强化了行商代征关税的法律义务。乾隆十五年(1750 年),规定外国商船的船钞和规礼银全部由"官府选择的殷实富户承保"缴纳。乾隆十九年(1754 年),又规定洋船税、贡银、各种手续费等均由行商负责,①行商的关税征收义务进一步扩大。乾隆十九年七月二十九日,清政府在重申行商垄断对外贸易的同时,再次强调行商承办外国商船进出口货税的责任。② 乾隆二十五年(1760 年),再次重申"外人只能与公行行商交易",③通过对行商权利与义务的平衡设置,以行商约束外商完成纳税义务,进而保障关税收入,实现开海贸易的重要目的。

广州十三行代征的关税只限于资本主义国家贸易的海关税负,这是清朝外贸征税原则在广州十三行贸易法制中的具体落实。根据进口与出口贸易形式的不同,行商代为征缴关税的方式也有所不同。外国商船到达广州之后,先从广州十三行各行商中选定具体的保商,进口货物存放于保商的商行并由保商代为销售,并从出售货物所得中抽取货税。一般来说,进口货物在销售完毕后再缴纳关税,而出口货物则是先行扣除缴纳税款,"凡外洋夷船到粤海关,进口货物应纳税银,督令受货洋行商人于夷船回帆时输纳。至外洋夷船出口货物应纳税银,洋行保商为夷商代置货物时,随货扣清,先行完纳。"④但这一方式也随着代缴关税义务的履行情况而有所变化。由于销售进口货物需要一定时日,因此行商代为征缴税银也会有所拖延。清政府对此非常不满,认为这是行商故意拖延缴纳关税,"满关六个月以内起解为期,已属宽余,何致递年逾限?是系行商积习疲缓。"⑤因此,乾隆四十七年(1782 年)粤海关监督李质颖就要求变更进口货物的征税方式:"嗣后洋船到关时,照各口定例,每船查验进口洋货完毕,即将应输税银先行交纳。"⑥只要外国商船到达广州,就应该立即查验货物并缴纳税银,而不能拖延至货物销售完毕。但由于进口货物之时,行商确无足银代缴税款,该项措施不具有可行性,因此实施后不久,就被废止并恢复了旧制。⑦

---

① 梁嘉彬:《广东十三行考》,广东人民出版社 2009 年版,第 91 ~ 92 页。

② 李国荣、林伟森主编:《清代广州十三行纪略》,广东人民出版社 2006 年版,第 47 页。

③ 梁嘉彬:《广东十三行考》,广东人民出版社 2009 年版,第 328 页。

④ (清)梁廷枏:《粤海关志》,袁钟仁点校,广东人民出版社 2014 年版,第 496 页。

⑤ 中国第一历史档案馆:《清代广州"十三行"档案选编》,载《历史档案》2002 年第 2 期。

⑥ 同上。

⑦ 同上。

(二)行商对缴纳关税的担保

行商除了代粤海关向外商的进出口货物征收关税以外,更为重要的职责是为外商应缴纳的关税提供担保,当外商不能按期、足额缴纳关税时,则由行商代为缴纳。粤海关在乾隆四十七年(1782 年)改变进口货物的征税方式,实际上已经构成行商对外商缴纳进口关税的担保。"嗣后洋船到关时,照各口定例,每船查验进口洋货完毕,即将应输税银先行交纳。"只要外国商船到达广州,并不考虑进口货物是否销售以及能否销售,行商必须先行缴纳税款,实际上便构成行商对外商缴纳关税的担保。

从具体的法律规定来看,清政府也多次强调行商对外商缴纳关税的担保义务。如乾隆十五年(1750 年),清政府规定外国商船的船钞和规礼银两全部改为由保商承保,这是对行商担保缴税的直接规定。乾隆十九年(1754 年),清政府规定洋船税、贡银、各种手续费等,统一由行商负责。① 这既是对行商代为缴纳关税义务的强调,也是对行商担保缴纳关税的再次强调。

当出现行商因为破产不能代为缴纳税款时,所有的行商都要承担连带责任,这是行商对外商缴纳关税责任的"集体担保"。集体担保不仅存在于破产行商商欠债务的连带清偿中,也存在于行商对破产行商应缴税款的连带缴纳中。可见,对外商缴纳关税进行担保,是保商最重要的法律职责之一。虽然保商还负有担保外商在广州一切行为的法律职责,但从广州十三行制度的设立初衷与法制运行实践上来看,行商对官府所承担的最主要责任就是"承保税饷",确保外商按照粤海关的海关税则缴纳税款,以确保清政府的财政税收稳定增长。

需要说明的是,行商代为征收关税的制度并非广州十三行的首创,在明代广东的对外贸易中,就已经出现了商人代为征税的做法。据明万历周玄暐《泾林续记》记载:"广属香山(澳门)为海舶出入襟喉,每一舶至,常持万金,并海外珍异诸物,多有至数万者。先报达本县,申达藩司,令舶举同县官盘验,各有长例。而额外隐漏,所得不费,其报官纳税者,不过十之二三而已。继而三十六行领银,提举悉十而取一,盖安坐而得,无簿书刑杖之劳。"②从该处记载可知,在明朝时期的澳门就有了三十六行商人代官府征缴对外贸易关税的制度。广州十三行行商代为

---

① 梁嘉彬:《广东十三行考》,广东人民出版社 2009 年版,第 91 ~92 页。

② (明)周玄暐:《泾林续记》。转引自梁嘉彬:《广东十三行考》,广东人民出版社 2009 年版,第 64 页。

征收关税,体现了广州十三行法制对传统法制经验的继承。

二、行商管理对外贸易的义务

行商所承担的管理对外贸易的义务,在内容上较为复杂,基本涵盖了广州十三行中外贸易开展过程的全部环节。

(一)具体执行对外贸易程序

贸易程序是贸易顺利开展的保障,广州十三行行商具体负责执行对外贸易的交易程序。自广州十三行成立之后,粤海关将管理外贸的权力授予了广州十三行,行商开始参与对外贸易的开展,并逐渐涉及对外贸易的全部环节。

按照贸易开展的先后顺序,广州十三行中外贸易的环节,大致包括外国商船进港、计算船税货税、议定进口货价、进口货物卸船、进口货物销售、出口货物购买、出口货物缴税、出口货物装船、外国商船离港等。这些环节基本都是由行商负责具体推进,对外贸易的流程实际是由行商具体执行的。乾隆二十四年(1759年),两广总督李侍尧奏请制定的《防范外夷规条》规定:"买卖货物,必令行商经手,方许交易。"①再次以成文规定明确了行商对贸易程序的具体执行与把控。

将贸易流程标准化、规范化本是粤海关的职责,在粤海关将管理外贸的权力授予广州十三行之后,广州十三行在粤海关的监督下并与粤海关相互配合,逐步形成了一套完整的对外贸易流程,一直沿用至广州十三行解体。该流程的大致步骤是:资本主义国家的贸易商船来到广东海岸后,先停泊于澳门,在缴纳相应费用之后,由澳门衙门派出翻译和引水员引领商船驶入广州黄埔港,②粤海关监督派人前来丈量船只确定应缴税额,商船在黄埔起下炮位并报经粤海关许可后再驶入广州十三行等待交易。在广州十三行,商船大班将船上货物和清单交给行商,与行商一起议定商品价格进行交易,最后由行商代为缴纳相关进出口税务。梁嘉彬对此步骤总结为:"凡外舶来粤者,先须泊碇于澳门;次经海关监督之丈量;次得监督之许可,船由引水人引入黄埔先起炮位,俟交易妥后给还;次大班、二班趋谒海关监督及副监督,得居停十三行以静待监督之命;次得监督之批准,大班、二班趋与十三行行商妥议买卖货价(有时限定只能与就中行商一、二人交易,有时则任其自行"投牙";有时行商故作傲态,或竟辞以事,俟数日而接见;有时行商则招待殷

① (清)梁廷枏:《粤海关志》,袁钟仁点校,广东人民出版社2014年版,第551页。

② (清)印光仁、张汝霖:《澳门记略》,赵春晨点校,广东高等教育出版社1988年版,第28页。

勤)；最次则由行商包承出入口货税。”①

按照前述贸易流程，外国商船到达黄埔港时，行商参与清点货物并计算应纳税额。行商还全面参与货物价格确定、进口货物销售、出口货物准备等各个方面。在行商的配合管理下，粤海关通过广州十三行实现了对贸易开展的管控，既保证了粤海关对外贸的最终控制权，又有利于粤海关对广州十三行行商的管理，实现了对广州外贸全面监管的目的。

(二)协助执行商品管制禁令

清政府为了强化外贸管制，根据对外贸易的形势变化，先后制定了一系列关于商品出口的管制禁令。这些禁令是粤海关与广东地方官府必须履行的职责，也是行商在贸易开展与管理中必须遵守的义务。此处择其要者予以简述。

1. 执行稽查外国钱币禁令

道光八年(1828年)二月，清政府正式下令禁止进口和使用外国钱文，并强化了行商的稽查义务：“著粤海关监督严谕洋行各商，嗣后各国夷人买卖，俱令以银易换制钱。并于洋船进口时详加查察，如有夹带夷钱，不准开舱，饬令带回。如违，惟洋商是问。”②道光十六年(1836年)九月，两广总督邓廷桢在查处广东南澳、潮阳等口岸店铺使用外国钱币事件时，再次强调行商对使用外国钱币的稽查义务：“著粤海关监督严饬各洋商，于夷船进口时，详细验明，设有偷带夷钱来粤，即晓以天朝禁令，不准开舱，饬令带回。该国如违，惟洋商是问。”③

2. 执行大黄出口管制禁令

乾隆五十四年(1789年)，清朝与俄罗斯进行陆路互市贸易的恰克图停市，为了防止外国商船贩卖大黄给俄国，影响清朝的对外贸易，清政府开始限制大黄出口。清政府明确规定，西洋各国每年每国贩买大黄不得超过500斤，并命令广州十三行行商将售卖的大黄数目、出卖方向等通报广州府的南海与香山二县，另外“移行守口文武员弁，按册稽查，如查有夹带多买，严拿行商、通事，从重治罪，仍将大黄变价归官，于保商、夷商名下，各追十倍价银充公。”④行商必须执行大黄出口

---

① 梁嘉彬：《广东十三行考》，广东人民出版社2009年版，第81页。

② 《清宣宗实录》卷一五二，中华书局1986年版，第338页。

③ 《清宣宗实录》卷二九四，中华书局1986年版，第557页。

④ 中国第一历史档案馆、澳门基金会、暨南大学古籍研究所合编：《明清时期澳门问题档案文献汇编》(一)，人民出版社1999年版，第504页。另见《清高宗实录》卷一三四一，中华书局1986年版，第1181页。

管制的禁令，如果因稽查不严、监管不力使大黄超标准出口，不仅可能承担刑事责任，而且还要被处以经济罚款。

3. 执行鸦片管理禁令

在雍正、乾隆年间的鸦片查禁中，行商尚未被课以明确的查禁鸦片义务。嘉庆元年(1796 年)，清政府首次下令禁止鸦片进口，行商也被科以协助查禁鸦片的义务。嘉庆五年(1800 年)，清政府再次颁布严禁鸦片进口的法令。嘉庆二十年(1815 年)三月，两广总督蒋攸铦陈奏《查禁鸦片烟章程》严查鸦片进口，强调了行商的义务："行商如有容隐之弊，事后查出，加等治罪。"①道光年间，随着鸦片流毒加深，清政府对查禁鸦片更为重视，禁烟措施也更加严密，行商查禁鸦片的义务进一步被强化，在贸易开展之前行商就必须先行具结承诺没有夹带鸦片。道光元年(1821 年)，皇帝上谕："凡洋船至粤，先由行商出具所进黄埔货船并无鸦片甘结，方准开仓验货。"但该项措施的落实情况并不理想，"查例载，凡夷船到广，必先取具洋商保结，保其必无夹带，然后听其入口，尔时虽有保结，视为具文，夹带断不能免。"②道光十年(1830 年)六月，两广总督李鸿宾等奏准颁行的《查禁纹银偷漏鸦片分销章程》规定："责成洋商、通事、买办，随时查察，如夷商有夹带鸦片入口，该洋商、通事、买办，立即呈明查办。"③道光十九年(1839 年)制定的《查禁鸦片章程》进一步明确了行商查禁鸦片的义务，其第 26 条明确规定："洋行与夷商交易，应遵照定限，于卖货完竣后，即令起程，如有逾限久留，即照违制律杖一百。如查有寄囤鸦片烟情弊，照例治罪，房屋查抄入官。"④随着清政府禁烟措施更加严密，行商协助查禁鸦片的义务也达到顶峰。

(三) 协调行商内部关系

协调行商内部关系也是行商的义务。行商作为对外贸易的主体，在处理与外商之间的贸易关系的过程中，行商是作为一个联合体出现的，但行商联合体是由多家不同的行商具体组成，行商内部也存在相互竞争、争夺利益等情形。为了更好地履行管理对外贸易的职责，行商之间必须维持良好的关系，协调好内部关系，

① 中国第一历史档案馆编：《鸦片战争档案史料》(第 1 册)，上海人民出版社 1987 年版，第 18 ~ 19 页。

② (清)梁廷枏：《粤海关志》，袁钟仁点校，广东人民出版社 2014 年版，第 371 页。

③ 中国第一历史档案馆编：《鸦片战争档案史料》(第 1 册)，上海人民出版社 1987 年版，第 69 页。

④ 同上书，第 577 页。

这也是行商的义务。之所以要求行商维护良好的内部关系，其实是为了对外贸易管理的需要。如果行商之间相互争斗，出现彼此竞争、哄抬物价等情形，只能导致行商私自与外商交易，其结果必然导致对外贸易秩序的破坏，只会让外商得利，既不利于清政府对贸易的管理，也不利于对外国人的控制。

为了更好地履行协调行商内部关系的义务，行商制度中先后采取了两大举措，分别是公行制度与总商制度。公行制定的《十三条行规》以促进行商内部团结为目标，总商更是被赋予了协调内部关系、总领行务的义务。为了督促行商维持良好的内部关系，清政府对行商还实行了相互担保的制度。行商的相互担保主要包括三个方面：一是在新行商承充时，必须由已任行商提供担保。二是在贸易开展过程中，行商之间要互相监督贸易行为，"商人之弊巧虽多，同行之耳目难掩。"①对其他行商的违反贸易规则、管理制度或法律的行为，行商负有监督义务。三是若有行商破产，其他行商要对破产行商的债务承担连带责任。通过行商之间的相互担保，将所有行商捆绑为利益共同体，以维持行商的内部关系。

（四）管理国内贸易辅助人

广州十三行贸易中的国内贸易辅助人，主要是指引水人、买办、通事以及为外商提供服务的汉人仆役等。行商对这些贸易辅助人具有协助管理的义务，"行商及其家产受粤海关监督的直接控制，通事、买办和引水人连同其随从和工人在行商监督下工作。"②行商对这些贸易辅助人员的管理，主要是通过行商提供担保实现的。

由于买办、引水人等都是直接与外商交往的人员，清政府对这些人员一直实行比较严格的管理。买办资格的取得必须获得官府的许可。买办的印照原来由澳门同知发放，后来改为由粤海关监督发放。嘉庆十四年（1809 年），两广总督百龄与粤海关监督常显奏请制定的《民夷交易章程》，又恢复了澳门同知发放买办印照的做法。根据该章程，在程序上，买办由澳门同知就近选择本地家境殷实之人充任，买办在获准承充前，必须由其族长和邻居具结提供担保，获准承充后发放腰牌与印照；在实体上，对买办要实施稽查，该稽查在澳门时由澳门同知负责，在广州黄埔时则由番禺知县负责。买办的职责，仅限于为外商购买食物等日用品，

① 吴建雍：《1757 年以后的广东十三行》，载中国人民大学清史研究所编：《清史研究集》（第 3 辑），四川人民出版社 1984 年版。

② ［美］范岱克：《广州贸易——中国沿海的生活与事业（1700～1845）》，江滢河、黄超译，社会科学文献出版社 2018 年版，第 173 页。

而不得有代买违禁货物、勾通走私及代雇华人服役等行为。[①] 引水人的许可也是由澳门同知负责,在查明年龄相貌与籍贯等信息以后,发放编号、印花与腰牌,造册登记并报至广东总督与粤海关。[②]

为了强化对买办、通事、仆役等人员的管理,道光十五年(1835 年)的《增易规条》增加了行商对贸易辅助人员的管理义务:"其人夫责成夷馆买办代雇,买办责成通事保充,通事责成洋商保充,层递钳制,如有勾串不法,唯代雇保充之人是问。"在层级递进的担保制度下,行商处于连带责任体系的最顶端,负有最重的管理责任。《增易规条》同时规定:"仍令该管行商按月造具各夷商名下买办人夫名籍清册,送县存案,随时稽查。其挑货人夫,令通事临时散雇,事毕遣回。至民人受雇,为夷商服役之沙文名目,仍永远禁止。倘夷人额外多雇人夫,及私雇沙文服役,将通事、行商一并治罪。"[③]至此,行商管理国内贸易协助人的义务,已经全面覆盖了所有类型的贸易辅助人员。

三、行商管理外国商人的义务

自开海贸易之后,行商就实际上承担着管理外国人的职责,随着清政府对外国人管控的加强,行商管理外国人的义务也在不断强化。行商管理外国人的职责被细化成多个方面,而且要对外商的所有行为提供担保。

(一)行商管理外商的具体职责

1. 行商负责督促外商在非贸易季节离开广州

按照清政府对外商的管理规定,外商只能在贸易季节留居广州,贸易完毕必须搭乘商船回国,或者离开广州暂时居住于澳门。督促外商在非贸易季节离开广州便是行商的义务。为了避免外商在广州逗留太久,行商还应尽快完成贸易事项,为外商离开广州扫清障碍。[④] 贸易季节结束后外商仍有货物未清,则交由行商代为销售。乾隆二十四年(1759 年),两广总督李侍尧奏请制定的《防范外夷规条》第 1 条规定:"嗣后各夷商到粤,饬令行商将伊带来货物速行销售,归还原本,令其置货,依期随同原船回国。即间有因洋货一时难于变卖,未能收清原本,不得

---

① (清)梁廷枏:《粤海关志》,袁钟仁点校,广东人民出版社 2014 年版,第 554 页。

② 同上书,第 570 页。

③ 同上。

④ 中国第一历史档案馆:《清代广州"十三行"档案选编》,载《历史档案》2002 年第 2 期。

已留住粤东者，亦令该夷商前往澳门居住，将货交与行商代为变售清楚，归还价银，下年务令顺搭该国洋船归棹。如洋船已去之后，仍复任听夷商潜居省会及侵吞货价，致累远夷守候者，即将行商、通事分别严行究拟查追。”①

2. 行商负责为外商留居广州提供寓所并约束外商居住期间的行为

广州中外贸易开展之初，外商留居广州的居住地点并无明确限制，许多外商都是自主租住民房居住。乾隆二十四年（1759 年），《防范外夷规条》开始限制外商的居住地点，行商负责为外商提供寓所，并规定了行商对外商的居住管理义务。在贸易开展季节，外商只能入住广州十三行的行商商馆之内，如果商馆不能满足外商居住需求，则由行商负责租赁房屋提供给外商居住，“如行馆房屋不敷，亦责成该行商自行租赁房屋拨人看守，以专责成。”行商负责限制外商的交际，既限制外商自由出入，也禁止不法之徒出入商馆与外商接触，“务拨诚实行丁加谨把守，遇晚锁锢，毋得纵令番厮人等出外闲行。”②行商还要负责将外商与其随从人员的姓名报给地方官府，以备核查。

3. 行商负责陪同外商外出并约束其外出期间的行为

行商在贸易季节留居广州期间，除非因为商业贸易的需要，原本是不许外出的。乾隆五十九年（1794 年），英国东印度公司大班最先提出外出闲游的请求，两广总督准许外商在每月的初三、十八两日两次外出闲游，并要求行商对外商外出的时间、行为等严加控制，“责成行商严加管束，不准水手人等随往滋事。”③行商因此负有约束外商外出的义务。嘉庆二十一年（1816 年），两广总督蒋攸铦将外商每月外出次数增加为 3 次，仍是由行商负责管控外商的外出日期、出行人数与外出行为等。道光十五年（1835 年）的《增易规条》再次强调对外商的外出日期、外出时段、出游人数、行为举止等方面的限制与要求，行商的监管责任也被强化：“在馆居住夷人，只准于初八、十八、二十八三日在附近之花地、海幢寺游散一次，每次不得过十人，限申刻回馆，不准在外住歇饮酒。如非应准出游日期，及同游至十人以外，并赴别处村落、圩市游荡，将行商、通事一并治罪。”④

4. 行商负责稽查并管理外商雇佣汉人仆役事项

乾隆二十四年（1759 年），《防范外夷规条》鉴于汉人仆役受雇于外商有违体

---

① 中国第一历史档案馆：《清代广州“十三行”档案选编》，载《历史档案》2002 年第 2 期。

② 同上。

③ 许地山编：《达衷集（鸦片战争前中英交涉史料）》（卷下），商务印书馆 1931 年版，第 166 页。

④ （清）梁廷枏：《粤海关志》，袁钟仁点校，广东人民出版社 2014 年版，第 571 页。

制，责令行商与通事一起负责稽查，禁止外商雇佣汉人仆役。其中规定："夷商所带番厮人等，尽足供其役使，而内地复设有通事、买办，为伊等奔走驱驰，乃复有无赖民人贪其货财，甘心受雇夷人服役，亦于体制有乖，应请责成通事、行商实力稽查禁止，如敢徇纵，与受雇应役之人一并惩治。"①后来随着对外贸易的开展与规模扩大，外商雇佣汉人仆役因现实需要而无法禁止。道光十五年(1835年)，对外商雇佣汉人仆役的数量作出限定，并通过层层钳制强化了行商的管理责任：由行商负责保充通事，通事负责保充买办，买办负责代雇看门人、挑水夫、看货夫等人夫仆役，行商成为承担管理责任的最终义务主体。行商还负责按月造具买办人夫名籍清册，送县存案，以备随时稽查。②

5. 行商负责稽查并禁止外商携带妇女入住商馆

行商负有禁止外国妇女入住商馆的义务，源于乾隆十六年(1751年)五月荷兰商人携带妇女入住瑞丰洋行事件。清政府针对此事件发出通告，外国妇女只允许暂住澳门，不得允许外国妇女入住商馆，行商对此负有稽查职责："嗣后夷船到澳，先行检查，如有妇女，即令就澳而居。否则，进口之后，夷人船货一并驱回……而接待之行商，亦予处罚。"③行商此后开始承担禁止外国妇女入住商行的义务。乾隆三十四年(1769年)，因有英国商人私带外国妇女进入广州并入住商馆，行商、通事、买办及官差皆受株连。④ 道光十五年(1835年)，两广总督卢坤等拟定的《增易规条》，再次强调了行商稽查并禁止妇女入住商馆的义务："嗣后各国夷人，概不准将枪炮、军械及番妇、番哨人等运带至省。如有私行运带者，责成租馆、行商查阻，不许令其入馆，一面赴地方官呈报。"⑤

(二)行商对外商行为提供担保的义务

行商要为前来广州贸易的外商提供担保，这是行商的重要义务之一。乾隆十九年(1754年)，两广总督召集外商开会并宣布：由广州十三行行商总揽一切对外贸易，外商违法，行商要负连带责任。行商为外商提供担保的内容十分广泛，"要对外商、他们的船和他们的水手的一切行为负完全责任，从买一篮水果直到一件

---

① 中国第一历史档案馆：《清代广州"十三行"档案选编》，载《历史档案》2002年第2期。

② (清)梁廷枏：《粤海关志》，袁钟仁点校，广东人民出版社2014年版，第570页。

③ 广东省档案馆编：《广东澳门档案史料选编》，中国档案出版社1999年版，第14页。

④ [美]马士：《东印度公司对华贸易编年史(一六三五～一八三四年)》(第4卷)，区宗华译，林树惠校，章文钦校注，广东人民出版社2016年版，第270～271页。

⑤ (清)梁廷枏：《粤海关志》，袁钟仁点校，广东人民出版社2014年版，第569～570页。

谋杀案。”①尤其是外国人杀伤汉人的刑事案件，为了迫使外国商船交出凶手，除了暂停贸易外，广东官府往往通过行商向外国人施压，要求行商承担查出凶手的担保责任，行商一般都要具结担保。嘉庆十五年（1810年），广州民人黄亚胜在广州十三行商馆附近被英国商船水手杀害，南海知县要求英国大班将凶手交由南海县审判，官府要求行商对交出凶手提供担保，多家行商共同具结担保：“具结洋行商人十家，今赴大人台前，结得缘民人黄亚胜身死一案，现喇佛回国确查有姓喽咻之凶夷，得有回信，即当据实禀明，不敢徇庇，所结是实。”②行商担保的对象包括所有到广州的外国商船，“夷船到粤，不论公司、港脚船只，均有保商。”③清政府就是通过强化行商的担保义务，有效管控外商的贸易活动与一切行为，即所谓“以商制夷”。

行商还需要为长期居住于广州商馆的外国代理人提供担保。外国代理人得以长期居住于商馆，始于乾隆三十二年（1767年）法国人邓类斯向清政府提出的请求。邓类斯因为与澳葡官员有隙，且其行动不便，便向清政府请求长期居住于广州商馆。经两广总督李侍尧奏请后获得乾隆皇帝批准。但邓类斯不只是单纯地居住于商馆，而且还成为外国人处理相关事务的代理人，“蒙皇上天恩，准令西洋人邓类斯住居广东省城，料理本国新来听用之人并一切事务。”④为了加强对长期居住的外国代理人的管理，行商也被科以为长期居住于广州商馆的外国代理人提供担保的义务，这在李侍尧的前述奏折中就被明确规定：“责令寓居行商保领约束，毋许纵令与汉奸往来勾结及任听番厮出入滋事。”⑤邓类斯去世后，席道明成为他代理事务的继承人，为席道明担保的是广州十三行中的广顺行，“仍责令寓居行商保领约束，毋许纵令与汉奸往来勾结，及任听番厮出入滋事。”⑥席道明去世后，清政府又批准多罗与马记诺2人在广州长期居住，接管席道明的事务，并由行商潘文岩为此2人提供担保。

---

① ［美］马士：《中华帝国对外关系史》（第1卷），张汇文等译，上海书店出版社2006年版，第81页。

② 许地山编：《达衷集（鸦片战争前中英交涉史料）》（卷上），商务印书馆1931年版，第120页。

③ 台北故宫博物院辑：《清代外交史料》（嘉庆朝第1册），台北，成文出版社1969年版，第22页。

④ 中国第一历史档案馆编：《清中前期西洋天主教在华活动档案史料》（第1册），中华书局2003年版，第308页。

⑤ 中国第一历史档案馆：《清代广州“十三行”档案选编》，载《历史档案》2002年第2期。

⑥ 中国第一历史档案馆编：《清中前期西洋天主教在华活动档案史料》（第1册），中华书局2003年版，第311页。

四、行商沟通中外的义务

由于清政府固守"华夷之辨",在清政府的要求下,行商代表清政府与外国人直接打交道,行商成为官府与外国人之间沟通的媒介,沟通中外成为行商的义务。广州十三行的贸易与外交是并行的,"行商身兼商务与外交两重身份"①。

(一)行商沟通中外贸易的义务

行商首先负有沟通中外贸易的义务,这也是行商所承担的管理贸易义务的应有之义。清朝统治者在对外交往中固守传统,"天朝制度,从不与外夷通达书信,贸易事件,应由商人转禀,不准投递书函"。② 行商是沟通中外贸易的中介,清政府通过行商传达管理贸易以及管理外商的各项法令与政策。清政府的一切贸易命令、文书都由行商负责转达,减免税负、停止贸易与重开贸易等重要决定,也均由行商代为转达。"行商一面各依其私人之筹度及其情愿选择外船贸易,但一面必须公共担任官吏与外商间之媒介,并须保证外人生命财产之安全,设政府课税有变更时,由行商通知外商。"③乾隆元年(1736 年)清政府废除外商 1950 两附加税的决定,就是由行商谭康官直接向外商宣布的。④ 道光十年(1830 年),因听闻英国东印度公司即将被解散,粤海关监督甚至谕令行商传谕英国,要求继续派商船大班来广州总理该国贸易。⑤

外商呈送的禀帖一律交由行商转呈。道光十一年(1831 年),两广总督李鸿宾与粤海关监督中祥会奏提出:"应谕饬英吉利与各国夷商遵照,嗣后遇有事关紧要必须赴总督衙门禀控者,应将禀词交总商或保商代递,不准夷人擅至城门口自投。"⑥该奏获得了皇帝批准。道光十五年(1835 年),两广总督卢坤奏请增补修订的《防范贸易洋人章程》也规定:"嗣后凡夷人具禀事件,应一概由洋商代为据情转察,不必自具禀词。"⑦行商代为呈送禀帖,实际上也是承担沟通中外贸易事项的义务。

---

① 张晋藩主编:《清朝法制史》,中华书局 1998 年版,第 318 页。
② 中国近代史资料丛刊:《鸦片战争》(一),上海人民出版社 1957 年版,第 119 页。
③ 梁嘉彬:《广东十三行考》,广东人民出版社 2009 年版,第 136 页。
④ 谭元亨:《国门十三行:从开放到限关的逆转》,华南理工大学出版社 2011 年版,第 106 页。
⑤ (清)梁廷枏:《粤海关志》,袁钟仁点校,广东人民出版社 2014 年版,第 523 页。
⑥ 同上书,第 566 页。
⑦ 同上书,第 571 页。

关于行商负责沟通中外贸易的原因,在乾隆二十六年(1761 年)两广总督苏昌对英国东印度公司提出由外商自行赴关缴税等请求的回复中有说明:“外洋夷人语言不通,服饰器用,与内地迥别,若非行商、通事传译代理,则举凡天朝之禁令体制,与夫市价课税章程,该夷人何由谙晓,何所管束,是以设立行商代为经理。”①可见,沟通中外贸易成为广州十三行行商的义务,既是由行商所担负的管理外贸、外商的义务所决定的,也是由行商了解中外的风土人情且通晓一定程度外文的优势所决定的。

(二)行商沟通中外交往的义务

行商所担负的沟通中外交往的义务,实际上是行商担负的沟通中外贸易义务的延伸。行商不仅负责中外贸易的开展,而且也对来华外国人进行管理,后者与贸易有关但不等同于贸易,在此过程中,行商实际上承担的是沟通中外交往的义务。尤其是在外国人对中国人犯罪的刑事命案的处理过程中,行商承担着传递命令、协查凶手等义务,甚至有行商因为外商抓捕凶手不力而承担法律责任。行商协同沟通中外交往的职责,贯穿了行商代表清政府行使对外国人的管理权的全部过程,就连外商来往于澳门与广州之间,也是由行商代外商向清政府请领往来通行证的。②

行商负有的沟通中外交往的义务,还表现在行商对进京效力的西洋人的报告义务。由于外国人不能直接向官府呈报事务,因此所有事项都是由行商代为报告,“西洋人来广,遇有愿进土物及习天文、医科、丹青、钟表等技,情愿赴京效力者,在澳门则令其告知夷目呈明海防同知,在省行则令其告知行商,呈明南海县,随时详报。”③乾隆三十一年(1766 年),清政府鉴于进京效力传教士减少,专门要求两广总督重申:广东如有西洋技艺之人,“令其告知行商,呈明南海县,随时详报总督衙门,代为具奏请旨,护送进京,俾得共遵王路,以效悃忱。”④乾隆三十七年(1772 年),行商潘同文向南海县禀报西洋人李俊贤、潘廷章愿进京效力;⑤乾隆四

---

① 中国第一历史档案馆、澳门基金会、暨南大学古籍研究所合编:《明清时期澳门问题档案文献汇编》(一),人民出版社 1999 年版,第 363 页。

② 梁嘉彬:《广东十三行考》,广东人民出版社 2009 年版,第 136 页。

③ 中国第一历史档案馆编:《清中前期西洋天主教在华活动档案史料》(第 1 册),中华书局 2003 年版,第 255 页。

④ 同上。

⑤ 同上书,第 297 页。

十六年(1781 年),行商潘文岩等禀报意大利人德天赐、颜诗莫愿进京效力,[①]都是行商履行沟通中外义务的表现。

实际上,外国人对行商负责沟通中外交往的制度并不认同,并且多有挑战,但都以失败而告终,鸦片战争前行商一直负有沟通中外的义务。1833 年,英国取消东印度公司的贸易垄断权后,开始了对华自由贸易,被任命为首任驻华商务总监督的律劳卑(William John Napier)来到广州后,便向这项中外沟通制度挑战。道光十四年六月(1834 年 7 月),律劳卑打破行商沟通中外交往惯例,试图不经行商中介而直接递信给两广总督卢坤,但卢坤坚持行商沟通中外交往的惯例,拒绝了律劳卑的直接沟通方式。[②] 即使在鸦片战争爆发导致广州中外贸易基本结束之后,行商负有的沟通中外交往的职责仍在延续。咸丰六年(1856 年)十月,因英舰炮轰广州城墙并“炮毁外城督署冲入抢掠”,两广总督叶名琛就要求原行商伍秉鉴之子南海县商人伍崇曜出城讲和。[③]

(三)行商负责纠纷解决的沟通

中外之间的商事纠纷、民事纠纷乃至刑事命案纠纷的处理,行商都负有传递命令、居中调停、参与缉拿凶犯等义务,个别案件还出现了行商直接参与审判的情形。嘉庆十二年(1807 年)“海王星号水手案”中,行商卢观恒就被要求前往澳门传令英国大班交出凶犯,在该案审讯过程中,更是有 4 位行商直接参与了广东官府在商馆举行的审判。[④] 嘉庆十五年(1810 年),广州民人黄亚胜在广州十三行商馆附近被杀一案,南海知县就令行商查出凶手,并由行商转告英国大班将凶手交出审判。[⑤] 道光二年(1822 年),英国护货兵船“土巴资号”与内地民人冲突导致 2 名内地民人死亡的事件中,两广总督也是谕令行商要求英国商人交出凶手。[⑥] 道

① 中国第一历史档案馆编:《清中前期西洋天主教在华活动档案史料》(第 1 册),中华书局 2003 年版,第 342 页。

② [美]马士:《中华帝国对外关系史》(第 1 卷),张汇文等译,上海书店出版社 2006 年版,第 138 页。

③ 胡巧利主编:《广东方志与十三行——十三行资料辑要》,广东人民出版社 2014 年版,第 292 页。

④ [美]马士:《东印度公司对华贸易编年史(一六三五~一八三四年)》(第 3 卷),区宗华译,林树惠校,章文钦校注,广东人民出版社 2016 年版,第 55~57 页。

⑤ 许地山编:《达衷集(鸦片战争前中英交涉史料)》(卷上),商务印书馆 1931 年版,第 118~120 页。

⑥ [美]马士:《东印度公司对华贸易编年史(一六三五~一八三四年)》(第 4 卷),区宗华译,林树惠校,章文钦校注,广东人民出版社 2016 年版,第 21~22、30~32、146~147 页。

光十一年(1831 年),美国鸦片商船“伶仃号”与官艇冲突导致一名华人被杀事件中,粤海关监督及广州府分别要求行商查究并协助逮捕凶手。[①]

正是由于行商在纠纷解决中的沟通义务,多次发生因未能及时抓捕凶犯而导致行商被捕的情况。如乾隆五十七年(1792 年)民人汤亚珍被杀一案中,香山县丞与澳门同知等官员就多次饬谕澳门理事官交出嫌犯,最后株连到行商,“如敢稍有推延,该役等即将夷目、通事及担保不实行商人等一并拿解究办。”[②]嘉庆十二年(1807 年)发生的“海王星号”案件处理过程中,粤海关监督下令公司各船停止装运,并将该船的保商扣押。[③]

通过总结行商所承担的代为征收关税、管理对外贸易、管理外国商人以及协助沟通中外 4 个方面的义务,可见行商承担的义务之广泛。正因如此,行商制度总体呈现出“义务本位”的特点,这与中国古代法律的特点是一致的。“在中国古代法律中,有关庶民的权利和义务的规定是严重失衡的。庶民虽然在法律范围内享有从事生产、经商等权利,但比起国家要求庶民应尽的法定义务是微不足道的。”[④]行商制度对行商权利与义务的规定与此同出一辙。通过对行商义务与职责的细致与严格规定,清政府不仅强化了对行商的管理,还将行商与外商变成利益攸关体;通过对行商的控制,实现对外贸与外商的全面管控,保障关税收入并维持贸易秩序与社会安定,实现了开海贸易的双重目的。

第四节　行商的法律责任

行商的法律责任,是指行商在未能完整履行义务或违反相关法律规定的情况下,需要承担的具有强制性的责任。行商法律责任的追究,是行商制度产生实际作用的重要保障。

---

① [美]马士:《东印度公司对华贸易编年史(一六三五~一八三四年)》(第 4 卷),区宗华译,林树惠校,章文钦校注,广东人民出版社 2016 年版,第 303~305 页。

② 刘芳辑:《清代澳门中文档案汇编》(上册),章文钦校,澳门基金会 1999 年版,第336 页。

③ [美]马士:《东印度公司对华贸易编年史(一六三五~一八三四年)》(第 3 卷),区宗华译,林树惠校,章文钦校注,广东人民出版社 2016 年版,第 46~47 页。

④ 张晋藩:《中国法律的传统与近代转型》(第 2 版),法律出版社 2005 年版,第 50 页。

一、行商承担法律责任的事由

从行商制度的相关规定及其运行实践来看,引发行商承担法律责任的事由多种多样,这主要是与行商承担的法律义务比较广泛有关。由于广州十三行采取的是以行商为媒介管理外商的模式,因此,行商不仅可能因为自身的过错而承担法律责任,也可能因为外商的违法行为而连带承担法律责任。

(一)因怠于履行义务而承担法律责任

行商在对外贸易管理中承担着广泛的法律义务,如果出现怠于履行管理义务或履行义务不当的情况,就要被追究法律责任。

行商因怠于履行义务而承担法律责任的规定,广泛见于清政府为强化对外贸与外国人的管理而制定的各类成文或不成文规定之中。与前述广州十三行行商的法律义务相对应,行商因怠于履行管理义务而承担法律责任的原因大致包括以下几类:因未督促外商离开广州承担法律责任、因未有效约束外商居留行为承担法律责任、因稽查外商雇佣汉人仆役不力承担法律责任、因约束外商外出不力承担法律责任、因稽查外国妇女入住商馆不力承担法律责任、因违反商品管制禁令承担法律责任、因未代外商具禀承担法律责任、因违反鸦片贸易管制禁令承担刑事责任等。

比如,行商如果对商馆雇佣仆役事项管理不力要承担法律责任:"倘夷人额外多雇人夫及私雇沙文服役,将通事、行商一并治罪。"[①]行商若对外商外出行为监管不力要承担法律责任:"如不照所定日期名数,或私行给与酒食,一经查出,定将行商、通事从重究治。"[②]如果行商对商馆监管不力导致外人随便进入商馆接触外商,也应承担法律责任:"如敢故纵出入,滋生事端以及作奸犯科,酌其情事重轻,分别究拟斥革。"[③]特别是道光十五年(1835年)两广总督卢坤等拟定的《增易规条》中规定,如果行商有容留隐匿外国妇女入住商馆的情形,则对该行商按照私通外国例严格治罪。[④] 道光十年(1830年)两广总督李鸿宾等奏准颁行的《查禁纹银偷漏鸦片分销章程》中规定:"如夷商有夹带鸦片入口,该洋商、通事、买办,立

① (清)梁廷枏:《粤海关志》,袁钟仁点校,广东人民出版社2014年版,第570页。
② 同上书,第519页。
③ 中国第一历史档案馆:《清代广州"十三行"档案选编》,载《历史档案》2002年第2期。
④ (清)梁廷枏:《粤海关志》,袁钟仁点校,广东人民出版社2014年版,第569~570页。

即呈明查办，倘知而不报，一经查出，斥革究治。”①

（二）因向外商借贷而承担法律责任

行商向外商的借贷也被称为“商欠”，商欠的情况在广州十三行贸易中比较常见，但行商借贷经营的行为一直为清朝法律所禁止。乾隆二十四年（1759 年）《防范外夷规条》中规定：“嗣后内地民人概不许与夷商领本经营，往来借贷，倘敢故违，将借领之人照结交外国借贷诓骗财物例问拟，所借之银，查追入官。”②此后，向外商借贷的破产行商多“照交结外国借贷诓骗财物例”被追究刑事责任，③行商向外商借贷也成为行商承担刑事责任的主要原因之一。

作为广州十三行商业运行中的一大顽疾，商欠的发生原因有多种。首先，与广州十三行的交易模式相关。广州十三行贸易中出口的货物如茶叶、丝绸、瓷器等在国外广受欢迎，但广州十三行进口的货物大部分为布匹与毛纺织品等国内销路不佳的商品，在进口货物滞销情况下，行商无法在贸易季节内完成代销外商货物的流程。但清政府为督促外商尽早离开广州，又一直要求行商尽快支付货款给外商，以保证外商尽早离开广州，因此行商不得不垫付资金给外商，这导致行商资金周转困难。其次，与行商受到官府的多重勒索有关。行商一直承担着进献贡品与捐输的义务，而且数额巨大。仅捐输一项，“乾隆三十八年（1773 年）至乾隆五十九年（1794 年）二十二年间，行商至少捐款 178.5 万两。从嘉庆五年（1800 年）至道光十二年（1832 年）三十三年中，行商捐输增至 5403000 两以上。”④另外，行商还须为各级官吏乃至皇帝进献各种奢侈物品或西洋珍玩，仅进献钟表一项每年花费就达 10 万余元，⑤由此导致行商经济负担加重，而商业运作资本更显不足。再次，行商因为担保责任导致巨额经济支出。这方面的事例比比皆是，如嘉庆五年（1800 年），行商伍沛官与昆水官因担保的外国商船被控走私，分别被处以偷漏

---

① 中国第一历史档案馆编：《鸦片战争档案史料》（第 1 册），上海人民出版社 1987 年版，第 69 页。

② 中国第一历史档案馆、澳门基金会、暨南大学古籍研究所合编：《明清时期澳门问题档案文献汇编》（一），人民出版社 1999 年版，第 339 页。

③ 关于交结外国借贷诓骗财物例，《大清律例》规定：“交结外国及私通土苗，互相买卖借贷，诓骗财物，引惹边衅，或潜住苗寨，教诱为乱（如打劫民财，以强盗分别），贻患地方者，除实犯死罪（如越边关，出外境，将人口军器出境，卖与硝黄之类）外，俱问发边远充军。”参见《大清律例》卷二十《兵律·关津》，“盘诘奸细”条。

④ 张晓宁：《广东十三行衰败原因试探》，载《中国社会经济史研究》1996 年第 2 期。

⑤ ［美］马士：《东印度公司对华贸易编年史（一六三五～一八三四年）》（第 3 卷），区宗华译，林树惠校，章文钦校注，广东人民出版社 2016 年版，第 216～217 页。

税款50倍、100倍的罚款,[1]嘉庆十二年(1807年)行商茂官因“海王星号”案件承担连带责任直接导致破产。[2] 行商的资产还被大量用于买官、置地、奢侈消费等非商业支出,也影响了行商商业资金的正常运转。以上种种原因导致行商资金运转困难,不得已只能向外商借款。最后,商欠大量发生也与外商存在一定关联。一方面,外商垂涎借款的高额利息;另一方面,外商(尤其是英国东印度公司的商人)也不愿看到行商轻易破产而导致商业伙伴失去,“这样多的行号同时倒闭的结果,比之那些行号继续营业,对公司及私人债权人来说是更为不便与损害的。”因此,英国东印度公司决定“提供足以使这些行号克服困难的绝对必要的帮助”。[3] 由于内外原因的共同作用,广州十三行的商欠接连发生。

清政府禁止行商向外商借款,是出于多个方面因素的考虑。首先,防范行商与外商因借款而相互勾结,以免产生威胁封建统治的不安定情况:“若辈既向夷商借本贸贩,藉沾余润,势必献媚逢迎,无所不至,以图邀结其欢心……久之互相勾结,难免生端。”[4]其次,由于行商负有管理外商的义务,如果行商向外商借贷,欠债行商必然受到外商的掣肘,将导致行商丧失对外商管理的话语权与强势地位,不仅无法完成公平订立买卖货价并协助管制外商的法定职责,而且还会损害行商自身利益。“(行商)为夷商所挟制,是以评估货价不得其平,内地客商转受亏折之累。”[5]最后,在清朝统治者的思维之中,大清王朝一直处于“天朝上国”的地位,清政府认为,行商欠债将会被外商轻视,从而损害“天朝上国”的尊严。乾隆皇帝对此就明确指出:“内地商人拖欠夷商银两,若不即为清欠,转致贻笑外夷。”[6]因此,行商向外商借贷受到严厉禁止,行商因借贷而受到刑事处罚的情况频繁发生。

(三)因履行担保义务而承担法律责任

行商肩负多种担保义务,因此可能因为履行担保义务而承担相应的法律责任。首先,行商可能因为承保外商而承担连带责任。如前所述,按照清政府管理外商的规定,外商来华后必须先选择一家行商作为保商,该保商负责外商在华的

---

① [美]马士:《东印度公司对华贸易编年史(一六三五～一八三四年)》(第2卷),区宗华译,林树惠校,章文钦校注,广东人民出版社2016年版,第391页。

② [美]马士:《东印度公司对华贸易编年史(一六三五～一八三四年)》(第3卷),区宗华译,林树惠校,章文钦校注,广东人民出版社2016年版,第53页。

③ 同上书,第204页。

④ 中国第一历史档案馆:《清代广州十三行档案选编》,载《历史档案》2002年第2期。

⑤ 台北故宫博物院辑:《清代外交史料》(嘉庆朝第四册),台北,成文出版社1969年版,第403页。

⑥ (清)梁廷枬:《粤海关志》,袁钟仁点校,广东人民出版社2014年版,第500页。

一切行为，并要为外商的违法行为承担连带责任。由于行商的担保范围非常广泛，因此保商的担保责任较重，动辄得咎，保商经常因所保外商的违法行为而受到刑事惩罚。其次，行商可能因为行商内部的担保而承担法律责任。商欠案中的连带赔偿责任，是行商承担该种法律责任的主要原因。按照保商制度的规定，行商之间互相负有连带保证责任，如果有行商因为破产无力偿还对外商的商欠或对官府应缴的税饷时，承担保证责任的行商就应该对破产行商承担连带清偿责任。

行商也可能因为对长期留居广州的外国人提供担保而承担责任。如前所述，行商要为留居广州的传教士提供担保。传教士来华的任务就是传播宗教，因此不可避免出现传教士秘密传教情况，由此导致担保的行商承担法律责任。乾隆四十九年（1784 年）长期留居广州的传教士多罗与马记诺容留 4 名意大利传教士居住，并为传教士前往内地秘密传教提供便利与支持，后该 4 名传教士在湖北襄阳被抓，造成“乾隆朝教案”。在此案的处理过程中，担保的行商也难辞其咎。广东巡抚孙士毅就奏言：“西洋人来广贸易，寓居商人十三行内，该商分应稽查约束，岂容内地奸民与之交接。乃蔡伯多禄擅行出入招引，该商等置之不见不闻，一任改装越境，咎实难辞。”①为多罗与马记诺提供担保的行商潘文岩、陈文扩、蔡世文、石梦鲸、吴昭平等主动请求承担责任，该几人共同禀称：“商等仰沐皇上天恩，准与外洋贸易，得沾余利，藉润身家。该多罗住宿行中，商人等失于防范，任由蔡伯多禄来往勾通，致有揽送洋人越境之事，实非寻常玩忽可比。抚心自问，惶悚难安，情愿罚银十二万两，备充公用。”②乾隆帝谕：“准其认罪。”③

（四）因违反贸易原则而承担法律责任

公平贸易原本属于单纯的商业行为规范，但如果行商有违反公平贸易的行为，或触犯清政府关于商业管理的法律规定，行商可能因此承担刑事责任。雍正三年（1725 年）两广总督孔毓珣就对行商提出了公平交易的要求：“严饬牙行（此处指行商）、通事人等贸易货物，公平交易。”④乾隆二十四年（1759 年）两广总督李侍尧奏请制定的《防范外夷规条》中也规定：“嗣后各夷商到粤，饬令行商将伊带来货物速行销售，归还原本，令其置货，依期随同原船回国……侵吞货价致累远

① 中国第一历史档案馆编：《清中前期西洋天主教在华活动档案史料》（第 1 册），中华书局 2003 年版，第 388 页。

② 同上书，第 391 页。

③ 《清高宗实录》卷一二一六，中华书局 1986 年版，第 303 页。

④ 中国第一历史档案馆：《清代广州“十三行”档案选编》，载《历史档案》2002 年第 2 期。

夷守候者，即将行商、通事分别严行究拟查追。"[①]行商若有侵吞货价的不公平贸易，则容易导致外商滞留广州，若有发生则行商应承担刑事责任。

行商也可能因为违反垄断外贸的原则，或因违反广州十三行商业经营秩序，而承担法律责任。根据公行《十三条行规》的规定，这些情况主要包括：违反行商应与夷商共同议价的规定而单独议价，违反公行与他处或他省商人协订货价的规定而自行订定货价或暗中购入货物，违反货物应力求道地的规定而以劣质商品欺瞒外商，违反如实填报交货规模的规定而故意规避填报，违反绿茶净量从实呈报的规定而不如实呈报绿茶净量，违反卸货及缔订装货合同时要求外商先期交款的规定，独揽全船货物交易等。

二、行商承担的法律责任

行商承担法律责任的具体方式，被详细规定在相关的法律规章之中。从形式上看，行商在被追究法律责任时，主要包括刑事处罚与经济赔偿两大类别。

（一）刑事处罚

从行商制度的运行来看，行商主要因为"商欠"而承担刑事责任。商欠案爆发以后，为了督促行商尽早还清借款，行商在债务清偿之前一般都是被先行关押，直至债务清偿完毕。如果不能清偿债务，除了遭受讯问折磨之外，最终要按照"交结外国诓骗财物例"承担刑事责任。如前文所述，行商向外商借贷援引"交结外国诓骗财物例"的规定，始于乾隆二十四年（1759 年）制定的《防范外夷规条》，而第一个因为商欠被处以刑事责任的行商是倪宏文。乾隆四十一年（1776 年）倪宏文因拖欠英商"货银万两无还"，被广东地方官府处以"减等拟徒援赦杖责"。乾隆皇帝则认为："倪宏文拖欠夷商货银盈万，实属有心诓骗远人……将倪宏文减等拟徒援赦杖责，殊属宽纵……幸而部臣议驳，改拟监追，若竟朦胧照覆，则是地方官庇护奸商而令外夷受累，屈抑难伸，其事实乖平允，殊非体恤远人之道……仍将倪宏文照部拟发配。"[②]最终，倪宏文因商欠破产而被"发往伊犁，永远安插"。

自倪宏文案以后，"交结外国诓骗财物例"就成为处理广州十三行商欠案的主要法律依据。此后有多位拖欠外商债务的行商被"发配边远充军"，如乾隆四

---

① 中国第一历史档案馆：《清代广州"十三行"档案选编》，载《历史档案》2002 年第 2 期。

② 中国第一历史档案馆编：《清宫粤港澳商贸易档案全集》（第 5 册），中国书店 2002 年版，第 2590～2592 页。

十五年(1780年)的行商颜时瑛与张天球,乾隆五十六年(1791年)的行商吴昭平,嘉庆十四年(1809年)的行商沐士方,嘉庆十五年(1810年)的行商倪禀发,[①]以及道光年间的行商潘长耀、黎光远、刘承澎、严启祥、梁承禧等。[②]刑事责任的规定与追究,给行商造成极大的心理威慑,由于畏惧因商欠可能导致的刑事责任,为避免处罚而畏罪潜逃的情况也有发生,如乾隆四十九年(1784年)"义丰行"行商蔡昭复、嘉庆十五年(1810年)"福隆行"行商邓兆祥。甚至还有行商畏罪自杀,如嘉庆元年(1796年)"万和行"行商蔡世文。[③]

由于行商要为前来广州贸易的外商提供担保,因担保而承担刑事责任也是行商受到刑事处罚的重要原因。尤其是在外国商船水手杀伤华人事件的情况下,为了迫使外国商船交出凶手,除了暂停贸易以外,广东地方官府往往通过行商向外国人施压,要求行商承担查出凶手的担保责任。行商在提供担保之后,往往因为外国商船未能及时交出凶手而承担刑事责任,如1807年的"海王星号"案与1821年"德兰诺瓦"案中,都有行商因为对外商的担保而被逮捕入狱或遭受刑事处罚。[④]

(二)经济赔偿

行商所承担的经济赔偿责任,多是因为商欠案的连带赔偿,而且行商因为商欠而承担经济赔偿责任的情形,比较常见。

因商欠承担经济赔偿责任的先例,始于乾隆四十五年(1780年)的颜时瑛与张天球案,该两家行商拖欠的外商债务合计超过白银150万两,2人被告发后,不仅依照"交结外国诓骗财物例"被发往伊犁充军,其家产也全部被查抄变卖用以抵偿外商债务,但仍有不能清偿的部分。两广总督巴延三与粤海关监督图明阿奏

---

① 梁嘉彬:《广东十三行考》,广东人民出版社2009年版,第137~138、142、153~154页;另可参见(清)梁廷枏:《粤海关志》,袁钟仁点校,广东人民出版社2014年版,第497~504页。

② 梁嘉彬:《广东十三行考》,广东人民出版社2009年版,第147、154~155页。

③ 同上;另可参见(清)梁廷枏:《粤海关志》,袁钟仁点校,广东人民出版社2014年版,第498~499、504~507页。

④ "海王星号"案,参见[美]马士:《东印度公司对华贸易编年史(一六三五~一八三四年)》(第3卷),区宗华译,林树惠校,章文钦校注,广东人民出版社2016年版,第46~47页;"德兰诺瓦"案参见[美]马士:《东印度公司对华贸易编年史(一六三五~一八三四年)》(第4卷),区宗华译,林树惠校,章文钦校注,广东人民出版社2016年版,第15页。

请:“不敷银两着落联名具保商人潘文岩等分作十年清还。”[①]该奏获得刑部的准许,自此确立了由行商代为偿还破产行商对外债务的法律制度。

此后,破产行商未清偿的外商债务基本都是由其他行商代为清偿的。乾隆五十六年(1791年)吴昭平商欠案发生后,乾隆皇帝以“内地商人拖欠夷商银两,若不即为清欠,转致贻笑外夷”的原因,命两广总督福康安等“即将关税盈余银两,照所欠先给夷商收领,再令各商分限缴还归款。”[②]虽然先用关税盈余代为清偿了商欠,但又要求各行商分限缴还,最终承担经济赔偿责任的仍然是行商。嘉庆十五年(1810年),行商郑崇谦、倪禀发因商欠破产,郑崇谦欠官府税饷与外商债务共计106.8万两,倪禀发欠官府税饷与外商债务共49.8万两,两行商资财全部变卖以后,未清偿的债务也是由其他行商分做10年摊还的。

第五节 行商制度的特点

作为广州十三行法制重要部分的行商制度,在多种因素的共同影响之下,呈现出一定的特点。从历史溯源的角度看,行商制度与明朝的“官设牙行”有着较多的关联,但行商制度根据广州中外贸易开展与管理的现实需要进行了制度革新,而且行商制度也随着近代化趋势下贸易的开展而处于不断变革之中。

一、行商制度是对官设牙行的继承与发展

行商制度对牙行制度的继承,主要表现为行商的职责,很大一部分来源于明代“官设牙行”参与贸易的制度内容。明朝时期广州市舶司任用的“官设牙行”代官府行事的范围已经非常广泛,包括检验外洋商船手续与货物、上报市舶司批准外洋贸易、对货物评估登记、协助市舶司抽分征税等内容。在朝贡贸易附属的互市贸易开展期间,牙行又负责居间介绍交易,并负责监督买卖行为的开展。嘉靖三十五年(1556年)广东海道副使汪柏还任用广、徽、泉三帮商人担任客纲与客纪,专门负责中外贸易。[③]“官设牙行”参与贸易的经验,为粤海关设立行商制度

---

① 中国第一历史档案馆编:《清宫粤港澳商贸易档案全集》(第5册),中国书店2002年版,第2689页。

② (清)梁廷枏:《粤海关志》,袁钟仁点校,广东人民出版社2014年版,第500页。

③ (清)顾炎武:《天下郡国利病书》(六),黄坤等校点,上海古籍出版社2012年版,第3423～3424页。

提供了借鉴。行商继承了牙行参与对外贸易的行为内容，并将该内容转变为行商代征关税与管理贸易的具体职责。

由于管理开海后中外贸易的需要，行商制度对牙行制度的内容进行了创新，其中体现出行商制度与牙行制度的不同。首先，与牙行只能协助管理贸易不同，行商直接参与贸易并享有对外贸易垄断权。清朝开海贸易后，在广州任用牙行主持贸易，“令牙行主之”①，这个“主持”是以行商参与贸易为前提的。明代市舶司虽然任用“官设牙行”协助贸易管理，但牙行并不是贸易开展的参与主体，不能直接获取贸易利润，因此牙行的积极性受到限制，牙行管理贸易的作用也就不能得到最大程度的发挥。粤海关任用行商参与贸易，既是中外贸易开展的现实要求，也是符合近代贸易发展趋势的举措。其次，在行商负有的征收关税与管理外贸责任中，行商制度也表现出一定程度的创新发展。粤海关通过赋予行商独占外贸的垄断权利，要求行商承担代缴关税、管理贸易与管理外来人员等义务。行商要对外商纳税进行担保，在外商不能缴纳时由行商代为缴纳，这在最大程度上保证了粤海关税收的稳定。而行商对外商的管理，既是行商的权力也是行商的义务。清政府通过行商便可严格管制外商，这成为广州十三行贸易管理中最重要的制度创新。

此外，封建社会一直都存在防范商民实力壮大而威胁政治统治的问题，这也是清政府所担心的内容。开海贸易后，中外贸易的开展带来的高额利润更容易导致行商大发横财，行商实力剧增可能会对政治统治造成威胁。而通过建立行商制度，粤海关控制了行商参与外贸的权利许可，清政府因此强化了对行商的管理，可以实现对行商的有效监管。以行商为媒介，清政府只需要严格管理行商，便抓住了外贸管理中的核心与重点，这是行商制度的创新，也成为广州十三行法制的特点。

二、行商的权利受拘束而担责不断强化

为了应对近代化趋势对贸易开展提出的具体要求，在清政府的制度设计之下，行商作为直接参与对外贸易的主体，不仅承担着管理对外贸易并代缴关税的职责，而且要对外国人进行直接管理。行商的权利有限，但所承担的义务范围较广且责任重大，呈现出权利受拘束而担责被强化的特点。

---

① （清）梁廷枏：《粤海关志》，袁钟仁点校，广东人民出版社2014年版，第496页。

行商权利受拘束,是指行商仅享有垄断经营对外贸易一项权利,而且该权利实际上受到诸多拘束。如前所述,管理外贸与管理来华外国人是清政府对行商的授权,行商的权利从表面上看比较广泛,但管理外贸与外国人也是行商的义务,行商实际上只享有垄断外贸一项权利。虽然从康熙二十五年(1686年)的《分别住行货税》到乾隆二十五年(1760年),清政府多次强调"外人只能与公行行商交易"[①],且从清政府到行商内部都出台了一些维护行商外贸垄断权的举措,但在广州十三行贸易开展的过程中,行商的对外贸易垄断权也受到诸多拘束与限制。行商是作为一个整体垄断对外贸易的,但在行商内部仍然存在竞争,对某一特定的行商来说,并不一定能实际享受外贸垄断权。另外,为了维护外贸秩序的稳定,清政府采取了贸易开展的衡平原则,允许行外商人经营个别种类商品的对外贸易,甚至为此专门出台了规章制度。[②] 综合来看,行商仅有的外贸垄断权也是受到拘束的权利。

行商担责被强化,是指行商被科以广泛的义务,而且其义务与责任呈现出不断扩大的趋势。行商实际承担着管理贸易开展、控制贸易流程、代缴外贸关税、管理外国商人、协助中外沟通等广泛责任,而对行商形成严重束缚的,还有行商的担保责任。行商的担保责任,不仅包括行商对外商纳税的担保,还包括对外商行为的担保,以及为新加入十三行的行商作担保,因此其担保内容极其广泛。尤其是在外国人管理方面,行商所承担的法律责任极为严格,行商要为外商在广州的所有行为负责,"一切交易货物,请牌完税公事,均由认保承办。"[③]外商"如有违法,唯保商是问。"[④]行商还负责对涉外贸易商业辅助人员的管理,包括引水人、通事、买办等国内商业辅助人员,以及对外国翻译、商船水手等外国商业辅助人员进行管理,如通事与买办在领取官府授予的执照时就必须有行商提供担保。此外,行商还承担着大量的经济义务,不仅被迫"主动"向官府纳贡,[⑤]还承担着捐输等经济负担,面临多种勒索,这些都造成了行商沉重的经济负担。

---

① 梁嘉彬:《广东十三行考》,广东人民出版社2009年版,第328页。

② [美]马士:《东印度公司对华贸易编年史(一六三五~一八三四年)》(第4卷),区宗华译,林树惠校,章文钦校注,广东人民出版社2016年版,第195~196页。

③ (清)梁廷枏:《粤海关志》,袁钟仁点校,广东人民出版社2014年版,第571页。

④ 同上。

⑤ 中国第一历史档案馆:《清代广州"十三行"档案选编》,载《历史档案》2002年第2期。

三、行商制度经历了不断变革的过程

为了应对近代化趋势下不断变化的贸易管理形势，清政府围绕行商外贸垄断权的维护与行商责任的强化，制定并完善相关管理制度，促进了行商制度的不断变革。行商制度的变革可以从两个方面进行考察，一是行商内部管理制度的变化，二是行商对外责任制度的完善。

在内部管理制度方面，行商的承商条件逐渐严格与完善，尤其是充任行商时的担保，经历了从个别担保到集体担保的变化。乾隆年间规定，新充任行商者只须提供1~2名行商作为担保，嘉庆年间设立总商后，新入行商必须取得包括总商在内的所有行商集体担保，"嗣后如遇选新商，责令通关总散各商公同慎选殷实公正之人，联名保结。"①但集体担保在实际中困难较大，因此导致新行商入选越来越难，道光九年(1829年)行商因倒闭只剩下7家。鉴于中外贸易增长较快对行商的需求也大，清政府实施了试办行商制度并恢复了担保旧例："其总散各商联名保结之例，著即停止。"②放宽担保条件后，行商数目有所恢复，但由于试办行商不承担正式行商所应承担的代征关税、管理外贸等法律义务，却能够以行商身份从事垄断性对外贸易，因此出现了试办行商寻找借口拒绝转正的情况。③试办行商还导致管理漏洞频出："十余年来，纹银出洋、鸦片流毒以及走私漏税诸弊丛生，固由外匪因缘为奸，亦难保非蠹从内出。"④为此，清政府又恢复了集体担保制度，道光十七年(1837年)九月上谕："承商之时，仍请复归联保旧例，责令通关总散各商公同慎选殷实公正之人，联名保结。"⑤

为了规范行商的内部关系，康熙五十九年(1720年)，行商自发成立了"公行"，并制定了《十三条行规》。虽然此后公行几经存废，但公行实际运行期间有效发挥了调整行商内部关系的作用。即使在公行被废止期间，公行确定的规范行

---

① (清)梁廷枏:《粤海关志》，袁钟仁点校，广东人民出版社2014年版，第503页。

② 中国第一历史档案馆、广州市荔湾区人民政府编:《清宫广州十三行档案精选》，广东经济出版社2002年版，第227页。

③ "新充之仁和行商潘文海试办已届七年，屡催未据出结咨部，又孚泰行商易元昌、东昌行商罗福泰暨新充尚未列册达部之安昌行商容有光，试办或届二年"。参见中国第一历史档案馆、广州市荔湾区人民政府编:《清宫广州十三行档案精选》，广东经济出版社2002年版，第227页。

④ 中国第一历史档案馆、广州市荔湾区人民政府编:《清宫广州十三行档案精选》，广东经济出版社2002年版，第228页。

⑤ (清)梁廷枏:《粤海关志》，袁钟仁点校，广东人民出版社2014年版，第506~507页。

商内部关系的原则，仍然在产生着实际作用。在公行被解散期间，总商制度的实施有效弥补了行商内部管理制度的空白。总商制度，不仅是公行制度的延续与发展，而且以官府法定制度的形式保证了其在规范行商经营行为、协调行商内部关系方面的重要作用。行商内部管理制度趋于规范化与体系化，为行商发挥对外管理作用奠定了基础。

行商对外义务的履行以及处理外部关系，以强化行商的外贸管理义务与外商管理义务为核心，通过不断完善行商承担的义务体系，产生了行商制度的变革。在贸易管理过程中，行商的义务逐渐扩展至外贸管理的所有方面，从关税征收担保到贸易管控再到外国人管理，行商几乎要对全部的贸易细节承担管理义务，行商的义务体系总体上呈现出越来越严格的特点。尤其是乾隆十年（1745 年）保商制度的实施，使行商与外商在义务履行方面变成利益攸关体。通过行商对外商行为的连带责任，强化了行商对外商的管理。乾隆二十四年（1759 年）以后，随着清政府强化对外商的管理，陆续制定出台了一系列规范外商行为的规章制度。虽然这些规章制度的直接目的是规范外商行为，但由于行商是对外商管理的媒介，行商直接承担着管理外商的责任，因此，这些制度也是对行商进行管理的法律依据，也促进了行商制度的完善。

第四章　广州十三行法制中的外商制度

随着广州中外贸易的逐步发展，前来广州贸易的外国人数量逐渐增多，这些外国人大多集中于广州十三行。外国人参与贸易的开展，同时也在广州停留居住。为了管理外来人员并维护广州十三行的中外贸易秩序，进而维护广东社会安定与封建统治稳定，清政府对外来人员实施了严格管理，建立形成了广州十三行法制中的外商制度。作为法律关系主体的外国人，本应独立享受权利并承担义务，但在追求开海贸易与防夷防闲衡平的目标导向下，清政府以行商为媒介对外国人实施了严格管理，导致外商在权利行使过程中对行商具有较强的依附性，而外商承担义务与责任时是独立的。随着近代化趋势发展带来的影响，清政府对外来人员的管控日趋严格，不仅限制了外商的人身自由，也钳制了对外贸易的自由发展。

第一节　外商制度的建立与变化

外商制度是清政府专门对进入广州的外来人员实施管理的法律制度。清政府专门建立并实施外商管理制度，与近代化趋势影响下中外贸易发展导致外国人大量进入广州直接相关。而随着中外贸易发展与外国人贸易需求的增加，清政府在应对的过程中不断改革外商管理具体举措，广州十三行法制中的外商制度发生变革。

一、外商制度的建立

对进入国境的外国人进行管理,被历朝历代封建统治者所重视,防范外来人员也是清政权建立之后一直坚持的政策。清政府在近代化趋势的推动下实施开海贸易以后,由于前来广州开展贸易的外国人数量增加,急需运用法律手段对外来人员进行管理约束。而清朝管理外国人的法律制度相对缺失,因此有必要制定并实施专门管理外国人的法律制度。

(一)近代化趋势下贸易发展提出的管理要求

随着近代化趋势的加强,资本主义国家对华贸易迅速发展,前来中国开展贸易的外来人员数量急剧增加。由于广州是中外贸易的主要港口,“一口通商”之后广州更是成为中外贸易的唯一口岸,因此有大量的外国人员活跃在广州及其周边地区。从具体的地点来看,来到广州开展贸易的外国人,或直接居住在广州十三行的行商商馆,或者暂时停留在广州黄埔港的外国商船内,而在非贸易季节则可能暂住于澳门。出于维护贸易秩序与社会稳定的需要,清政府必须对这些因贸易进入广州的外国人进行管理。按照外国商人的国籍以及具体身份的不同,来到广州的外国商人大致分为3类:公司商人、英国散商及美国商人。

公司商人特指各国东印度公司的商人群体。东印度公司是广州十三行对外贸易的主要对象,清朝时期有多个国家的东印度公司与广州十三行直接开展贸易,其中最有影响力的当属英国东印度公司。英国东印度公司成立于1600年,清朝入关建立政权不久就有该公司的商船抵达澳门。[①] 1699年,英国东印度公司商船首次到达广州开展贸易,其后便一直保持与广州十三行的中外贸易。英国东印度公司不仅垄断了英国的对华贸易,而且占据了广州对外贸易的较大比例,英国东印度公司的商人也是数量最多的广州外商群体。荷兰东印度公司的对华贸易也很显著,荷兰东印度公司成立于1602年,雍正五年(1727年)荷兰在广州十三行设立了商馆,1729年开始派遣商船到广州直接开展贸易。[②] 法国在1664年正式组建东印度公司,1698年11月2日第一艘法国公司商船抵达广州,[③]1728年法

① [美]马士:《东印度公司对华贸易编年史(一六三五~一八三四年)》(第1卷),区宗华译,林树惠校,章文钦校注,广东人民出版社2016年版,第352页。

② 同上书,第216页。

③ 同上书,第100页。

国在广州设立了商馆。瑞典东印度公司成立于1731年,第二年9月就有该公司商船到达广州。[①] 此外,还有丹麦、奥地利、普鲁士等国的东印度公司。由于英国东印度公司与广州十三行展开贸易的船舶数量最多,贸易规模也最大,因此英国商人与粤海关、广东地方官府、广州十三行行商之间的交往、交涉与争议也最多,对外商制度变革的影响也最大。

英国散商,也称港脚商人,是指专门从事"港脚贸易"的商人群体。"港脚贸易",原是指印度各港口之间以及印度与其他亚洲国家之间的贸易,18世纪中叶英国散商从英国东印度公司获得了开展"港脚贸易"的经营权,到18世纪末期"港脚贸易"已经涵盖了从印度输入中国的商品贸易。[②] 英国散商的贸易行为,不仅成为英国东印度公司对华贸易的积极补充,也在中英印3国之间的"三角贸易"中发挥着重要作用。[③] 英国东印度公司虽然明确要求散商必须在每年贸易季度结束之前离开中国,但执行效果并不理想,18世纪70年代就有英国散商滞留广州。[④] 英国散商的人员数量与商业规模不容小觑,据统计,1699~1833年,前来广州贸易的英国散商商船数量高达1628艘,[⑤]18世纪后期英国散商已经超过了同期的英国东印度公司的贸易规模。散商的贸易规模大、商人数量多,而且英国散商是鸦片贸易的主要参与者,自然成为清政府的重点管控对象。

美国商人前来广州贸易,始于1784年到达广州的第一艘美国商船"中国皇后号",该商船在广州的贸易取得了成功,其后有大量美国商船前来广州十三行开展人参、皮货、檀香等贸易。美国是仅次于英国的来华贸易商船较多的国家,美国商人在广州的外来人员群体中所占比例也相对较高,也是除了英国商人以外对华鸦片走私数量最多的商人群体。

除了商人以外,前来广州的外国人还包括数量较多的外国商船的水手、仆役

---

① [美]马士:《东印度公司对华贸易编年史(一六三五~一八三四年)》(第1卷),区宗华译,林树惠校,章文钦校注,广东人民出版社2016年版,第238~239页。

② [英]格林堡:《鸦片战争前中英通商史》,康成译,商务印书馆1961年版,第9~10页。

③ "三角贸易"是指:中国(广州)的茶叶出口至英国,英国输入商品至印度,印度的棉花和鸦片运入中国。同时,中国的白银流向印度,英国从印度获得财富并将此财富的一部分用来支付中国茶叶进口的对价。参见[美]费正清、刘广京编著:《剑桥中国晚清史》(上卷),中国社会科学出版社1985年版,第160页。

④ [英]格林堡:《鸦片战争前中英通商史》,康成译,商务印书馆1961年版,第18页。

⑤ 王巨新:《清朝前期涉外法律研究》,人民出版社2012年版,第449~452页。

等人员，1780 年之后来到广州的外国船员数量就达到了七八千人，[①]清政府必须对数量众多的外国船员进行管理。此外，来到广州的外国人还包括传教士，以及乔装成医生或科技人员的传教士，这些人员也成为清政府的管理规制对象。

（二）防范外来人员的统治要求

近代化趋势带来的贸易量增加与外来人员增加，是广州十三行法制中的外商制度建立的直接原因。从根本上看，出于防范外来人员而对其进行管制是维护封建统治的要求，近代化趋势对清朝贸易发展的影响更加强化了这一要求。

清朝政权自建立之后，就一直注重对外来人员的防范。

首先，这是继承了明朝的统治传统。明朝时期中外交流刚刚开始，朝廷上下都缺乏对外国人的了解与正确认识，而且西班牙人与葡萄牙人东进是以海盗掠夺作为开路先锋的，屡次以枪炮战争方式袭击东南沿海，使明朝上下对外国人的认识更为妖魔化，甚至将其形容为“喜则人而怒则兽”。[②] 虽然葡萄牙人通过多种手段逐渐获得了在澳门的居住权，但明廷对其颇有防范，“粤之有澳夷，犹疽之在背也。”明政府强化对葡萄牙人的管控，采取了将葡萄牙人限制在澳门固定区域的管制方式，并派遣军队予以严密监控，既限制居澳葡人与内地民人接触，又禁止居澳葡人与倭寇等流贼串通。“濠镜在香山内地，官军环海而守，彼日食所需咸仰于我，一怀异志，我即制其死命……内不许一奸阑出，外不许一倭闯入。”[③]万历四十二年（1614 年）“设参将于中路雍陌营，调千人戍之。”天启元年（1621 年）又改设参将于前山寨并增加兵力。[④] 清政权接管广东后，于顺治四年（1647 年）仿明例同样在前山寨设参将率兵管理，[⑤]此后，虽然官兵设置多次变更，但军事管控始终没有放松。

其次，清政府对外来人员严加防范，是因为“它害怕外国人会支持很多的中国人在中国被鞑靼人征服以后大约最初半个世纪里所怀抱的不满情绪”。[⑥]

最后，清政府严加防范外来人员，与外国人在清朝国内的活动直接相关。康熙年间的“宗教礼仪冲突”首先引起了清廷的高度警觉。明朝末年天主教进入中

---

① 王巨新：《清朝前期涉外法律研究》，人民出版社 2012 年版，第 300 页。

② （清）印光仁、张汝霖：《澳门记略》，赵春晨点校，广东高等教育出版社 1988 年版，第 20 页。

③ 同上书，第 22 页。

④ 同上书，第 22～23 页。

⑤ 同上书，第 23 页。

⑥ 《马克思恩格斯选集》（第 2 卷），人民出版社 1972 年版，第 6～7 页。

国初期，以利玛窦为首的传教士采取“合儒”的策略，顺从中国传统礼俗，对中国教徒的祀祖、祭孔、敬天等活动均不禁止，以换取统治阶级对传教的默许。康熙四十三年（1704 年），志在加强宗教势力扩张的罗马教皇却发布教令，禁止中国教徒敬天、祀孔、祭祖，并直接要求清廷予以服从并配合。康熙皇帝认为，祭祖、祀孔、敬天、事君是天下通义，决不能废，并专门要求传教士返回罗马教廷请教皇收回成命，但罗马教廷拒绝了康熙皇帝的要求。不甘示弱的清廷于康熙五十六年（1717 年）正式禁止天主教在华传播。宗教礼仪冲突表面上是礼仪形式的分歧，但背后却是统治思想之争，罗马教廷的宗教礼仪要求实际上动摇了清朝封建统治的思想根基，这种危及封建统治的事件自然引起了统治者的极度警觉。康熙皇帝充分认识到外国的潜在威胁：“海外如西洋等国，千百年后中国恐受其累。”[①]乾隆五年（1740 年）南洋的爪哇巴达维亚城（今雅加达）发生了近万华侨遭遇外国殖民者屠杀的血腥事件，虽然清朝统治者将被杀华侨视为“海外弃民”，[②]未对此事件予以干涉与责难，但屠杀华侨行为也让清廷充分认识到外国人的凶残，更加强化了清廷对外来人员的防禁心理。

清政府对外来人员的密切防范在澳门的行政管理中得以体现。清朝前期除了沿袭明朝对澳门的军事管理以外，对澳门的行政管理也在加强，这是强化对外国人管理的手段，更是清朝防范外夷思想的体现。继顺治四年在前山寨派驻 500 名官兵之后，康熙年间多次增兵，最多时官兵达到 2000 多名。[③] 雍正九年（1731 年），“移香山县丞于前山寨”，[④]专门负责处理澳门事宜。乾隆九年（1744 年）在两广总督策楞基于“香山之澳门，尤夷人聚居之地，海洋出入，防范不可不周”的建议下，清廷“以肇庆府同知改设前山寨海防军民府同知，以县丞属之，移驻望厦村”，加强对澳门的行政管理，随后改为由广州府海防军民府同知充任“澳门同知”，[⑤]负责澳门海防军务、日常管理、贸易开展、纠纷处理等全部事项。清政府对澳门的管理，既是清朝对外政策的一部分，也充分体现了清廷防范外来人员的政

① 《清圣祖实录》卷二七〇，中华书局 1985 年版，第 650 页。

② “海外弃民”的依据在于，康熙五十六年议准：“如有出洋之人留在国外者，该督抚行文外国，将留下之人令其解回，即行正法。”雍正六年重申：“其从前逗留外洋及违禁偷往之人，不准回籍。”光绪《清会典事例》卷七七六《刑部·兵律·关津》，中华书局 1991 年版，第 525～526 页。

③ （清）印光仁、张汝霖：《澳门记略》，赵春晨点校，广东高等教育出版社 1988 年版，第 23 页。

④ 同上书，第 24 页。

⑤ 同上书，第 24～26 页。

治统治要求,外商制度对外国人的管控与此同出一辙。

(三)管理外国人的法律规范相对缺失

对于来广州贸易的外国商人及其水手随从等人员,需要依靠细致完善的法律规范进行约束管理,但开海贸易初期清朝管制外国人的法律制度是相对缺失的。管制外国人的法律缺失的情况并非只在清朝凸显,历史上各朝各代虽然曾制定过针对外来人员的婚姻、继承等问题的专门规定,①但对来华外国人管理都没有形成专门的制度。一方面,这是因为来华人数较少,对外国人管理的迫切性不强;另一方面,自《唐律疏议》开始,已经形成对外国人即"化外人"按照本朝律令管理与处罚的法律传统。这种传统简单却有效,历代陈陈相因几无改变。《唐律疏议》规定:"诸化外人,同类自相犯者,各依本俗法,异类相犯者,以法律论。"②《宋刑统》的规定与此基本相同。《大明律》更加重视对涉外案件的管辖权,明确规定"凡化外人犯罪者,并依律拟断",③但对外国人管理的制度并没有突破性发展。

清朝建立之后,管理外国人以及作出裁判的最重要依据是《大清律例》,但《大清律例》中关于外国人管理与处罚的法律规定极少。以乾隆五年《大清律例》为例,其共计有律文436条和条例1049条,但关于外国人管理与处罚的条文只有"化外人有犯"条,且该条只是承袭了明代的简单规定:"凡化外(来降)人犯罪者,并依律拟断。"④显然该条只是规定了来华外国人犯罪适用清朝法律处理的基本原则,《大清律例》并没有针对外国人法律责任承担等问题的专门条文,因此远远不能满足广州十三行中外贸易中管理外来人员的需要。为了适应管理外国人的形势,清政府必须根据管理形势不断制定并完善相关法律规定。

另外,追究外来违法人员的刑事责任只是最后的制裁措施,刑罚的威慑性只是管制手段之一,更重要的是,要通过制定法律对人的行为作出指引,以产生预防犯罪或违法的效果。清政府对广州中外贸易管理的定位与要求,不仅在于增加关税收入,更要对进入广州的外国人进行有效的预防式管制。预防功能是法律的重要功能之一,古今中外概莫能外,这也是清政府针对广州的外国人管理制定专门法律的原因所在。

---

① 如唐朝时期,就对来华外国人的婚姻、继承等情况作出了规定,见《唐律疏议》卷八《卫禁》,"越度缘边关塞"条。

② 《唐律疏议》卷六《名例》,"化外人相犯"条。

③ 《大明律》卷一《名例律》,"化外人有犯"条。

④ 《大清律例》卷五《名例律下》,"化外人有犯"条。

二、外商制度的变化

清政府制定并实施外商制度是为了对外国人实施有效管制，因此，外商制度必将随着外商管理形势的变化而发生变化。随着近代化趋势的加强，外国人对清朝中外贸易的需求更加扩大，广州的外商管理形势也发生了重大变化，外商制度发生了变革。

（一）从松散管理到规范管理的变化

在清廷实施开海贸易初期，由于前来广州贸易的外国人数量不多，因此清政府对外来人员的管理相对松散。这从行商的职责范围中也可以看出，这一时期行商并没有担负管理外来人员的职责。随着近代化趋势下中外贸易量的增加，来华外国人数量增加，清政府逐渐确定了通过行商对外国人实施管理的制度，外商制度开始建立，清政府对外国人的管理开始规范化。从时间段来看，这个过程自康熙二十四年（1685 年）开海贸易起直到乾隆二十四年（1759 年）《防范外夷规条》出台，其间清政府对外国人的管理不断规范。

在这一时期，从最高统治者皇帝到户部再到粤海关与广东地方官府，先后颁布或制定了一系列管理措施，确立了通过行商管制外商的管理方式，行商也开始实际履行管理外商的职责。尤其是乾隆十年（1745 年）保商制度的建立，实际上是清政府以课重行商义务的方式规范了对外商的管理，建立了内容相对严密的外商管理制度。① 前来广州贸易的外商与其他外来人员的管理均由广州十三行行商具体负责，如乾隆十六年（1751 年）行商就已经开始严格稽查外国妇女入驻广州。② 在这一时期，粤海关与广东地方官府通过规定行商的具体职责，基本建立了外商的权利义务体系，涉及外商在商业行为、贸易程序、出入广州、留居广州与衣食住行、权利保护、责任追究等多方面的内容。通过行商管制外商的法律制度的实施，在一定程度上产生了规范外商行为的效果。但由于行商与外商在追逐商业利益方面具有相同性与一致性，且行商对外商也有所依赖，典型的如行商向外商借贷，因此，这一时期外商管理制度的实施效果并不理想。

在这一时期，清政府也制定了专门针对外国人管理的规章制度。如乾隆九年

① 中国第一历史档案馆、澳门基金会、暨南大学古籍研究所合编：《明清时期澳门问题档案文献汇编》（一），人民出版社 1999 年版，第 328 页。

② 广东省档案馆编：《广东澳门档案史料选编》，中国档案出版社 1999 年版，第 14 页。

(1744年)澳门同知印光任制定的《管理番舶及澳夷章程》,其内容主要规定了洋船入港程序、引水管理、禁止私入澳内、澳门夷目呈禀程序、采买船料程序、澳门匠作管理、海防衙门职责等。[①] 乾隆十四年(1749年)澳门同知张汝霖与香山县令暴煜又共同拟定了《澳夷善后事宜条议十二条》,内容主要包括驱逐匪类、稽查船艇、赊物收货、犯夜解究、夷犯分别解讯、禁私擅凌虐、禁擅兴土木、禁贩卖子女、禁黑奴行窃、禁夷匪夷娟窝藏匪类、禁夷人出澳、禁设教从教等。[②] 虽然这两项规定的制定者为澳门同知和香山县令,而不是对广州十三行的外国人承担行政管理职责的粤海关或广东督抚,且其内容主要在于规范澳门内部管理的相关事项而不是针对广州十三行外商管理事项,但这两项规定也涉及了对广州十三行外商进行管理的相关内容,在一定程度上也促进了广州十三行外商管理的规范化。

(二)从规范管理到严格管理的变化

自乾隆二十四年(1759年)两广总督李侍尧奏请朝廷批准实施《防范外夷规条》时起,清政府开始制定专门制度对外国人进行管理,广州十三行的外商制度开始从规范管理进入严格管理阶段。

清政府之所以制定并实施针对外商管理的专门规章,与近代化潮流所推动的广州十三行外商管理形势变化直接相关。《防范外夷规条》出台的背景是英国商人洪仁辉寻求贸易市场扩大所引发的"乾隆朝外洋通商案",清政府总结此案认为,广州十三行对外国人管理的效果不佳,主要原因是通过行商约束外商的制度存在流于形式的弊端,在没有制定专门制度的情况下难以发挥应有的作用,因此有必要制定专门规章。此后,清政府又制定了多部专门针对外国人管理的规章制度,对外商的管理渐趋严格。

乾隆二十四年(1759年)六月,洪仁辉以控告粤海关贪腐的名义到达天津"告御状",但其真实目的在于前往内地开展贸易并扩大市场。洪仁辉驾船直达天子脚下的行为引起清廷的极大震动,这不仅暴露了外商对深入内地通商的要求与野心,也暴露了外商制度在约束外商方面的弊端与不足。清廷认为,洪仁辉此行之所以能够得逞,是因为内地奸民教唆引诱,加之行商的稽查与管束没有奏效,而造成这种局面的原因恰恰在于以往行商管束外国人的规定并非定例,不仅行商重视

---

① (清)印光仁、张汝霖:《澳门记略》,赵春晨点校,广东高等教育出版社1988年版,第28~29页。

② 同上书,第36~38页。

不够，未按照规定履行职责，而且广东地方官员也因漠视而玩忽职守，导致相关规定逐渐废弛。李侍尧即认为："历任兼关督抚诸臣所定稽查管束夷人条约非不周密，第因系在外通行文檄，并非定例，愚民畏法之心不胜其谋利之心，行商人等亦各视为故套，漫不遵守，地方官惟图息事宁人，每多置之膜外，以致饬行未久，旋即废弛，非奏请永定章程，并严查参条例，终难禁遏。"①

从外商角度来看，对于没有成为规范性条文的管理规定，外商的敬畏之心不够，导致法律实施效果不佳。概言之，广州十三行行商约束外商的制度之所以实施效果不理想，是因为没有专门性的权威章程可供遵守。而制定专门的章程，就能达到"与其惩创于事后，似不若防范于未萌"的效果，②因此，有必要将以往管理外商的零散条规加以整理，并奏请皇帝使之成为永定章程，以增强威慑力与执行力。此外，也只有完善立法，才能实现严格"夷夏之防"的目标，"晓谕内地商民及各国夷商永远遵守，似于柔远恤商之中寓防微杜渐之道，而中外体统亦觉崇严矣。"③

正是出于这种考虑，清廷开始针对广州十三行的外商管理制定专门的规章。在乾隆二十四年(1759 年)李侍尧奏请的《防范外夷规条》获得清政府批准后，嘉庆十四年(1809 年)，两广总督百龄与粤海关监督常显共同制定了《民夷交易章程》；嘉庆十九年(1814 年)，两广总督蒋攸铦与广东巡抚董教增制定了《酌筹整饬洋行事宜》；道光十一年(1831 年)，两广总督李鸿宾与粤海关监督中祥制定了《章程八条》；道光十五年(1835 年)，两广总督卢坤与粤海关监督中祥制定了《增易防范夷人章程》(增易规条)，广州十三行管理外商的专门规章逐次出台。虽然这些规章在具体内容上有所重复，但通过多次重申更加强化了外商的义务与责任，也显示出清政府对外商管理趋于严格的态势。

第二节　外商的权利

为了保障广州十三行中外贸易的顺利开展，清政府赋予了外商一定的权利。这些权利为外商在广州的贸易活动提供了便利，也为中外贸易的开展提供了保障

① 中国第一历史档案馆:《清代广州"十三行"档案选编》，载《历史档案》2002 年第 2 期。

② 同上。

③ 同上。

条件。按照具体内容划分,外商的权利包括在贸易中的权利、留居广州的权利以及其他方面的权利。由于清政府对外商的管理是通过行商实现的,外商行使权利均需要借助行商,外商的权利实际是依附于行商的权利。

一、外商在贸易中的权利

外商来广州最主要目的是开展贸易,为保障对外贸易的顺利开展,外商被赋予了一些与贸易开展直接相关的权利。外商这些权利的行使有些完全依赖于行商,也有一些权利体现了外商在一定程度上的意思自治。

(一)外商在贸易中的依附性权利

首先,外商对行商的依附,表现在开展贸易方面,外商贸易权利的行使几乎全部依赖行商。外商来广州贸易,从到达广州之时起,就与行商建立了不可分割的依附关系。按照清政府对外商的管理规定,外商欲开展贸易首先需要在行商之中寻找保商,"外洋夷船到广,俱先投省行认保。"①只有经过保商承保的外商才能够获得在广州开展贸易的资格,才能将其载货商船停泊于黄埔港。由于外商不能同行商以外的商人直接接触,外商销售进口货物以及购买出口货物均需要由行商代理,行商既是外商贸易的中介人员,又是外商贸易的交易对手。在进出口商品价格的确定、寻找并购买出口货物、货物进出口的关税缴纳等方面,外商必须全部依赖行商,这就决定了外商在广州几乎所有贸易权利的行使都需要依附于行商。"(外商)将载来货物起贮行内,行商又代为置货回国,所有进口出口各货,俱由行商报验,核明税额,填单登簿。"②

其次,外商向官府具禀的权利依附于行商。在开海贸易之初,外商原本享有就相关贸易事宜直接呈禀广东地方官府的权利,也经常传递禀帖直接表达贸易诉求。但随着对外国人管制的强化,清政府对外商呈递禀帖的权利作出了限制性规定。道光十一年(1831 年),两广总督李鸿宾与粤海关监督中祥制定的《章程八条》中明确规定:"遇有事关紧要必须赴总督衙门禀控者,应将禀词交总商或保商代递,不准夷人擅至城门口自投。"③道光十五年(1835 年),两广总督卢坤与粤海关监督中祥制定的《增易防范夷人章程》中又强调:"嗣后凡夷人具禀事件,应一

① 中国第一历史档案馆:《清代广州"十三行"档案选编》,载《历史档案》2002 年第 2 期。

② 同上。

③ (清)梁廷枏:《粤海关志》,袁钟仁点校,广东人民出版社 2014 年版,第 566 页。

概由洋商代为据情转察。"外商呈递禀帖的权利只能通过行商代为行使。只有在特别情形下,外商才能直接向清政府具禀,这主要是在行商拒绝代为递送禀帖的情况下,"倘总商、保商执意拦阻,不为代递,致夷情不能申诉,方准夷人携禀前赴城门口。"①道光十五年(1835 年),清政府再次强调外商具禀必须通过行商代为转达,不过保留了一定条件下外商直接具禀的权利:"如系控告洋商事件,或洋商有抑掯不为转禀之事,仍许夷人自赴地方官衙门禀讦。"②

最后,外商雇请买办与通事的权利依附于行商。出于隔离内地汉人与外来人员的目的,清政府禁止汉人与外国人直接接触,更禁止汉人受雇于外商,只允许引水、买办与通事等少数几类汉人受雇。前述 3 类人员中,引水的选任由外商自主决定,但买办与通事的选任实际上受到了行商的限制或影响。广州十三行对外贸易中的买办,一般是由澳门同知就近选择本地家境殷实之人充任,并由官府向具有买办资格的人员发放腰牌与印照。③ 买办原本是允许外商自主雇请的,但在雍正八年(1730 年)之后外商丧失了该项权利。④ 为了强化管理,清政府还实施了"买办责成通事保充,通事责成洋商保充,层递钳制"的担保制度,这就导致外商雇请买办与通事必然受到行商的牵制。此外,还有"行商按月造具各夷商名下买办人夫名籍清册,送县存案,随时稽查"的规定,⑤因此,行商实际上承担着管理买办与通事的义务,外商雇佣买办与通事的权利依附于行商。

(二)外商有一定程度的贸易自由权利

虽然外商的权利行使基本都需要借助于行商,但在广州十三行中外贸易开展过程中,外商也享有一定程度的贸易自由权利。不过,这种自由权利并非完全的自由,而是在依附于行商的框架内,具有一定程度的选择自由。

外商有按照意思自治开展贸易的权利。外商按照意思自治开展贸易,是指外商具有根据自己的意愿开展贸易的自由,这种自由既包括选择贸易对象的自由,也包括选择贸易商品的自由。广州十三行设立之初,清政府对外商在华贸易的交

① (清)梁廷枏:《粤海关志》,袁钟仁点校,广东人民出版社 2014 年版,第 566 页。

② 同上书,第 571 页。

③ 台北故宫博物院辑:《清代外交史料》(嘉庆朝第 3 册),台北,成文出版社 1969 年版,第 272 页。

④ 据 1730 年 8 月 25 日一名驻黄埔的外国船长记载:"我被剥夺了以往的权利,不准我到处购买船上的伙食,而且把我的买办带走,另派一个给我。"[美]马士:《东印度公司对华贸易编年史(一六三五～一八三四年)》(第 1 卷),区宗华译,林树惠校,章文钦校注,广东人民出版社 2016 年版,第 230 页。

⑤ (清)梁廷枏:《粤海关志》,袁钟仁点校,广东人民出版社 2014 年版,第 570 页。

易对象并无严格限定。乾隆二十四年(1759年)以前,即使已经有《分别住行货税》的规定,行商已经取得对外贸易垄断权,但外商仍可以与行外商人进行一定的贸易,外商在选择交易对象方面具有一定的自主权。即使在清政府规定了外商只能与行商开展贸易以后,对于和哪一家行商开展贸易,外商仍有选择的自由。比如,在保商制度实施以后,外商对选择哪一家行商作为保商就享有自主权利,“听其自行具保”①。在贸易商品的选择方面,外商享有较为充分的自主权利,可以根据其国内市场或国际市场的实际情况,自由选择进口或出口的贸易商品。除了一些关涉社会稳定的商品出口受限以外,清政府对外商的商品选择并不干涉。从实际情况来看,外商向中国出口的多为羽纱、毛呢、豆蔻等商品,而从中国进口的则主要是茶叶、丝绸、瓷器等大宗商品。

外商有一定程度的自由雇佣引水人的权利。外国商船进入澳门以后,需要引水的向导才能通过从澳门至黄埔港的复杂水道。从乾隆九年(1744年)起,清政府开始对引水进行规范化管理:“洋船进口,必得内地民人带引水道,最为紧要。请责县丞将能充引水之人详加甄别,如果殷实良民,取具保甲亲邻结状,县丞加结申送,查验无异,给发腰牌执照准充,仍列册通报查考。”②道光十五年(1835年),两广总督卢坤与粤海关监督中祥制定的《增易防范夷人章程》中规定:“近来每有匪徒在外洋假充引水,将夷人货物诓骗逃走,并有匪类诡托买办之名,勾串走私等弊。迨事发查拿,因该匪徒诡托姓名,无从缉究。嗣后澳门同知设立引水,查明年貌、籍贯,发给编号、印花腰牌,造册报明总督衙门与粤海关存案。遇引带夷船,给与印照,注明引水船户姓名,关汛验照放行。其无印花腰牌之人,夷船不得雇用。”③由此可知,清政府只是对引水的资格进行了规范管理,外商具有选择引水的自由,因此才会有外商选择了假冒的引水而被诓骗财物。也正是因为外商具有选择引水的自由,所以才需要对引水进行发放印花及腰牌等规范化管理,以方便外商在自主选择引水时查验核对其合法身份。

外商有诉请保护其合法利益的权利。在商业权利与利益受到损害的情况下,外商可以直接提出控告,求助广东地方官府保护自己的合法权益。道光十一年(1831年)两广总督李鸿宾与粤海关监督中祥制定的《章程八条》中规定:“其行

---

① (清)梁廷枏:《粤海关志》,袁钟仁点校,广东人民出版社2014年版,第571页。

② (清)印光仁、张汝霖:《澳门记略》,赵春晨点校,广东高等教育出版社1988年版,第28页。

③ (清)梁廷枏:《粤海关志》,袁钟仁点校,广东人民出版社2014年版,第570页。

商与夷商交易,每年买卖事毕,令夷商将行商有无尾欠,报明粤海关存案,各行商亦将有无尾欠,据实具结,报明粤海关查考。如有行商亏本歇业,拖欠夷商银两,查明曾经具报者,照例分赔。未经报明者,即不赔缴,控告亦不申理。"由此可知,对于行商亏欠外商货款的情况,外商可以诉诸官府寻求保护,但前提必须是已经在官府备案的债权。另外,《章程八条》对外商的控告时效也作出了规定:"其当时不控,过后始行控追者,不为申理,以杜新旧影射之弊。"①

此外,清政府对商欠案的处理,充分证明了其对外商权益的保护。从乾隆至道光年间,有多位向外商借款的行商被"照交结外国借贷诓骗财物例"发往伊犁充军,但外商的借款均得到赔偿,甚至出现官府代为偿还的情况。如乾隆四十一年(1776 年)行商倪宏文因拖欠外商债务被发配充军,对抄家所得不足以清偿外商债务部分,乾隆皇帝下旨:"其不敷之数,勒限一年追清。如限满不能全完,即令该省督抚司道及承审此案之府州县于养廉银内按数摊赔。"次年四月广东巡抚李质颖奏称:"倪宏文赊欠英吉利国夷商货银一万一千余两,监追无着。经伊胞弟倪宏业、外甥蔡文观代还银六千两,余银五千余两,遵旨于该省督、抚、司、道及承审之府、州、县照数赔完贮库,俟夷商等到粤给还。"②乾隆五十六年(1791 年)行商吴昭平拖欠英商货款,也是从粤海关关税中拨款代为清还。③

二、外商留居广州的权利

由于开展贸易,外商需要在广州居住一段时间,因此外商具有临时留居广州的权利。此外,为了方便外商的衣食住行,在与留居广州相关的出行、外出活动等方面,外商也享有相应的权利。

(一)与贸易相连的外商留居权

外商留居广州的权利与贸易活动紧密相连,外商享有在广州留居权的一般原则是:有贸易则有留居权,贸易结束则留居权丧失。由于外商留居广州必须居住于行商的商馆,因此外商行使该权利时始终具有对行商的依附性。

开海贸易之初,清政府只准外商在贸易季节留居广州,"番船贸易完日,外国

① (清)梁廷枏:《粤海关志》,袁钟仁点校,广东人民出版社 2014 年版,第 567 页。
② 同上书,第 496 ~ 497 页。
③ 同上书,第 500 页。

人员一并遣还,不许久留内地。”①但这一规定并未得到贯彻执行,外商经常连续两个季度留居广州,且在贸易停止时也未按照规定离开。比如,法国大班从 1698 年以后就经常如此,荷兰商人也进行效仿,就连管理最为严格的英国东印度公司商人也曾在 1730 年和 1750 年两次采用这个办法。② 自乾隆二十四年(1759 年)起,外商留居广州的权利受到严格的限制,外商只能在贸易季节留居广州,贸易季节结束后必须离开广州。但对贸易活动尚未结束的外商,允许其暂时留居澳门。乾隆二十四年颁行的《防范洋人条规》中规定:“其夷商有因行货未清,情愿暂留澳门居住者,听其自便。”③

乾隆五十九年(1794 年),两广总督针对英国大班提出的延长在广州留居时间的请求作出批示:“查货船去后,夷人各有紧要事,准其宽限二十日,以资料理。”④这使外商留居广州的权利在时间方面有所延长。此后,虽然清政府又出台多个法令限制外商留居广州的权利,但都没有实际剥夺外商的留居权利。道光十一年(1831 年)经奏准颁行的《章程八条》中规定:“嗣后夷商如果早抵省城,货物全销,仍令照旧按期返棹。倘迟至八九月间始行到粤,售货需时,应责成各行商将住省夷商认真稽查约束,一面公平售货,迅速兑价,不得拖欠措延。各国夷商一俟货销事竣,不论何时即行随船回国,或前往澳门居住,不得无故潜留。”⑤按照这一规定,如果外商是因为迟到广州导致错过贸易季节,则外商在货物销售完毕且事务办理完毕之前都有权留居广州,而不受贸易季节的限制,这为外商长期留居广州打开了法律许可之门,外商留居广州的权利进一步扩大。

(二)外商留居广州期间的外出权利

外商在留居广州期间,在一定条件下享有一定的人身自由权利,但外商行使该权利时必须有行商或通事陪同,这凸显了外商行使该项权利的依附性。

---

① (清)梁廷枏:《粤海关志》,袁钟仁点校,广东人民出版社 2014 年版,第 345 页。

② [美]马士:《东印度公司对华贸易编年史(一六三五~一八三四年)》(第 1 卷),区宗华译,林树惠校,章文钦校注,广东人民出版社 2016 年版,第 202~203、238~239、334 页;[美]马士:《东印度公司对华贸易编年史(一六三五~一八三四年)》(第 2 卷),区宗华译,林树惠校,章文钦校注,广东人民出版社 2016 年版,第 2 页。

③ (清)梁廷枏:《粤海关志》,袁钟仁点校,广东人民出版社 2014 年版,第 551 页。

④ 英商呈禀内容为:“我们买卖货船起身后,还有人留在广东;向来一起身,就催落澳,求大人着他们有要紧事情,或多留几日,或随便到澳门。”见许地山编:《达衷集(鸦片战争前中英交涉史料)》(卷下),商务印书馆 1931 年版,第 167 页。

⑤ (清)梁廷枏:《粤海关志》,袁钟仁点校,广东人民出版社 2014 年版,第 568 页。

《防范洋人条规》中明确规定，外商可以因为购物等事由外出行动，只是为了避免民夷之间产生纠纷，需要由行商和通事随行。[①] 乾隆五十九年(1794 年)，英国公司大班呈禀提出请求，为防止身体生病需要外出活动，两广总督对此批准："嗣后应于每月初三、十八两日，夷人若要略为散解，应令赴报，派人带送海幢寺陈家花园，听其游散，以示体恤。"[②]嘉庆二十一年(1816 年)，两广总督蒋攸铦批示准许外商每月初八、十八、二十八 3 次前赴海幢寺、花地闲游，[③]道光十五年(1835 年)的《增易防范夷人章程》重申了这一规定，允许外商每月 3 天前往花地、海幢寺闲游，但若不守该项规定行商与通事将被治罪。[④] 可见，外商在广州留居期间，一直享有外出的权利，但该项权利的行使始终需要依附于行商或通事。

(三)外商雇请汉人仆役的权利

清政府允许外商自带外籍仆役进入商馆，也允许外商在一定条件下雇请内地汉人充当仆役。乾隆二十四年(1759 年)的《防范洋人条规》中规定，外商可以随身携带 5 名以内的仆役，此规定明确赋予了外商自带仆役的权利。而对于雇请内地汉人仆役，清政府曾一度持反对态度，但随着来华外商的数量逐渐增多以及对外贸易规模的扩大，外商对从事生活服务与贸易服务的仆役的需求量也大大增加，清政府担忧，如果坚持只允许外商雇佣外国仆役，可能会导致外国仆役大量聚集广州，进而引发社会动乱，因此开始对禁止雇佣内地民人的规定作出变通。

嘉庆十五年(1810 年)，清政府规定："夷商来粤贸易，须用民人为挑夫、守门……若一概禁止，该夷人来粤贸易，未免不能熟悉，自应仍准雇用。"[⑤]道光十五年(1835 年)的《增易规条》明确了仆役的人数，同时又增加规定了行商对通事、仆役共同的管理义务，"其人夫责成夷馆买办代雇，买办责成通事保充，通事责成洋商保充，层递钳制，如有勾串不法，唯代雇保充之人是问。仍令该管行商按月造具各夷商名下买办人夫名籍清册，送县存案，随时稽查。"[⑥]该规定强化了行商的担

---

① 中国第一历史档案馆:《清代广州"十三行"档案选编》，载《历史档案》2002 年第 2 期。

② 乾隆五十九年英国公司大班呈禀内容为:"我夷人为身体怕有病，喜欢行走，到广东不能进城，也不能到阔野地方活动，求大人查核，或准进城，或在城外指一个地方，或准骑马，或准步行，我们就不生病了。"参见许地山编:《达衷集(鸦片战争前中英交涉史料)》(卷下)，商务印书馆 1931 年版，第 165 页。

③ (清)梁廷枏:《粤海关志》，袁钟仁点校，广东人民出版社 2014 年版，第 519 页。

④ 同上书，第 571 页。

⑤ 同上书，第 561 页。

⑥ 同上书，第 570 页。

保与管理责任,若没有行商的担保,外商就无法雇佣仆役,这实际上强化了外商在雇佣仆役方面对行商的依附性。

三、外商的其他权利

外商除了享有开展贸易与留居广州的相关权利以外,在广州十三行长期开展贸易的过程中,外商还逐渐享有了其他权利。由于行商负有对外商管理的职责,外商这些其他权利的行使也需要行商的担保,因此,这些权利也具有一定的依附性。

(一)外国人自主处理事务的权利

外国人有自主处理相关事务的权利,开始于长期留居广州商馆的法国人邓类斯。《防范外夷规条》颁布之后,外商不许留在广州商馆过冬的禁令得到了较好执行。未得到留居澳门许可的邓类斯,起初也只能随船停留在外洋,而不敢违令长期留居广州。后来,邓类斯由于身体原因不能坐船前往外洋,便请求清政府同意其留居广州过冬,"因原留拂郎济亚国修士邓类斯自上年偶得头晕之症,不能来船过洋居住,故此叩恳请将邓类斯一人常在广省洋行内居住,免其往来涉海之苦。"①后两广总督李侍尧查明了邓类斯不能前往澳门居住的原因,为邓类斯居住于澳门扫清了障碍,但为了避免邓类斯与澳门"夷目"因前嫌再起事端,因此奏请允许邓类斯一人留居广州过冬,乾隆帝同意了该请求。

邓类斯虽然是由于与澳门夷目有隙且行动不便才得以长期居住广州商馆,但邓类斯居住商馆时,却是以代理人的身份处理与西洋人相关的一切事务。自此,外国人实际上具有了自主处理相关事务的权利。该项权利也得到了清政府的认可,这从邓类斯去世后外国人重新寻找代理人的奏报中可以看出。乾隆四十一年(1776年),因邓类斯去世,在京传教士汪达洪、贺清泰等向皇帝直接呈请,其中言到:"蒙皇上天恩,准令西洋人邓类斯住居广东省城,料理本国新来听用之人并一切事务,达洪等得以在京专心效力。"②可见,邓类斯在居住于广州商馆期间,实际上负责处理相关西洋人的一切事务。

由于邓类斯的去世,在京西洋人向皇帝请求,由已在广东居住的西洋人席道明长住省城,接管邓类斯负责的一切事务。广东地方官府遵照乾隆皇帝的旨意,

---

① 中国第一历史档案馆:《清代广州"十三行"档案选编》,载《历史档案》2002年第2期。

② 中国第一历史档案馆编:《清中前期西洋天主教在华活动档案史料》(第1册),中华书局2003年版,第308页。

对席道明进行了认真调查，之后奏报清廷批准了这一请求，席道明成为邓类斯的继承人。[①] 与邓类斯不同的是，席道明因为处理西洋事务才得以长住广州商馆。乾隆四十三年（1778 年），行商陈天德禀报席道明病故，汪达洪等又提出建议由西洋人多罗与马记诺长住广州并接管一切事务。乾隆四十七年（1782 年），两广总督根据行商潘文岩、蔡世文、蔡昭复等的禀复向皇帝奏报："查西洋夷人多罗、马记诺二人既据该县府查明，自到广以来因席道明病故，接替代办一切事务，均属妥协。应请即令多罗、马记诺二人在省居住，接管一切事务。"该奏获得清廷批准。[②] 从邓类斯到席道明再到多罗与马记诺的留居广州情况，可以看出，虽然清政府禁止外国人在广州过冬，但实际上却允许一名外国代理人长住广州十三行，并且有权自主处理外国人的相关事项。

（二）外国人的非贸易权利

外国人在广州的非贸易权利，主要是指外国人除了开展贸易之外，在广州有开设医馆、传习医术、开办报纸等权利。这些其实是真实身份为传教士的外国人所做的工作，他们的真实目的，乃是借助行医、办报等活动为传教服务。虽然清政府从乾隆年间开始严格禁止外国人传教，但外国人的行医及办报等权利未予剥夺。

在医术传播方面，嘉庆十年（1805 年），行商郑崇谦、伍怡和等共同邀请英国东印度公司医生皮尔逊来广州传授种牛痘预防天花的医术。[③] 道光十五年（1835 年）美国人彼得·伯驾在行商伍秉鉴的支持下在广州十三行创办"新豆栏医局"，成为广州最早的眼科医院。该医院采用外国麻醉术行医，并招收培养中国学生。在外国人创办报纸方面，1827 年《广州纪事报》开始出版，1832 年美国传教士裨治文在广州创办了英文报刊《中国丛报》，1833 年 8 月最早在中国境内出版的中文期刊《东西洋考每月统记传》开始出版发行。这些报刊既宣传基督教教义，又介绍西方的历史、地理、科学文化等知识，同时向外国人介绍中国的政治、经济、文化、历史、地理、时事等情况，在一定程度上促进了中外文化交流。

在外国人的权利这一问题上，还有一个具有特殊意义的事件。康熙五十五年（1716 年），有三艘英国商船（"马尔巴勒号"、"苏姗娜号"与"长桁号"）抵达广州

---

① 中国第一历史档案馆编：《清中前期西洋天主教在华活动档案史料》（第 1 册），中华书局 2003 年版，第 311 页。

② 同上书，第 340 ~ 341 页。

③ 光绪《广州府志》卷一六三杂录四，"嘉庆辛末"条。

开展贸易。"苏姗娜号"大班尼什与粤海关监督曾缔结正式协约,其中约定外商享有下列权利:(1)英大班可以随时与海关监督谈话,不用等候;(2)英商馆前应张贴许可自由交易的布告,禁止侮辱;(3)英船可以随意任免通事、买办及其他此类仆役;(4)英大班及船长享有往返商船的自由,其乘坐的小艇以悬挂旗帜为标志;(5)英船有存储各种海军军需品的自由,且免征课税;(6)英船请领出口执照时,不得稽延或骚扰。① 在该项协约中,实际上赋予了外商多项与通商贸易有关的权利,外商的贸易权利得到最大程度的保障,这也反映了外商的要求。对通商权利的保障性规定,较为符合近代贸易的要求,体现了较多的近代法制因素。但是,在"天朝上国"意识的指导下,以及以"防范外夷"为主要意旨的外商管理制度中,该项协议不可能得到执行。

第三节 外商的义务

出于维护贸易秩序以及维护统治秩序的需要,清政府更多规定了外商需要遵守的义务。与外商享有的权利相对应,义务主要表现为外商在商业活动中的义务以及外商留居广州时的义务。此外,为开展贸易,外商需要借助商船载运进出口货物,乃至需要借助护货兵船进行安全保卫。而在清政府的管理理念中,商船与护货兵船均属于外贸事项的内容,应由外商统一管理与约束,因此,对商船与护货兵船的管理也是外商义务的一部分。

一、外商在贸易开展中的义务

出于"防夷防闲"的政治目的,清政府允许外商开展贸易的同时,对外商科以涉及贸易开展的多种义务。这些义务中,有些是以商业行为禁令的形式作出的,有些则是通过法律规定直接作出的。

(一)贸易开展中的行为禁令

1. 外商不得破坏广州十三行外贸垄断制度

维护行商的对外贸易垄断权是外商的一项义务,外商不得破坏广州十三行外

① 参见[美]马士:《东印度公司对华贸易编年史(一六三五~一八三四年)》(第1卷),区宗华译,林树惠校,章文钦校注,广东人民出版社2016年版,第173页;梁嘉彬:《广东十三行考》,广东人民出版社2009年版,第78~79页。

贸垄断制度。乾隆二十四年(1759 年),《防范洋人条规》明文规定:嗣后外商"买卖货物,必令行商经手,方许交易。"[①]乾隆四十五年(1780 年),又规定行外店铺只能经营 8 种日用商品。嘉庆二十二年(1817 年),因英国公司商船与行外商人私自订立价值 29,000 元的生丝合同事件,广东官府再次重申行外店铺只能经营乾隆四十五年核准的 8 种商品。[②] 对外商维护行商外贸垄断权的要求,一直持续到 1842 年《中英南京条约》废除行商外贸垄断权之时。无法避免的是,在实际的广州中外贸易中,外商与行外商人的交易行为大量存在,外商并没有完全遵守该项行为禁令。但由于外商的这些交易行为违反了清政府的规定,因此对这些行外交易所导致的外商利益损失,清政府并不保护,也不会对这些外商提供司法帮助。乾隆五十二年(1787 年),英国商船"诺丁汉号"就曾与行外商人进行交易,且因为交易导致利益受损,这些损失的赔偿却不能向粤海关监督寻求帮助。[③]

2. 外商应遵守商业来往行为禁令,不得随意呈递禀帖

乾隆九年(1744 年),清政府首先对澳葡官员的呈禀事项作出规定,澳葡官员"凡有呈禀,应由澳门县丞申报海防衙门,据词通禀。如有应具详者,具详请示,用昭体统。"[④]澳葡官员可以直接向官府具禀,外国商人却无此权利。道光十一年(1831 年)《章程八条》中对外商呈递禀帖,按照情形不同区分为行商代递与自递,并作出明确规定:"遇有事关紧要必须赴总督衙门禀控者,应将禀词交总商或保商代递,不准夷人擅至城门口自投。"只有在情况紧急且行商执意拦阻不为代递导致不能申诉时,才准许一二外商前往具禀。[⑤] 道光十五年(1835 年)《增易防范夷人章程》中又强调:"嗣后凡夷人具禀事件,应一概由洋商代为据情转察,不必自具禀词。"[⑥]清政府不允许外商直接呈递禀帖的原因,主要在于中外之间文字、文化与礼仪体制大不相同。前述《增易防范夷人章程》中对此有所解释:"外夷与中华书不同文,其中间有粗识汉字者亦不通文义,不谙体制,具禀事件词不达意,每多

---

① (清)梁廷枏:《粤海关志》,袁钟仁点校,广东人民出版社 2014 年版,第 551 页。

② [美]马士:《东印度公司对华贸易编年史(一六三五～一八三四年)》(第 3 卷),区宗华译,林树惠校,章文钦校注,广东人民出版社 2016 年版,第 362～363 页。

③ [美]马士:《东印度公司对华贸易编年史(一六三五～一八三四年)》(第 2 卷),区宗华译,林树惠校,章文钦校注,广东人民出版社 2016 年版,第 170～171 页。

④ (清)印光仁、张汝霖:《澳门记略》,赵春晨点校,广东高等教育出版社 1988 年版,第 28 页。

⑤ (清)梁廷枏:《粤海关志》,袁钟仁点校,广东人民出版社 2014 年版,第 566～567 页。

⑥ 同上书,第 571 页。

难解,并妄用书信混行投递,殊乖政体。”①

3. 外商不得借贷给行商

禁止外商向行商借贷,是广州十三行中外贸易管理的重要内容,这不仅是对行商的要求,也是对外商的要求。如果外商违反该项义务,其所借出的银款可能被官府没收。乾隆二十四年(1759 年)《防范洋人条规》中规定:“令借领资本之行商人等据实首明,勒限清还,免其提究。嗣后倘有违禁借贷勾结者,照交结外国借货诓骗财物例问拟,借银查追入官。”②道光十一年(1831 年)《章程八条》除了强调禁止外商向行商借贷以外,对与借贷具有同样性质的商业欠款也规定了明确的管制措施,要求外商与行商同时对商业欠款情况向粤海关报备,否则不予保护外商债权人的权益:“其行商与夷商交易,每年买卖事毕,令夷商将行商有无尾欠,报明粤海关存案,各行商亦将有无尾欠,据实具结,报明粤海关查考。如有行商亏本歇业,拖欠夷商银两,查明曾经具报者,照例分赔。未经报明者,即不赔缴,控告亦不申理。”③

4. 外商不得探听商业信息,不得雇人传递商业信息

为了维护行商的外贸垄断权与议价主动权,清政府规定外商在广州期间不得探听商品物价等商业信息。清政府之所以禁止外商在非贸易时节的冬季留居广州,原因之一也是避免外商在此期间探听商业信息。正如道光十一年(1831 年)的《章程八条》中所提到的:“查原定章程,夷船五六月间在粤收泊,九十月间回国,不得留寓省城,探听物价,置买获利。”④清政府禁止内地民人出入外商居住商馆或与外商交结,以及对外商的外出商馆行为进行严格限制,都有禁止外商探听商业信息的考虑。由于这个原因,外商也不得雇人传递商业信息。乾隆二十四年(1759 年),两广总督李侍尧奏请制定《防范外夷规条》的奏折中即提出:“近来各夷商因分遣多人前往江、浙等省购买货物,不时雇觅千里马往来探听货价低昂……应请严谕行商、通事以及千里马、脚夫人等,嗣后概不得与外夷传递书信,

---

① (清)梁廷枏:《粤海关志》,袁钟仁点校,广东人民出版社 2014 年版,第 571 页。

② 《清高宗实录》卷六〇二,中华书局 1986 年版,第 761 页。

③ (清)梁廷枏:《粤海关志》,袁钟仁点校,广东人民出版社 2014 年版,第 567 页。

④ 同上。

倘敢不遵,将代为雇请及递送之人一并严拿讯究,分别治罪。"[①]该奏明确提出禁止外商雇人传递信息。经过清廷议准的《防范外夷规条》采纳了该建议:"查外来夷商,投行交易,自不得任其藉词探听,雇请脚夫传递消息,以致与内地奸商往来交结,此等积习亟宜革除。应如该督所请,严谕行商、脚夫人等,嗣后一切事务俱呈地方官,听其酌量查办。如有不遵禁约,仍前雇请往来,即将代为觅雇及递送之人一并严拿究治。"[②]

(二)外商管理货船的义务

1. 外国商船必须停靠在广州港口

外国商船前来贸易,并不能随心所欲地停靠任意港口,必须遵守相关规定。清朝初年由于闭关锁国政策的实施,外国来华商船数量较少,清政府对外国商船停泊港口并无专门的法律限制。康熙二十三年(1684 年)开海贸易实施"四口通商"之后,除了法定许可开放的 4 个口岸以外,其他港口都禁止外国船舶停靠。开海贸易之初,来华贸易商船主要前往厦门和宁波贸易,来广州贸易的商船相对较少,随着广州中外贸易的逐步开展,来到广州贸易的外国商船所占据的比例也逐步增大。仅英国东印度公司 1705 ~ 1754 年到广州贸易的商船数量就达到 168 艘,仅有 5 艘到达其他口岸。[③] 但随着乾隆二十二年(1761 年)"一口通商"的实施,广州成为唯一可以停靠商船的口岸,自此以后外国商船只能停靠广州。

外国商船停靠广州口岸贸易时,选择何地为具体停靠地点,在清廷内部也引起过争议。澳门、虎门与黄埔都曾有过停船经历,其中以澳门停船历史最为久远。清初规定,来到广东的外国商船先碇泊澳门。康熙二十五年(1686 年),户部议覆粤海关监督宜尔格图疏称:"洋船湾泊黄埔,以便交易,奉准遵行。"[④]外国商船改停在黄埔。雍正十年(1732 年)十月,有官员以澳门的地理位置和海洋状况最适

① 关于"千里马",该奏折有说明,"查粤东驿递,向无马匹,遇有各衙门紧要公文,雇拨力能奔驰迅速之人,给以工资饭食赍递,名曰千里马。"参见中国第一历史档案馆:《清代广州"十三行"档案选编》,载《历史档案》2002 年第 2 期。

② (清)梁廷枏:《粤海关志》,袁钟仁点校,广东人民出版社 2014 年版,第 552 页。

③ [美]马士:《东印度公司对华贸易编年史(一六三五 ~ 一八三四年)》(第 1 卷),区宗华译,林树惠校,章文钦校注,广东人民出版社 2016 年版,第 356 ~ 366 页;[美]马士:《东印度公司对华贸易编年史(一六三五 ~ 一八三四年)》(第 5 卷),区宗华译,林树惠校,章文钦校注,广东人民出版社 2016 年版,第 238 ~ 242 页。

④ 中国第一历史档案馆、澳门基金会、暨南大学古籍研究所合编:《明清时期澳门问题档案文献汇编》(一),人民出版社 1999 年版,第 182 页。

合停泊商船为由，建议将澳门作为外国商船的停泊之地，并将所有的外国商船和外国人全部驱往澳门。[①] 这在清廷内部引发争议，也遭到外国人的反对，在京的西洋人戴进贤向雍正皇帝奏称："澳门地方只可停泊小船，凡重载之船难以到彼。"雍正皇帝对此颇有忧虑，要求"确查定议，务期妥帖，可以永行。"[②]此后，外国商船仍然停泊于黄埔。

2.外国商船停泊期间有接受弹压稽查的义务

康熙二十五年（1686年），经粤海关监督宜尔格图奏准，外国商船统一改停在广州黄埔，但直到1698年才开始有外国商船停泊在黄埔。[③] 外国商船一般都载有上百名外国水手，由于中外风俗习惯迥异且外国水手性格粗暴，中外冲突时有发生。为维护社会安定，广东地方官府对停泊在黄埔的外国商船一般都会派遣官兵弹压稽查，防范社会治安事件的发生。乾隆二十四年（1759年）《防范外夷规条》规定："查夷船收泊，所带夷梢众多，种类各别，性多暴悍，既易滋事行凶，而内地奸民蜑户，复潜为勾引。今该督奏称向派广协外委一员，带兵十二名，不足弹压，应准于督标内，拣派候补守备一员，专驻该处，督同守寮弁官，防范稽查。"[④]道光十一年（1831年）《章程八条》重申了该规定，并再次强调加强巡查："查原定章程，夷船进口收泊黄埔地方，酌拨广协外委一员，带兵十二名，搭寮防守，并于督标内拣派候补守备一员，督同稽查，复于附近之新塘营酌拨桨船一只，与该处原设左翼中营桨船会同稽查。俟夷船出口，即行撤回，等因，现在毋庸另议更改。惟是日久视为具文，应随时密加访查。如巡兵怠惰偷安，即行分别严惩。"[⑤]

---

① 鄂弥达与杨永斌就认为："虎门巨海汪洋，难以停泊商艘，黄埔实系逼近省城，停泊亦有未便。查香山县之澳门河一带，地阔浪平，可以泊船安稳。昔年商船原在此停泊，因康熙二十五年监督宜尔格图朦混题请改移黄埔，今臣等酌议，嗣后外国番船应仍照旧在澳门海口拉青角地方与西洋澳番船只一同湾泊，实为两便。"参见中国第一历史档案馆、广州市荔湾区人民政府编：《清宫广州十三行档案精选》，广东经济出版社2002年版，第81页。

② 中国第一历史档案馆、广州市荔湾区人民政府编：《清宫广州十三行档案精选》，广东经济出版社2002年版，第81页。

③ 1699年10月，英国商船"麦士里菲尔德号"被允许驶入黄埔。比它早到黄埔的还有3艘船，其中的法国船代理人对"麦土里菲尔德号"第一大班道格拉斯说，第一艘到广州的法国船是去年（1698年）到达的。参见［美］马士：《东印度公司对华贸易编年史（一六三五～一八三四年）》（第1卷），区宗华译，林树惠校，章文钦校注，广东人民出版社2016年版，第100页。

④ 《清高宗实录》卷六六二，中华书局1986年版，第760～761页。

⑤ （清）梁廷枏：《粤海关志》，袁钟仁点校，广东人民出版社2014年版，第565页。

3. 外国商船入港需查验武器装备

清初对前来广州贸易或经广东朝贡的外国船舶，在进港时一般都会被要求起卸军器火药。顺治十年(1653 年)三月，广东巡抚李栖凤就要求，到广东请求贸易的荷兰商船上缴其军器火药，等该船返航时再予归还。① 这一规定并未成为定例，开海贸易后粤海关并没有要求外国商船在入港前必须上缴军器装备。直到乾隆元年(1736 年)十月，皇帝下谕责令遵循旧例，入港的外国商船应起卸枪炮："朕思从前洋船到广，既有起炮之例，此时仍当遵行。"②但该规定只实行几个月，次年二月两广总督鄂弥达就覆奏："粤省自设海关以来，外洋船只进黄埔口湾泊，并未起炮……因此请照从前，免令起贮。"乾隆皇帝对此同意。③ 自此，进入黄埔港停泊的外国商船可以不必起卸枪炮，"各国来广贸易洋船，向有携带炮位、刀枪等项，由粤海关监督于该船出入虎门时查验开报，例准随带"。④ 但此规定弊端明显，外商船舶自带枪炮，始终是安全隐患。道光十年(1830 年)，英国大班盼师携带夷妇进入广州商馆的事件中，"该大班等因闻外间讹言，有派兵围逐夷商番妇之说，心怀疑畏，通信黄埔湾泊各夷船，令水手百余人，乘夜将炮位数座及鸟枪等件收藏小船舱内，偷运省城夷馆"⑤。英国大班之所以能够立即调集大量枪炮进入广州商馆，就是因为停泊在黄埔的外商船舶没有被起卸枪炮，从而为其迅速集合武装带来便利。

(三)外商约束护货兵船的义务

外国护货兵船禁止驶入广州内河，这是惯例。该规定最早源于 1742 年英国护货兵船"百夫长号"到达广东海面时，广东地方官府严禁兵船进入虎门的规定。⑥ 嘉庆十四年(1809 年)，两广总督百龄与粤海关监督常显制定的《民夷交易章程》规定："应如该督等所请，申明例禁，晓谕夷人一体遵照，并饬守口员弁严密稽查，如有外夷护货兵船驶入内港，立即呈报，一面驱逐，停止贸易，庶于边防益昭

① 中国第一历史档案馆、澳门基金会、暨南大学古籍研究所合编：《明清时期澳门问题档案文献汇编》(一)，人民出版社 1999 年版，第 28 页。

② 中国第一历史档案馆编：《清宫粤港澳商贸档案全集》(第 2 册)，中国书店 2002 年版，第 632 页。

③ 同上书，第 637～638 页。

④ (清)梁廷枏：《粤海关志》，袁钟仁点校，广东人民出版社 2014 年版，第 346 页。

⑤ 中国第一历史档案馆：《清代广州"十三行"档案选编》，载《历史档案》2002 年第 2 期。

⑥ [美]马士：《东印度公司对华贸易编年史(一六三五～一八三四年)》(第 1 卷)，区宗华译，林树惠校，章文钦校注，广东人民出版社 2016 年版，第 326 页。

严肃。”[1]嘉庆十九年(1814 年),两广总督蒋攸铦、粤海关监督祥绍等在密奏中称:“向来兵船护送货船到粤,货船自行进口,兵船即驶往伶仃、潭仔洋面停泊,嘉庆十四年,原奏但称不许进十字门及虎门各海口,语涉笼统,嗣后应仍循其旧,不得驶近内洋,亦不准于所护货船出口之后复有逗遛,致干驱逐。”[2]对外国护货兵船禁入广州内河作出了进一步的规定。嘉庆皇帝因此下谕:“嗣后所有各国护货兵船,仍遵旧制,不许驶近内洋。货船出口,亦不许逗遛,如敢阑入禁地,即严加驱逐,倘敢抗拒,即行施放枪炮,慑以兵威,使知畏惧。”[3]

前述规定虽然严密且严厉,但执行效果并不理想。自嘉庆年间起,多次发生外国兵船不遵守规定而擅自驶入内港的事件。为此,道光十五年(1835 年)的《增易防范夷人章程》再一次强调,禁止外国护货兵船驶入内洋:“嗣后各国护货兵船,如有擅入十字门及虎门各海口者,即将夷商货船全行封舱,停止贸易,一面立时驱逐,并责成水师提督,凡遇有外夷兵船在外洋停泊,即督饬各炮台弁兵加意防范,并亲督舟师在各海口巡守,与炮台合力防堵。弁兵倘有疏懈,严行参处,务使水陆声势联络,夷船无从闯越。”[4]

二、外商留居广州时的义务

与外商留居广州期间所享有的有限权利相对应的是,外商在留居广州期间需要遵守多种义务。这些义务涉及外商在广州的居住时间、居住地点、外出行为、日常生活等多个方面的行为规范,基本涵盖了外商衣食住行的全部方面。

(一)遵守留居广州时间限制的义务

乾隆二十四年(1759 年)十月,两广总督李侍尧奏请制定的《防范外夷规条》第 1 条即是“禁止外商在广州过冬”。外商在每年九十月贸易完毕后必须立即回国,如果确因有事需要留在广东,也只能前往澳门寄住,在下个贸易年度前必须搭乘本国商船回国,“嗣后各夷商到粤,饬令行商将伊带来货物速行销售,归还原本,令其置货,依期随同原船回国。即间有因洋货一时难于变卖,未能收清原本,不得已留住粤东者,亦令该夷商前往澳门居住,将货交与行商代为变售清楚,归还价

① 台北故宫博物院辑:《清代外交史料》(嘉庆朝第 3 册),台北,成文出版社 1969 年版,第 270 页。
② (清)梁廷枏:《粤海关志》,袁钟仁点校,广东人民出版社 2014 年版,第 564 页。
③ 《清仁宗实录》卷三〇〇,中华书局 1986 年版,第 1121 ~ 1122 页。
④ (清)梁廷枏:《粤海关志》,袁钟仁点校,广东人民出版社 2014 年版,第 569 页。

银,下年务令顺搭该国洋船归棹。”乾隆五十九年(1794 年),英国大班呈禀两广总督,要求延长在广州留居时间,两广总督虽准其宽限 20 日,但仍对留居时间作出限制。嘉庆十四年(1809 年)制定的《民夷交易章程》中再次规定,禁止外商在华长期留居:“各夷商销货归本后,令其依期随同原船归国,不得在澳逗遛,即有行欠未清,止准酌留司事者一二名在澳住冬清理,责令西洋夷目及洋行商人将姓名造册申报,俟次年即令归国,如敢任意久住,或人数增多,查明驱逐。”①

关于禁止外商在广州过冬的原因,两广总督李侍尧请求制定《防范外夷规条》的奏本中作出了解释:一是避免外商与内地商民内外勾结,“去来既有定期,势难潜滋勾结。”二是避免外商追逐商业利益留在广州探听消息,进而维护贸易秩序,“乃近来各国夷商多有藉称货物未销,行欠不清,将本船及已置之货交与别商押带回国,该夷商仍复留寓粤省,专事探听各省物价低昂,获利多寡,出本遣人前赴购买,冀获重利,如英吉利之欲往浙省贸易,莫不由此。”三是维护广州的社会安定,“省会重地,亦不便任听外夷久居窥伺。”②禁止外商长期留居广州,既是因为“华夷之别”,也是为了维护广州十三行的贸易秩序,从根本上是为了维护封建统治的稳定。

与此义务相关的是,外商须遵守不得私自往来广州与澳门的义务。清政府认为,广州乃广东省会重地,而澳门为西洋人租住之所,不应该允许澳门西洋人常来内地。但外商往来于广州与澳门多是因为贸易需要,因此不能够完全禁止。为实现对外商来往广州与澳门的限制,清初采用了征收往来费用的经济手段:“凡自澳门来省者,每名收番银钱十八圆。每圆重七钱二分;自省城往澳门者,每名收番银钱二圆。使彼有所顾惜,不致任意出入,是亦寓禁令于其间也。”③雍正十年(1732 年)十二月,广州左翼副都统毛克明奏请免除该项费用,获得了雍正皇帝批准。为强化管理,外商来往广州与澳门需要申请牌照,“应请给牌照,雇坐西瓜扁船,一路经过内海报验放行,以杜走私之弊,不许私驾三板,来往任由”。④ 道光十一年(1831 年),广东地方官府允许因公事往来的外商乘坐三板艇只,但仍须遵守申请牌照的规定,“由澳门、黄埔至省,及由省至黄埔、澳门,均照旧章请给红牌,毋得来

① 台北故宫博物院辑:《清代外交史料》(嘉庆朝第 3 册),台北,成文出版社 1969 年版,第 270 页。

② 中国第一历史档案馆:《清代广州“十三行”档案选编》,载《历史档案》2002 年第 2 期。

③ 中国第一历史档案馆、澳门基金会、暨南大学古籍研究所合编:《明清时期澳门问题档案文献汇编》(一),人民出版社 1999 年版,第 175 页。

④ 刘芳辑:《清代澳门中文档案汇编》(下册),章文钦校,澳门基金会 1999 年版,第 673 页。

去自由，致干查究。”[①]

（二）遵守留居广州地点限制的义务

清政府对外商留居广州期间的具体地点也有严格限制，外商只能留居于广州十三行商馆。开海贸易之初对外商留居广州的地点并无明确限制，当时外商在广州并没有固定的商馆，一般都是租居于民房之中。1699年英国商船“麦士里菲尔德号”在广州贸易期间，英商就是租居住于民房之中，租金还较低，“整个季风期只需50两银”。[②] 到18世纪中叶，外商在广州已经有了固定的租住商馆。[③] 正是从这一时期起，清政府开始对外商在广州的留居地点作出明确限定：“嗣后凡并非开张洋行之家，概不许寓歇夷人，其夷商到粤，务令于现充行商各馆内听其选择投寓，如行馆房屋不敷，亦责成该行商自行租赁房屋拨人看守，以专责成。”[④]自此，外商只能留居于行商的商馆之内。

清政府之所以对外商的留居地点作明确限制，也是出于多种原因，主要是为了强化行商对外商的监管。外商在广州贸易期间，一般都是居住在行商馆内，这本来已经成为定例。后来有些追逐租金利益的广州居民，通过改造房屋等方式吸引外商居住。外商在留居于民房期间，由于缺少监督，随意外出并纵情享乐，“出外闲游，酗酒行凶，嫖宿蛩妇，殊乖体制。”[⑤]不仅影响社会安定，而且还破坏行商的外贸垄断权，为行外商人与外商进行私下贸易制造了可乘之机，也因此导致偷逃关税等其他弊端，严重破坏了对外贸易秩序，“买卖货物，亦多有不经行商、通事之手，无籍店户私行到馆诱骗交易，走漏税饷，无弊不作。”[⑥]鉴于此，乾隆二十四年（1759年）的《防范外夷规条》明确规定，外商到广州后必须住在行商馆内。

为了确保外商始终居住于商馆之中，《防范外夷规条》同时规定：“其前后行

---

① （清）梁廷枏：《粤海关志》，袁钟仁点校，广东人民出版社2014年版，第568页。

② ［美］马士：《东印度公司对华贸易编年史（一六三五～一八三四年）》（第1卷），区宗华译，林树惠校，章文钦校注，广东人民出版社2016年版，第101页。

③ ［美］马士：《东印度公司对华贸易编年史（一六三五～一八三四年）》（第1卷），区宗华译，林树惠校，章文钦校注，广东人民出版社2016年版，第244～245页；［美］马士：《东印度公司对华贸易编年史（一六三五～一八三四年）》（第5卷），区宗华译，林树惠校，章文钦校注，广东人民出版社2016年版，第101～102页。

④ 中国第一历史档案馆：《清代广州“十三行”档案选编》，载《历史档案》2002年第2期。

⑤ 同上。

⑥ 同上。

门,务拨诚实行丁加谨把守,遇晚锁锢,毋得纵令番厮人等出外闲行”。[①] 乾隆四十二年(1777 年),有行商曾向广东巡抚李湖汇报《防范外夷规条》实施情况:“查夷商到广,现在俱系遵照定例,在于商等行馆寓歇居住。并于行馆适中之处,开辟新街一条,以作范围。街内两旁盖筑小铺,列市其间,凡夷人等水梢等所需零星什物,以便就近买用,免其外出滋事。其新街及总要路口俱派拨行丁数十名,常以把守,一切夷人行走概不许越出范围之外。其闲杂人等,亦不许混行入内。”[②]可见,外商基本遵守了居住在行商商馆的义务。

(三)外商留居商馆期间不得任意外出

自从外商在广州开始固定租住商馆时起,清政府就规定外商在广州留居期间不许任意出外闲行。其原因不仅在于防止汉夷之间因语言不通导致矛盾事端,根本原因更在于严守“华夷之辨”。乾隆二十四年(1759 年),《防范外夷条规》中规定,商馆的前后两门都必须派遣人员谨慎把守,晚上加锁封闭大门,严禁外商与随从随意外出闲行。如果外商确有必要外出,必须有行商和通事随行。[③] 乾隆五十九年(1794 年),英国公司大班针对外出提出请求,两广总督同意了其请求,允许外商每月固定在初三、十八两天外出到海幢寺、陈家花园闲游,但在日落之前必须返回,不准在外留宿,并且仅限于外商,水手等随从人员则被排除在外。[④] 嘉庆二十一年(1816 年),两广总督蒋攸铦批示准许外商每月初八、十八、二十八日 3 次前赴海幢寺、花地游散,但每次人数不得超过 10 人,日落之前必须返回。[⑤] 道光十五年(1835 年)《增易防范夷人章程》再次强调:“在馆居住夷人,只准于初八、十八、二十八三日在附近之花地、海幢寺游散一次,每次不得过十人,限申刻回馆,不准在外住歇饮酒。”[⑥]可见,清政府对外商的外出时间、外出地点、外出行为均进行了明确约束,这是外商外出必须遵守的行为规范。

与该项义务相关联的是,外商进出广州与出入商馆均不得乘坐轿子。该规定源于英国大班盼师私自携带妇女乘坐轿子入住广州商馆所引发的争端,两广总督

---

① 中国第一历史档案馆:《清代广州“十三行”档案选编》,载《历史档案》2002 年第 2 期。

② 许地山编:《达衷集(鸦片战争前中英交涉史料)》(卷下),商务印书馆 1931 年版,第 140~141 页。

③ “其前后行门,务拨诚实行丁加谨把守,遇晚锁锢,毋得纵令番厮人等出外闲行。如夷商有置买货物等事必须出行,该通事、行商亦必亲自随行。”参见中国第一历史档案馆:《清代广州“十三行”档案选编》,载《历史档案》2002 年第 2 期。

④ 许地山编:《达衷集(鸦片战争前中英交涉史料)》(卷下),商务印书馆 1931 年版,第 165~166 页。

⑤ (清)梁廷枏:《粤海关志》,袁钟仁点校,广东人民出版社 2014 年版,第 519 页。

⑥ 同上书,第 571 页。

李鸿宾就此事饬令行商转告盼师:“嗣后夷商进馆,不许乘坐肩舆。”英商曾针对清政府禁止外商乘坐轿子的规定向广东地方官府提出过交涉,但遭到拒绝。① 自此,外商在广州出入不得乘坐轿子成为规定。受此事件影响,道光十一年(1782年),两广总督李鸿宾与粤海关监督中祥制定的《章程八条》中明确规定:“夷人私带番妇住馆,及在省乘坐肩舆,均应禁止也”。②

(四)外商不得携带外国妇女入住商馆

按照清朝定例,外商来广州贸易期间可以入住行商商馆,但外国妇女不得登陆广州,只能居住于外国商船之上。③ 乾隆十六年(1751年)清政府首次明确规定,外商所带外国妇女只能寓居澳门。是年五月十六日,荷兰商人带领3名外国妇女登陆广州,并居住于广州十三行的瑞丰行。广州地方政府官员得知此消息后,通知荷兰商人将3名妇女带离广州寄居澳门,待贸易结束船只返航时带领回国,并因此发出饬令:“嗣后夷船到澳,先行检查,如有妇女,即令就澳而居。否则,进口之后,夷人船货一并驱回。”④自此之后,外商不得携带妇女入住商馆成为明确规定。乾隆三十四年(1769年),英国商人携带外国妇女入住商馆,结果被押往澳门进行监禁,对此事件承担责任的行商、通事、买办及官府差官均受到制裁。⑤道光十年(1830年),由于该年发生的英国大班盼师携带外国妇女入住广州十三行商馆的前车之鉴,两广总督李鸿宾等在制定的《章程八条》中重申:“嗣后应严谕各国大班、夷商,不许携带夷妇至省居住。倘敢故违,即停其买卖,并即押令回澳。”⑥道光十五年(1835年)《增易防范夷人章程》中再次强调,禁止携带妇女入住商馆:“嗣后各国夷人,概不准将枪炮、军械及番妇、番哨人等运带至省。”⑦

(五)外商不得携带武器进入商馆

为了海上行船的人身安全,清政府原本允许外商随身携带枪支,“该夷等乘坐三板小船上省下澳,向准其携带鸟枪二三杆以防盗贼,固属不禁。”⑧乾隆二十四

① 中国第一历史档案馆:《清代广州“十三行”档案选编》,载《历史档案》2002年第2期。

② (清)梁廷枏:《粤海关志》,袁钟仁点校,广东人民出版社2014年版,第565页。

③ 同上书,第522页。

④ 广东省档案馆编:《广东澳门档案史料选编》,中国档案出版社1999年版,第14页。

⑤ [美]马士:《东印度公司对华贸易编年史(一六三五~一八三四年)》(第4卷),区宗华译,林树惠校,章文钦校注,广东人民出版社2016年版,第270~271页。

⑥ (清)梁廷枏:《粤海关志》,袁钟仁点校,广东人民出版社2014年版,第565~566页。

⑦ 同上书,第569页。

⑧ 中国第一历史档案馆:《清代广州“十三行”档案选编》,载《历史档案》2002年第2期。

年(1759 年)李侍尧制定的《防范外夷规条》则明确禁止外商携带武器进入广州，“夷商随带番厮不得过五名，一切凶械、火器不许携带赴省。”①道光十年(1830年)，英国大班盼师携带外国妇女入住十三行商馆，两广总督李鸿宾饬令行商转告盼师立即将所带妇女送至澳门，盼师听信了将有官军围困商馆驱逐夷妇的讹传，为了自身安全，盼师通知在黄埔的商船水手乘夜将枪炮偷运至广州商馆。② 受此事件影响，李鸿宾等在制定的《章程八条》中重申，严厉禁止外商将枪炮运至广州商馆：“嗣后应责成关口巡查弁兵，认真访察，遇有夷人偷运枪炮赴省垣夷馆，即行拦截，不准前进。”③道光十五年(1835 年)《增易防范夷人章程》中再次强调，禁止携带武器进入商馆：“嗣后各国夷人，概不准将枪炮、军械及番妇、番哨人等运带至省。如有私行运带者，责成租馆行商查阻，不许令其入馆，一面赴地方官呈报。”④

(六)外商不得私雇汉人仆役

为了隔绝外商与内地商民的联系，既防范内地民人与外国人勾结从事危害封建统治的行为，也防止走私等违法行为，清政府规定，外商不得任意雇佣内地民人充当仆役。乾隆二十四年(1759 年)《防范外夷规条》中则明令禁止外商雇佣通事与买办之外的内地民人：“夷商所带番厮人等足供役使，原不得多雇内地民人，此后除设立通事买办外，如有无赖民人，贪财受雇者，交地方官严禁，倘有拘纵，一并惩治。”⑤道光十一年(1831 年)拟定《章程八条》开始允许外商雇请内地仆役，但道光十五年(1835 年)又对外商雇佣内地仆役的数量作出明确限定：“嗣后每夷馆一间，无论住居夷人多寡，只准用看门人二名、挑水夫四名，夷商一人雇看货夫一名，不许额外多用。”⑥

三、外商遵守的商品管制禁令

作为涉外贸易管理的重要内容，清政府对进出口商品制定了管理制度。外商前来广州贸易，必须遵守商品管制禁令，这也成为外商的重要义务。

---

① 中国第一历史档案馆：《清代广州“十三行”档案选编》，载《历史档案》2002 年第 2 期。

② 台北故宫博物院辑：《清代外交史料》(道光朝第 3 册)，台北，成文出版社 1969 年版，第 311 页。

③ (清)梁廷枏：《粤海关志》，袁钟仁点校，广东人民出版社 2014 年版，第 566 页。

④ 同上书，第 569 页。

⑤ 同上书，第 551 ~ 552 页。

⑥ 同上书，第 570 页。

(一)关涉政权稳定的商品管制禁令

关涉政权稳定的商品主要为军器、火药、铁等物资,这些物资直接关涉社会安定与政权稳固,因此被历朝历代统治者严格控制。清初为了防止军事物资资助海上反清力量,对火药军器实行严格管制,严禁载运出境。顺治三年(1646 年)颁行的《大清律集解附例》中"私出外境及违禁下海"条就对军器出境作了严厉禁止。① 康熙二十三年(1684 年)开海贸易时,对私载火药军器出境再次严厉禁止:"焰硝、硫磺、军器、樟板等物,违禁私载出洋接济奸匪者,照例治罪。"②但对外国商船随船携带的炮位军器区别对待:"各国来广贸易洋船,向有携带炮位、刀枪等项,由粤海关监督于该船出入虎门时查验开报,例准随带。"③对属于军用物资的硫磺,清政府禁止出口但允许进口,乾隆三十四年(1769 年)下令取消硫磺入口之禁:"嗣后惟于海船出口时,切实稽查,不许私带硫磺,以防偷漏之弊,违者照例究治。其各省洋船入口禁止压带硫磺之例,概行停止,著为例。"④

铁是制作器械尤其是军器的主要材料,因此在封建社会一直受到严格管制,各种社会矛盾已经严重激化的清朝自不例外。顺治三年(1646 年)《大清律集解附例》"私出外境及违禁下海"条就禁止未成军器的铁货出口,⑤雍正九年(1731 年)三月禁止废铁出境,⑥甚至连已经浇铸成型的铁锅也被列入禁止出口之列,雍正九年十二月明令禁止铁锅出洋:嗣后铁锅"照废铁之例,一并严禁,毋论汉夷船,概不许货卖出洋。违者该商船户人等,即照捆载废铁出洋之例治罪,官役通同徇纵,亦照徇纵废铁例议处。"⑦

---

① 相关内容为:"若将人口、军器出境及下海者,绞(监候)。因而走泄事情者,斩(监候)。其拘该官司,及守把之人,通同夹带,或知而故纵者,与犯人同罪(至死减等)。失觉察者,(官)减三等,罪止杖一百。军兵又减一等(罪坐直日者。若守把之人受财,以枉法论)。"参见《大清律辑注》卷十五《关津》,"私出外境及违禁下海"条。

② 光绪《清会典事例》卷六二九《兵部·绿营处分例·海禁一》,中华书局 1991 年版,第 1149 页。

③ (清)梁廷枏:《粤海关志》,袁钟仁点校,广东人民出版社 2014 年版,第 346 页。

④ 光绪《清会典事例》卷六三〇《兵部·绿营处分例·海禁二》,中华书局 1991 年版,第 1162 页。

⑤ 该条内容为:"马牛、军需、铁货、铜钱、缎匹、绸绢、丝棉,皆中国利用之物,不可以资外番。若将前项货物私出外境货卖,及私将下海者,杖一百。受雇挑担驮载之人,减一等。其货物车船,并追入官。有告人者,以十分之三充赏。"参见《大清律辑注》卷十五《关津》,"私出外境及违禁下海"条。

⑥ 相关内容为:"废铁潜入边境,及海洋贩卖者,一百斤以下,杖一百徒三年;一百斤以上,发边卫充军;若卖与外国,及明知海寇卖与者,绞监候;沿口近边关隘官弁,有徇私故纵,该管上司题参。"参见光绪《清会典事例》卷二三九《户部·关税·禁令一》,中华书局 1991 年版,第 820 页。

⑦ 《清世宗实录》卷一一三,中华书局 1985 年版,第 504 页;另见光绪《清会典事例》卷一二〇《吏部·处分例·海防》,中华书局 1991 年版,第 563 页。

(二)关涉国计民生的商品禁令

关涉国计民生的商品包括货币、米粮等。在禁止货币进出口方面，清朝禁止金、银、铜钱等货币类物资的出口。最先被禁止出口的货币是铜钱，《大清律集解附例》“私出外境及违禁下海”条对此有明确规定，①铜作为铸制铜钱的原材料相应被禁止出口，乾隆十四年(1749年)四月规定：嗣后一应铜器铜斤俱严禁出洋，不许携售。② 禁止黄金出口的规定出台于雍正八年(1730年)，“如有将黄金贩卖出洋者，照铁货、铜钱等物私出外境下海律治罪。”③白银作为中外贸易中的主要流通货币，本不属于禁止出口的货币，但在鸦片贸易导致白银大量外流以后，道光二年(1822年)明令禁止白银出口：“著广东督抚及海关监督派委员，认真巡查出口洋船，不准偷漏银两。”④为禁止白银出口，道光九年(1839年)，两广总督李鸿宾等在奏请制定《严禁官银出洋及私货入口章程》中作出了全面规定，不仅重申严禁白银出口，“洋商人等将银两私运夷船出口者，照例治罪”，而且杜绝使用白银补充贸易差价以避免白银外流，“嗣后行商找给夷人货价，有搀用官银者，一经查出，无论银数多寡，尽行充公，仍将行商照私运例治罪。”同时加强了对偷运官银出口的稽查：“责成各关口员弁、巡船，及巡洋舟师、地方文武，派拨巡船，于各夷船将次回国之时，严密巡查。遇有私载官银，立即拿解。”⑤

清政府也明令禁止外国货币进口。乾隆十七年(1752年)先是禁止日本钱币流入，⑥道光八年(1822年)正式禁止外国钱币进口：“著粤海关监督严谕洋行各商，嗣后各国夷人买卖，俱令以银易换制钱。并于洋船进口时详加查察，如有夹带

---

① 相关内容为：“凡将马牛、军需、铁货(未成军器)、铜钱、缎匹、绸绢、丝棉，私出外境货卖，及下海者，杖一百。(受雇)挑担驮载之人，减一等。物货船车，并入官。于内以十分为率，三分付告人充赏。”参见《大清律辑注》卷十五《关津》，“私出外境及违禁下海”条。

② 相关内容为：“嗣后一应铜器铜斤俱严禁出洋，不许携售。并将各海口通禁，如图利私贩，为首者照奸民潜将铁货出洋货卖例，百斤以下者，杖一百，徒三年；百斤以上者，发边卫充军；为从及船户减等，货物船只入官；其不行搜查之关汛文武官弁，均照出洋渔船夹带硝磺等物，将汛口官员革职例革职，若止失察者，照内地商人贸易外国偷带禁物，守口官不行查出例，降一级调用。”参见《清高宗实录》卷三三八，中华书局1986年版，第671页。

③ (清)梁廷枏：《粤海关志》，袁钟仁点校，广东人民出版社2014年版，第348页。

④ 中国第一历史档案馆编：《鸦片战争档案史料》(第1册)，上海人民出版社1987年版，第38～39页。

⑤ (清)梁廷枏：《粤海关志》，袁钟仁点校，广东人民出版社2014年版，第348页。

⑥ 《清高宗实录》卷四一九，中华书局1986年版，第492页。

夷钱,不准开舱,饬令带回。"[①]道光十六年(1836年)九月,皇帝命两广总督邓廷桢彻查广东外国钱币流通的情况,邓廷桢查明广东南澳、潮阳等处口岸店铺确有外国货币流通情况,清廷著粤海关监督严饬行商在外国商船进口时详细盘查,严禁外币流入,并责成潮州府属之南澳、潮阳等处海口认真稽查。[②]

在米粮出口的禁止性规定方面,由于米粮直接关系民生,因此历来受到严格管制。康熙四十七年(1708年)规定,"出洋船所带食米,不得过五十石,如多带出洋贩卖者,照例治罪,将米入官。"[③]康熙五十六年(1717年)清廷发布南洋禁令时又议准:"每日各人准带食米一升并余米一升,以防风阻。如有越额之米,查出入官。船户、商人一并治罪。至于小船偷载米粮,剥运大船者,严拿治罪……沿海文武官如遇私卖船只、多带米粮、偷越禁地等事,隐匿不报,从重治罪。"[④]此后又多次重申,限制出洋商船所带食米,数额虽有变化,但严格限制依旧,如乾隆二年(1737年)规定,商船出洋每人每日粜米"以升半为率,毋许逾数。"[⑤]乾隆十三年(1748年),五谷杂粮也被禁止出口:"偷运杂粮麦豆例无明文,请即照偷运米谷例办理,如审系止图渔利,并无接济奸匪情弊,计石数分别科断,为从及知情不首之船户,减等问拟,船货入官,其文武失察故纵处分,均照米石例办理。"[⑥]与对货币实施双向限制不同,清政府未限制大米的进口,并通过对运米商船减免货税进行鼓励。

(三)关涉外贸秩序的商品管制规定

关涉外贸秩序的商品,主要为丝绸、大黄、棉花等,清政府通过调整这类商品的进出口禁令,调整外贸秩序,维护封建制国家或者广州十三行行商的利益。清初就已经禁止丝斤绸缎出洋,顺治三年(1646年)颁布的《大清律集解附例》"私出外境及违禁下海"条就明令禁止缎匹、绸绢、丝棉私出外境。随着与资本主义国家贸易的开展,由于丝和丝织品是资本主义国家贸易的主要目标商品,清政府逐步放宽了对丝和丝织品的出口限制。乾隆二十四年(1759年),为平抑丝斤价格,

---

① 《清宣宗实录》卷一五二,中华书局1986年版,第338页。
② 《清宣宗实录》卷二九四,中华书局1986年版,第557页。
③ 光绪《清会典事例》卷六二九《兵部·绿营处分例·海禁一》,中华书局1991年版,第1150页。
④ 《清圣祖实录》卷二七一,中华书局1985年版,第658页。
⑤ 光绪《清会典事例》卷六二九《兵部·绿营处分例·海禁一》,中华书局1991年版,第823页。
⑥ 《清高宗实录》卷三二四,中华书局1986年版,第344页。

清政府开始查禁丝斤违例出洋。[①] 后经两广总督李侍尧奏请,自乾隆二十五年(1760 年)开始禁止在广州十三行贸易的外国商船运丝出口。[②] 乾隆二十七年(1762 年)五月,丝斤出口禁令有所放宽:"每船准其配买土丝五千斤,二蚕湖丝三千斤,以示加惠外洋至意,其头蚕湖丝及绸绞缎匹,仍禁止如旧。"[③]

大黄出口也在禁止之列。乾隆五十四年(1789 年)与俄罗斯开展陆路贸易的恰克图停市,为防止外商与俄国之间开展直接的大黄贸易,清政府开始禁止大黄出洋,规定西洋各国每年每国贩买不得过 500 斤,并令广东省城洋行及澳门商人,将售卖大黄数目并卖与何国夷人,均于洋船启棹之先分晰列册呈缴南海、香山二县。[④] 大黄出口之禁一直持续到乾隆五十七年(1792 年)四月恢复俄罗斯贸易之时。

此外,棉花进口也曾被禁止。乾隆四十二年(1777 年)四月,清政府因棉花大量进口造成行商之累而开始查禁棉花入口。[⑤] 五月澳门同知下令禁止棉花入口:"至所来〈港〉脚船,倘系全载棉花,并无别货者,即便饬令扬帆回国,不得擅行进口。"[⑥]但该项措施实施时间不长,该年七月广东地方官府就下令准许外国商船恢复棉花进口贸易,[⑦]因此,清政府对棉花的贸易管制并不严格。

(四)关于鸦片贸易的禁令

鸦片给中华民族留下了血泪史,鸦片之毒不仅在于给中华民族带来亡国灭种的危险,也在于鸦片本身对人体的危害性。由于鸦片的危害性,清政府对鸦片贸易采取了严格的禁止措施;禁止鸦片贸易也是外商必须遵守的义务。

雍正七年(1729 年),清政府颁布了禁烟条例,对兴贩鸦片、私开烟馆、隐匿不

---

① 相关内容为:"每丝一百斤,发边卫充军;不及百斤者,杖一百、徒二年;不及十斤者,枷号一月、杖一百;为从及船户知情不首告者,各减一等,船只货物俱入官;其失察之汛口文武各官,照失察米石出洋之例,分别议处。"参见光绪《清会典事例》卷六三〇《兵部·绿营处分例·海禁二》,中华书局 1991 年版,第 1159 页。

② 《清高宗实录》卷五九六,中华书局 1986 年版,第 639 页。

③ 《清高宗实录》卷六六〇,中华书局 1986 年版,第 391 页。

④ (清)梁廷枏:《粤海关志》,袁钟仁点校,广东人民出版社 2014 年版,第 359 页。

⑤ "如有装载棉花船只,概不许其进口。务令实力奉行,勿以空言塞责。仍不时留心访察,如有胥役等受贿私放者,立即重治其罪。"《清高宗实录》卷一〇三一,中华书局 1986 年版,第 819 ~ 820 页。

⑥ 许地山编:《达衷集(鸦片战争前中英交涉史料)》(卷下),商务印书馆 1931 年版,第 151 页。

⑦ 刘芳辑:《清代澳门中文档案汇编》(上册),章文钦校,澳门基金会 1999 年版,第 150 ~ 151 页。

报、藉端需索及官吏失察等事项作出规定,[1]但鸦片进口未被禁止,作为药材的鸦片仍然可以进口。嘉庆时期,清政府多次发布禁烟谕令,禁止鸦片入口与贩卖。[2]嘉庆二十年(1815 年)三月,两广总督蒋攸铦专门陈奏的《查禁鸦片烟章程》获得皇帝批准,禁止鸦片进口成为商船盘查的重要内容。对于前来贸易的外国商船,"均须逐船查验,如一船带有鸦片,即将此一船货物全行驳回,不准贸易。若各船皆带有鸦片,亦必将各船货物全行驳回,俱不准其贸易",并严格规定了相关法律责任:"嗣后有拿获鸦片烟之案,除查明地方委员等,有得规故纵情事应严参办理外,其仅止失察者,竟当概行宽免处分。至所请凡拿获兴贩鸦片烟斤自二百斤至五千斤以上,分别记录加级及送部引见,并军民人等拿获奖赏,以及诬良治罪之处,俱著照该督等所请行。"[3]嘉庆二十二年(1817 年)六月,又对外国船只偷运鸦片加重处罚:"嗣后各夷船倘再有私带鸦片烟泥者,进口之日,兵役等照例严搜,一经搜出,除将烟泥焚毁沉溺外,必将私贩之人从重治罪,决不宽贷。"[4]

道光时期,清政府的禁烟措施更加严密,外商的禁止鸦片贸易义务达到顶峰。道光三年(1823 年)八月的《失察鸦片烟条例》通过严格官员责任,强化禁止鸦片进口。[5] 道光十年(1830 年)六月,清政府准两广总督李鸿宾等所奏,颁行《查禁纹银偷漏鸦片分销章程》,通过规定严查洋船货物、追踪鸦片来源、严格官员责任、

---

① "兴贩鸦片烟,照收买违禁货物例枷号一个月,发边卫充军,若私开鸦片烟馆引诱良家子弟者,照邪教惑众律拟绞监候,为从,杖一百,流三千里,船户、地保、邻佑人等,俱杖一百,徒三年,如兵役人等藉端需索计赃,照枉法律治罪,失察之汛口地方文武各官,并不行监察之海关监督,均交部严加议处。"参见《大清律例按语》卷五十,咸丰元年海山仙馆刊本,第 42 ~ 43 页。

② 如嘉庆十六年(1811 年)三月禁令规定:"嗣后海船有夹带鸦片烟者,立行查拿,按律惩办。如委员胥吏有卖放情弊,均予重惩。倘竟透入内地货卖,一经发觉,著穷究来从何处,买自何人,不得以买自不识姓名商船,搪塞蒙混。当将失察卖放之监督,及委员吏役人等,一并惩办不贷。"参见《清仁宗实录》卷二四〇,中华书局 1986 年版,第 233 页。

③ 中国第一历史档案馆编:《鸦片战争档案史料》(第 1 册),上海人民出版社 1987 年版,第18 ~ 19 页。

④ 同上书,第 21 页。

⑤ "嗣后如有洋船夹带鸦片烟进口,并奸民私种罂粟、煎熬烟膏,开设烟馆,文职地方官及巡查委员,如能自行拿获究办,免其议处其有得规故纵者,仍照旧例革职。若止系失觉察,按其烟斤多寡,一百斤以上者,该管文员罚俸一年。一千斤以上者,降一级留任。五千斤以上者,降一级调用。武职失察处分,亦照文职画一办理。其文武官拿获烟斤议叙,均著照旧例行。"参见中国第一历史档案馆编:《鸦片战争档案史料》(第 1 册),上海人民出版社 1987 年版,第 51 ~ 52 页。

强化行商义务等措施,①厉行禁烟。道光十九年(1839 年)五月,制定了更为严密的《查禁鸦片章程》,对开设窑口、兵丁受贿、寄存鸦片、合伙兴贩等鸦片贸易禁令进一步明确:"严兴贩以清吸食之源,治吸食以绝兴贩之望。"②同年同月,清政府批准了禁烟大臣林则徐所定的《洋人携带鸦片入口治罪专条》,将贩卖鸦片的处罚提至死刑,"夷人带有鸦片烟入口图卖者,为首照开窑口例斩立决,为从同谋者绞立决。"③

第四节　外商的法律责任

外商的法律责任,是指外商在违反贸易管理规定或触犯法律的情况下应承担的强制性责任。外商法律责任的追究,在一定程度上对维护广州十三行的贸易秩序、维护社会稳定等产生了积极作用。由于中外法律不同,外商法律责任的追究产生了许多新的情况,清朝的司法程序也为此作出了一定变革。

一、外商承担法律责任的事由

由于外商在广州贸易与居住期间负有多种义务,因此外商可能因多种违反法律规定的事由承担法律责任。外商承担的法律责任主要是刑事责任与商事责任,导致刑事责任与商事责任的原因不同,外商承担法律责任的事由各有不同。

(一)外国人承担刑事责任的事由

1. 外商因违反贸易禁令承担刑事责任

清政府对广州中外贸易的贸易时间、贸易地点、贸易内容、贸易流程、商品种类等都作出了细致规定,外商如果违反贸易禁令,则可能承担刑事责任。典型的当属乾隆二十四年(1759 年)的"乾隆朝外洋通商案"。自乾隆二十年(1755 年)三月两广总督和粤海关监督联合发布《有关广州的欧洲人贸易第一个法令》以后,外商在广州开展贸易被施加的限制越来越多,加之外国由于近代化趋势对贸易与市场的需求不断扩大,这一阶段不断有外商前往宁波等地拓展贸易,并取得了一些成效。宁波贸易的开展不仅导致广州十三行贸易量减少,也不利于清政府

---

① 中国第一历史档案馆编:《鸦片战争档案史料》(第 1 册),上海人民出版社 1987 年版,第 67 ~ 70 页。

② 同上书,第564 ~ 585、597 ~ 598 页。

③ 中国第一历史档案馆编:《鸦片战争档案史料》(第 1 册),上海人民出版社 1987 年版,第 602 页。

的政治统治与国家安全。乾隆二十二年(1757 年),清政府决定“一口通商”,英国商人洪仁辉等对此不满。为了达到前往内地开展贸易并扩大市场的目的,乾隆二十四年(1759 年)六月,洪仁辉以控告粤海关贪腐为名,驾船到达天津。此举引起清政府的极大震动,两广总督李侍尧认为,洪仁辉“坐驾洋艘直达天津,名虽呈控粤海关陋弊,实则假公济私,妄冀邀恩格外。”①清政府决定对洪仁辉屡次违抗贸易禁令的行为予以处罚,结果洪仁辉被圈禁在澳门 3 年,圈禁期满后又被驱逐回国。

2. 外来人员因刑事命案承担刑事责任

因刑事命案承担刑事责任,是外商及其管理下的水手等商业辅助人员承担刑事责任的主要原因。广州十三行的外贸季节随着季风的方向而定,在每年的七八月至第二年的二三月是外国人停留在广州的时间。随着外国人与内地商民的接触增多,在广州十三行附近发生的各种矛盾与纠纷随之增多,“在广州市街上,差不多每天晚上都发生欧洲水手与中国人之间的骚乱事件。”②其中无法避免地产生了刑事命案。涉外命案多发生在广州当地百姓与外国船员水手之间,命案的类型既有出于主观故意的斗殴致死案件,也有非故意的人身伤害案件。清政府对刑事命案,一直予以严惩。乾隆二十年(1755 年),两广总督策楞和粤海关监督李永标联合发布的《有关广州的欧洲人贸易第一个法令》第 4 条就规定:“如欧洲人故意犯法,将予以监禁或惩办。”③

3. 外商因鸦片贸易承担刑事责任

因鸦片贸易承担刑事责任,始于嘉庆十六年(1811 年)三月的贸易禁令,该禁令将禁止鸦片进口作为主要内容:“嗣后海船有夹带鸦片烟者,立行查拿,按律惩办。”④据此,外商进口鸦片将承担刑事法律责任。嘉庆二十年(1815 年)三月,两广总督蒋攸铦奏准的《查禁鸦片烟章程》再次强化了外商进口鸦片的法律责任:“如一船带有鸦片,即将此一船货物全行驳回,不准贸易。若各船皆带有鸦片,亦必将各船货物全行驳回,俱不准其贸易,原船即逐回本国。”⑤嘉庆二十二年(1817

① 中国第一历史档案馆:《清代广州“十三行”档案选编》,载《历史档案》2002 年第 2 期。

② [美]马士:《东印度公司对华贸易编年史(一六三五～一八三四年)》(第 3 卷),区宗华译,林树惠校,章文钦校注,广东人民出版社 2016 年版,第 422 页。

③ [美]马士:《东印度公司对华贸易编年史(一六三五～一八三四年)》(第 5 卷),区宗华译,林树惠校,章文钦校注,广东人民出版社 2016 年版,第 46 页。

④ 《清仁宗实录》卷二四〇,中华书局 1986 年版,第 233 页。

⑤ 中国第一历史档案馆编:《鸦片战争档案史料》(第 1 册),上海人民出版社 1987 年版,第 18 页。

年）六月，清政府又对外商从事鸦片贸易加重处罚："嗣后各夷船倘再有私带鸦片烟坭者，进口之日，兵役等照例严搜，一经搜出，除将烟坭焚毁沉溺外，必将私贩之人从重治罪，决不宽贷。"①道光十九年（1839 年）五月，林则徐奏请的《洋人携带鸦片入口治罪专条》获得清廷批准，关于外商违反鸦片贸易禁令的刑事责任达到最严重的死刑级别："夷人带有鸦片烟入口图卖者，为首照开设窑口例斩立决，为从同谋者绞立决。"在责任追究的程序上，赋予了广东督抚最终决定权："由该督抚审明，确系带卖鸦片烟，首从正犯并无替冒情弊，即交该地方官督同该夷人头目，将各犯分别正法"，这改变了死刑案件须经中央司法机关乃至皇帝最终裁决的司法程序规定。另外，为了促进禁烟的开展，还规定了免于承担法律责任的情形："如于限内自首，将烟土全行呈缴者，免其治罪。"②

（二）外商承担商事责任的事由

外商承担的商事责任，主要是外商接受清政府作出的中止贸易的处罚。外商往往因为刑事命案的发生而被中止贸易，这是引发中外贸易中止的主要原因。在 1784 年"休斯夫人号"事件中，广东地方官府为迫使英国人交出凶手接受审判，停止全部贸易并派兵包围了所有商馆。在 1805 年晏爹礼时戳伤致毙民命案中，澳葡当局拒绝移交凶犯，香山知县彭昭麟为此晓谕："示谕澳门商民及工匠人等知悉，所有一切与夷人交易货物，及工匠、木匠、泥水匠人等，暂行停止，俟该夷目将凶夷送出，方许买卖交易工作。"③在 1807 年"海王星号"事件发生后，粤海关监督下令停止全部外国商船装运货物。在 1810 年广州民人黄亚胜被杀案中，广东巡抚下令粤海关拒发红牌执照，停止对外国商船放关。在 1821 年美国商船"爱米里号"水手导致广州民妇死亡案中，因美国商船拒绝交出凶手而被停止贸易。④

外商还可能因违反中外沟通方式被处以中止贸易的惩罚。这是清政府的明确规定。道光十一年（1831 年），两广总督李鸿宾奏请："若事属寻常，行商并未拦阻，不为代投，及不应具禀之事，该夷人辄行逞刁违抗，带领多人至城门递禀者，即将该夷商贸易暂停一月，不准买卖货物，以示惩儆其余。"⑤1833 年，英国政府取消

---

① 中国第一历史档案馆编：《鸦片战争档案史料》（第 1 册），上海人民出版社 1987 年版，第 21 页。

② 同上书，第 602 页。

③ 刘芳辑：《清代澳门中文档案汇编》（上册），章文钦校，澳门基金会 1999 年版，第 339～340 页。

④ 顾维钧：《外人在华之地位》，吉林出版集团有限责任公司 2010 年版，第 27 页。

⑤ （清）梁廷枏：《粤海关志》，袁钟仁点校，广东人民出版社 2014 年版，第 566～567 页。

了东印度公司的对华贸易垄断权,并任命律劳卑(William John Napier)为首任驻华商务总监,律劳卑来到广州就任后,试图打破行商沟通中外的交往惯例,不经过行商代禀而直接递信给两广总督卢坤,遭到卢坤的拒绝。由于律劳卑一再坚持,造成贸易形势紧张,并导致清政府中止了对英国的贸易。①

二、外商法律责任形式的特点

法理学中,一般按照引起责任的行为性质,将法律责任分为刑事责任、民事责任、行政责任、违宪责任与国家赔偿责任。② 本书此处借助法理学理论,对广州十三行外商承担的法律责任形式及其特点进行分析。

(一)刑事责任与商事责任并存

在广州十三行贸易开展过程中,外商可能承担的法律责任有多种具体形式。从法理学的角度分析,外商承担的法律责任主要包括刑事责任与商事责任。需要指出的是,在广州十三行法制中,清政府并没有区分具体的法律责任种类,这与清朝法制的特点是一致的。封建法制的特点就是以刑法为统帅,所有的法律责任都以刑事处罚作为最终的保障。外商可能承担的刑事责任种类具体包括死刑、监禁等,其刑事责任的追究都是通过援引《大清律例》的规定。

外商的商事法律责任中,最为重要的就是停止贸易,与贸易开展相关的服务等也会一并停止,有时候还可能波及外商日常生活物资的停止供应等。由于清廷自视为"天朝上国",而将贸易视为"加恩远人",并没有将贸易视为双赢,因此才会以施恩者的心态动辄以停止贸易作为对外商的处罚。将停止贸易作为一种法律责任形式,充分体现了清政府对外贸的定位。另外,停止贸易之所以能够作为商事责任的一种,并成为追究外商法律责任的重要手段,也充分体现了外商对贸易的重视程度。外商远涉重洋而来,唯一的目的就是开展贸易,一旦停止贸易对其影响最为巨大,清政府正是抓住了外商的这个特点,才将停止贸易作为追究法律责任的手段之一。

(二)商事责任为主,刑事责任为辅

由清政府管理广州十三行贸易的方式特点所决定,外商所承担的法律责任,

---

① [美]马士:《中华帝国对外关系史》(第1卷),张汇文等译,上海书店出版社2006年版,第138、146页。

② 沈宗灵主编:《法理学》,北京大学出版社2014年版,第341~342页。

主要表现为以停止贸易为主要方式的商事责任。但在外国人触犯刑事法律的情况下，也存在相应的刑事责任。在一些刑事命案发生后，为了抓捕外国凶手，清政府往往采取停止贸易的处罚或以停止贸易作为威慑，迫使外商交出凶手，因此，在同一法律事件中往往会产生不同的法律责任形式。正如现代法律体系中，一个侵权行为可能同时引发民事责任与刑事责任，广州十三行外商法律责任中的刑事责任与商事责任也可能因为同一个法律事件而被同时适用。

刑事责任所占比例虽少，但刑事责任的追究却备受清政府重视，这不仅是因为刑事责任往往由重大的违法事件引起，也因为刑事责任是对外商进行管理的最终方式。需要指出的是，根据现存的国内外相关档案资料的记载，在广州十三行贸易开展过程中，犯下刑事命案而承担刑事责任的外国商人并不多见，几乎全部都是外国水手等商业辅助人员。这是因为外国商人来华目的主要是经商，加之清政府对外商的行为有严格监管，外商直接触犯刑事法律的并不多见。即使类似洪仁辉因通商引发刑事责任的也是少数，因此，本书此处所指的外商是广义的外商概念，其外延不仅包括外国商人，也包括水手等贸易辅助人员。之所以如此界定，不仅是因为外国水手与外商之间有直接的关联性，清政府将其视为一体，也是因为对外国水手所犯命案等追究责任时，外商仍负有不可推脱的责任，清政府往往通过向外商施压抓捕凶手。

总体上看，在广州十三行的贸易史上，无论是刑事责任还是商事责任，外商被追究法律责任的情况并不多见，外商的法律责任更多是以行商被处以法律责任所替代，或者在外商本应承担法律责任的情况下，行商通过斡旋、贿赂等方式使外商逃避法律责任的追究。这与清政府通过行商管理外商的方式直接相关，在“以商制夷”的模式下，行商无法避免要为外商的违法或不端行为承担法律责任，因此，行商往往通过贿赂等方式，寻求免除外商的法律责任，同时也是免除行商自己的法律责任。

三、外商承担法律责任的程序规定

在外商违反法律规定的情况下，对其应承担的中止贸易等商事法律责任的追究，程序相对简单，一般由粤海关或广东官府在查清情况以后，直接作出中止贸易的命令即可执行。但对外国人伤害华人的刑事案件，追究外国人刑事责任的程序则相对复杂，司法实践中也根据具体情况作出了一定的变革。

(一)外国人犯罪案件的司法管辖权归属

追究外国人的刑事法律责任,首要问题就是刑事案件司法管辖权的归属。司法管辖权是国家行使主权的重要部分,也是保证法律实施效力的重要内容。清政府本应根据《大清律例》的"化外人条款"行使对所有涉外刑事案件的司法管辖权,但在司法实践中,清政府的司法管辖权屡被挑战,许多案件的司法管辖权甚至被迫让渡。

按照《大清律例》的规定,对涉及外国人犯罪的案件,一律适用"凡化外来降人犯罪者,并依律拟断"的规定,该规定也是处理在广州十三行发生的涉外刑事案件的准则。虽然有此规定,但是在乾隆八年(1743 年)澳门发生华人陈辉千被杀案以前,清政府对外国人犯罪案件行使司法管辖权的效果并不显著。"四口通商"时期的 1687 年,厦门口岸就发生了外国人行使司法管辖权的案件,该案件也被认为是英国人第一次在中国行使治外法权。① 广东的情形大致也是一样,这从广东地方官府要求澳葡当局交出杀害陈辉千的凶手时,澳葡当局的回复中就可以看出。针对该案,澳葡当局认为:"番人附居澳境,凡有干犯法纪,俱在澳地处治,百年以来从不交犯收禁",并据此对抗广东地方官府抓捕凶手的要求。时任两广总督策楞等地方官员则认为:"倘听其收管,无论院司不能亲审,碍难定案承招,并虑旷日迟久,潜匿逃亡,致夷人益生玩视法纪之心。"策楞认识到司法管辖权对法律实施效果的影响,"下令广州知府和香山知县立即前往澳门,将凶犯应行绞抵之处明白示知,由澳葡官员自行限日,将凶犯用绳勒毙",坚持了对犯罪外国人的刑事案件管辖权。②

乾隆十四年(1749 年)制定的《澳夷善后事宜条议》,再次强调了对外国人犯罪案件的司法管辖权:"嗣后澳夷除犯命盗罪应斩绞者,照乾隆九年定例,于相验时讯供确切,将夷犯就近饬交县丞,协同夷目,于该地严密处所加谨看守,取县丞钤记,收管备案,免其交禁解勘。一面申详大宪,详加覆核,情罪允当,当即饬地方官眼同夷目依法办理。"③其后,在广州发生的刑事命案处理,清政府也坚持了司法管辖权,如乾隆四十九年(1784 年)的"休斯夫人号"事件。直到道光二年(1822年),两广总督阮元针对广州发生的"土巴资号"案件处理时,仍坚持"该夷兵在内

① [美]马士:《东印度公司对华贸易编年史(一六三五～一八三四年)》(第 1 卷),区宗华译,林树惠校,章文钦校注,广东人民出版社 2016 年版,第 69 页。

② (清)印光仁、张汝霖:《澳门记略》,赵春晨点校,广东高等教育出版社 1988 年版,第 35 页。

③ 同上书,第 37 页。

地犯事，应遵内地法律办理。”[①]因此，从清朝法律规定到司法实践，实际上都是以坚持行使司法管辖权为原则的。

但从1805年起，清政府的涉外刑事案件司法管辖权开始受到了实质挑战。是年在澳门发生了外国水手杀死华人一案，香山知县要求将凶手移交广东官府审判遭到拒绝，澳葡当局对凶手进行审判并执行了处决。[②] 广东地方官府实际丧失了对该案件的司法管辖权。嘉庆十二年(1807年)“海王星号”事件中，清政府虽然行使了管辖权，但是却允许外国人参与审讯，审讯公堂不是在官府衙门内而是在行商商馆，司法管辖权已经开始受到实质影响。在其后发生的系列案件中，清政府逐渐丧失了对刑事案件的司法管辖权。如嘉庆十五年(1810年)黄阿胜被杀案中，两广总督同意，一旦发现罪犯，即委托英国政府进行惩处。道光二年(1822年)“土巴资号”事件中，“土巴资号”驶离广东，并声称此案将按英国法律进行审判，广东地方官府只能被动接受。1827年“公民号”事件中，没有查出并抓获凶手进行审判。1831年“伶仃号”事件中，广东地方官府只是谕令英国方面交出凶手，也未有任何实质结果。尤其是1839年林维喜案中，英国方面不仅拒绝交出凶手，而且还成立陪审团依照英国法律对嫌犯进行了审判。这些案件的处理可以说明，这一时期清政府的司法管辖权受到了严峻挑战，实际上已经很难行使对外国人犯罪案件的司法管辖权了。

(二)外国人犯罪案件的处理程序

清朝处理外国人犯罪的涉外刑事命案，在程序上一般先是外国人自行查出凶手。在广州十三行发生的外国人伤害华人的命案，是由外商头目(多为大班)负责查出真凶，在大班核实清楚凶手身份与涉案过程以后，将凶手交给清朝地方官府，再由官府进行审判后按大清律例的规定处以相应的刑罚。

---

① 《清仁宗实录》卷三一，中华书局1986年版，第548～549页。本案的案情及最终处理结果从中也可大致了解：“阮元奏，英吉利国护货兵船，停泊外洋伶仃山，夷人赴山汲水，与民人斗殴，互有伤毙。饬谕该国大班，及该国兵官，交出凶夷，彼此互相推诿，当将货船封舱，禁止贸易。该夷兵狃于该国被伤后致死无须抵偿之例，延不交凶，旋即畏罪潜逃。该大班寄信本国，奏知国主，照例究办，现仍著落交凶，并谕饬办理等语。天朝定例，凡斗殴致死人命，无论先后动手，均应拟抵，该夷兵在内地犯事，应遵内地法律办理。至该国兵船，系为保护货船之用，该大班承管买卖事务，其兵船伤毙民人，岂得藉词延推诿。今兵船既已扬帆驶逸，凶夷自必随往。著照所议，准令各船开舱下货。仍饬该大班，告知该国王，查出凶夷，附搭货船，押解来粤，按名交出，听候究办。”

② ［美］马士：《东印度公司对华贸易编年史(一六三五～一八三四年)》(第3卷)，区宗华译，林树惠校，章文钦校注，广东人民出版社2016年版，第16～17页。

“大班查凶”主要是中外之间语言沟通障碍所致，两广总督阮元对此有过说明：“查各夷船，日久停泊粤洋，与民人争殴伤毙，事所常有，内地官吏与夷人言语不通，是以向办章程，均系责令该国大班查出正凶，询问明确，即将凶夷交出，传同通事，提省译讯录，供究办。”[①]由于大班具体负责查出凶手，因此很难保证所交出的凶手就是真凶，但对清政府来说，大班所交凶手是否为真凶并不重要，重要的是要有外国人为命案的发生承担刑事责任。而在澳门发生的外国人伤害华人的命案，一般由澳葡当局查清凶手，移交香山县令负责审理，并在作出审判后监督执行。

清政府对刑事命案程序的重视，不仅是因为刑事命案的影响力较大，直接关系到中外关系与中外贸易的正常化发展，也是因为统治阶级向来最重视刑事命案的审理与处决，要通过刑事命案的处理向外商彰显大清帝国法制的威严。另外，在封建法制中，掌握命案最终决定权的皇帝，不仅操纵臣民的生杀大权，还往往通过“赦免”特权的行使显示其皇恩浩荡，因此，传统封建司法中命案的审理、判决、复核与人犯的勾决等都具有复杂的程序。外商犯罪案件的处理同样被统治者看重，主要是要通过涉外命案的处理维护社会的稳定，并借以宣示天朝威仪。

(三)死刑复核程序的变通适用

外国人为凶手的涉外命案处理程序上，最明显的改变是死刑复核程序。根据《大清律例》的规定，除了被列为“十恶”的重罪，以及服内亲属之间的命案以外，对一般的谋杀、故杀、斗杀、戏杀、误杀、过失杀等行为引发的命案，对罪犯通常不适用立决死刑，而是归入监候缓刑之列，以待秋审时作出最终裁决。[②] 按照这样的程序，因刑事命案而被列入监候执刑的死刑犯，有可能因为审级的延长而得到改判，或因在秋审中定为缓决、可矜、留养等情形而从轻发落。死刑案件中，正是以审判程序的延长彰显命案处理的慎重，并保障处理结果相对公正。但在广州十三行的外国人犯罪案件中，其审级却被降低，死刑复核的程序也被大大简化，这实际上剥夺了外国罪犯通过死刑复核获得从轻减轻处罚机会的权利。

外国人犯罪案件死刑复核程序的简化，始于乾隆八年(1743年)发生在澳门

---

① 故宫博物院文献馆编:《史料旬刊》第6期，故宫博物院文献馆1930年版，第210页。

② 《大清律例》卷二十六《刑律·人命》。

的华人陈辉千被杀案。① 负责处理此案的两广总督策楞,在关于此案的奏报中,最先提出简化办理外国人命案死刑复核程序的具体方案:"嗣后在澳民蕃,有交涉谋害斗殴等案,其罪在民者照例遵行外,若夷人罪应斩绞者,该县于相验之时讯明确切,通报督抚详加覆核,如果案情允当,该督抚即行批饬地方官,同该夷目将该犯依法办理,免其交禁解勘。仍一面据实奏明,并将招供报部存案。"②据此,外国罪犯当处斩绞之刑罚的,广东督抚即可完成死刑复核,并立即执行。乾隆九年(1744 年),乾隆皇帝同意了这个方案。

其后,乾隆十四年(1749 年)澳门同知张汝霖和香山县令暴煜共同拟定的《澳夷善后事宜条议》,关于外国人命案审决的程序规定为:"嗣后澳夷除犯命盗罪应斩绞者,照乾隆九年定例,于相验时讯供确切,将夷犯就近饬交县丞,协同夷目,于该地严密处所加谨看守,取县丞钤记,收管备案,免其交禁解勘。一面申详大宪,详加覆核,情罪允当,当即饬地方官跟同夷目依法办理"③,再次确定了外国人命案处理程序"免其交禁解勘"的规定。自此以后,对外国罪犯适用死刑的,都不需要再经过中央司法机关乃至皇帝的复核,而是由地方官府复核后直接执行死刑,这实际上从程序方面剥夺了外国犯人获得从轻、减缓处罚的机会。

第五节　外商制度的特点

如前所述,出于管理大量进入广州的外来人员的需要,清政府在广州十三行的中外贸易管理中建立形成了专门管理外来人员的外商制度,构成了广州十三行法制的一部分。由于管理对象与管理模式的特殊性,广州十三行法制中的外商制度有较为典型的特点。这些特点不仅反映了清政府的外贸管理制度革新,更反映了清政府管控外贸的最终目的。

---

① 乾隆八年(1743 年)八月,陈辉千与葡人晏些卢发生争吵并斗殴,陈辉千被晏些卢杀死。澳葡当局在审讯查实该案以后自行收管了该凶犯。香山县要求澳葡当局交出凶犯时遭到拒绝,后根据时任两广总督策楞的意见,同意澳葡当局按照《大清律例》将凶犯执行了绞刑。(清)印光仁、张汝霖:《澳门记略》,赵春晨点校,广东高等教育出版社 1988 年版,第 34～35 页。

② (清)印光仁、张汝霖:《澳门记略》,赵春晨点校,广东高等教育出版社 1988 年版,第 36 页。

③ 同上书,第 37 页。

一、以行商为媒介的管理模式

外商制度的最大特点，是清政府采取了以行商为媒介管理外商的制度模式。从性质与身份上来看，行商是商人组织，本不是行政管理的主体，原本没有行政管理的职权，也无须承担管理职责。但在近代化趋势的影响下，随着来到广州的外国人数量增加，管理外来人员成为必然的要求，由于与外商接触最多的是广州十三行行商，行商成为清政府管理外国人的最佳主体选择。

如前所述，以行商管理外商的制度模式的形成，与清廷所坚持的"华夷之辨"观念有密切关系，而近代化趋势所促发的贸易量增加无疑推动了这一管理制度的实施。在近代化趋势带来对外贸易量大幅增加的情况下，行商通过获得对外贸易的垄断权可以独占外贸经营的利润，行商享有的这种垄断优势为行商承担管理外商的义务提供了对价，清政府因此可以将行商作为管理媒介。清政府先后制定了多项管理规章，确立了通过行商管制外商的管理方式与原则，由行商具体负责管理前来广州贸易的外商与其他外来人员，并通过规定行商在管理外贸、管理外商与沟通中外方面的具体职责与义务，建立了外商的权利义务体系。行商不仅负责监管外商的所有贸易与居住行为，而且要为外商的所有行为进行担保，在外国人违反规定的情况下，除了外商要承担相应的法律责任之外，行商也要承担连带的法律责任。清政府就是以行商为管理媒介，通过对行商的控制实现了对外商的有效管控。

二、权利依附与义务独立并存

为了加强对外来人员的管理，清政府围绕外商在广州的贸易活动与居住生活，对外商课以广泛的义务，也赋予外商一定的权利，外商的权利与义务已经涵盖了外商的商业行为、贸易程序、留居广州与外出活动等多方面的内容。总体上看，外商制度体现出权利依附与义务独立并存的特点。

外商本应自主享有贸易与生活的各项权利，清政府也赋予了外商相应的权利，但由于行商是外商的直接管理者，外商权利的行使几乎都需要借助于行商才能实现，因此，外商的权利呈现出依附性的特点。而在外商的义务承担与履行方面，清政府通过完善行商的管理职责，并制定专门的规章制度，对外商应履行的义务作出了直接而明确的规定。外商所应承担的义务是独立的，作为独立的义务承担主体，外商承担义务时无须借助于行商或其他人员，外商也不能将其本应承担的义务交由行商代为履行,这是由义务的自身特点所决定的,也是由行商制度的特点所决定的。

虽然外商的权利依附与义务独立并存,但由于广州十三行法制的封建本性,外商的权利与义务呈现出“义务本位”的特点。为了维护贸易秩序以及封建统治,广州十三行法制中的外商制度更多规定外商必须遵守的义务性规范,尤其是清政府以专门规章的方式多次重申外商的义务,充分体现了“轻权利而重义务”的特点。清政府对外来人员进行严格控制的目的,在乾隆四十九年(1784 年)皇帝针对“休斯夫人号”案件作出的批复中表现得非常清楚:“寻常斗殴毙命案犯尚应拟抵,此案啲陛哔放炮致毙二命,况现在正当查办西洋人传教之时,尤当法在必惩,示以严肃。”[①]清政府加重处理相关命案以达到以儆效尤的目的,与对外商的义务规定相互配合,共同实现维护封建统治的目的。

三、对外商的管制趋于严格

清政府针对广州十三行的外商管理制定了专门的规章制度,采用制定专门规章的形式,已经显示出清政府对外商的管理更加规范化,并趋于严格化。而通过对比分析清政府先后制定的多部管理规章的内容,可以发现,清政府对外商的管理不仅以“防禁”为核心,而且在内容上也呈现出越来越严格的趋势。

乾隆二十四年(1759 年)《防范外夷规条》主要包括:限制外商留居广州的时限与地点、强化行商对外商居住与出行的管理、禁止行商向外商借贷、禁止外商雇佣汉人仆役、禁止外商搜集信息、严格管控外商船舶等内容,对外商在广州的相关行为实施了严格管制;嘉庆十四年(1809 年)的《民夷交易章程》主要包括:外国商船报明后才能引进黄埔查验开舱、禁止外国护货兵船则驶入内港、外商完成贸易后应立即随船归国、澳门不得再建夷房、强化对引水员的稽查管理、强化对买办的管理;[②]嘉庆十九年(1814 年)的《酌筹整饬洋行事宜》主要包括:严查行商私借外商资本及拖欠外商债务的行为、严惩与外国人交结的行商或民人、严守“夷夏之别”、外国护货兵船不得驶入内洋也不准超期逗留、彻查行商向外商借贷情况并分

---

① 中国第一历史档案馆、澳门基金会、暨南大学古籍研究所合编:《明清时期澳门问题档案文献汇编》(一),人民出版社 1999 年版,第 452 页。

② 台北故宫博物院辑:《清代外交史料》(嘉庆朝第 3 册),台北,成文出版社 1969 年版,第 270 ~ 273 页。

别情况立即处理、行商不得滥保新行商、严禁内地民人私往夷馆;[①]道光十一年(1831年)《章程八条》主要包括:派兵稽查外国商船停泊处所,行商严格管束外商的居住、外出与贸易行为,禁止外商私带番妇入住商馆,禁止外商乘坐肩舆,禁止外商在广州携带枪炮,行商稽查管束买办代雇的人夫,强化行商代禀规定,严查行商借贷并拖欠外商银两事项,允许符合特殊情形的外商延长留居广州时间;[②]道光十五年(1835年)的《增易防范夷人章程》主要包括:禁止外国护货兵船驶入内洋、责成行商严查外商偷运枪炮、禁止私带番妇番梢进入广州、加强对引水员与买办的管理、强化行商对商馆仆役的担保与管理责任、规范外商闲游、强化外商具禀规定、行商承保外商制度增加"派保"、严查走私。[③]

通过对比前述规章制度的内容可以看出,清政府制定的规章制度对外国人管理的内容越来越广泛,从主要约束商事活动扩大到约束居住行为、外出行为等多个方面,并已经细化到外国人在广州一举一动可能涉及的全部内容。对于较为重要的管理问题,更是多次强调,典型如借贷行为的限制、居住广州的时限以及对外国兵船的控制等。一方面,这体现出清政府针对外商的管理制度趋于完善的特点,另一方面也体现出清政府对外国人的管理趋于严格的态势。这种严格管理虽然有利于清政府对外来人员的控制,但也限制了外商的人身自由,并因此影响了对外贸易的自由发展。

---

① 台北故宫博物院辑:《清代外交史料》(嘉庆朝第4册),台北,成文出版社1969年版,第400~404页。

② (清)梁廷枏:《粤海关志》,袁钟仁点校,广东人民出版社2014年版,第568页。

③ 同上书,第568~572页。

第五章 广州十三行法制评鉴

从清政府决定实施开海贸易，到第一次鸦片战争后《南京条约》结束广州"一口通商"，广州十三行的中外贸易共经历了一百多年的发展历程，清政府为管理广州中外贸易所构建形成的广州十三行法制，也经历了一百多年的运行实践。广州十三行中外贸易在中国乃至世界贸易史上，都是浓墨重彩的一笔。广州十三行法制在中国法制历史的长河中，也产生了一定的影响。本章从广州十三行法制自身的制度特点、产生的作用、外在的影响3个方面对其进行评鉴。对广州十三行法制进行评鉴，也是为了正确评价广州十三行法制所产生的影响，合理界定广州十三行法制的历史地位，并探寻广州十三行法制在以古鉴今方面的积极作用。

第一节 广州十三行法制的特点

广州十三行法制，是清政府应对近代化趋势下的中外贸易发展而建立形成的法律制度。广州十三行法制由粤海关、行商与外商三类法律关系主体的权利与义务构成，并成为一个有序运转的法制体系。随着近代化趋势发展对贸易需求的变化，广州十三行法制也在不断调整变革，并建立了一系列体现近代因素的制度。但从其根本性质上看，广州十三行法制没有脱离封建法制的窠臼。

一、规定主体的权利义务并使之有序运行的体系性

为了管理广州中外贸易,清政府具体规定了粤海关、行商、外商三类主体的权利义务,围绕每一主体的权利义务分别形成了一套制度。三套制度相互联系、相互协调,共同构成了有序运转的广州十三行法制。

(一)广州十三行法制的构成

广州十三行法制所调整的是近代化趋势推动下的中外贸易关系。从形式上看,这种贸易不同于清朝国内贸易,也不同于清朝与其他亚洲国家之间的朝贡贸易,而是清朝与资本主义国家之间开展的直接贸易;从实质上看,这种贸易是已经开始近代化进程的西方国家,为了满足资本主义发展的需要,对世界范围内的贸易与市场提出的要求,属于自由贸易的范畴。这种新型的贸易关系与日渐发展的贸易形势,要求清政府必须采用新的法律调整方法,并制定实施新的法律制度。

为了管理新型的中外贸易,并调整因贸易而产生的各种关系,清政府在广州设立了粤海关。粤海关是在前代市舶司的基础上,吸收了榷关管理经验而设立的。粤海关负责关税征收与外贸管理两大职责,负责沟通中央与地方的关系,并负责管理参与贸易的行商与外商。行商是在明朝"官设牙行"的基础上,经粤海关与广东地方官府许可而参加中外贸易的国内商人组织。外商是因中外贸易的开展而进入广州直接参与中外贸易的国外商人。清政府设立粤海关专门负责管理中外贸易,粤海关则任用行商参与贸易,并以行商为媒介,协助管理贸易并管制外来人员。

在具体的贸易管理过程中,清政府规定的是粤海关、行商、外商的权利义务,并规定各类主体的法律责任。围绕这3类主体的权利义务内容,实际上分别形成了一套制度:粤海关制度、行商制度与外商制度。粤海关制度规定的是粤海关的职权、职责与法律责任,是从粤海关的角度出发,调整粤海关与行商的关系,以及调整粤海关与外商的关系;行商制度规定的是行商的权利、义务与法律责任,调整的是作为被管理者的行商与粤海关的关系,以及作为管理者的行商与外商的关系;外商制度规定的是外商的权利、义务与法律责任,调整的是作为被管理者的外商与其两个管理主体粤海关和行商相互之间的关系。这3项制度相互衔接与协调,共同构成广州十三行法制的体系。

随着近代化趋势的发展,资本主义国家对贸易与市场的需求不断扩大,广州

中外贸易的内容也不断变化。广州十三行法制的调整对象不仅是贸易,还包括行商与官府之间的关系、清政府对外来人员的管理等多方面与贸易本身关联不大的内容,甚至扩展到了外交领域,这正如梁嘉彬对广州十三行的评价:“论其性质,始则纯属评定货价承揽货税之商业团体,继乃兼及外交行政。”①

(二)广州十三行法制的体系性

从静态的制度构成与动态的制度运行来看,构成广州十三行法制的粤海关制度、行商制度与外商制度相互联系、相互协调,每一类法律关系主体的权利义务又相互制约、相互补充,贯穿广州中外贸易管理的运行过程,并共同构成广州十三行法制的体系。从静态的制度构成来看,广州十三行法制是以在对外贸易开展与管理中扮演不同角色的粤海关、行商与外商三类主体为框架,清政府通过规定每一类贸易主体自身的权利与义务,分别形成了粤海关制度、行商制度与外商制度,这三套制度相互联系、相互协调,组成了广州十三行法制的宏观体系;从动态的制度运行来看,广州十三行法制具体的规范内容包括关税征收、贸易管理与人员管理三大方面中的全部环节,通过广州十三行法制的运行,将这每一方面的每一个环节都转化为相关主体的权利和义务,通过将贸易管理与开展的内容与法律关系主体的权利义务直接对应,使贸易管理与关税征收等相关内容都通过三类法律关系主体的权利行使与义务履行来动态实现。主体的权利义务与外贸管理内容的对应性,还构成了广州十三行法制的微观体系。

广州十三行法制的体系性,还表现在广州十三行法制中三类法律关系主体的紧密联系,这主要源于粤海关的联结作用与行商的媒介作用。作为清朝统治阶级利益的代表者,粤海关是广州十三行法制中纵向法律关系的联结点,粤海关沟通中央与地方的关系,并根据统治阶级的要求,在广东地方官府的协助下,制定具体的贸易管理与人员管理措施,履行管理贸易、管理商人、征收关税的具体职责。粤海关的职责范围,直接决定了行商与外商的权利义务范围。行商则是广州十三行法制中横向法律关系的联结点,清政府通过行商的媒介作用对外商实施管理,行商既是被管理对象,又是协助清政府履行管理职责的管理人,行商既联结着官府与外商又隔离了外商与官府,既保障对外贸易的顺利开展又有效管控外来人员,同时实现中外贸易开展的经济目的与政治目的。

---

① 梁嘉彬:《广东十三行考》,广东人民出版社2009年版,第51页。

二、随着近代化趋势发展而不断调整的变革性

清政府为应对近代化趋势发展对贸易提出的不断变化的要求，根据各项制度的实际运行效果，不断调整与完善广州中外贸易的管理制度，促进了广州十三行法制的变革。按照广州十三行法制各项制度发展的历程，以及内容前后变化的差异性，可将广州十三行法制的变革大致分为3个阶段。

（一）近代化趋势影响下的广州十三行法制建立

从康熙二十五年（1686年）《分别住行货税》文告的颁布，到康熙五十九年（1720年）广州十三行公行成立，是广州十三行法制的初步建立时期。其中，《分别住行货税》文告的颁布，对粤海关、行商与外商制度的建立都具有重要的基础性意义。虽然粤海关初设是在康熙二十三年（1684年），[①]首任粤海关监督到任是在康熙二十四年（1685年），[②]均早于《分别住行货税》的颁布时间，粤海关的法律职权与职责也先于《分别住行货税》颁布，但是粤海关正式履行管理中外贸易的职责就是从颁布《分别住行货税》开始的，因此其对于粤海关制度具有标志性的意义；从行商制度来看，《分别住行货税》的颁布从法律上正式区分了常关贸易与海关贸易，并区分了国内贸易商人与对外贸易商人，初步确立了行商垄断外贸的权利与代缴关税的义务，也初步规定了承充行商的资格条件，行商制度从此开始建立；从外商制度的角度来看，《分别住行货税》确立了外商应缴关税由行商代缴的模式，通过确定行商管理外商义务的对价——外贸垄断权，为外商制度的建立奠定了基础。《分别住行货税》文告对广州十三行法制的3个制度都有重要影响，其颁布标志着广州十三行法制开始建立起来。

在这一时期，广州十三行中外贸易管理的多项制度开始建立。康熙二十八年（1689年）确定粤海关只设1名监督，并确定了由皇帝的心腹包衣出任粤海关监督，粤海关监督的委派制度初步建立。粤海关确立了海关税收只对海上进出口货物征税的基本原则，确定了住行货税分离的征税方式，初步设立了免税政策，粤海关税收制度逐步形成。尤其是康熙二十八年清朝自行制定并正式颁布的第一部

---

① “（康熙）二十三年覆准，福建、广东二省，设满汉海税监督各一人，笔帖式各一人”，可知粤海关设立是在康熙二十三年（1684年）。参见光绪《清会典事例》卷二三六《户部·关税》，中华书局1991年版，第781页。

② （清）印光仁、张汝霖：《澳门记略》，赵春晨点校，广东高等教育出版社1988年版，第42页。

海关税则《粤海关税则》①,为粤海关税收提供了明确的法律依据。行商开始在外贸管理中发挥作用,开始实际承担管理外贸的义务,其外贸垄断权开始发挥作用,行商也开始对外来人员行使清政府授予的管理权。在外商制度方面,清政府先后制定颁布了一系列管理措施,确立了通过行商管制外商的管理方式,行商也开始实际履行管理外商的职责。广州十三行法制的各项制度基本建立起来,形成了广州十三行法制体系。

广州十三行法制建立的主要动因是应对近代化趋势,很大原因就是近代化趋势对清朝海上贸易的冲击。近代化趋势对清朝法制提出要求,主要是其对市场扩大的需求引发的,并表现在两个层次:首先,由于清政府实施闭关锁国与限制海洋贸易的法制,近代化趋势的要求集中表现在,要求清政府在国家法制上允许开海贸易,这是资本主义国家打开市场的第一步;其次,要求清政府完善法制,制定满足并促进贸易开展的法律制度,以满足近代化趋势对贸易的需求。虽然资本主义国家不会直接提出明确的要求,但是在中外贸易与中外交往中,会迫使清政府被动制定并完善相关法律。

(二)近代化趋势发展促进广州十三行法制发展

从康熙五十九年(1720 年)公行成立,到乾隆二十二年(1757 年)清政府"一口通商"政策出台,是广州十三行法制的发展时期。在这一时期,随着近代化潮流的形成及影响的扩大,清政府对广州中外贸易管理制度作出了一些改变,广州十三行法制体系基本形成。

在粤海关的管理制度上,雍正十二年(1734 年)颁行谕旨确定了广东地方官府参与管理粤海关制度②,粤海关税收制度也不断完善,尤其是受雍正初年治理财政的影响,粤海关进行了杂税归公改革,建立了关税盈余报解制度,并确立了比例税则制度,完善了税收减免制度,税收征管实现制度化,粤海关税收制度已经趋于完善。清廷还对粤海关的贪腐行为进行惩处,有粤海关监督受到严厉惩罚。乾隆十四年(1749 年),还明确了短欠关税的行政处分与赔补。这一时期,行商制度也不断发展。康熙五十九年(1720 年),行商自发成立了衡平行商关系、维护行商垄断权利的公行,并制定了《十三条行规》。乾隆十九年(1754 年)与乾隆二十年

① 《广东省志·海关志》,载胡巧利主编:《广东方志与十三行》,广东人民出版社 2014 年版,第 139 页。

② (清)梁廷枏:《粤海关志》,袁钟仁点校,广东人民出版社 2014 年版,第 120 页。

(1755年)粤海关监督与两广总督多次发布公告,[①]以直接向外商宣布法令的形式要求外商只能和行商进行贸易,强化了行商垄断对外贸易的权利。行商的法律职责在这一时期更加细化,乾隆十年(1745年)正式建立了保商制度,[②]乾隆十五年(1750年)与乾隆十九年(1754年)两次强化行商对外商的保证责任。[③] 随着行商垄断外贸的权利被维护,行商的义务也开始细化,对行商的管理开始规范化。在外商制度方面,随着乾隆十年(1745年)保商制度建立,清政府实际上是以科重行商义务的方式规范了对外商的管理,建立了形式相对严密的外商管理制度。[④] 在这一时期,粤海关与广东地方官府通过规定行商的具体职责,基本建立了外商的权利义务体系,涉及外商在商业行为、贸易程序、出入广州、留居广州与衣食住行、权利保护、责任追究等多方面的内容,外商管理进入规范时期。

广州十三行法制的发展,受到近代化趋势发展的影响。清朝实施开海贸易之初,近代化还只是一种趋势,随着资本主义的不断发展,尤其是英国资产阶级革命取得胜利后,近代化已经成为发展的潮流。广州十三行公行成立的原因,就是为了应对近代化潮流影响下的中外贸易发展带来的问题。随着前来广州贸易的外国商船数量增加,行商之间也开始各种形式的内部竞争,导致扰乱贸易管理秩序的情况经常发生,为了协调行商的内部关系,并维护中外贸易发展的良好秩序,维护行商的对外贸易垄断权,行商才自发成立公行。

广州十三行法制的发展受近代化潮流的影响最为突出的表现,是从"四口通商"到"一口通商"的转变。英国资产阶级革命胜利后,近代化进程全面启动,"从1640年开始的英国资产阶级革命,一直延续到1660年。革命后的英国工业迅速发展,至18世纪,英国已成为世界上拥有雄厚资本、广大殖民地和海外市场的最强大的经济大国。特别是经过产业革命,进一步推动了资本主义经济发展。为了抢占海外市场,英法2国进行了7年战争,获得胜利的英国便成为海上霸主,把侵略的矛头指向了东方。"[⑤]随着对清朝贸易与市场需求的扩大,资本主义国家意图

---

① [美]马士:《东印度公司对华贸易编年史(一六三五~一八三四年)》(第4卷),区宗华译,林树惠校,章文钦校注,广东人民出版社2016年版,第138~139页。

② 中国第一历史档案馆、澳门基金会、暨南大学古籍研究所合编:《明清时期澳门问题档案文献汇编》(一),人民出版社1999年版,第328页。

③ 梁嘉彬:《广东十三行考》,广东人民出版社2009年版,第92页。

④ 中国第一历史档案馆、澳门基金会、暨南大学古籍研究所合编:《明清时期澳门问题档案文献汇编》(一),人民出版社1999年版,第328页。

⑤ 张晋藩:《中国法律的传统与近代转型》,法律出版社2005年版,第293页。

将贸易口岸扩大至商品原产地及其附近，自乾隆二十年（1755 年）起便不断有外商前往宁波寻求贸易。清廷担心宁波贸易将导致诸多后患："恐将来赴浙之洋船日众，则宁波又多一洋人市集之所，日久虑生他弊。"①为对宁波贸易加以阻止，清廷将宁波口岸的关税提高了一倍，意图以关税增加导致贸易利润减少，迫使外商转归广州贸易。但利润只是资本主义贸易追求的一个方面，市场扩大和与之俱来的贸易机会也是其重要目的，加征关税的举措没有取得实效。无奈之下，乾隆二十二年（1757 年）清廷宣布"一口通商"："将来只许在广东收泊交易，不得再赴宁波。"②可见，"一口通商"政策的出台就是为了应对近代化趋势，只不过清廷最终采取的是违背近代化潮流要求的"一口通商"。

（三）近代化潮流促进广州十三行法制的完善

乾隆二十二年（1757 年），清政府下令实施"一口通商"，此后，广州就成为对资本主义国家开展贸易的唯一口岸。随着中外贸易形势与管理形势的变化，清政府更加强化对外商与外贸的管理，并制定了一系列成文管理制度，广州十三行法制逐步完善。

"一口通商"后，粤海关的管理职责更加繁重，清廷对粤海关的控制也开始加强。乾隆三十五年（1770 年）粤海关监督的选任与更替制度化，在程序上重申必须由户部请旨简放，③但实际上更加维护了皇帝对粤海关监督的控制权。乾隆五十七年（1792 年）重申粤海关监督与广东督抚的合作与分工，强调广东督抚对粤海关关务尤其是船舶与货物出入情况的监管。④ 粤海关税收制度经历了一些调整，尤其是在盈余报解税额、减免征税的具体政策执行等方面，根据贸易实际情况作出了具体调整。由于广州口岸独占了清朝的对外贸易，行商垄断外贸的权利达到了顶峰。乾隆二十五年（1760 年），外洋行、本港行、福潮行分别设立，⑤行商专门针对资本主义国家贸易，行商负责中外贸易的职责更加具体化。嘉庆十八年（1813 年），总商制度设立，保商制度也进一步完善，行商的承商资格与条件也趋于成熟。伴随着清政府一系列管理规条的颁布实施，行商在管理外贸与管制外商

---

① 中国第一历史档案馆编：《清宫粤港澳商贸易档案全集》（第 2 册），中国书店 2002 年版，第 1287 页。

② 《清高宗实录》卷五五〇，中华书局 1986 年版，第 1023 页。

③ （清）梁廷枏：《粤海关志》，袁钟仁点校，广东人民出版社 2014 年版，第 120 页。

④ 光绪《清会典事例》卷二三七《户部·关税·考覆一》，中华书局 1991 年版，第 800 页。

⑤ （清）梁廷枏：《粤海关志》，袁钟仁点校，广东人民出版社 2014 年版，第 496 页。

方面的法律职责更加明确，行商的法律责任追究机制开始发挥更明显的作用，行商制度趋于完善。在外商管理方面，自乾隆二十四年（1759 年）两广总督李侍尧奏请朝廷批准实施《防范外夷规条》开始，清政府陆续制定实施了一系列专门针对外国人管理的制度，外商制度从规范管理进入到严格管理阶段。其后，清政府又颁布了多项制度，虽然这些规章在具体内容上有所重复，但通过多次重申更加强化了外商的义务与责任，也显示出清政府对外商管理趋于严格的态势。

广州十三行法制的完善也是受近代化潮流的影响，这在外商制度的完善方面表现得最为明显。外商制度经历了从不成文制度到成文制度两个泾渭分明的发展阶段，两个阶段之间的转折正是源于乾隆二十四年的《防范外夷规条》，而《防范外夷规条》出台的原因在于"乾隆朝外洋通商案"，该案正是近代化潮流在通商贸易领域的直接要求和集中表现。近代化潮流要求扩大市场，这与清朝统治者的内心想法并不一致，为了达到扼杀外商需求，并控制涉外贸易与外国人的双重目的，清政府改变了广州十三行的外商管理制度，出台成文规定对外商与外贸予以明确限制。在此之后，清政府在外贸管理过程中又陆续出台了多个成文管理制度，对外商的管控已经包括外商在广州贸易与生活的各个方面，从根源上看，这些都是在资本主义国家扩大广州中外贸易的背景下，清政府强化管理的原因所致。

三、体现近代性与本质封建性的法律性质两面性

广州十三行法制调整的是近代贸易性质的中外贸易，广州十三行法制中也有一些符合近代化趋势与要求的法律制度，这些制度体现出了近代性。但是从广州十三行法制的设立目的、制度理念以及具体制度来看，其本质上仍然是封建性质的法律制度。广州十三行法制中一些制度体现出的近代性，与广州十三行法制本质的封建性，共同构成了广州十三行法制性质的两面性。

（一）广州十三行法制的目的是维护封建统治

虽然广州十三行法制中，不乏保障商业活动、规范商业行为以及维护商业秩序，甚至保护商人利益的规定，但其根本目的却是维护封建统治。清政府建立并实施广州十三行法制，不仅是防止国内商民因海洋贸易壮大实力而威胁中央政权，也是防止国内商民因接触外人而思想变化进而发生民变，更是防止国内反清势力借助外部力量增强反清活动，防止外国势力通过海洋贸易颠覆清朝政权。

清政府维护封建统治的目的，在其海上贸易政策中一直坚持。清廷决定实施开海贸易就有出于国家安全考虑的因素，"在当时人们看来，西方国家人们的日常

生活和政府的财源税收，皆完全依赖于与中国的贸易。因此，一旦完全取缔这种贸易，清廷也担心外夷会对中国沿海进行直接冲击。"①从"四口通商"向"一口通商"的政策转变中，也有明确体现。决定"一口通商"的上谕中指出："嗣后口岸定于广东，不得再赴浙省，此于粤民生计并赣韶等关均有裨益，而浙省海防亦得肃清。"②"一口通商"，首先是考虑国内社会的稳定。对外贸易出口的最大宗商品就是福建出产的茶叶，如果在广州开展对外贸易，从福建经江西至广东广州的茶叶陆路运输，可以解决多省挑夫等运力的生计问题，并可以增加多地的常关税收。而如果将贸易口岸移至浙江，福建至浙江的水路运输将使前述优势丧失殆尽。其次是为了浙江沿海口岸的海防安全，"于此复多一市场，积久留居内地者益众，海滨要地，殊非防微杜渐之道。"③从战略防御的角度考虑，宁波等口岸距离海洋太近，不像广州可以凭借虎门要塞与黄埔港口布置军事防御力量。将外国来华贸易集中于统治版图最南端的广州口岸，就可以防止"外夷"对内地的影响。因此，清廷"再四筹度，不便听其两省贸易"。④ 可见，清政府贸易政策的出台是以维护封建统治为主要目的的。

随着近代化趋势影响的扩大，在维护封建统治的目标要求下，即使实施开海以英明著称的康熙皇帝，晚年也因顾虑海洋贸易威胁封建统治而实施了禁洋政策。康熙五十五年（1716 年）十月，皇帝就谕大学士"海防乃今日之要务"，⑤"海外有吕宋、噶喇吧两处地方，噶喇吧乃红毛国泊船之所，吕宋乃西洋泊船之所，彼处藏匿盗贼甚多。内地之民，希图获利，往往于船上载米带去，并卖船而回。甚至有留在彼处之人，不可不预为措置也。"⑥而经过与罗马教廷"宗教礼仪之争"的矛盾冲突，康熙更加认识到外国的潜在威胁，并警示"国家承平日久，务须安不忘危。"⑦康熙五十六年（1717 年）清廷颁布了禁止前往南洋贸易的法令，虽然允许

---

① 陈尚胜：《也论清前期的海外贸易——与黄启臣先生商榷》，载《中国经济史研究》1993 年第 4 期。

② 《东华续录》"乾隆朝"卷一六，乾隆二十二年十一月戊戌。

③ 《高宗圣训》卷二八一，载姚贤镐编：《中国近代对外贸易史资料》（第 1 册），中华书局 1962 年版，第 180 页。

④ 《高宗实录》卷五四九，载姚贤镐编：《中国近代对外贸易史资料》（第 1 册），中华书局 1962 年版，第 180 页。

⑤ 《清圣祖实录》卷二七〇，中华书局 1985 年版，第 649 页。

⑥ 同上。

⑦ 同上书，第 650 页。

外国继续前来贸易，但要求“地方文武官严加防范”。① 禁止南洋贸易与宗教礼仪冲突存在关联，虽然宗教礼仪冲突原本属于中外文化思想领域的分歧与碰撞，与贸易活动关联不大，但清廷“尚未能将西方来华传教与来华贸易两者的内在联系和区分更准确地辨别开来”②，才株连贸易开展。禁止前往南洋贸易的法令虽然着眼于对国内商人出国贸易的限制，但已经显示出清廷因维护封建统治而对外贸加以限制的趋势，“令地方文武官严加防范”的规定表现出对外国防备的增强。

与清政府的贸易政策相一致，在维护封建统治的目的下，广州十三行法制呈现出趋于严格的“禁防”态势，并因此引起广州十三行法制的变革。清政府对外来人员的管制更加严格，特别是在“乾隆朝外洋通商案”以后，陆续出台了一系列严格约束外商人身自由与人身权利的专门规章。工业革命之后，西方国家的贸易要求更加强烈，武装挑衅与冲突也有发生。嘉庆七年(1802 年)，英国军舰就在广东伶仃洋面试探清朝海上防御力量；嘉庆十三年(1808 年)，英国军舰更是直接闯入虎门，西方军事威胁日益迫近。马戛尔尼访华提出的割让舟山附近岛屿开展贸易的请求，实际关涉领土主权问题，更引起了清廷高度警惕，使团离京途中一直有官员紧随，名为陪同，实为防范，乾隆皇帝专门指示：“不令该贡使随从人等上岸，亦不许民人近船观看”。③ 面对国内外的多重威胁，统治者始终将维护封建统治作为制定法制的考量因素，这对广州十三行法制的内容产生了较大的影响。

(二)广州十三行法制的理念未脱离封建法制的窠臼

广州十三行法制的基础是发展至顶峰的封建法制，这是其不能脱离封建法制窠臼的重要原因。封建法制至清朝时已历经几千年的承继与发展，未曾间断的封建法制决定了清朝法制理念的固化。清初政权建立以后，随着统一多民族国家的发展与稳定，在全国范围内建立了空前统一的法制秩序。除《大清律例》外，为增强国家机关和官吏的行政管理效能，从康熙二十三年(1684 年)起先后编制了康雍乾嘉光五朝会典，成为中国封建时代行政立法的总汇。清朝还制定了数量浩繁的各部院则例，如行政法规性质的《钦定六部处分则例》，具有单行刑事法规性质

---

① “凡商船照旧东洋贸易外，其南洋、吕宋、噶罗吧等处不许商船前往贸易，于南澳等地方截住，令广东、福建沿海一带水师各营巡查，违禁者严拿治罪。其外国夹板船照旧准来贸易，令地方文武官严加防范”。《清圣祖实录》卷二七一，中华书局 1985 年版，第 658 页。

② 韦庆远：《论康熙时期从禁海到开海的政策演变》，载《中国人民大学学报》1989 年第 3 期。

③ [法]佩雷菲特：《停滞的帝国——两个世界的撞击》，王国卿等译，生活·读书·新知三联书店 2013 年版，第 268 页。

的《刑部现行则例》,具有民事法规性质的《钦定户部则例》等。在则例之外,还有事例、章程、条例等法律形式。这些法律形式分工细密、规范完备严谨,共同组成了完备的法律体系。清朝的司法程序与司法制度也更加制度化、体系化,司法机关体系完整、管辖明确、审级清晰,更是建立了一套严密的诉讼制度。清朝法制立法之详密、制度之完备、程序之明确,均达到了中国封建法制史上的顶峰。广州十三行法制不可能脱离清朝法制的基础决定作用,这从根本上决定了广州十三行法制的封建法制性质。

广州十三行法制在理念上的封建性,也深受“华夷之辨”的影响。“华夷之辨”衍生出对外交往中的华夷秩序,“华夷秩序在体制上最根本的保证,是中华帝国与诸邦国之间,形成并建立了一套朝贡制度。”①朝贡制度是封建社会等级制度与君臣从属关系在外交领域的扩大运用,“朝贡”几乎就是封建时代中外关系的代名词。清朝政权虽然是少数民族入主中华,也因致力于国家大一统而强调民族平等,但并没有摒弃传统的“华夷之辨”的观念,并在对外交往中承继了朝贡体制。正是由于“华夷之辨”的深刻影响,清廷将海上对外贸易定位为“加惠远人、抚育四夷”。② 开海贸易后,清朝对外贸易法制,实现了从朝贡贸易法制到广州十三行贸易法制的革新,但在统治者的心理层面仍没有改变朝贡贸易的定位,所谓“我国家经费有常,不资商榷,不贪为宝,无取珍奇,惟推柔远之怀,为便民之举。”③“华夷之辨”的传统思想,伴随了广州十三行贸易法制建立与运行的全过程,“广州制度,来自于清王朝的保守政治动机,来自于唯我独尊的天朝上国观念,是朝廷用这些动机、观念去应付已经迫近家门的资本主义扩张势力和世界市场的结果。”④

(三)广州十三行法制继承了封建法制的具体制度

广州十三行法制的很多立法内容与执法方式都承继了封建法制。比如,行商承担连带责任的制度,如果有一行商对外商欠债,则由全体行商共同承担连带偿还责任。这种连带责任方式最大程度上保障了外商的利益,从而为外商所赞许并积极接受。但是,外商也有对连带责任叫苦不迭的,一旦外商或水手犯罪则株连整条商船,甚至株连整个对外贸易。前述两种在广州十三行法制中广泛适用的连

① 何芳川:《“华夷秩序”论》,载《北京大学学报》(哲学社会科学版)1998 年第 6 期。

② (清)梁廷枏:《粤海关志》,袁钟仁点校,广东人民出版社 2014 年版,第 461 页。

③ 同上书,第 13 页。

④ 张晓宁:《天子南库——清前期广州制度下的中西贸易》,江西高校出版社 1999 年版,第 188 页。

带责任，其实是封建法制中广泛使用的“连坐”制度在商业制度中的应用。在中国古代刑法中，对某些严重的刑事犯罪实施“连坐”，这就是中国封建法制中的连带责任，连坐在秦朝时期就已经细分为同居连坐、邻伍连坐、职官连坐等，[①]整个封建社会时期陈陈相因。清代不仅承袭“连坐”，而且加以应用于商业法制。另外，封建法制广泛适用的“保甲”制度，在广州十三行法制中也被采用，如新行商加入十三行时必须由其他行商担保，通事、买办领取执照时必须有行商担保等。

广州十三行法制对封建法制的继承，在商欠纠纷的规制与处理方面也有体现。乾隆二十四年(1759年)，《防范外夷规条》明确规定，行商不准向外商借款，如有发生，除“照交结外国借货诓骗财物例问拟”外，所借之银也要“查追入官”，这对保护行商的经济独立性进而维护其对外商的管理权具有积极意义。但以刑事责任干预商事纠纷处理，仍没有跳出封建法制的束缚。而且，在商欠纠纷处理的司法实践中，行商所借的外商银两不仅没有被“查追入官”，行商在归还本金时还要加倍偿还，而这仅是基于“皇上绥柔远人至意”[②]，这是典型的封建意识对近代贸易法制的践踏。而当欠债行商因破产不能完全清偿债务时，不仅众行商要承担连带偿还责任，甚至出现由官府代偿借款的处理方式。[③] 从清政府对商欠的约束规制，到商欠纠纷处理中的连带责任以及官府代偿，都体现了广州十三行法制受封建法制的深刻影响。

广州十三行法制继承传统封建法制，还有一个较为突出的表现是行商的“半官半商”身份。广州十三行本是商人团体，在封建社会“士农工商”四民阶层分类之下，商人与官员在单一个体上很少出现身份集合，但从乾隆年间开始，行商逐渐通过“捐输”等方式获取官员身份，嘉庆十二年(1807年)参与“海王星号”水手审

① 张晋藩：《中国法制史》，商务印书馆2010年版，第76页。

② (清)梁廷枏：《粤海关志》，袁钟仁点校，广东人民出版社2014年版，第498页。

③ 乾隆四十一年(1776年)，行商倪宏文因拖欠外商债务被发配充军，但抄家所得不足以清偿债务。乾隆帝下旨：“其不敷之数，勒限一年追清。如限满不能全完，即令该省督抚司道及承审此案之府州县于养廉内按数摊赔。”次年四月，广东巡抚李质颖奏称：“倪宏文赊欠英吉利国夷商货银一万一千余两，监追无着，经伊胞弟倪宏业、外甥蔡文观代还银六千两，余银五千余两遵旨于该省督抚司道及承审之府州县官照数赔完贮库，俟夷商喻等到粤给还。”参见中国第一历史档案馆编：《清宫粤港澳商贸易档案全集》(第5册)，中国书店2002年版，第2592、2618页。乾隆五十六年(1791年)，行商吴昭平拖欠英商货款，也是从粤海关关税中拨款代为清还，参见(清)梁廷枏：《粤海关志》，袁钟仁点校，广东人民出版社2014年版，第500页。

讯案的4位行商(潘有度、卢茂官、伍浩官与昆水官)更是身着二品顶戴与官服。[①]行商追求官位,与广州十三行法制继承封建法制对行商的钳制直接相关。在封建社会“重农抑商”的法制环境之下,商人的社会地位低下,行商追求官位就是为了加强对自身的保护。但恰恰相反,正是官员身份使行商对政府的勒索更加无力反抗。嘉庆十九年(1814年),行商一次就向官府捐款高达24万两,[②]大大削弱了行商的经济实力。行商的官员身份,改变了商人身份的纯粹性,束缚了行商的贸易自由权。广州十三行行商通过捐输跻身官员行列,固然与行商的自身价值追求相关,更与传统封建法制对广州十三行法制的渗透相关。

第二节 广州十三行法制的作用

广州十三行法制是清政府为了应对近代化趋势下的贸易要求而建立的法律制度,因此,考察广州十三行法制对广州中外贸易发展所产生的实际作用,是对广州十三行法制进行评价的重要内容。广州十三行法制的建立与运行,在一定程度上顺应了广州中外贸易发展的要求,推动了清朝近代化贸易的开展。但广州十三行法制也存在诸多弊端,不仅束缚了广州中外贸易的自由发展,而且导致了走私泛滥等负面问题,尤其是其对近代贸易的严重阻碍,成为导致鸦片战争爆发的重要原因。

一、广州十三行法制推动了清朝近代贸易的开展

明清时期中国内部也已经开始了近代化的进程,通过与外部世界的交往已经启动了“融入世界的步履”。[③] 清朝实施开海之后,广州十三行的中外贸易已经纳入了世界经济发展的大潮之中,广州中外贸易已经是近代性质的贸易。广州十三行法制保障了广州中外贸易的开展,对广东地方贸易以及清朝全国经济与财政都产生了积极影响。

---

① [美]马士:《东印度公司对华贸易编年史(一六三五～一八三四年)》(第3卷),区宗华译,林树惠校,章文钦校注,广东人民出版社2016年版,第57页。

② 梁嘉彬:《广东十三行考》,广东人民出版社2009年版,第334页。

③ 参见万明:《中国融入世界的步履——明与清前期海外政策比较研究》,故宫出版社2014年版,第2页。

(一)广州十三行法制推动了广东地方贸易的开展

1. 广州十三行法制为广州中外贸易开展提供了法律保障

广州十三行法制的建立与运行使广州口岸具有两点优势，一是保障了在广州十三行进行的中外贸易正常开展，二是广州口岸始终保持了对外开放的状态。广州中外贸易的流程相对清晰，贸易秩序井然有条，清政府不仅能够有效控制在广州开展的对外贸易，也能控制前来广州贸易的外国人。前来广州贸易的外国商人也能够获得商业利益，广州中外贸易因此得以保持并呈现出繁荣的态势。正是由于这一原因，即使在清政府收紧对外开放的时期，广州口岸因其有效运转也得以“一口通商”保持了继续开放。得益于广州十三行法制营造的相对优越的贸易环境，外国商人对广州的外贸环境产生了信任，英国商人都承认“在广州做生意比在世界任何其他地方都更加方便和容易”，①前来广州贸易的外国商船越来越多。广州中外贸易的持续增长，除了受近代化趋势发展所带来的外部刺激，广州十三行法制的保障与促进作用也不可或缺。

2. 广州十三行法制的运行，促进了广州中外贸易额的增加

广州十三行法制的建立与运行，及其创造的相对宽松的贸易环境，为中外贸易提供了新契机。“从康熙二十四年(1685 年)到乾隆二十二年(1757 年)的 72 年中，到中国贸易的欧、美各国商船有 312 艘。”②“一口通商”之后，广州的对外贸易量更是逐年上升，资本主义国家开始了在广州的贸易高潮。据统计，乾隆二十七年(1762 年)以后，每年来广州贸易的外国商船都超过了两位数；嘉庆十年(1805 年)以后，每年都维持在 100 艘左右；道光十七年(1837 年)，更是达到了史无前例的 213 艘。③ 资本主义国家对广州的进出口贸易总额，也由 18 世纪末的年均 1384.5 万两上升到 19 世纪 30 年代的 2263.5 万两，④40 年间的增幅超过了 60%。随着外国商船不断来到广州开展贸易，有多个国家相继在广州建立商馆，英国东印度公司于康熙五十四年(1715 年)在广州设立商馆，法国商馆也于雍正六年(1728 年)再次恢复，荷兰、丹麦、瑞典 3 国分别于雍正七年(1729 年)、九年(1731 年)和十年(1732 年)在广州设立商馆。德意志、意大利和匈牙利等国也先后进入广州开展贸易，来到广州贸易的外国已经遍及欧洲、美洲和大洋洲。这一

---

① [英]格林堡：《鸦片战争前中英通商史》，康成译，商务印书馆 1961 年版，第 55 页。

② 黄启臣：《清代前期海外贸易的发展》，载《历史研究》1986 年第 4 期。

③ (清)梁廷枏：《粤海关志》，袁钟仁点校，广东人民出版社 2014 年版，第 490～493 页。

④ 严中平等编：《中国近代经济史统计资料选辑》，科学出版社 1955 年版，第 4～5 页。

结果既是因为资本主义国家在近代化趋势下实行对华贸易扩张政策，[①]也得益于广州十三行法制维护的贸易环境在一定程度上满足了资本主义国家的贸易需求。

3. 广州十三行中外贸易的增长促进了广东地方经济的发展

以大量出口的丝绸与茶叶为例，在生丝的出口方面，江浙等省生丝运输路途遥远，导致成本增加，为广东本地生丝生产创造了机遇。珠三角的南海、佛山、顺德都在这一时期扩大了桑蚕种植，广东丝织业发展迅速，“广之线纱与牛郎绸、五丝、八丝、云缎、光缎，皆为岭外京华东西二洋所贵。”[②]茶业方面，18 世纪 20 年代的中英贸易中“茶叶已开始代替丝成为贸易中的主要货品”[③]，广东茶业发展因此受益，广州“珠江南岸三十三村多艺茶，有家园茶，蓼涌南村市头等处，亦多艺茶……近日慕德里属之茶山，鹿步属之慕源，亦多种茶，皆有茶庄。”[④]广东全省的茶叶产业因此获得发展，“外销花熏茶差不多全部是在广州制造的，茶商称之为‘橙香白毫’和‘香片’或‘熏香珠兰茶’，都产于广东台山及其附近。”[⑤]受广州中外贸易推动发展的还有陶瓷业，“一口通商”之后广东陶瓷产业的发展更加迅速，佛山石湾还成为陶瓷出口的生产基地。行商还创造性地制作了符合外国人审美标准的“广彩”彩瓷，从景德镇购进半成品的白胎瓷，在广州瓷厂采用西洋画法进行二次加工，生产出符合外国人审美的陶瓷品，成为广州中外贸易的畅销商品。此外，广东的造船、蔗糖、水果种植与加工等方面的经济也获得较大发展。可见，清朝前期广东经济发展与外贸需求之间的紧密关联，同时也反映出彼时广东经济已经纳入世界经济大潮的趋势。

（二）广州十三行法制推动了全国经济的发展

广州十三行法制对清朝全国经济发展起到了推动作用。由于广州十三行中外贸易的巨大贸易额，需要更为广泛的商品生产区域提供货源，广东以外的其他省份也成为广州十三行出口商品的来源地。从广州进口的外国商品也同样向其他省份销售，广东与其他省份之间的贸易往来与商品流通，促进了清朝国内经济

---

① 陈尚胜：《也论清前期的海外贸易——与黄启臣先生商榷》，载《中国经济史研究》1993 年第 4 期。

② （清）屈大均：《广东新语》卷十五《货语·纱缎》，中华书局香港分局 1974 年版，第 427 页。

③ ［美］马士：《东印度公司对华贸易编年史（一六三五～一八三四年）》（第 1 卷），区宗华译，林树惠校，章文钦校注，广东人民出版社 2016 年版，第 176 页。

④ （清）史澄等纂：《同治番禺县志》卷七，上海书店出版社 2003 年版，第 56 页。

⑤ 彭泽益编：《中国近代手工业史资料》（第 1 卷），中华书局 1962 年版，第 484 页。

的发展。当时,清朝国内共有18个省份与广州十三行产生贸易关系,各省向广州运输本地特产,而从广州运回进口的毛棉布匹、钟表、漆器、眼镜和酒等。[①] 嘉庆二十二年(1817年)至道光十三年(1833年),广州出口商品中最大项依次是茶叶、生丝、缎绸、土布。[②] “茶叶一项,向于福建武夷及江南徽州等处采办,经由江西运入粤省。”[③]受此影响,盛产茶叶的安徽、江西、浙江、江苏与福建等省的茶业发展迅速,而且各省向广州输出的茶叶数量非常大:“嘉庆十八年,始有海运进口之茶七十六万四千七百九十余斤,至二十一年,竟有六百七十二万三千九十余斤,所增之数,已不啻十倍。”[④]

广州十三行法制推动了中外贸易的发展,也提供了较多的就业机会。随着广州十三行贸易的发展,每年有数以万计的外国人来到广州,这些外国人的生活来源完全依靠广州当地提供,这为广州的蔬菜、水果、畜牧业等劳动人口提供了就业的机会。经过长途航行的外国商船往往需要维修保养,“遭到损坏的船只通常需要立即维修,这种修补常常需要50~100名苦力”[⑤],这又为广州的船舶维修工人提供了劳动机会。由于海上长途运输的需要,装载商船的出口商品需要妥善包装,这需要大量劳动力;商品的卸载与装载也需要劳动力,进出口商品在黄埔港与广州之间的运输既需要船只也需要劳力。这些都是广州对外贸易所提供的直接的就业机会。广州对外贸易发展对广东全省乃至全国劳动岗位增加也有间接促进,如广州城西数里外佛山丝织业的发展,创造的就业岗位就较多,该地的丝织厂每年雇用的男女工及童工就有约17,000人,[⑥]苏州踹布行业工人数量也因此大量增加。[⑦]

(三)广州十三行法制促进了清朝财政收入的增加

广州十三行法制促进广州对外贸易的不断发展,首先保障了粤海关关税收入不断增加。康熙二十四年(1685年),粤海关初设时税额还不到3万两,但到了乾隆十五年(1750年)就上升到46万余两,此后连续数年都维持在每年50万两左

① 姚贤镐编:《中国近代对外贸易史资料》(第1册),中华书局1962年版,第305~306页。
② 同上书,第254~255页。
③ 梁嘉彬:《广东十三行考》,广东人民出版社2009年版,第140页。
④ (清)梁廷枏:《粤海关志》,袁钟仁点校,广东人民出版社2014年版,第358页。
⑤ [美]范岱克:《广州贸易——中国沿海的生活与事业(1700~1845)》,江滢河、黄超译,社会科学文献出版社2018年版,第61页。
⑥ 姚贤镐编:《中国近代对外贸易史资料》(第1册),中华书局1962年版,第304页。
⑦ 彭泽益编:《中国近代手工业史资料》(第1卷),中华书局1962年版,第255~256页。

右,乾隆后期又逐渐上升,乾隆四十八年(1783 年)升至 70 万两,乾隆五十九年(1794 年)升至 100 万两。嘉庆六年(1801 年)更是升至 150 万两,此后直到道光十七年(1837 年)基本都在这个数值,其中道光七年(1827 年)还曾短暂达到 185 万两之多。① 粤海关的关税收入一直遥遥领先于户部所辖各关,嘉庆四年(1799 年)粤海关以关税收入 85 万余两排名户部各关之首,第 2 名的九江关仅 36 万余两,还不到粤海关的半数。粤海关关税还为清朝全国的军事、河工等作出了贡献,"对乾隆末至道光初的二十个年份作统计,发现粤海关税收被指拨为军需银两的竟达八百八十万七千余两之多。"②广州中外贸易发展的成果对清朝政治统治的支撑作用可见一斑。

广州十三行法制促进广州对外贸易的不断发展,其次保证了清朝对外贸易的出超地位,缓解了清朝的银根紧缩问题。清朝以白银作为流通货币,白银也是国库储备的主要货币,影响国家经济命脉与政治统治安全。但清朝国内产银量不大,闭关锁国时期银根紧缩问题更为严重,"银日用日亏,别无补益之路"③,即使在开海贸易增加白银输入之后,由于人口增加与商品经济发展的需要,银根紧缩问题仍非常明显,一度仅靠对外贸易缓解,而广州十三行的贸易出超在其中发挥了重要作用。广州十三行的中外贸易皆是出超,出口的商品尤其是茶叶、丝绸和瓷器是资本主义国家的抢手货,而从资本主义国家商船进口来的毛料等商品在清朝国内市场惨淡,外商不得不直接用银元直接购买中国商品,由此导致银元大量流入。以乾隆年间为例,乾隆四十一年(1776 年),欧洲各国输入广州的银元共 597 箱(每箱 4000 元),四十二年为 366 箱,四十三年为 352 箱,四十四年为 387 箱,四十五年为 168 箱,四十六年为 147 箱,四十七年为 250 箱,四十八年为 680 箱,五十一年为 912 箱,五十二年为 1378 箱,五十三年为 998 箱,五十四年为 459 箱。④ 从康熙三十九年(1700 年)到道光十年(1830 年)的 130 年中,外国来广州贸易输入的白银约在 9000 万磅至 1 亿磅左右,折合成清朝计量单位(一磅约为银元 416.67 元),即广州中外贸易净输入白银约 4 亿元。⑤

---

① (清)梁廷枏:《粤海关志》,袁钟仁点校,广东人民出版社 2014 年版,第 203～211 页。

② 戴和:《清代粤海关税收述论》,载《中国经济史研究》1988 年第 1 期。

③ 《皇朝经世文编》卷二十六,文海出版社 1972 年版,第 965 页。

④ [美]马士:《东印度公司对华贸易编年史(一六三五～一八三四年)》(第 1 卷),区宗华译,林树惠校,章文钦校注,广东人民出版社 2016 年版,第 14、33、40、47、60、72、98、139、157、174 页。

⑤ 全汉昇:《中国经济史论丛》(第 2 册),香港新亚研究所 1972 年版,第 503～504 页。

二、广州十三行法制阻碍了清朝近代贸易的发展

受制于广州十三行法制的封建性质,广州十三行法制对清朝近代贸易也产生了阻碍,不仅束缚了中外自由贸易的发展,而且由于广州十三行法制未能满足近代化趋势下的贸易要求,导致行外交易频发、走私贸易盛行等私相交易行为,尤其是导致了鸦片进口的泛滥,为鸦片战争的爆发埋下隐患。

(一)广州十三行法制对中外贸易自由发展的束缚

广州十三行法制对清朝近代贸易发展的束缚,首先表现在其对广州中外贸易自身的消极影响。广州十三行法制虽然保障了广州对外贸易的贸易秩序,也在一定程度上促进了广州中外贸易的发展,但从更广阔的视角进行分析,广州十三行法制中的相关制度对贸易开展造成的消极影响更大,只是由于在近代化趋势影响之下,随着外国对华贸易增长,广州对外贸易额的持续增长与粤海关税收的不断增加,掩盖了广州十三行法制对中外贸易开展的不利影响。由于广州十三行法制对中外自由贸易的限制,外商对交易规模、商品种类、商品价格、贸易方式其实没有平等协商的权利,前述事项完全是在粤海关与广东地方官府的控制与安排之下,只不过清政府为了维持贸易的发展,采取了外商可以接受的货物价格与贸易规模,避免了贸易的中断与贸易开展冲突的爆发。尤其是在英国东印度公司解散,打破商业垄断、充分鼓励自由贸易以后,西方近代化潮流对广州中外贸易形成了更大冲击,广州十三行法制对贸易的束缚已成为广州中外贸易自由发展的最大障碍。此外,广州十三行法制限制外商的人身自由与权利行使、中外沟通被切断、外国的贸易诉求不能顺畅表达等问题,也成为广州十三行法制对中外贸易发展的束缚。

广州十三行法制对中外方贸易发展的束缚,其次表现在"一口通商"对清朝全国经济的消极影响。中国东部尤其是东南沿海的海岸线绵长、岛屿众多,存在许多天然优良港湾,具备开展海上活动与开海贸易的天然优势。但由于封建社会时期中国的中央政权均兴起于内陆,在经济政策上又是坚持以传统农业为根本,因此,内陆经济发展一直受到统治者的重视,而东南沿海的海洋经济一直受到打压。虽然汉唐即有丝绸之路,宋元又鼓励海外贸易的发展,但总体上来看,海洋贸易与海洋经济的发展较为缓慢。资本主义国家开始近代化进程以后,大举东进寻求贸易,为海洋贸易的发展提供了契机,也为明清时期的海洋贸易与海洋经济提供了外部刺激。伴随着国内商品经济的发展,海洋贸易迎来了一个高速发展的时

期,清朝东部与东南沿海的天津、山东、江苏、浙江、福建等地,本应成为海洋贸易的热门地区。但由于乾隆二十二年(1757 年)实施"一口通商",广州十三行法制发生了重大变化,原本可以顺利发展的海洋贸易被强行扼断,原本可以就地发展的沿海口岸以及距离口岸较近的南京、武汉、扬州、苏州、杭州等地,只能长途跋涉来往于广州进行商品交换,这对广州的经济发展有利,但对于广阔的内地市场的培育极为不利,大大延缓了内地经济的均衡发展,也无法形成更加广阔、更加协调的国内市场。此外,"一口通商"的半封闭模式,大大阻碍了资本主义国家对清朝市场的开拓,中国的商品不能走出去,国外的商品也不能便捷地进口,中国经济的发展不仅错失了良机,而且反受其阻。

(二)广州十三行法制导致私相贸易的兴起

广州十三行法制在初期对贸易发展的促进作用较为明显,但随着近代化趋势加强以及近代化潮流的形成,广州十三行法制对自由贸易的不适应逐步显现出来。在广州十三行法制的后期,尤其是东印度公司特权被取消以后,广州十三行法制没有作出顺应态势的应对措施,反而更加注重对外商与外贸的控制,从而导致私相贸易兴起。

自"一口通商"以后,资本主义国家的对华贸易全部集中于广州口岸,并且全部交由广州十三行行商代为处理,这种贸易体制与资本主义自由贸易是不相适应的。虽然行商垄断了全部的资本主义贸易,但行商自身也存在资本能力不足的问题,行商不得不借助行外商人,通过与行外商人合作满足对外贸易中所需的资本与货物的筹备。这给行外商人接触外商(主要是英国散商)制造了条件。早在 18 世纪 70 年代,英国散商就已经开始在广州贸易中发挥较大的作用,①散商贸易成为英国东印度公司与行商之间贸易的补充,并且承担了"三角贸易"中间人的角色,"英国散商生意的绝大部分都是同公行以外的人,在'外洋'停泊所做的;即使是在广州,他们同小商铺的来往也很频繁。"②外国散商同广州行外商人的贸易合作破坏了行商的贸易垄断权,冲击了广州十三行法制。1813 年东印度公司对印度的贸易垄断特权被取消后,散商贸易规模更加扩大,道光二年(1822 年),散商贸易额已经占到英国对华贸易总额的 78%。③ 受此影响,1828 年 7 月 14 日两广

① 参见[英]格林堡:《鸦片战争前中英通商史》,康成译,商务印书馆 1961 年版,第 17 页。

② [英]格林堡:《鸦片战争前中英通商史》,康成译,商务印书馆 1961 年版,第 55 页。

③ 杨国桢、黄福才:《道光前期中西贸易的变化及其影响》,载《中国社会经济史研究》1989 年第 1 期。

总督与粤海关监督共同发布《小商铺经营贸易告示》,[①]虽然该告示仍对行外商人作出诸多限制,但行外商人的贸易地位已经大大提高。行外商人与散商的贸易是广州十三行法制垄断贸易的必然结果,但也正是这种贸易冲击了广州十三行法制,导致了广州十三行法制实施效力的弱化。

鸦片贸易改变了广州十三行法制所维持的贸易结构。嘉道年间,广州十三行贸易的大宗商品贸易额虽然有所起伏,但是变化不大,中国的贸易出超地位一直在维持。由于广州十三行法制的限制,资本主义国家无法改变对华贸易的结构,也不能扩大中国市场寻求本国产品销路的扩大。为了扭转贸易入超的状况,资本主义国家纷纷将贸易视角转向了罪恶的鸦片贸易。作为药材的鸦片本来不被禁止,但随着鸦片进口数量的增加以及鸦片流毒扩大,鸦片贸易被清政府严禁,嘉庆五年(1800 年)、十四年(1809 年)、二十年(1815 年)、二十五年(1820 年),清廷多次下达禁止贩运鸦片的禁令,但外商与国内不法商人往往通过贿赂等方式偷运鸦片,"自从禁止鸦片以来,鸦片贸易在地方官吏纵容默许之下,仍然在黄埔与澳门两地进行。而且有些官吏监视着鸦片一箱箱搬运,每箱收费若干;又有些官吏距离走私地方较远,则每年接受贿赂若干,纵容私运者干犯禁令。"[②]鸦片输入的数量极大,"在 1842 年以前的最后十年间,单是鸦片一项就构成英国向中国输入总值的三分之二左右。"[③]与鸦片贸易相伴而生的是走私贸易的再度兴起,鸦片走私贸易集中于伶仃洋,但是"在伶仃岛走私的还不仅仅是鸦片。凡是中国加以限制的物品那里都有。"[④]所以,鸦片贸易的危害不仅在于鸦片贸易本身,也在于鸦片贸易同时改变了广州十三行法制所维持的进出口贸易形势。

(三)广州十三行法制与鸦片战争爆发的关联

虽然广州十三行法制的建立与运行,为广州十三行中外贸易的开展提供了保障,也在一定程度上满足了近代化趋势对贸易开展的要求,但随着近代化潮流的形成,其对海外市场的要求更加扩大,而清政府对外贸的限制反而更加严格,"面对西方资本主义的渗透和窥伺,清政府一方面意识到对外贸易关系到国课、民生,以至宫廷、官吏的实际利益,不能完全禁绝;另一方面又基于重本抑末的农本思想

---

① [美]马士:《东印度公司对华贸易编年史(一六三五～一八三四年)》(第 4 卷),区宗华译,林树惠校,章文钦校注,广东人民出版社 2016 年版,第 195～196 页。

② 姚贤镐编:《中国近代对外贸易史资料》(第 1 册),中华书局 1962 年版,第 316 页。

③ [英]格林堡:《鸦片战争前中英通商史》,康成译,商务印书馆 1961 年版,第 46 页。

④ 同上书,第 45 页。

和维护封建统治的需要，不愿意其有较大的发展，采取限制的政策。”①清政府通过实施广州十三行法制对外贸的控制更严密，对外商的管制更严格，对外开放的口径越来越小，这在一定程度上导致了鸦片战争的爆发。

广州十三行法制对贸易的束缚作用，经历了一个逐渐演变的过程。乾隆二十二年（1757年），清政府开始实施限制贸易的“一口通商”，但同时期的英国建立了庞大的殖民帝国，获得了广阔的工业原料来源地，加上产业革命的助力，经济实力增长迅速，对海外市场的需求更加扩大，为了进一步打开中国市场，必须冲破清政府的贸易限制政策，尤其是需要突破“一口通商”的法律规定。乾隆五十七年（1792年），英国派遣马戛尔尼使团来华，提出了扩大贸易的6项请求，②但各项请求均被驳回。嘉庆二十一年（1816年），英国又派遣阿美士德使团来华，并提出了否定广州十三行法制的要求：英商有权自由与当地商人交易，中国官吏不得任意闯入公司商馆，英人有权雇佣华仆，允许英国代表入驻北京，允许商馆人员以中文直接向中国官府陈述意见等。③ 但阿美士德访华以失败而告终，英国扩大中国市场的尝试再次失败。进入19世纪，自由贸易理论取代了重商主义，1833年英国取消了东印度公司的对华贸易垄断权，但广州十三行法制仍然在广州中外贸易中发挥着作用，外国扩大贸易的需求无法获得满足。道光十三年（1833年），英国政府任命律劳卑为英国在华商务监督，并指示律劳卑设法将英国商业势力扩张至广州以外。④ 但律劳卑不仅没有完成使命，反而激化了中英矛盾，一度造成广州十三行中外贸易的中止。道光十五年（1835年），两广总督卢坤与粤海关监督中祥制定了更为严格的《增易防范夷人章程》，清政府更加强化了对外贸与外商的约束。

广州十三行法制对中外贸易开展的束缚与限制，在鸦片战争前夕体现得更加明显。以英国为代表的资本主义国家，不能通过贸易方式打开中国市场，且由于清政府对出口商品严格限制，能够为外商创造贸易利润的茶、丝等出口受到管制，

---

① 章文钦：《广东十三行与早期中西关系》，广东经济出版社2009年版，第210页。

② 主要内容为：(1)请求准许英国货船在舟山、宁波、天津收泊交易；(2)准许英国商人仿俄罗斯例在北京设立一所货栈，以便买卖货物；(3)请求在舟山附近指定一个小岛，便于英商停泊与存放货物，并允许英国商人居住；(4)请求提供广东省城附近一处地方供英商居住，或准许在澳门居住之人出入自便；(5)请求英商自广东下澳门，由内河行走货物不上税或少上税；(6)请求确定船只关税，以便在粤海关以外地方照例上税。参见复旦大学历史系中国近代史教研组编：《中国近代对外关系史资料选辑(1840～1949)》(上卷)(第1分册)，上海人民出社1977年版，第42～45页。

③ 梁嘉彬：《广东十三行考》，广东人民出版社2009年版，第161页。

④ 姚薇元：《鸦片战争史实考》，武汉大学出版社2007年版，第29页。

这导致资本主义国家一直处于贸易劣势地位。为了改变贸易逆差，英国等国家采取了鸦片贸易，而当鸦片贸易也遭遇清政府严禁以后，它们蓄意发动战争打开中国市场。1834 年年底就有在广州的英国商人上书给英国国王，直接提出要用战争的方式实现扩大对华贸易的目的。① “在以英国为首的西方国家站在资本主义立场看来，十三行制度纯粹是贸易的枷锁，限制了自由贸易，使他们不能在中国获得理想的利益，又不能与中国政府建立平等的外交关系。所以不愿意遵守十三行制度，多次要求改变十三行体制，一直处心积虑想冲破十三行体制的藩篱。但是在正当的外交交涉失败后，英国商人便借助地下的鸦片走私来弥补贸易缺口，在这个手段也遭到重大挫折后，便不惜寻求武力来解决，这就是鸦片战争。”②

从鸦片战争后签订的《南京条约》相关内容中，也可见广州十三行法制对鸦片战争爆发的影响。《南京条约》有多处是对广州十三行法制的否定或改变，如“五口通商”就是为了改变“一口通商”，而通商口岸允许英人居住并设派领事，双方官员的平等往来等，就是对广州十三行法制中商业交往以及外交模式的改变，而废除公行准许英商在华自由贸易，更是对广州十三行法制相关制度的直接改变。从这个角度甚至可以说，英国发动鸦片战争，就是为了打破广州十三行法制的贸易束缚。鸦片战争使中国丧失了自动融入近代化潮流的历史机遇，改变了清朝近代贸易自主发展的路径，这也是广州十三行法制对清朝近代贸易发展的不利影响。

第三节 广州十三行法制的影响

广州十三行法制的建立与运行不仅对清朝贸易产生了重要作用，也对清朝实施的法律制度产生了一定影响。广州十三行法制在一定程度上冲击并改变了传统封建法制，其所建立的体现近代因素的法律制度为中国法制近代化作了一定的准备。广州十三行法制运行中的中外法律冲突及其产生的后果，则在一定程度上影响了中国法制近代化的进程。

---

① *To the King's Most Excellent Majesty in Council*, The Canton Register, December 30, 1834.

② 朱西学、郭华清：《十三行体制与鸦片战争关系初探》，载广州大学十三行研究中心、中共广州市荔湾区委宣传部编：《广州十三行研究回顾与展望》，广东世界图书出版公司 2010 年版，第 364 页。

一、广州十三行法制在一定程度上改变了传统封建法制

虽然从性质上看，广州十三行法制没有脱离封建法制的窠臼，但广州十三行法制由于调整近代性质的中外贸易的需要，也建立了一些体现近代因素的法律制度。广州十三行法制还对重农抑商与闭关锁国的封建法制形成了直接冲击，在一定程度上改变了传统封建法制。

(一)近代因素的法律制度在广州十三行法制中的体现

与传统的封建法律制度不同，广州十三行法制是为了管理清朝与西方国家之间的近代化贸易而建立的，需要解决中外近代化贸易开展过程中的关税征收、贸易管理与人员管理等相关法律问题。因此，清政府建立了一些具有近代因素的法律制度，成为广州十三行法制的重要内容。

广州十三行法制建立了具有近代特征的海关管理制度。创设海关是清廷在面对近代化趋势下资本主义国家贸易需求日益增加时所作出的积极调整，清廷既没有墨守成规闭关锁国，也没有照搬前朝以市舶司作为管理主体的外贸管理制度，而是创设了海关作为专门管理对外贸易的行政机构。粤海关在法律职能上与市舶司大有区别，其行政地位特点在于沟通中央与地方，这是粤海关与市舶司等制度的区别，也是其与近代海关的相似之处。粤海关的法律职能定位于贸易管理与关税征收，而不再直接参与贸易，贸易则交由更专业的商人团体负责，粤海关只是监督与管理商人的贸易行为。官府机构与商人团体在贸易监管与开展领域的分工，这是粤海关与市舶司的又一区别，也体现了粤海关制度的进步性与近代性。粤海关还对税种进行了改革，将原本形形色色的属于陋习的多项杂税实施归公，不仅规范了粤海关的税务征收形式与内容，还强化了税收征收的法制性。这些制度不仅满足了中外贸易管理的实际需要，而且突破了以往的管理方式，体现了粤海关制度的近代因素。

在对外贸易管理方面，广州十三行法制体现出近代因素。清政府建立并运行广州十三行法制，以完善的商品出入管制、交易行为规制、商船停泊管制等商业行为规范，解决了中外贸易开展中贸易管理与人员管理的法律问题。在对外贸易管理中，鉴于行商所具有的与外商交往的经验以及精通贸易的优势，将粤海关所承担的管理对外贸易的具体法律职责移交给了行商。为了更好地履行管理外贸的法律职责，行商制度中又创设了保商制度、总商制度、公行制度等管理制度，不仅体现出清政府对广州十三行中外贸易的规范化管理，而且间接强化了对来华外国

人的管理。特别是在保商的具体选择方面，除了由官府在行商中指定保商或“由各洋商循环轮流具保”以外，也允许外商自主选择保商，“听其自行具保”，[1]体现出广州十三行法制已经开始尊重外商意思自治的进步性。

总的来说，广州十三行法制的建立与形成，以设置粤海关、行商与外商的权利、义务与责任为中心，体现了近代化因素，借鉴运用了自由贸易管理的引导手段，符合管控自由贸易的需求，在一定程度上适应了近代贸易的法制要求，推动了贸易的发展，并实现了对对外贸易的全面控制。

（二）广州十三行法制直接冲击了传统封建法制

广州十三行法制在一定程度上冲击了传统封建法制，尤其是直接冲击了重农抑商与闭关锁国的相关法律制度。重农抑商与闭关锁国是中国封建社会时期的重要政策，“封建自给自足的自然经济结构，是专制制度的经济基础。因此，自封建专制制度建立之日始，便推行重农抑商、闭关锁国的政策，历代陈陈相因，很少有改变。”[2]这两项政策也因为统治者的采纳而成为封建国家法制的重要内容，并通过具体的法律规定予以贯彻。广州十三行法制与此不同，从其建立到运行过程中，广州十三行法制直接冲击了重农抑商与闭关锁国政策。如前所述，开海贸易的实施与广州十三行法制的建立，本身就是对闭关锁国的改变。本书此处着重论述广州十三行法制对重农抑商的改变。

起源于战国时期“奖耕战”“抑商贾”的“重农抑商”首先是一项政策，到秦汉时期逐渐成为基本国策。而当“重农抑商”被统治阶级采纳为政策以后，重农抑商的法律制度也就应运而生，历代统治者均“以法律贱商人”。[3] 重农抑商的形成与持续有着诸多的原因，农业是封建社会最重要的物质生产部门，可以满足人最基本的生存需要，并成为安居乐业的前提，进而“仓廪实而知礼节，衣食足而知荣辱”[4]，统治者才得以开展教化，维护正统的思想意识。农业也是封建赋税和地租的基本来源，农业发展可以充盈国库，为封建统治提供必需的物质基础。“抑商”是维护封建统治的保障，也是维护封建统治基础的内在要求。商人重利不符合儒

① （清）梁廷枏：《粤海关志》，袁钟仁点校，广东人民出版社2014年版，第571页。

② 张晋藩主编：《清朝法制史》，中华书局1998年版，第11页。

③ 《论语·季氏》。

④ 《管子·牧民》。

家所推崇的“义利观”①,商业活动的流动性更会带来社会的不稳定,给封建统治秩序稳定造成威胁。商业的逐利性还会导致部分农民脱离农业生产,商业活动争夺农业劳动力资源,影响农业收入进而影响国家经济,“工商众则国贫”②,削弱封建统治的基础。商业势力的发展壮大还容易演变成为对中央政权威胁的豪强势力,“往者,豪强大家,得管山海之利,采铁石鼓铸,煮海为盐。一家聚众,或至千余人,大抵尽收放流人民也,远去乡里,弃坟墓,依倚大家,聚深山穷泽之中,成奸伪之业,遂朋党之权。”③“重农抑商”是为了维持自然经济社会封闭的状态,维护封建统治的稳定,也因此成为历代统治者所必须坚持的“天之法则”。

广州十三行法制的建立与运行,在一定程度上改变了“重农抑商”的传统封建法制。广州十三行首先是商业团体,以农业生产为基础的宗法统治在广州十三行无法实施,清政府为了管理中外贸易而设立广州十三行,广州十三行的设立与存续本身就是对“重农抑商”的重大变更。广州十三行法制还在一定程度上冲击了“重农抑商”赖以生存的儒家义利观。广州十三行法制在一定程度上维护的是统治阶级的取利行为,如增加财政税收、为宫廷进贡银两以及外洋奇巧物品等,而且是不惜冒着可能威胁最为重要的统治稳定而追逐经济利益。虽然统治者标榜着沿海民生的旗帜,也制定了一些促进沿海民生的法律规定,如通过免税鼓励进口大米等,但民生并不是广州十三行开展中外贸易的第一任务,否则清政府不会严格约束行商行为,甚至因为官府的盘剥等原因导致行商大量破产,危及广州十三行的正常经营乃至存续。

广州十三行法制中还包括了许多促进商业发展的举措,也对重农抑商政策形成正面冲击。康熙二十五年(1686 年),针对海关税收的上谕中直接要求:“凡收海税官员,因系创行设课,希图盈溢,将出入商民船只任意加征,以致病商累民,亦未可定。着严加申饬,务令恪遵定例,从公征收,无溢无苛,以副朕轸恤商民至意。”④雍正二年(1724 年)上谕:“朕念商贾贸易之人,往来关津,宜加恩恤。”⑤这是体恤商人的明确规定。又如乾隆皇帝废除“缴送”,最高统治者以法律手段予

① 孔子的“君子喻于义,小人喻于利”奠定了儒家义利观的基础;西汉时期董仲舒提出“夫仁人者,正其谊不谋其利,明其道不计其功”,进一步将重义轻利的思想推向正统地位。

② 《荀子·富国》。

③ 《盐铁论校注》卷一《复古第六》,王利器校注,天津古籍出版社 1983 年版,第 74 页。

④ (清)梁廷枏:《粤海关志》,袁钟仁点校,广东人民出版社 2014 年版,第 3 页。

⑤ 同上书,第 4 页。

以外贸优惠政策,鼓励外商来华贸易,促进中外商业贸易发展。广州十三行法制运行中还以严刑峻法处置破坏商业发展的行为,打击不法商人与官员勾结、破坏正常贸易、侵吞外商银两等犯罪行为,以保护商人利益。雍正十年(1732 年),时任粤海关总督的祖秉圭,对广州与澳门之间多设关卡、勒索不断的情况"不行治禁,任其索取",给中外贸易造成极大破坏,雍正皇帝对祖秉圭予以严惩。乾隆二十四年(1759 年),英商洪仁辉控告李永标"买货不给价",李永标最后也被处分。[①] 广州十三行法制的运行无疑对中外贸易提供了法律保护,也维护了商人利益,在一定程度上改变了重农抑商的传统封建法制。

二、广州十三行法制为中国法制近代化做了一定准备

学术界多认为中国法制近代化开始于晚清时期,有学者认为以 1840 年鸦片战争为起点,也有学者认为以晚清修律为起点。[②] 但从内容与结果上来看,广州十三行法制的运行与中国法制近代化之间存在关联,客观上为中国法制近代化做了一定的准备。

(一)近代法律思想通过广州十三行开始传播

清政府实施开海贸易之后,广州成为开展中外贸易最重要的平台,广州十三行的中外贸易开展为中外文化交流提供了机遇,外国法律思想也通过广州十三行开始传播。广州是外国人进入中国的第一站,康熙皇帝就曾要求外国人在广州先学汉语,然后再进京服务。[③] "一口通商"之后,广州十三行成为外国人进入中国的唯一通道,也成为中外文化交流的唯一平台。在广州十三行贸易开展过程中,由于贸易开展与中外交涉的需要,"广东英语"逐渐形成,虽然这种语言的语法与逻辑均存在较多问题,但却解决了商贸沟通的困难,也促进了中外之间的文化交流。外国先进的医疗技术也是通过广州十三行引入中国的。嘉庆十年(1805

---

① 故宫博物院文献馆编:《史料旬刊》第 4 期,故宫博物院文献馆 1930 年版,第 123 页。

② 如张晋藩先生认为,"从 20 世纪初开始的清末修律,使中国法制的发展离开了传统的轨道,标志着中国法制现代化的开端。"参见张晋藩主编:《二十世纪中国法制回眸》,法律出版社 1998 年版,第 2 页;公丕祥教授认为,"清末法制改革毕竟构成了中国法制近代化历史进程中的极其重要的发展阶段,甚至是这一进程的历史起点。"参见公丕祥主编:《中国法制现代化的进程》(上卷),中国人民公安大学出版社 1991 年版,第 170 页。

③ 中国第一历史档案馆、广州荔湾区档案馆编:《清宫广州十三行档案精选》,广东经济出版社 2002 年版,第 12 页。

年)，行商郑崇谦、伍怡和等邀请英国医生皮尔逊来广州传授种牛痘预防天花的医术；[1]道光十五年(1835 年)，美国人彼得 · 伯驾在行商伍秉鉴的支持下于广州十三行创办“新豆栏医局”，采用外国先进医术并招收培养中国学生。传教士等外来人员还在广州、澳门创办了《广州纪事报》《中国丛报》等英文报刊，向外国人介绍清朝的政治、经济、文化、地理、时事等情况，为中外文化交流创造了条件，这些报纸也成为外国人抨击清朝制度的媒介，为中国人了解外国法律思想提供了条件。

近代西方法律思想的传播对行商的思想产生了重要影响。由于行商与外来人员之间产生的交往最多，很多行商甚至与外商成为朋友，外国法律思想通过外商传递给行商的相对较多。在广州十三行行商潘有度所作的《西洋杂咏》诗作中，就已经有了明显受到外国法律思想影响的痕迹。如其中涉及商业诚信的诗句：“忠信论交第一关，万缗千镒尽奢悭。”[2]也有涉及其他方面的法律制度的诗句：“婚姻自择无媒妁，缱绻闺闱只一妻。”[3]从这些诗作中可见行商对“商业诚信”“一夫一妻制”等外国法律文化的推崇。

近代外国法律思想的传播还对知识分子乃至清政府官员产生了影响。以林则徐为例，在其 1839 ~ 1840 年任职广东查禁鸦片走私期间，雇请翻译人员翻译了外国报纸与外国著作，以达到“探访夷情，知其虚实，始可以定控制之方”的目的。[4] 林则徐还将翻译的内容传送其他广东同僚或其他省的督抚等官员参阅。[5]这些翻译资料中有些也涉及了外国人对清朝法律制度的评价，[6]表达了外国人的法律思想，促进了外国法律思想在官僚阶层的传播，并因此影响了中国法律近代化的进程。“中国法律的近代转型并不是人们通常论述的，仅仅是从晚清变法修

---

① 光绪《广州府志》卷一六三《杂录四》，“嘉庆辛未”条。

② 潘剑芬：《广州十三行行商潘振承家族研究(1714 ~ 1911 年)》，社会科学文献出版社 2017 年版，第 111 页。

③ (清)张维屏：《国朝诗人征略》。转引自潘刚儿、黄启臣、陈国栋编著：《广州十三行之一：潘同文(孚)行》，华南理工大学出版社 2006 年版，第 96 页。

④ 中国第一历史档案馆编：《鸦片战争档案史料》(第 2 册)，天津古籍出版社 1992 年版，第 29 ~ 30 页。

⑤ 林则徐全集编辑委员会编：《林则徐全集》(第 7 册)，海峡文艺出版社 2002 年版，第 171、187、191、213 页。

⑥ 苏精辑著：《林则徐看见的世界：〈澳门新闻纸〉的原文与译文》，广西师范大学出版社 2017 年版，第 427 ~ 432 页。

律才开始的;也不只是沈家本等几个知识精英努力的成果。实际上,这一伟大的历史进程是经由林则徐、魏源、李鸿章、康有为、孙中山等几代社会精英长期的探索和奋斗,才逐渐走向成熟的。"①

(二)近代法制理念在广州十三行法制中的破茧

广州十三行商业经济的发展,促进了近代法制理念的破茧。商业的发展必然带来对法律的新要求,如保护商业行为、维护商人利益等。在广州十三行的中外贸易开展过程中,首先是与贸易相关的一些近代法制理念开始破茧,其中有些是中国传统商业文化在近代化贸易中运用的结果,诚实信用法制理念的形成就是典型。广州十三行行商恪守商业诚信,1783 年间,行商潘振承、伍秉鉴、石中和为维护商业信用,对英商退回的茶叶都是如数赔偿,并形成了"大班与商人之间的信用是没有疑忌的"良好局面,②不仅向外国展示了遵守合约、诚实信用的中国商业文化,也促进了传统商业文化与法制理念的结合,践行了诚实信用的近代法制理念。作为诚实信用理念的发展与延伸,行商伍秉鉴还免除了确因经济困难导致破产的美国商人的债务,让其顺利回国,成为中外商业友好交往的一段佳话。③

广州十三行法制已经体现出对权利与义务衡平的注重。在行商制度与外商制度中,虽然都体现出义务为主,但也都注重了权利与义务的相对平衡。行商在广州中外贸易开展与管理中负有较多的义务,实际承担着管理贸易开展、控制贸易流程、代缴外贸关税、管理外国商人等广泛责任,其不仅代表清廷向外商征税并负责把税银缴交至粤海关,对外商纳税还负有担保责任,还要为外商的违法行为承担连带责任,"如有违法,唯保商是问"。④ 此外,行商还承担着大量的经济义务,不仅被迫"主动"向官府纳贡,⑤还承担着捐输等经济负担。为了激励行商履行代为征收关税的义务,清政府已经开始注重行商权利与义务的衡平,通过多次出台法令维护行商的贸易垄断权,保障行商对外贸利润的追逐权利,以行商权利与义务的尽量衡平,激励并约束外商完成相关义务。在外商制度中,出于管控的

---

① 张晋藩:《中国法律的传统与近代转型》(第 2 版),法律出版社 2005 年版,第 368 页。

② [美]马士:《东印度公司对华贸易编年史(一六三五~一八三四年)》(第 2 卷),区宗华译,林树惠校,章文钦校注,广东人民出版社 2016 年版,第 103 页。

③ [美]亨特:《广州番鬼录 旧中国杂记》,冯树铁、沈正邦译,广东人民出版社 2009 年版,第 53 页。

④ (清)梁廷枏:《粤海关志》,袁钟仁点校,广东人民出版社 2014 年版,第 571 页。

⑤ 中国第一历史档案馆:《清代广州"十三行"档案选编》,载《历史档案》2002 年第 2 期。

需要,清政府对外商科以广泛的义务,但同时也赋予了外商一定的权利,虽然这些权利的行使需要依附于行商,但享有权利的主体仍是外商,清政府对外商的权利与义务,也已经开始注重衡平。

保护商业发展与维护商人权利是近代法制的重要内容,广州十三行法制促进了商人法律地位的提高,是其近代法制因素的重要体现。清朝时期,随着商业发展与商人的作用逐渐体现,统治者已经开始注重保护商人利益,康熙皇帝指出:"朕思商民皆我赤子,何忍使之苦累?"①雍正二年(1724 年),颁布了体恤商人的上谕:"朕念商贾贸易之人,往来关津,宜加恩恤。"②乾隆皇帝对商人的作用也充分肯定:"至于商贾,阜通货贿,未尝无益于人",并告诫官员"以清弊恤商为本"。③自乾隆年间开始,清廷允许商人以"捐输"等方式获得官衔,广州十三行有多位行商因此获得官职,嘉庆十二年(1807 年),参与"海王星号"水手审讯案的 4 位行商(潘有度、卢茂官、伍浩官与昆水官)都身着朝廷官员的顶戴与官服。④ 拥有国家官员身份的商人,纵然仍被统治阶级轻视,但其法律意义上的身份却发生了改变。行商还成为清政府开展外交活动的代表,这是商人法律地位提高的重要体现。随着商人地位的提高,士商联系更加紧密,行商后代"由商入仕"的情况屡见不鲜,行商叶廷勋之子叶梦龙更是官至户部郎中。广州十三行行商还与士绅紧密合作,共同成立了广州文澜书院。文澜书院由行商捐出屋舍建立,行商与士绅一起行使对书院的管理权,成为商士紧密合作的典型。

(三)近代法制规则在广州十三行法制中的运用

在广州十三行中外贸易开展,以及中外贸易纠纷处理过程中,已经开始注意采用一些近代法制规则。比如,广州十三行中外贸易开展中,已经开始注重"公平贸易"规则的应用,雍正三年(1725 年),两广总督孔毓珣就"严饬牙行(行商)、通事人等贸易货物,公平交易。"⑤对广州十三行中外纠纷的处理,已经开始注重"平等"规则的运用。"鸦片战争前中国确实以天朝大国自居,但在涉外案件的处理

---

① 《清圣祖实录》卷一二四,中华书局 1985 年版,第 318 页。

② (清)梁廷枏:《粤海关志》,袁钟仁点校,广东人民出版社 2014 年版,第 4 页。

③ 《清高宗实录》卷九,中华书局 1985 年版,第 335 页。

④ [美]马士:《东印度公司对华贸易编年史(一六三五～一八三四年)》(第 3 卷),区宗华译,林树惠校,章文钦校注,广东人民出版社 2016 年版,第 57 页。

⑤ 中国第一历史档案馆:《清代广州"十三行"档案选编》,载《历史档案》2002 年第 2 期。

上,一方面根据中国的法律行使审判权,另一方面也注意到公正与平等。"①乾隆四十一年(1776 年)曾明谕地方官吏:"遇有交涉词讼之事,断不可徇民人以抑外夷。"②这对于以维护不平等的封建等级制度为目标的清朝法制来说,能够注重采用一些近代法制规则,无疑是一个大的进步。

广州十三行行商积极践行西方近代化商业法制规则,率先使用国际汇票等新兴商业模式。乾隆三十七年(1772 年),行商潘振承已经开始使用伦敦汇票支付外商货款,③展示了行商的开放意识。行商不仅在广州十三行与外商开展合作,有的行商还将业务直接拓展至其他国家,同文行的贸易区域遍及当时对华贸易的西欧所有国家以及小吕宋等东南亚国家。④ 行商伍秉鉴更是具有国际视野,将资本投向美国的保险业与铁路建筑业,"名(伍)案曜者,富益盛。适旗昌洋行之西人乏资,即以巨万畀之,得利数倍。外国人将计所盈与之,伍既巨富,不欲多得,乃曰:姑留汝所。西人乃为置上海及檀香山铁路,而岁计其入以相畀。"⑤

广州十三行行商还积极学习西方商业纠纷处理规则,已经开始尝试借助近代性质的法制规则解决商业纠纷。典型的如行商曾向英国东印度公司董事部投诉其大班与行商勾结哄抬物价的违规行为,⑥运用近代法制规则维护了中西贸易的公平性。嘉庆二十年(1815 年),丽泉行行商潘长耀曾向美国总统麦迪逊致信,要求其督促美国商人偿还借款,寻求商业利益的保护。另外,行商也开始萌发反抗官府盘剥以维护自身权利的意识,如嘉庆六年(1801 年),总商潘有度就直接拒绝了粤海关监督佶山把备贡银从 5.5 万两增至 15 万两的要求,并且取得了抗争的胜利。⑦ 虽然行商多是服从官府盘剥,反抗只是个例,但这些个例中已经显现出"民抗官"意识的萌动。

---

① 张晋藩:《中国法律的传统与近代转型》(第 2 版),法律出版社 2005 年版,第 300 页。

② (清)王之春:《清朝柔远记》,赵春晨点校,中华书局 2008 年版,第 129 页。

③ [美]马士:《东印度公司对华贸易编年史(一六三五~一八三四年)》(第 5 卷),区宗华译,林树惠校,章文钦校注,广东人民出版社 2016 年版,第 190 页。

④ 黄启臣、潘刚儿、陈国栋编著:《广州十三行之一:潘同文(孚)行》,华南理工大学出版社 2006 年版,第 12 页。

⑤ (清)徐珂:《清稗类钞》(第 5 册),中华书局 1984 年版,第 23322 页。

⑥ [美]马士:《东印度公司对华贸易编年史(一六三五~一八三四年)》(第 1 卷),区宗华译,林树惠校,章文钦校注,广东人民出版社 2016 年版,第 227、233 页。

⑦ 覃波:《清宫所藏十三行潘氏商人档案》,载广州大学十三行研究中心、中共广州市荔湾区委宣传部编:《广州十三行研究回顾与展望》,广东世界图书出版公司 2010 年版,第 90 ~ 91 页。

三、广州十三行法制运行中的中外法律冲突及其影响

由于中外之间法律文化与法律制度的不同，广州十三行法制运行过程中存在多种法律冲突，“自 1689 年防卫号事件，到 1839 年林维喜案件，在这期间发生了数以百计的中外民、刑案件。中国和西方在法律价值、观念与适用上的冲突，一直是存在的。”①由于广州十三行法制对于中外法律冲突的解决并不成功，直接导致外国在中国寻求治外法权。

（一）广州十三行法制运行中的中外法律文化冲突

广州十三行法制运行中的中外法律冲突，首先是中外之间在法律文化方面的冲突。“在 18 世纪，大家实际上是目击了一场信息的反向流动，主要是欧洲向中国学习。”②但随着欧洲启蒙运动的逐渐深入，外国文化中所提倡的平等、自由、权利等观念深入人心，并成为外国法律文化的一部分，这些法律文化伴随着外国对华贸易传入广州。

清政府管理中外贸易所构建形成的广州十三行法制，充满了限制外商人身自由与人身权利的内容，如外商非因贸易不得居留广州、留居广州期间只能居住于商馆之内、不得携带家眷进入广州、不得随便出游、不得乘轿等，这些规定与重视人身自由与权利的外国法律文化格格不入。尤其是清政府三令五申外商只能在广州贸易、只能同行商交易、不得委托他人探听商业行情等，更让外商无法接受。因为在外商的观念中，通商贸易具有互利性，清政府不应通过法制设置贸易限制。

特别是 1829 年多家行商因经营不善而倒闭，能够开展正常交易的行商只有 2 家，这 2 家行商因为没有竞争对手而可以“按其意愿随意定价”，行商垄断外贸制度因此招致外国商人的公开批评。③ 行商建立的公行制度也因维护贸易垄断一直被外商抵制，英国东印度公司解散后，外国商人也再次要求撤销公行，虽然外商的抗争没有成功，但却充分显示了自由贸易的商业法律文化对广州十三行法制的冲击。虽然广州十三行法制限制夷妇入城，但英国大班盼师还是将妻子带入商馆居住，并在清政府要求其妻离开时采取了激烈的对抗，这充分反映了外商对广州十三行法制的对抗。据此推断，广州十三行法制中的限制外商人身自由等规定，

---

① 张晋藩：《中国法律的传统与近代转型》（第 2 版），法律出版社 2005 年版，第 300 页。

② ［法］詹嘉玲：《18 世纪中国和法国的科学领域的接触》，载《清史研究》1996 年第 2 期。

③ *Governor Les Reply to the British Merchants Petition*, The Canton Register, November 18, 1829.

无法得到外商的严格遵守。

(二)广州十三行法制运行中的中外实体法律冲突

实体法律冲突主要表现在刑事法律方面。广州十三行贸易开展过程中有大量刑事案件发生,刑事案件处理所援引的主要是《大清律例》的规定,这种援引与适用本无不当,但由于中外法律制度的不同,法律冲突时有发生。

冲突中最典型的是,外国个人责任原则与广州十三行法制中连带责任原则的冲突。中国封建法制对严重的刑事犯罪实施"连坐",清朝时连坐发展至顶峰,"中华帝国的每一个臣民对于可能发生的任何事情,虽然同他关系不多,都要负责。"①"连坐"也被适用于对外贸易,对于广州十三行所发生的刑事案件,在不能抓住凶手的情况下,凶手所属商船的大班都有可能承担连带责任,甚至还会因为刑事案件牵连而停止全部对外贸易。乾隆四十九年(1784 年),"休斯夫人号"商船因鸣放礼炮而致广州民人死亡,②该船大班非常担心:"我们的人身安全已处于危险状态……每个人都熟知自己会随时被指控为应负连带责任的人。"③其后该船大班被逮捕,中英贸易也被停止。而在近代资本主义国家的法律中,刑事责任的承担适用个人责任原则,只有行为人对自己的犯罪行为负责,而不牵连其他人,因此外商对这种刑事连带责任以及株连商业贸易的做法进行了强烈抵制。为了尽可能避免刑事案件从而避免承担连带责任,英国大班甚至请求粤海关监督"不得在黄埔设立茶馆或酒店,以防止水手和华人之间的争斗。"④1787 年卡思卡特使团访华时,英国政府给他的训令中也提出"任何逃犯,经英中双方官员会同搜索无法拿获时,不列颠的长官不负连带责任。"⑤1793 年马戛尔尼使团访华时,英国政

① [美]马士:《中华帝国对外关系史》(第1卷),张汇文等译,上海书店出版社2006年版,第129页。

② 本案基本案情为:停泊于广州黄埔的英国商船"休斯夫人号"在鸣放礼炮时,炮弹误射广州民人并导致1人死亡。广东地方官府要求英船交出炮手,英方却拒绝交人,广东地方官府于是逮捕了其船长,并且停止了英商的贸易。英商在压力下只能交出凶手,后凶手被斩首,船长被释放。参见[美]马士:《东印度公司对华贸易编年史(一六三五~一八三四年)》(第2卷),区宗华译,林树惠校,章文钦校注,广东人民出版社2016年版,第116~127页。

③ [美]马士:《东印度公司对华贸易编年史(一六三五~一八三四年)》(第2卷),区宗华译,林树惠校,章文钦校注,广东人民出版社2016年版,第118页。

④ [美]马士:《东印度公司对华贸易编年史(一六三五~一八三四年)》(第1卷),区宗华译,林树惠校,章文钦校注,广东人民出版社2016年版,第206页。

⑤ [美]马士:《东印度公司对华贸易编年史(一六三五~一八三四年)》(第2卷),区宗华译,林树惠校,章文钦校注,广东人民出版社2016年版,第185~186页。

府给马戛尔尼的训令中以及英王致乾隆的信中都提出了同样的要求,[①]但这些要求不可能得到清政府的同意。

中外关于刑事命案认定规则的不同,也是中西实体法律冲突的重要内容。刑事命案是清朝刑法镇压的重点,其处罚原则是"杀人者斩",《大清律例·刑律》规定:"故杀者,斩。"[②]但过失杀人可以从轻处罚:"若过失杀伤人者,(较戏杀愈轻)各准斗杀伤罪,依律收赎,给付其(被杀伤之)家。"[③]在广州十三行发生刑事命案时,外商希望认定为过失杀人,而清政府一般认定为故意杀人:"英国人的主张是罪状应属于第三项(过失杀人)或第四项(因自卫而杀人);而中国人却主张每个案件的罪状都属于第二项(在一种争斗中有意或无意的杀人)。"[④]这种分歧成为外商抵制清朝法律的重要原因:"大抵驻粤外人所指为抗拒中国刑律之最重要理由,即谓中国法律所定斩杀罪名不公是也。"[⑤]

另外,"以命抵命"的刑罚方式,也是中西实体法律冲突的重点。为了达到管控外商的目的,清政府对外来人员杀害华人的案件处罚较重,一般都是"以命抵命"。乾隆八年(1743年),在"陈辉千被杀案"处理中,两广总督策楞奏报称:"臣等查核原供,衅起于撞跌角殴,杀非有心,晏些嚧律应拟绞,既据该夷目将凶犯自治,则一命一抵,情罪相符。"[⑥]该奏获得乾隆皇帝认可,清政府认为,即使凶手不是故意杀人也应该以命抵命。乾隆十三年(1748年),针对澳门的李廷富、简亚二命案的处理,乾隆皇帝再次强调"一命一抵"[⑦],"以命抵命"成为清政府处理涉外命案的原则。乾隆四十九年(1784年),"休斯夫人号案"以及道光元年(1821年)

① [美]马士:《东印度公司对华贸易编年史(一六三五～一八三四年)》(第2卷),区宗华译,林树惠校,章文钦校注,广东人民出版社2016年版,第268、275页。

② 《大清律例》卷二十六《刑律·人命》,"斗殴及故杀人"条。

③ 《大清律例》卷二十六《刑律·人命》,"戏杀误杀过失杀伤人"条。

④ [美]马士:《中华帝国对外关系史》(第1卷),张汇文等译,上海书店出版社2006年版,第125页。

⑤ 顾维钧:《外人在华之地位》,吉林出版集团有限责任公司2010年版,第42页。

⑥ (清)印光仁、张汝霖:《澳门记略》,赵春晨点校,广东高等教育出版社1988年版,第34～35页。

⑦ 该案的基本案情为:乾隆十三年(1748年)四月初九夜,澳门华人李廷富、简亚二2人潜入葡人家内,被葡兵哑吗嚧等人殴打致死,哑吗嚧等又将李廷富与简亚二的尸体弃入海中。广东巡抚岳浚将凶手哑吗嚧等问拟杖流,并照葡萄牙法律发往帝汶。乾隆皇帝对此案的处理非常不满。参见中国第一历史档案馆、澳门基金会、暨南大学古籍研究所合编:《明清时期澳门问题档案文献汇编》(一),人民出版社1999年版,第241页。

发生的“爱米里号案”都是按照该原则作出的处理。① “以命抵命”并不考虑凶手的主观意图是故意还是过失，甚至不问抵命者是否真凶，只是单纯地追求“以命抵命”以强化清政府对外夷的威慑，这遭到了外国人的强烈质疑：“他们固执地要外国人血债血偿，一命偿一命……而我们只能表示遗憾，中国的司法行政不能将严厉与明辨同样调和。”②

(三)广州十三行法制运行中的中外程序法律冲突

广州十三行法制运行中还存在中外法律程序的冲突。资本主义国家在司法程序方面遵守的是“正当程序”原则，尤其是注重保护当事人的辩护权、上诉权等。而在中国传统诉讼文化中，一直存在“重实体，轻程序”的法律传统，虽然《大清律例》中也有关于程序的规定，确定了刑事案件审判的“逐级审转复核制”③，并设置了被告人上诉制度，但总体上来看，清朝法律中的程序保障规定过于简单，在审理广州十三行的来华外国人犯罪案件时，普遍采用了“轻程序”的做法。中外程序法律的冲突，集中在作为被告人的外国人是否享有刑讯方面的辩护权、上诉权。

资本主义国家法律重视被告的辩护权，重视法庭公开审判，允许代理人辩护或被告自我辩护，并提供证明罪轻或无罪的证据。但广州十三行贸易中发生的命案很少公开审判，更不会允许外国证人出庭作证。1780 年“斯托蒙特号”事件发生后，英国大班就对该案的处理提出质疑：“今天处决的这个人，是没有经过公开审判的……上面的一个例子充分表明中国法律程序的性质，他们可以在没有证人做证的情况下，就将不幸的罪犯判刑。”④道光元年(1821 年)“德兰诺瓦案”的审理，第一次审判中番禺知县只是听取了原告的控告和证词，在没有允许被告德兰

---

① 本案基本案情为：停泊在广州的美国商船“爱米里号”(Emily)上的意大利水手德兰诺瓦，因购买水果与民人郭梁氏发生争吵，并从船上掷下一只瓦坛砸中郭梁氏致其落水身亡。美方准备自行审判德兰诺瓦遭到了中方的反对。中方先在“爱米里号”上审判德兰诺瓦并判其有罪，船主拒绝交出人犯，中方停止贸易。后德兰诺瓦被中方从船上带走，经再次审判后按例斩决。参见[美]马士：《东印度公司对华贸易编年史(一六三五～一八三四年)》(第 4 卷)，区宗华译，林树惠校，章文钦校注，广东人民出版社 2016 年版，第 15、26 页。

② [美]马士：《东印度公司对华贸易编年史》(第 4 卷)，区宗华译，林树惠校，章文钦校注，广东人民出版社 2016 年版，第 200～201 页。

③ 郑秦：《清代司法审判制度研究》，湖南教育出版社 1988 年版，第 153 页。

④ [美]马士：《东印度公司对华贸易编年史(一六三五～一八三四年)》(第 2 卷)，区宗华译，林树惠校，章文钦校注，广东人民出版社 2016 年版，第 70～71 页。

诺瓦自己辩护与举证的情况下就直接就作出了判决，第二次审判则在没有任何外国人出席的情况下就判决被告有罪，并在24小时之内实施了绞刑。被两广总督传召观看德兰诺瓦绞刑执行的美国大班对此明确表示不服："当我们在你们的领海内，我们理应服从你们的法律；即使它们永远是这样的不公正。"①

在被告人的上诉权方面，大清律例设置了当事人上诉制度，国内的一般案件中，被列入监候执刑的死刑犯有通过上诉再审而得到改判或从轻发落的机会，②但广州十三行涉外刑事命案中的外国被告人实际上被剥夺了上诉权。如前所述，针对广州（含澳门）地区的外国人犯罪案件，由于清政府在司法实践中坚持对外国人命案处理"免其交禁解勘"的程序规定，因此，对外国罪犯适用死刑的，都不需要再经过中央司法机关乃至皇帝的复核，而是由广东地方官府复核后直接执行死刑。这导致外国犯人失去了上诉权，也失去了通过上诉获得从轻或减缓处罚的机会，因此饱受批评。

另一个饱受批评的程序制度是刑讯逼供问题。刑讯是中国古代司法的基本特点，《大清律例》还明确规定了刑讯的种类。虽然法律对于刑讯使用有着严格规定，但案件审判中的滥刑难以禁止，行商石中和就因为被多次施刑导致死于狱中。③ 当时就有外国人在报纸上公开抨击清政府官员的滥用刑讯，"有时甚至使受刑者死亡"。④

（四）广州十三行法制运行中的中外法律冲突的影响

由于中外法律文化、实体法律与程序法律的冲突，外来人员认为清朝法律是野蛮、不公正的，这直接导致广州十三行发生的一些刑事案件中，外国商人多采用逃脱的方法，或者以贿赂方式逃避制裁。在乾隆四十九年（1784年）"休斯夫人号"案之后，"英国人不再把他们船上的被控者移交给无监督权的中国当局的司法机关"。⑤ 外国人或者直接对抗，或者撒谎对抗，或者以贿赂的方式买通官府协

---

① ［美］马士：《中华帝国对外关系史》（第1卷），张汇文等译，上海书店出版社2006年版，第124页。

② 根据《大清律例》的规定，除了"十恶"的重罪及服内亲属间的命案，一般命案如谋杀、故杀、斗杀、戏杀、误杀、过失杀命案的斩刑或绞刑通常不立决，而是列入监候缓刑以待秋审时作出最终裁决。参见《大清律例》卷二十六《刑律·人命》。

③ ［美］马士：《东印度公司对华贸易编年史（一六三五～一八三四年）》（第2卷），区宗华译，林树惠校，章文钦校注，广东人民出版社2016年版，第302页。

④ *Punishments*, The Canton Register, November 15, 1827.

⑤ ［美］马士：《东印度公司对华贸易编年史（一六三五～一八三四年）》（第2卷），区宗华译，林树惠校，章文钦校注，广东人民出版社2016年版，第125页。

助案犯逃脱法律制裁，如嘉庆十五年（1810 年）广州民人黄亚胜被英国商船水手杀害案，[①]道光元年（1821 年）英国兵船“土巴资号”军人打死华人案，[②]凶手都没有受到刑事处罚。外国人逃避法律的制裁，在客观上破坏了广州十三行法制的效力，清政府对涉外案件的司法管辖权也已经开始丧失。

此外，中外法律冲突使外国人认为，清朝法律在法律文化、实体制度、程序规定等方面是野蛮与落后的，因此，前来广州十三行贸易的外国商人一直在寻求治外法权。在这方面英国是最为积极的，1729 年 6 月 15 日，英国东印度公司管理会的副主任塔尔博特就在与广东地方官府的交涉中提出：“如果发现我们的人是与华人争斗的首祸者，则只能按照我们的国家法律给予应得的处罚。”[③]其中已经明确提出对治外法权的要求。英国外交大臣在 1793 年发出训令，要求出使清朝的马戛尔尼“必须努力在最有利的条件下获取警察管理权及对我们自己臣民的司法管理权”。[④] 1833 年 6 月，有英国政客直接提出“就地建设英国海军审判所”，以排除清政府对在华英国人的司法管辖权；1838 年，英国政府又唆使政客再次提出组织司法机关以获取在华领事裁判权。[⑤]

虽然这些攫取在华治外法权的尝试没有取得实际结果，但外国人觊觎在华治外法权就是从对抗广州十三行法制开始的，这也是广州十三行法制与中国法制近代化的又一关联，因为“收回领事裁判权是中国近代法制近代化的最重要的诱因”[⑥]。鸦片战争后 1843 年签订的《中英五口通商章程及税则》中规定：“倘遇有交涉词讼……其英人如何科罪，由英国议定章程、法律发给管事官照办。”[⑦]资本主义国家迫不及待地攫取了在华治外法权，其后又派生出租界地区“会审公廨”

---

① ［美］马士：《东印度公司对华贸易编年史（一六三五～一八三四年）》（第 3 卷），区宗华译，林树惠校，章文钦校注，广东人民出版社 2016 年版，第 137～139、168～172、190～191 页。另见许地山编：《达衷集（鸦片战争前中英交涉史料）》（卷上），商务印书馆 1931 年版，第 86～124 页。

② ［美］马士：《中华帝国对外关系史》（第 1 卷），张汇文等译，上海书店出版社 2006 年版，第 118～119 页。

③ ［美］马士：《东印度公司对华贸易编年史（一六三五～一八三四年）》（第 1 卷），区宗华译，林树惠校，章文钦校注，广东人民出版社 2016 年版，第 217 页。

④ ［美］马士：《东印度公司对华贸易编年史（一六三五～一八三四年）》（第 2 卷），区宗华译，林树惠校，章文钦校注，广东人民出版社 2016 年版，第 268 页。

⑤ 顾维钧：《外人在华之地位》，吉林出版集团有限责任公司 2010 年版，第 50、59 页。

⑥ 张晋藩：《综论中国法制的近代化》，载《政法论坛》2004 年第 1 期。

⑦ 王铁崖编：《中外旧约章汇编》（第 1 册），生活·读书·新知三联书店 1957 年版，第 42 页。

的审判权,“外人不受中国之刑章而华人反就外人之裁判”,①中国司法主权受到严重践踏。为了收回领事裁判权,清政府进行了抗争。1902 年的中英《续议通商行船条约》第 12 条规定:“中国深欲整顿本国律例,以期与各国律例改同一律,英国允愿尽力协助以成此举。一俟查悉中国律例情形及其审断办法及一切相关事宜皆臻妥善,英国即允弃其治外法权。”清政府能够收回外国在华治外法权的前提是中外法律“改同一律”,法制变革也就成了必经途径,中国法制近代化转型由此而开始。可以说,广州十三行法制的运行在一定程度上也对中国法制近代化进程产生了影响。

四、广州十三行法制的历史镜鉴意义

清政府通过建立广州十三行法制应对近代化趋势,有其可取之处,也有不足与教训。广州十三行法制的建立与运行,可取之处在于,其通过法制变革对变化的形势作出了应对,虽然这种变革受到多种因素的掣肘,也没有取得良好的效果,但广州十三行法制的先行先试使广东在近代化发展中占得一定先机,也种下了广东敢为人先、走在前列的文化基因,为广东在近现代改革中先人一步奠定了一定基础。广州十三行法制变革及其对中外法律冲突的应对,以及中外法律冲突解决的经验与教训,也可为我国当前正在推进的“一带一路”建设与粤港澳大湾区建设提供一定的历史镜鉴。

(一)广州十三行法制对“一带一路”建设的借鉴

广州十三行法制可为“一带一路”建设中的法律风险防范与纠纷解决提供一定的历史镜鉴。“一带一路”建设目前已经取得了令人瞩目的成果,但扩大“一带一路”的合作内容,深化“一带一路”的建设程度,必须充分发挥法律制度的保障作用,清朝广州十三行法制的建立与运行在这个方面提供了可资借鉴的历史经验。

清朝广州十三行贸易与“一带一路”建设有着不同:广州十三行贸易中清政府是面对西方的近代化趋势的冲击作出的被动回应,而“一带一路”建设是中国政府为了丝路沿线国家人民的共同福祉而谋求的共同发展;广州十三行贸易中清政府处于消极状态,只是西方国家一厢情愿前来广州开展贸易,而“一带一路”是建立在高度合意之上,是在中国与各参与国协商一致的基础上为了追求共同发展

---

① 《清史稿》卷一四四《刑法三》,中华书局 1976 年版,第 4216 页。

而作出的共同决定。

纵然有着明显的不同,清朝广州十三行贸易与“一带一路”建设也存在共同的挑战,影响广州十三行贸易的法律风险因素也是“一带一路”建设的阻碍因素。比如,在贸易风险方面,广州十三行贸易中的风险不仅源于封建统治者独断专行破坏贸易开展,还源于清朝外贸政策的不稳定对贸易造成的危害。“一带一路”建设也无法回避贸易风险,这些风险可能来源于参与国因国家利益的追求而针对海外企业实施法律管制,参与国也可能通过加征关税以及反倾销、知识产权保护等方式实施贸易保护主义,甚至可能会因为参与国自身的利益而做出撕毁合约、中断合作的举动;又如在法律冲突方面,如前所述,广州十三行法制运行中普遍存在中外法律冲突,而法律冲突也存在于“一带一路”建设中,其中既有中国国内法与参与国国内法不同所导致的冲突,也有因为各参与国参加的双边条约的冲突,还有因是否参加多边条约、区域性条约、国际性条约而产生的冲突。

借鉴清朝广州十三行法制的经验,“一带一路”建设中应加快完善法律先导机制。借助法律先导机制可以直接解决掉已经存在的法律冲突,通过确定参与国的权利和义务最大程度避免出现新的贸易纠纷,并借助法律的稳定性、可预测性等特质克服政治和商业决策中的不确定性,使“一带一路”合作走上法治化轨道,在相对稳定的法律框架下实现共同发展和互利共赢,防止或者减少政策干扰。借助法律先导机制还可以构建多层次、多渠道的法律纠纷解决机制,以真正解决法律冲突与贸易争端的问题。为了实现前述目标,首先,中国政府与企业应主动出击,借助法律调查掌握各国法律,防患于未然;其次,要积极与合作国一起制定双边协议,为投资贸易便利化、消除贸易壁垒、加强法制协同、扫清法律障碍创造条件;最后,还要通过多边协议等方式推进具有共同性的法制框架建设,制定“一带一路”法律合作蓝本,构建一个以国际贸易规则、投资规则和争端解决规则为核心的国际条约体系。

(二)广州十三行法制对粤港澳大湾区建设的借鉴

自2016年3月国家发改委提出“携手港澳共同打造粤港澳大湾区,建设世界级城市群”后,2017年7月1日,粤港澳三地正式签署了《深化粤港澳合作推进大湾区建设框架协议》,党的十九大报告进一步指出,要以粤港澳大湾区建设、粤港澳合作、泛珠三角区域合作等为重点,全面推进内地同香港、澳门的互利合作。粤港澳大湾区建设已经从我国的区域经济合作层面上升到全方位的国家战略层面。

粤港澳大湾区的发展潜力较大,但其中存在的发展障碍也不容忽视,尤其是区际法律适用的冲突问题。虽然粤、港、澳三地在地缘、文化上有着特殊密切关系，但香港与澳门在回归祖国前曾长期处于资本主义殖民统治中，而且港澳两地的法律制度也分属于不同法系。香港与澳门回归祖国后，在"一国两制"和两地基本法的引领下，港澳两地在法律制度方面也保留了原有法系的特征。因此，粤港澳大湾区是3个不同法律管辖区的交融，包括内地的社会主义法系、香港地区的英美法系以及澳门地区的大陆法系，当出现涉及三地的法律纠纷时，在管辖权确定、法律适用、判决的承认和执行等方面均会出现法律冲突。

总结清朝广州十三行法制建立与运行的优势与不足，可以为粤港澳大湾区法制建设提供可资借鉴的历史经验。清朝广州十三行法制在应对近代化趋势时进行了法制变革，建立了顺应近代化趋势发展要求的法律制度，这是其可取之处。但在其法制运行中，清政府抱守"天朝上国"的固化思维，对于中西法律冲突没有加以解决，从而导致了一系列的危害性后果。虽然广州十三行法制运行中的法律冲突与粤港澳大湾区建设中的法律冲突具有根本的不同，但具有相似之处，后者可以借鉴前者的经验与教训。具体来说，在我国"一国两制"的背景下，粤港澳大湾区的区际法律冲突解决可以从以下几个方面展开：首先，在粤港澳大湾区进行法律制度创新，尤其是在商业、经济及金融等与其联系紧密的方面进行法律制度革新；其次，未来大湾区的法治建设可以自上而下地推行改革，从国家层面进行统筹规划，可以通过制定统一的冲突法或者统一的实体法方式逐步缓解粤港澳大湾区区际法律冲突；最后，强化粤港澳大湾区司法合作，制定完善相关裁判指引，强化裁判的引导作用，加强执行联动机制，确保裁判的法律效力。

结 论

通过考察清政府为管理广州中外贸易而建立形成的广州十三行法制,分析广州十三行法制变革与近代化趋势发展之间的关联,并探讨广州十三行法制运行产生的作用与影响,可以得出以下结论:

第一,广州十三行法制的建立、变革受到近代化趋势的影响,体现了古代中国"法与时转"的立法传统。

"法与时转"是古代中国的立法传统,①广州十三行法制变革也体现了从时空实际出发而立法的特点。随着17世纪以来近代化趋势的发展,以贸易拓展为重要内容的资本主义对外扩张迅速推进,自顺治十年(1653年)起,不断有外国遣使入京觐见,对清朝海上贸易提出扩大开放的要求。康熙二十三年(1684年),清政府根据国内外形势的变化正式实施开海贸易,原有的朝贡贸易法制不能适应与外国开展近代化贸易的实际需要,中外贸易开展与中外交往都需要新的法律制度进行规制,客观实际的变化对清朝的外贸立法提出变革要求。清政府在借鉴外贸管理历史经验的基础上,于康熙二十三年(1684年)在广州创设粤海关,并于康熙二十五年(1686年)发布《分别住行货税》,公告开始设立行商。由此,清政府以粤海关联结行商与外商,分别规定这三类法律关系主体的权

---

① 张晋藩:《"法与时转"与"因俗而治"——谈古代中国的立法传统》,载《北京日报》2019年6月24日,第11版。

利与义务，广州十三行法制逐步形成。

近代化发展对广州十三行法制变革产生了推动作用。粤海关制度在监督委派、央地双重监管、关税征收方式等方面不断变革，乾隆二十二年(1757 年)“一口通商”后，粤海关成为唯一实际运行的海关，粤海关制度进一步发展完善。由于近代化的发展导致广州中外贸易大量增加，行商内部出现了恶性竞争，清政府也需要通过行商强化对外贸的控制，因此分别于康熙五十九年(1720 年)、雍正六年(1728 年)与乾隆十年(1745 年)设立了公行制度、总商制度与保商制度，行商制度逐步变革。外商制度则具有更鲜明的受近代化影响的特点，自乾隆二十年(1755 年)起，外商在近代化发展的要求下纷纷前往其他沿海口岸开拓贸易，但这种举动反而引起清政府的高度警惕，为了达到控制外贸与外商的双重目的，乾隆二十四年(1759 年)清政府实施《防范外夷规条》，其后又出台了 4 部管理外商的专门规章制度，促进了外商制度的变革。

第二，清政府通过设置粤海关、行商与外商三类法律关系主体的权利与义务，使之相互协调与制约并有效运转，形成了具有特色的广州十三行法制。

为了适应管理新型中外近代贸易的需要，清政府以《大清律例》、《大清会典》以及部院则例为基础，遵从皇帝敕诏，制定专门规章制度，吸收商事习惯法，建立了广州十三行法制体系。清政府于康熙二十三年(1684 年)在广州设立粤海关，粤海关联合广东地方官府发布实施《分别住行货税》公告，任用行商参与贸易，并逐步完善了以行商为媒介管理外贸并管制外来人员的制度。具体来说，清政府借鉴外贸管理历史经验，通过规定三类法律关系主体的权利与义务，围绕每一主体分别建立了一套制度：清政府借鉴市舶司的经验制定的粤海关制度，具体规定粤海关的职权、职责与法律责任，调整粤海关与行商的关系以及粤海关与外商的关系；借鉴明朝“官设牙行”的经验制定的行商制度，具体规定行商的权利、义务与法律责任，调整作为被管理者的行商与粤海关之间的关系以及作为管理者的行商与外商之间的关系；借鉴澳门管理外国人的经验而制定的外商制度，具体规定外商的权利、义务与法律责任，调整外商与其两类管理主体粤海关、行商相互之间的关系。这三类法律关系主体的权利义务相互协调与制约并有效运转，共同实现了对广州十三行贸易的有效管理。

广州十三行法制中的三套制度各具特点，并形成了广州十三行法制的特色。粤海关在协调中央与地方关系中发挥重要作用，这影响到粤海关征收关税与管理外贸的职权立法，并在粤海关依法行使管理权的过程中表现出来；行商享有垄断对外贸易等权利，从康熙二十五年（1686年）颁行《分别住行货税》到乾隆二十五年（1760年）间，清政府多次强调“外人只能与公行行商交易”，[①]行商又承担着管理贸易开展、控制贸易流程、代缴外贸关税、管理外来人员等多种管理与担保义务，行商的权利实际受到了限制但承担的责任却日趋强化；外商制度对外商课以广泛义务也赋予一定权利，从乾隆二十四年（1759年）《防范外夷规条》、嘉庆十四年（1809年）《民夷交易章程》、嘉庆十九年（1814年）《酌筹整饬洋行事宜》、道光十一年（1831年）《章程八条》、道光十五年（1835年）《增易防范夷人章程》（增易规条）等管理外商的专门规章中，均可见外商在权利行使方面对行商具有的较强依附性，但在义务承担与履行方面具有独立性，外商制度呈现出权利依附与义务独立并存的特点。

第三，广州十三行法制体现出对封建传统法制的承继，其目的在于维护封建统治，本质上仍属于封建法制。

广州十三行法制中的许多具体制度来源于传统封建法律制度，尤其是行商制度明显体现了对传统封建法制的承继，如行商垄断对外贸易是封建榷商制度的延续，保商制度是封建传统法制中的“保甲制度”在外贸领域的运用，行商所承担的连带责任则是“连坐”制度的扩展适用。广州十三行法制体现出对封建传统法制的承继，不仅由于根深蒂固的封建法制是其基础，还因为广州十三行法制的目的也是维护封建统治。广州十三行法制的建立、变革都以保障广东地方的社会安定进而维护封建政权的稳定为宗旨。康熙五十五年（1716年），康熙皇帝就指出：“海防乃今日之要务”，[②]不仅要防止行商因中外贸易壮大实力，也因统治者怀疑“西洋人与回人，向属一教”等原因，[③]还要防止国内商民与外部势力串通，威胁清朝封建统治，因此才设立了对行商、外商实施严格管制的相关制度。

广州十三行法制在法律理念、目的与制度建构方面，都体现出封建法制的性质。广州十三行法制的基础是发展至顶峰的封建法制，清政府又以“华夷之辨”作为广州十三行法制建立的指导思想，法制理念的封建性局限了广州十三行法制的内容，也限制了其作用的发挥。虽然广州十三行法制中不乏创设粤海关、关税征收改革、对外商“听其自行具保”等体现近代因素的法律制度，其中也有大量保

---

① 梁嘉彬：《广东十三行考》，广东人民出版社2009年版，第328页。

② 《清圣祖实录》卷二七〇，中华书局1985年版，第649页。

③ 《清高宗实录》卷一二一三，中华书局1986年版，第268页。

障商业活动、规范商业行为、维护商业秩序以及保护商人利益的规定，但由于清政府建立法制的根本目的在于维护封建统治，粤海关沟通中央与地方的实质在于加强中央集权，行商制度强调对行商义务的规定而限制行商权利，外商制度以管制外商为目的并呈现出防禁越来越严的特点，广州十三行法制本质上没有脱离封建法制的窠臼。

第四，广州十三行法制对近代化趋势有顺应也有违逆，对清朝近代化贸易的发展有推动也有阻碍。

广州十三行法制的建立与运行确定了广州中外贸易开展的流程，保障了广州中外贸易的正常开展，提供了相对优良的贸易环境，适当维护了商人的利益，并建立了一些体现近代因素的法律制度，在一定程度上顺应了近代化的发展要求，前来广州贸易的外国船舶数量逐年增加，嘉庆十年（1805 年）以后船舶数量每年都维持在 100 艘左右，道光十七年（1837 年）更是达到了 213 艘。① 粤海关税收从康熙二十四年（1685 年）不到 3 万两逐步上升到嘉庆六年（1801 年）的 150 万两，道光七年（1801 年）还达到 185 万两。② 虽然出现前述结果的原因还在于近代化趋势下贸易量的增加，但广州十三行法制毕竟在一定程度上顺应了这一趋势，而且通过法律制度变革满足了贸易发展的一定要求。广州十三行法制中也有一些制度违背了近代化的发展要求，如乾隆二十二年（1757 年）“一口通商”以及在多部专门规章中均限制贸易自由与限制外商人身权利等规定，尤其是在鸦片战争前夕更多地表现为对近代化趋势的违逆。

正是由于广州十三行法制对近代化趋势与潮流有积极顺应也有消极违逆，因此其对清朝近代化贸易的发展有推动也有阻碍。广州十三行法制实现了清政府对广州中外贸易开展的管理与控制，在一定程度上保障了广州中外贸易的开展，对广东经济的发展产生了积极推动作用，如“广之线纱与牛郎绸、五丝、八丝、云缎、光缎，皆为岭外京华东西二洋所贵。”③广州十三行法制对清朝全国经济发展也有促进作用，清朝国内共有 18 个省份与广州十三行产生贸易关系，各省向广州运输本地特产，而从广州运回进口的毛棉布匹、钟表、漆器、眼镜和酒等。④ 但由于维护封建统治的目标设定以及该法律制度自身的缺陷，广州十三行法制也束缚

---

① （清）梁廷枏：《粤海关志》，袁钟仁点校，广东人民出版社 2014 年版，第 490～493 页。

② 同上书，第 203～211 页。

③ （清）屈大均：《广东新语》卷十五《货语·纱缎》，中华书局香港分局 1974 年版，第 427 页。

④ 姚贤镐编：《中国近代对外贸易史资料》（第 1 册），中华书局 1962 年版，第 305～306 页。

了中外近代贸易的自由发展，而且导致行外交易与走私贸易频发，“在伶仃岛走私的还不仅仅是鸦片。凡是中国加以限制的物品那里都有。”①尤其是鸦片走私进口泛滥引发了禁烟运动，为鸦片战争的爆发埋下隐患，阻断了中国自主近代化的历史进程。

第五，广州十三行法制中的一些制度体现出近代化因素，广州十三行法制的建立与运行对中国法制近代化产生了一定的影响。

清政府面对近代化发展的要求没有墨守成规地闭关锁国，也没有简单地承继传统市舶司制度，而是在康熙二十三年（1684 年）创设粤海关作为管理广州中外贸易的专门机构，对粤海关与商人团体“行商”在贸易管理与贸易开展方面作出分工，符合近代贸易发展的趋势。在关税征收制度上进行杂税归公改革，体现了粤海关制度顺应近代化要求的创新性。以《分别住行货税》为基础的行商制度，结合其后发展的公行制度、总商制度与保商制度等多项具体制度，保障行商有权参与贸易、管理贸易、代征关税并管理外商，并以行商的外贸垄断权来调动行商的积极性，以此作为行商承担多种义务的对价，体现出广州十三行法制对权利与义务衡平已经有所关注。在涉外管理方面，清政府允许外国人大量进入广州，并赋予外商在广州开展贸易与生活的相关权利，这也体现出广州十三行法制中的近代化因素。

广州中外贸易的发展对法律制度提出了近代化的要求，广州十三行法制在粤海关职责设置、关税征收改革、对外商“听其自行具保”②等方面实施了体现近代因素的法律制度，并在一定程度上改变了“闭关锁国”与“重农抑商”的传统封建法制。“商业诚信”“一夫一妻制”等思想开始传播，诚实信用理念、权利与义务衡平理念、保护商业发展与维护商人权利等近代法制理念开始萌动，以及公平贸易、主体平等、商业纠纷解决新型方式等近代法制规则开始被运用，为中国法制近代化作了一定的准备。在广州十三行法制运行过程中，中外法律制度在法律文化、实体规则与程序规则方面都发生了冲突，引发了外来人员对清朝法律的抗拒，早在 1729 年 6 月 15 日英国人就明确提出对治外法权的要求。③ 广州十三行法制运行中的外国治外法权酝酿，与外国在鸦片战争后攫取领事裁判权直接相关。收回

---

① ［英］格林堡：《鸦片战争前中英通商史》，康成译，商务印书馆 1961 年版，第 45 页。

② （清）梁廷枏：《粤海关志》，袁钟仁点校，广东人民出版社 2014 年版，第 571 页。

③ ［美］马士：《东印度公司对华贸易编年史（一六三五～一八三四年）》（第 1 卷），区宗华译，林树惠校，章文钦校注，广东人民出版社 2016 年版，第 217 页。

领事裁判权是中国法制近代化的重要诱因,广州十三行法制也因此在一定程度上对中国法制近代化的进程产生了影响。

第六,广州十三行法制变革及其对中外法律冲突的处理,可为我国当前正在推进的"一带一路"建设与粤港澳大湾区建设提供一定的历史镜鉴。

清政府通过广州十三行法制变革对近代化趋势的冲击作出应对,虽然其变革受到多种因素掣肘,但广州十三行法制的先行先试使广东在近代化发展中占得了一定先机,也种下了广东敢为人先、走在前列的文化基因,为广东在近现代改革中先人一步奠定了一定基础。

以史为鉴,广州十三行法制可为我国当前"一带一路"建设中的法律风险防范提供一定的历史镜鉴。"一带一路"建设中各参与国的法律存在冲突,也存在多种贸易风险,虽然"一带一路"建设与广州十三行贸易的法律环境完全不同,但在法律风险预防与法律冲突解决等方面,可借鉴广州十三行法制的得失,具体可从解决已经存在的法律冲突、签订双边协议预防法律风险、构建国际条约体系 3 个方面优化"一带一路"建设的法律环境。广州十三行法制也可为我国当下粤港澳大湾区建设中的区际法律协调提供一定的历史镜鉴。粤港澳大湾区建设中存在粤、港、澳三地间区际法律冲突与协调的问题,借鉴广州十三行法制通过法律制度创新应对近代化趋势冲击的可取之处,具体可在商业、经济及金融方面对粤港澳大湾区进行法律制度革新,吸取广州十三行法制处理法律冲突失当的教训,可从国家层面统筹制定法律逐步缓解区际法律冲突。

参考文献

一、史料文献

1.《大清律例》,郑秦、田涛点校,法律出版社 1999 年版。

2.(清)沈之奇:《大清律辑注》,怀效锋、李俊点校,法律出版社 2000 年版。

3.《清会典》,(清)昆冈等修,吴树梅等纂,中华书局 1991 年版。

4.《清会典事例》,中华书局 1991 年版。

5.《清实录》,中华书局 1985 年版。

6. 中国第一历史档案馆整理:《康熙起居注》,中华书局 1984 年版。

7. 赵尔巽等:《清史稿》,中华书局 1976 年版。

8.《清朝文献通考》,乾隆官修,浙江古籍出版社 2000 年版。

9.(清)王之春:《清朝柔远记》,赵春晨点校,中华书局 2008 年版。

10. 贺长龄、魏源等编:《清经世文编》,中华书局 1992 年影印版。

11.(清)李士桢:《抚粤政略》,台北,文海出版社 1988 年版。

12.《续修四库全书》,上海古籍出版社 2002 年版。

13. 中国第一历史档案馆编:《雍正朝汉文朱批奏折

汇编》,江苏古籍出版社 1991 年版。

14. 中国第一历史档案馆编:《清宫粤港澳商贸档案全集》,中国书店 2002 年版。

15. 中国第一历史档案馆、广州市荔湾区人民政府合编:《清宫广州十三行档案精选》,广东经济出版社 2002 年版。

16. 中国第一历史档案馆、澳门基金会、暨南大学古籍研究所合编:《明清时期澳门问题档案文献汇编》,人民出版社 1999 年版。

17. 中国第一历史档案馆编:《清中前期西洋天主教在华活动档案史料》,中华书局 2003 年版。

18. 中国第一历史档案馆编:《英使马戛尔尼访华档案史料汇编》,国际文化出版公司 1996 年版。

19. 中国第一历史档案馆编:《鸦片战争档案史料》,上海人民出版社 1987 年版。

20. 刘芳辑:《葡萄牙东波塔档案馆藏清代澳门中文档案汇编》,章文钦校,澳门基金会 1999 年版。

21. 国立中央研究院历史语言研究所编:《明清史料》,商务印书馆 1936 年版。

22. 台北故宫博物院辑:《清代外交史料》,台北,成文出版社 1968 年版。

23. 故宫博物院文献馆编:《史料旬刊》,故宫博物院文献馆 1930 年版。

24. (清)梁廷枏:《粤海关志》,袁钟仁点校,广东人民出版社 2014 年版。

25. (清)印光仁、张汝霖撰:《澳门记略》,赵春晨点校,广东高等教育出版社 1988 年版。

26. 胡巧利主编:《广东方志与十三行——十三行资料辑要》,广东人民出版社 2014 年版。

27. 许地山编:《达衷集(鸦片战争前中英交涉史料)》,商务印书馆 1931 年版。

28. 梁廷枏撰:《海国四说》,刘晓等点校,中华书局 1993 年版。

29. 王铁崖编:《中外旧约章汇编》(第 1 册),生活 · 读书 · 新知三联书店 1957 年版。

30. 姚贤镐编:《中国近代对外贸易史资料》,中华书局 1962 年版。

31. 严中平等编:《中国近代经济史统计资料选辑》,科学出版社 1955 年版。

32. 彭泽益编:《中国近代手工业史资料》,生活 · 读书 · 新知三联书店 1957 年版。

33.《盐铁论校注》,王利器校注,中华书局1992年版。

34.(唐)长孙无忌等:《唐律疏议》,刘俊文点校,中华书局1983年版。

35.《旧唐书》,中华书局1975年版。

36.(唐)李肇等:《唐国史补 因话录》,上海古籍出版社1979年版。

37.(元)脱脱等:《宋史》,中华书局1977年版。

38.(清)徐松:《宋会要辑稿》,刘琳等校点,上海古籍出版社2014年版。

39.(明)宋濂等:《元史》,中华书局1976年版。

40.《明史食货志校注》,李洵校注,中华书局1982年版。

41.《大明律》,怀效锋点校,法律出版社1999年版。

42.(清)屈大均:《广东新语》,中华书局1985年版。

43.(清)阮元修、陈昌齐等纂:《广东通志》,道光二年刻本。

44.(清)瑞麟、戴肇辰:《广州府志》,光绪五年刻本。

二、学术著作

1. 张晋藩主编:《中国法制通史》,法律出版社1999年版。

2. 张晋藩主编:《清朝法制史》,中华书局1998年版。

3. 张晋藩:《中国法律的传统与近代转型》(第2版),法律出版社2005年版。

4. 张晋藩主编:《二十世纪中国法治回眸》,法律出版社1998年版。

5. 沈宗灵主编:《法理学》,北京大学出版社2014年版。

6. 张文显主编:《法理学》,高等教育出版社、北京大学出版社2011年版。

7. 孙国华、朱景文主编:《法理学》,中国人民大学出版社2015年版。

8. 郑成良主编:《法理学》,高等教育出版社2012年版。

9. 葛洪义主编:《法理学》,中国人民大学出版社2015年版。

10. 付子堂主编:《法理学进阶》,法律出版社2015年版。

11. 杨鸿烈:《中国法律发达史》,上海书店1990年版。

12. 瞿同祖:《中国法律与中国社会》,中华书局1981年版。

13. 梁治平编:《法律的文化解释》,生活·读书·新知三联书店1994年版。

14. 郭廷以:《近代中国史纲》,中国社会科学出版社1999年版。

15. 张洪林:《清代四川盐法研究》,中国政法大学出版社2012年版。

16. 张洪林主编:《民主与权利:近代以来广东地方法制经验》,华南理工大学出版社2014年版。

17. 方志钦、蒋祖缘主编:《广东通史》,广东高等教育出版社 2007 年版。

18. [美]费正清、刘广京编:《剑桥中国晚清史》,中国社会科学出版社 1985 年版。

19. [美]马士:《东印度公司对华贸易编年史(一六三五～一八三四年)》,区宗华译,林树惠校,章文钦校注,广东人民出版社 2016 年版。

20. [美]马士:《中华帝国对外关系史》,张汇文等译,上海书店出版社 2006 年版。

21. 周景濂编:《中葡外交史》,商务印书馆 1991 年版。

22. 沈光耀:《中国古代对外贸易史》,广东人民出版社 1985 年版。

23. 公丕祥:《法制现代化的理论逻辑》,中国政法大学出版社 1999 年版。

24. 公丕祥主编:《中国法制现代化的进程》(上卷),中国人民公安大学出版社 1991 年版。

25. [法]佩雷菲特:《停滞的帝国——两个世界的撞击》,王国卿等译,生活·读书·新知三联书店 2013 年版。

26. [美]何伟亚:《怀柔远人:马嘎尔尼使华的中英礼仪冲突》,邓常春译,刘明校,社会科学文献出版社 2015 年版。

27. 关履权:《宋代广州的海外贸易》,广东人民出版社 2013 年版。

28. 吴建雍:《18 世纪的中国与世界》(对外关系卷),辽海出版社 1999 年版。

29. [英]格林堡:《鸦片战争前中英通商史》,康成译,商务印书馆 1961 年版。

30. 朱雍:《不愿打开的中国大门:18 世纪的外交与中国命运》,江西人民出版社 1989 年版。

31. 万明:《中国融入世界的步履——明与清前期海外政策比较研究》,故宫出版社 2014 年版。

32. 叶显恩主编:《清代区域社会经济研究》,中华书局 1992 年版。

33. 黄国盛:《鸦片战争前的东南四省海关》,福建人民出版社 2000 年版。

34. 郭卫东:《转折——以早期中英关系和南京条约为考察中心》,河北人民出版社 2003 年版。

35. 苏亦工:《中法西用——中国法律传统及习惯在香港》,社会科学文献出版社 2002 年版。

36. 田涛、李祝环:《接触与碰撞:16 世纪以来西方人眼中的中国法律》,北京大学出版社 2007 年版。

37. 高道蕴等编:《美国学者论中国法律传统》,清华大学出版社 2004 年版。

38. 姚薇元:《鸦片战争史实考》,武汉大学出版社 2007 年版。

39. [意]利玛窦、金尼阁:《利玛窦中国札记》,何高济等译,中华书局 1983 年版。

40. 吴义雄:《条约口岸体制的酝酿:19 世纪 30 年代中英关系研究》,中华书局 2009 年版。

41. 吴义雄:《在华英文报刊与近代早期的中西关系》,社会科学文献出版社 2012 年版。

42. 强磊:《论清代涉外案件的司法管辖》,辽宁大学出版社 1991 年版。

43. 高淑娟:《近代化起点论》,中国社会科学出版社 2004 年版。

44. 张晓宁:《天子南库——清前期广州制度下的中西贸易》,江西高校出版社 1999 年版。

45. 梁嘉彬:《广东十三行考》,广东人民出版社 2009 年版。

46. 章文钦:《广东十三行与早期中西关系》,广东经济出版社 2009 年版。

47. 陈国栋:《清代前期的粤海关与十三行》,广东人民出版社 2014 年版。

48. 李国荣、林伟森主编:《清代广州十三行纪略》,广东人民出版社 2006 年版。

49. 覃波、李炳编著:《帝国商行:广州十三行》,九州出版社 2007 年版。

50. 冷东等:《十三行与岭南社会变迁》,广州出版社 2014 年版。

51. 谭元亨等:《十三行:习俗与商业禁忌研究》,华南理工大学出版社 2013 年版。

52. 谭元亨主编:《十三行新论》,香港,中国评论学术出版社 2009 年版。

53. 谭元亨:《国门十三行:从开放到限关的逆转》,华南理工大学出版 2011 年版。

54. 谭元亨:《广州十三行——明清 300 年艰难曲折的外贸之路》,广东经济出版社 2015 年版。

55. [英]孔佩特:《广州十三行——中国外销画中的外商(1700 ~ 1900)》,于毅颖译,商务印书馆 2014 年版。

56. [美]亨特:《广州番鬼录　旧中国杂记》,冯树铁、沈正邦译,广东人民出版社 2009 年版。

57. 潘刚儿、黄启臣、陈国栋编著:《广州十三行之一:潘同文(孚)行》,华南理工大学出版社 2006 年版。

58. 黄启臣、梁承邺编:《广东十三行之一:梁经国天宝行史迹》,广东高等教育出版社 2003 年版。

59. 陈国栋:《东亚海域一千年》,山东画报出版社 2006 年版。

60. [美]范岱克:《广州贸易——中国沿海的生活与事业(1700 ~ 1845)》,江滢河、黄超译,社会科学文献出版社 2018 年版。

61. 赵春晨、冷东主编:《广州十三行研究回顾与展望》,广东世界图书出版公司 2010 年版。

62. 潘剑芬:《广州十三行行商潘振承家族研究(1714 ~ 1911 年)》,社会科学文献出版社 2017 年版。

63. 唐伟华、黄玉:《清代广州涉外司法问题研究(1644 – 1840)》,中国社会科学出版社 2009 年版。

64. 张晓堂:《清朝对外贸易法制研究》,对外经济贸易大学出版社 2011 年版。

65. 王巨新:《清朝前期涉外法律研究——以广东地区来华外国人管理为中心》,人民出版社 2012 年版。

66. 广州历史文化名城研究会、广州市荔湾区地方志编撰委员会:《广州十三行沧桑》,广东省地图出版社 2001 年版。

67. 赵春晨、冷东主编:《广州十三行与清代中外关系》,世界图书出版公司 2012 年版。

68. 苏精辑著:《林则徐看见的世界:〈澳门新闻纸〉的原文与译文》,广西师范大学出版社 2017 年版。

69. 罗三洋:《古代丝绸之路的绝唱:广东十三行》,台海出版社 2018 年版。

70. 谭元亨:《十三行史稿》,中山大学出版社 2020 年版。

三、学术论文

1. 袁钟仁:《古代广州的对外开放述略》,载《暨南学报(哲学社会科学版)》1995 年第 2 期。

2. 黄启臣:《清代前期海外贸易的发展》,载《历史研究》1986 年第 4 期。

3. 向玉成:《清代华夷观念的变化与闭关政策的形成》,载《四川师大学报》1996 年第 1 期。

4. 何芳川:《"华夷秩序"论》,载《北京大学学报(哲学社会科学版)》1998 年第6期。

5. 高翔:《论清前期中国社会的近代化趋势》,载《中国社会科学》2000年第4期。

6. 戴逸:《闭关政策的历史教训》,载《人民日报》1979年3月13日,第3版。

7. 汪敬虞:《论清朝前期的禁海闭关》,载《中国社会经济史研究》1983年第2期。

8. 吴建雍:《清前期对外政策的性质及其对社会发展的影响》,载《北京社会科学》1989年第1期。

9. 郭成康:《康乾之际禁南洋案探析——兼论地方利益对中央决策的影响》,载《中国社会科学》1997年第1期。

10. 张光灿:《论清朝前期的闭关政策》,载《宁夏大学学报》1985年第2期。

11. 王先明:《论清代的"禁教"与"防夷"——"闭关主义"政策再认识》,载《近代史研究》1993年第2期。

12. 夏秀瑞:《清代前期的海外贸易政策》,载《广东社会科学》1988年第2期。

13. 王永曾:《清代顺康雍时期对外政策论略》,载《社会科学》1984年第5期。

14. 陈尚胜:《也论清前期的海外贸易——与黄启臣先生商榷》,载《中国经济史研究》1993年第4期。

15. 韦庆远:《论康熙时期从禁海到开海的政策演变》,载《中国人民大学学报》1989年第3期。

16. 金峰:《鸦片战争前清代外贸口岸体系研究》,载《中国边疆史地研究》2016年第1期。

17. 谭元亨、廖文清:《中期对外开放的梯度推进与逆转——雍乾二朝间十三行中外贸易理念的一场深刻斗争》,载《华南理工大学学报(社会科学版)》2014年第4期。

18. 郭蕴静:《清代对外贸易政策的变化》,载《天津社会科学》1982年第3期。

19. 吴伯娅:《碰撞与裂变——清代前期中西关系刍议》,载《明清之际中国和西方国家的文化交流——中国中外关系史学会第六次学术讨论会论文集》,大象出版社1997年版。

20. 徐映奇:《清代闭关锁国政策新论》,载《广州社会主义学院学报》2004年第1期。

21. 陈尚胜:《澳门与乾隆限关政策》,载澳门《文化杂志(中文版)》第51期。

22. 胡铁球:《明清海外贸易中的"歇家牙行"与海禁政策的调整》,载《浙江学刊》2013 年第 6 期。

23. 章深:《北宋"元丰市舶条"试析——兼论中国古代的商品经济》,载《广东社会科学》1995 年第 5 期。

24. 田汝康:《十七世纪至十九世纪中叶中国帆船在东南亚洲航运和商业上的地位》,载《历史研究》1956 年第 8 期。

25. 李金明:《清代粤海关的设置与关税征收》,载《中国社会经济史研究》1995 年第 4 期。

26. 黄启臣、邓开颂:《略论粤海关的若干特殊制度及其影响》,载《广州研究》1985 年第 1 期。

27. 周海霞:《清初广东市舶司的建置与沿革》,载《湖北社会科学》2014 年第 10 期。

28. 张晋藩:《"法与时转"与"因俗而治"——谈古代中国的立法传统》,载《北京日报》2019 年 6 月 24 日,第 11 版。

29. 廖声丰:《清代前期粤海关的商品流通及税收》,载《华南农业大学学报》2009 年第 1 期。

30. 戴和:《清代粤海关税收的考核与报解制度述论》,载《海交史研究》1988 年第 1 期。

31. 吴建雍:《清前期榷关及其管理制度》,载北京市社会科学院《燕都春秋》编辑委员会编:《纪念北京市社会科学院建立十周年历史研究所研究成果论文集》,燕山出版社 1988 年版。

32. 任智勇:《道光、咸丰朝的粤海关监督考》,载《中国经济史研究》2012 第 1 期。

33. 罗亮亮:《清代前期粤海关监察制度特点简析》,载《海交史研究》2018 年第 1 期。

34. 李永福:《鸦片战争前清政府对外政策的嬗变——以海关贸易为例》,载《南都学坛(人文社会科学学报)》2003 年第 6 期。

35. 马东玉:《清代海关的索贿弊习及其恶果》,载《史学月刊》1990 年第 4 期。

36. 吕铁贞:《论清代海关监督的法律职权》,载《南京大学法律评论》2016 年第 1 期。

37. 黑广菊:《明清时期临清钞关及其功能》,载《清史研究》2006 年第 3 期。

38. 戴和:《清代粤海关税收述论》,载《社会经济史研究》1988 年第 1 期。

39. 倪玉平:《危机中的调适:嘉道时期的关税改革》,载《江苏社会科学》2009 年第 3 期。

40. 张晋藩:《综论中国法制的近代化》,载《政法论坛》2004 年第 1 期。

41. 顾卫民:《广州通商制度与鸦片战争》,载《历史研究》1989 年第 1 期。

42. 贺其图:《鸦片战争前的中西司法冲突与领事裁判权的确立》,载《内蒙古民族师院学报》1994 年第 2 期。

43. 吴义雄:《鸦片战争前英国在华治外法权之酝酿与尝试》,载《历史研究》2006 年第 4 期。

44. 张宁:《东印度公司贸易体制对清朝前期立法的冲击》,载《外国法制史研究》2008 年第 1 期。

45. 乔素玲:《清代澳门中葡司法冲突》,载《暨南学报(哲学社会科学版)》2002 年第 4 期。

46. 乔素玲:《鸦片战争时期中西法律观念比较》,载《社会科学辑刊》2005 年第 2 期。

47. [法]詹嘉玲:《18 世纪中国和法国的科学领域的接触》,载《清史研究》1996 年第 2 期。

48. 王健:《明清时期中西法律文化交流初探》,载《华东政法学院学报》2001 年第 6 期。

49. 王涛:《论十七世纪中西法律冲突》,载《政法论坛》1998 年第 3 期。

50. 陶广峰:《近代中西法律文化冲突概观》,载《法学》1995 年第 3 期。

51. 吴孟雪:《论早期美国人对待中国司法权的态度》,载《江西社会科学》1986 年第 3 期。

52. 沈大明:《清律对于商人的保护与控制》,载《上海交通大学学报(哲学社会科学版)》2005 年第 2 期。

53. 中国第一历史档案馆:《清代广州"十三行"档案选编》,载《历史档案》2002 年第 2 期。

54. 赵立人:《论十三行的起源》,载《广东社会科学》2010 年第 2 期。

55. 隋福民:《清代"广东十三行"的贸易制度演化》,载《社会科学战线》2007 年第 1 期。

56. 王询、许晓冬:《清代广州通商及其十三行制度》,载《东北财经大学学报》

2013年第6期。

57. 魏俊:《清代十三行公行制度研究》,载《兰台世界》2019年第1期。

58. 章深:《十三行与清代海外贸易的特点》,载《中国社会经济史研究》1987年第1期。

59. 江争红、马陵合:《清代“广东十三行”贸易制度下行商衰落原因探析》,载《贵州社会科学》2015年第9期。

60. 郭小聪:《重压:十三行行商的负担分析》,载《兰台世界》2017年第12期。

61. 黄启臣:《广州十三行:以官制商以商制夷》,载《21世纪经济报》2005年12月26日,第29版。

62. 李金明:《广州十三行:清代封建外贸制度的牺牲品》,载《广东社会科学》2010年第2期。

63. 廖大珂:《清代海外贸易通事初探》,载《海洋史研究》2015年第1期。

64. 杨国桢:《洋商与大班:广东十三行文书初探》,载《近代史研究》1996年第3期。

65. 张晓宁:《广东十三行衰败原因试探》,载《中国社会经济史研究》1996年第2期。

66. 姜朋:《广东十三行的运行与管理》,载《清华管理评论》2015年第4期。

67. 刘景莲:《清代澳门涉外命案司法审判程序》,载澳门《文化杂志(中文版)》第51期。

68. 王新娟:《广州十三行衰落的原因分析》,载《文学界》(理论版)2012年第2期。

69. 彭泽益:《清代广东洋行制度的起源》,载《历史研究》1957年第1期。

70. 彭泽益:《广州十三行续探》,载《历史研究》1981年第4期。

71. 江波:《清代广州“十三行”制度的政治考量》,载《佛山科学技术学院学报(社会科学版)》2008年第5期。

72. 杨国桢:《洋商与澳门:广东十三行文书续探》,载《中国社会经济史研究》2001年第2期。

73. 黄福才:《鸦片战争前十三行并未垄断中外贸易》,载《厦门大学学报(哲学社会科学版)》1988年第1期。

74. 杨仁飞:《论清政府对澳门的海关管理》,载《广东社会科学》1993年第2期。

75. 赵立人:《再论明清之际的十三行与澳门贸易》,载《海交史研究》2005年第2期。

76. 黄静:《清代广州十三行研究》,载《档案学通讯》2010年第2期。

四、学位论文

1. 曹全来:《国际化与本土化——中国近代法律体系的形成》,中国政法大学2004年博士学位论文。

2. 张晓堂:《清朝对外贸易法制研究》,中国政法大学2007年博士学位论文。

3. 唐伟华:《清前期广州涉外司法问题研究》,中国政法大学2006年博士学位论文。

4. 王巨新:《清朝前期涉外法律研究——以广东地区来华外国人为中心》,山东大学2007年博士学位论文。

5. 郭德焱:《清代广州的巴斯商人》,中山大学2001年博士学位论文。

6. 刘冉冉:《1651~1849年清朝政府对澳门的管治研究》,山东大学2007年博士学位论文。

7. 练成圳子:《清前期中英刑事法律冲突透视——以斯当东及其英译版〈大清律例〉为视角》,复旦大学2011年硕士学位论文。

8. 余金荣:《粤海关与十三行关系研究》,广州大学2013年硕士学位论文。

五、外文资料

1. Antony, Robert, *Like Forth Floating on the Sea. The Wold of Pirates and Seafarers in Late Imperial South China*, Institute of East Asian Studies(2003).

2. James L. Hevia, *A Multitude of Lords: Qing Court Ritual and the Macartney Embassy of* 1793, Late Imperil China, Vol. 10, No. 2(1989).

3. Basu, Dilip Kumar, *Asian Merchants and Western Trade: A Comparative Study of Calcutta and Canton* 1800 - 1840. Ph. D. diss., University of California, Berkeley, 1975.

4. Van Dyke, Paul A. & Cynthia Vialle, *The Canton-Macao Dagregisters* 1763, Cultural Institute(2008).

5. *Scholar-Official in Nineteenth-Century China before the Opium War*, Hong Kong University Press, 2006.

后　记

研究成果即将付梓，令人兴奋。兴奋之余，回首本书完成的过程，我内心更多的是深深的感激之情。

本书是以我博士学位论文为基础修改而成的。顺利完成博士学业以及完成本书，离不开恩师张洪林教授的悉心指导。恩师学术严谨、做事认真、待人宽厚，对教书育人更是孜孜不倦。我的博士论文从选题到构思再到撰写，恩师都给予了细致指导，其中既有引导攻坚的启发意见，也有帮助克难的直接建议。恩师不仅在学术研究思路与研究方法等方面对我精心指点、耐心纠错，而且以爱心与包容引导我、鼓励我，使我的研究能力与理论水平都有了较大提升。能得到恩师的指导是我的幸运。恩师的包容心态、严谨学风与优秀品格，将是我终身学习的榜样。

博士学业的完成，要感谢华南理工大学给予的学习机会。非常感谢华南理工大学法学院的蒋悟真教授、吴家清教授、徐松林教授、张富强教授、曾友祥教授、胡学相教授、刘国臻教授、关永红教授、夏正林教授、陈红彦教授、马建兴副教授、沈玮玮副教授、蔡东丽老师、胡婷老师。尊敬的徐忠明教授、任强教授、童光政教授、乔素玲教授、蒋石平教授、谭元亨教授、孙占利教授也对本书的研究给予了非常有价值的指导意见与帮助，在此，也谨致谢意！

本书的出版，要感谢广东技术师范大学及其法学与知识产权学院的资助。在攻读博士学位和完成本书的过程中，我还有幸得到了许多老朋友与新朋友、大朋友与小朋友的帮助，他们在多个方面为我的研究提供了帮助与便利，在此一并致以深深的谢意！

博士学业的完成以及本书的出版，我要感谢我的家人，感谢他们一直以来的全方位支持、理解与付出！

特别感谢何勤华教授同意将拙著纳入他主编的“比较法文丛”，列入“十三五”国家重点出版物出版规划项目、华东政法大学法律史国家重点学科项目、2020年度国家社科基金重大委托项目“中华法系与中华法律文化问题研究”。特别感谢法律出版社法治与经济分社沈小英社长、程王刚编辑、王鸿编辑，他们细致与认真的工作提升了书稿的质量。

虽然本书已经完成，但学术研究永无止境。本书的研究离不开前人的基础，如果本书有可取之处，也是博采众家之长的结果。由于本人学术与才识有限，虽经多位师长指点，仍未解其中真味，对于书中存在的不足，还请师长与学友批评指正、不吝赐教。

朱腾伟谨识

2020年11月26日于广州

图书在版编目(CIP)数据

清朝广州十三行法制研究/朱腾伟著. -- 北京：法律出版社，2020
(比较法文丛/何勤华主编)
ISBN 978-7-5197-5254-5

Ⅰ. ①清… Ⅱ. ①朱… Ⅲ. ①十三行-对外贸易法-研究-清代 Ⅳ. ①D927.651.229.52

中国版本图书馆 CIP 数据核字(2020)第255989号

清朝广州十三行法制研究
QINGCHAO GUANGZHOU SHISANHANG FAZHI YANJIU

朱腾伟 著

策划编辑 程王刚
责任编辑 程王刚
装帧设计 李 瞻

出版 法律出版社
总发行 中国法律图书有限公司
经销 新华书店
印刷 北京建宏印刷有限公司
责任校对 王晓萍 王语童
责任印制 吕亚莉

编辑统筹 法治与经济出版分社
开本 710毫米×1000毫米 1/16
印张 17
字数 300千
版本 2020年12月第1版
印次 2020年12月第1次印刷

法律出版社/北京市丰台区莲花池西里7号(100073)
网址/www.lawpress.com.cn
投稿邮箱/info@lawpress.com.cn
举报维权邮箱/jbwq@lawpress.com.cn
销售热线/400-660-8393
咨询电话/010-63939796

中国法律图书有限公司/北京市丰台区莲花池西里7号(100073)
全国各地中法图分、子公司销售电话：
统一销售客服/400-660-8393/6393
第一法律书店/010-83938432/8433　西安分公司/029-85330678　重庆分公司/023-67453036
上海分公司/021-62071639/1636　深圳分公司/0755-83072995

书号: ISBN 978-7-5197-5254-5　**定价:** 118.00元
(如有缺页或倒装,中国法律图书有限公司负责退换)

比较法文丛

- ○ 现代西方的政党、民主与法治
- ○ 民国《合作社法》的孕育与影响
- ○ 拉丁美洲国家民法典的变迁
- ○ 唐代刑部研究
- ○ 澳大利亚行政裁量司法审查研究
- ○ 解读约因：英美合同之效力基石
- ○ 战后美国国家安全法律制度研究
- ○ 论英国警察权的变迁
- ○ 英国租借时期威海卫法律制度研究
- ○ 英国慈善信托制度研究
- ○ 罪刑法定原则在近代中国
- ○ 比较法视野下的民事公益诉讼
- ○ 律简身份法考论：秦汉初期国家秩序中的身份
- ○ 先秦诸子政治法思想萌芽研究
- ○ 中国法律文化对东南亚的影响
- ○ 1947年宪法体制下的中央立法权研究
- ○ 现代日本人的法律生活
- ○ 英国租借期间威海卫法令汇编
- ○ 韩国法专题研究
- ○ 中华民国宪法史
- ○ 俄罗斯国家与法的历史
- ○ 中国古代佛教法初探
- ○ 走近文明的橱窗：清末官绅对日监狱考察研究
- ○ 全球警务机制研究
- ○ 生命法学论纲
- ○ 华洋共处与法律多元
- ○ 教会法原理
- ○ 英国证据法史
- ○ 法律翻译与法律移植
- ○ 近代契约华工法律
- ○ 近代华侨法律研究
- ○ 苏联法学教育研究
- ○ 文教与政教
- ○ 西法东来的样式：西班牙殖民时期的菲律宾法研究
- ○ 董康法学文选
- ○ 美国食品安全法制与伦理耦合研究（1906～1938年）
- ○ 英国议会政治
- ○ 自贡盐业契约研究
- ○ 彝族习惯法及调解机制研究
- ○ 慈善捐赠的世界图景——以罗马法、英美法、伊斯兰法为中心
- ○ “《现行律》民事有效部分”集解四种
- ○ 20世纪以来英美国家的古希腊法律史研究
- ○ 国际法视野下非物质文化遗产保护问题研究
- ○ 清代仓库律例研究
- ○ 瑞士法律史（第二版）
- ○ 近代华侨教育政策与法律研究
- ○ 英国家事审判制度研究——以2011年以来的改革为中心
- ○ 近现代中国城乡规划法律问题研究
- ● 清朝广州十三行法制研究